भाषा-विमर्श : नव्य भाषावैज्ञानिक सन्दर्भ

भाषा-विमर्श : नव्य भाषावैज्ञानिक सन्दर्भ

पाण्डेय शशिभूषण 'शीतांशु'

वाणी प्रकाशन

वाणी प्रकाशन

4695, 21-ए, दरियागंज, नयी दिल्ली 110 002

शाखा

अशोक राजपथ, पटना 800 004

फ़ोन: +91 11 23273167 फ़ैक्स: +91 11 23275710

www.vaniprakashan.in
vaniprakashan@gmail.com

BHASHA-VIMARSH : NAVYA BHASHAVAIGYANIK SANDARBAH
by Pandey Shashibhushan 'Shitanshu'

ISBN : 978-93-5072-566-5
Linguistics

प्रथम संस्करण

मूल्य : ₹400

न्यू कृष्णा ऑफ़सेट, दिल्ली-110 093 में मुद्रित

वाणी प्रकाशन का लोगो मक़बूल फ़िदा हुसेन की कूची से

अपने विद्यालय-जीवन के यशस्वी एवं अनुकरणीय अध्यापक

(स्वर्गीय) मूँगालाल दास, बी.ए. ऑनर्स (हिन्दी)

की पावन स्मृति में सादर, सभक्ति

समर्पित,

जिन्होंने निरन्तर मुझमें भाषा-चेतना और व्याकरण-बोध

विकसित कर

मेरे भाषाविज्ञानी व्यक्तित्व का आरंभिक निर्माण किया!

क्रम-सन्दर्भ

पूर्व-सन्दर्भ

'भाषा-विमर्श : नव्य भाषावैज्ञानिक सन्दर्भ' भाषा और भाषाविज्ञान-विषयक मेरी दूसरी पुस्तक है। इसमें भाषा-विमर्श के विवेच्य का अधिकाधिक नवीन चयन और प्रतिपादन है। यहाँ नव्य भाषावैज्ञानिक प्ररिप्रेक्ष्य में भाषा का पुनर्विवेचन किया गया है। वस्तुतः यह नव्य भाषावैज्ञानिक सन्दर्भ सभी ज्ञान-क्षेत्रों में इसके प्रभावशाली विस्तार का सन्दर्भ है।

'भाषा-विमर्श' का आशय है भाषा-विषयक विमर्श। हमारे यहाँ भाषा-विमर्श की परम्परा बहुत पुरानी है। संस्कृत में भारतीय वैयाकरणों ने भाषा पर गम्भीर चिन्तन-मनन किया है। उनके इस चिन्त में भाषा का अभिव्यक्ति-पक्ष और अभिव्यंग्य पक्ष—दोनों विद्‌यमान रहे हैं। इनके साथ ही दार्शनिकों ने भी भाषा पर विमर्श किया है। नैयायिक, नीमांसावादी, बौद्ध और जैन दार्शनिकों ने भी भाषा पर गम्भीर विमर्श किया है। इस प्रकार भारत में भाषा-विमर्श मूलतः वैयाकरणों और दार्शनिकों के चिन्तन-मनन का विषय रहा है। पश्चिम में भी भाषा पर प्राचीनतम विचार दार्शनिकों के यहाँ उपलब्ध होते हैं। इन दार्शनिकों ने भाषा के अभिव्यक्ति-पक्ष और अभिव्यंग्य पक्ष—दोनों पर विचार किया है। उन्होंने इसे 'शैली' के साथ जोड़कर भी विवेचित किया है। यही नहीं, उनके यहाँ एक ओर 'वाग्मिताशास्त्र' (Rhetorics) के सन्दर्भ में भाषा-विषयक चिन्तन प्राप्त होता है, जिसका क्षेत्र मुख्यतः भाषा की वाचिकता, वाग्मिता या वक्तृत्व-कला है, तो दूसरी ओर यह चिन्तन भाषाशास्त्र (Philology) में लिखित पाठ की भाषा को लेकर भी हुआ है।

भाषा-विमर्श के अन्तर्गत यहाँ विवेच्य मुद्दों पर हिन्दी में अब तक व्यापक-गहन विचार नहीं किया गया था। भाषा-शिक्षण और अर्जन पर प्रायः समाज-भाषाविज्ञान में विचार किया जाता है। पर यदि ध्यान से सोचें, तो यह किसा शिक्षण और किसका अर्जन है? शिक्षण और अर्जन तो यह भाषा का ही है। इस दृष्टि से यह भाषा-विमर्श की विषय-सीमा में ही आता और उसकी क्षेत्रीय व्यापकता में समाहित हो जाता है। उसी तरह भाषा से जुड़ा उसका प्ररूप-शास्त्रीय चिन्तन-मनन हो अथवा भाषा का सर्वेक्षण; भाषा के सार्वभौमिक तत्त्वों की विचारण हो अथवा भाषा-व्यवहार की शास्त्रीय मीमांसा, सभी भाषा-विमर्श के अन्तर्गत समाहित हो जाते है।

इस पुस्तक के दो खंड हैं। पहला खंड **'भाषा : स्वरूप प्ररूपपरक सन्दर्भ'** है और दूसरा इनका **'प्रासंगिकतापरक सन्दर्भ'** है। प्रायः भाषा पर चिन्तन करते हुए रूढ़ रूप में उसकी परिभाषा, उसके स्वरूप, उसके अभिलक्षण आदि पर तो एक सीमा में वियार कर लिया जाता है, पर भाषा के वैविध्यपरक रूपों पर विमर्श नहीं हों पाता है और यदि एक-दो प्ररूपों की मीमांसा होती भी है, तो जितनी व्यापकता और गहनता में जाकर मीमांसा की जानी चाहिए, वह नहीं की जा पाती है। हिन्दी में भाषाविज्ञान की किसी भी पुस्तक में लांग, पेरोल, पिजिन, क्रेयोल कृत्रिम भाषा आदि का सम्यक् विवेचन प्राप्त नहीं होता है। यत्र-तत्र **'एस्पिरेंतो'** का नामोल्लेख-मात्र मिलता है, पर उसका गम्भीर परिचय और विकास-क्रम कहीं भी निरूपित-विवेचित नहीं हो पाया है। इस पुस्तक में पहली बार इन सब पर गहनता और व्यापकता में उनकी ऐतिह्य विकासात्मक पृष्ठभूमि में विवेचन किया गया है। हिन्दी का यह दुर्भाग्य रहा है कि हिन्दी में अब तक भाषाविज्ञान को न तो विकसित किया गया और न ही उसके सही व्यापक रूप को सही सन्दर्भ में निरूपित किया जा सका। हिन्दी में बहुधा भाषाविज्ञान की पुस्तकें पाठ्यक्रमों का डिक्टेशन बनकर रह गई हैं। विश्वविद्यालयों में जिन रूपों में एम.ए. हिन्दी के अन्तर्गत भाषाविज्ञान का पाठ्यक्रम बनाया जाता रहा है, उसके हिसाब से ही अब तक लेखन भी किया जाता रहा है, जिसमें पिष्टपेषण और चर्वित-चर्वण के अतिरिक्त कुछ भी नया उपलब्ध नहीं हो पाया है। होना यह चाहिए था कि हिन्दी में ऐसी पुस्तकें लिखी जाती, जो आज पश्चिम में विकसित हो रहे भाषाविज्ञान के अद्यतन सन्दर्भ को समेट कर उनका सही विश्लेषण-विवेचन कर पातीं, जिससे जिज्ञासु पाठकों और अध्येताओं को इन सब से परिचित कराया जा पाता। साथ ही उनका रूप इतना प्रादर्श और मानक हो पाता कि भाषाविज्ञान की एम.ए. कक्षा के पाठ्यक्रमों का निर्धारण भी उनके आधार पर सम्भव हो पाता। कहना होगा कि ऐसी पुस्तकें न केवल नई जमीन तोड़ती हैं, बल्कि समसामयिक आवश्यकता की अनिवार्य पूर्ति भी करती हैं। साथ ही दिशा-निर्देशी रूप में अपना महत्त्वपूर्ण अवदान सिद्ध कर पाती हैं।

लेखक का यह प्रयास रहा है कि वह भाषा-विमर्श के स्वरूप और क्षेत्र पर पुनर्विचार करे तथा यह निर्धारित करें कि इसके अन्तर्गत भाषा के कौन-कौन से पुनर्विचारणीय बिन्दु समावेश्य हैं।

भाषाविज्ञान एक ओर मानविकी के अन्तर्गत आने वाला एक महत्त्वपूर्ण ज्ञानानुशासन है, तो दूसरी ओर इसे समाजविज्ञान का युवतर ज्ञानानुशासन भी माना जाता है। अतः लेखक की यह मान्यता है। कि इस विषय को अन्य विषयों की तरह ही स्नातक कक्षा में वैकल्पिक रूप में पढ़ाया जाना चाहिए। यद्यपि आज तक इस दिशा में सार्थक कदम नहीं उठाया जा सका है, पर मुझे विश्वास हैं कि अच्छी ज्ञानात्मक पुस्तकों के उपलब्ध होने पर प्रयत्न करने से यह अपेक्षा पूरी हो सकेगी।

स्मरणीय है कि भाषा-चिन्तन का नया चरण पश्चिम में आधुनिक भाषावैज्ञानिक चेतना के साथ आरम्भ होता है। यहाँ विवेच्य मुख्यतः भाषाविज्ञान के क्षेत्र का है। पश्चिम में आधुनिक काल में भाषा-चिन्तन काफी विकसित हुआ है। चाहे वह वर्णनात्मक भाषाविज्ञान हो या संरचनात्मक भाषाविज्ञान यहाँ भाषा के एककालिक अक्ष पर भाषाविज्ञान के अनेक प्ररूपों पर विचार किया गया है, जिनमें पाठभाषाविज्ञान, भाषाव्यवहार-शास्त्र आदि के सन्दर्भ महत्त्वपूर्ण हैं।

हिन्दी में प्रायः 'भाषा और भाषाविज्ञान' नाम से पचीसों पुस्तकें प्रकाशित हैं, जिनमें एक ओर भाषा के विषय में और दूसरी ओर भाषाविज्ञान के विषय में विवेचन किया गया है। पर जहाँ तक भाषा-विमर्श का प्रश्न है, उस दृष्टि से वहाँ भाषा का प्राथमिक स्वरूपगत परिचय, अन्य ज्ञानानुशासनों से उसके सम्बन्ध, उसके प्रमुख अभिलक्षण तथा भाषा के अन्य प्रचलित प्ररूपों के विषय में रूढ़िगत विवेचन ही प्राप्त हो पाता है। कही-कही तो 'भाषा' के नाम पर यह तात्त्विक विवेचन भी नहीं मिलता और लेखक इसकी जगह 'हिन्दी' भाषा की उत्पत्ति, उसके स्वरूप-विकास, उसकी विभाषाओं का परिचय और उसके वर्तमान स्वरूप का विवेचन करने में ही व्यस्त हो जाता है। इस तरह यह सारा विवेचन भी रूढ़ तौर पर ही किया जाता है।

आज भाषाविज्ञान के काफी विकसित हो चुकने की स्थिति में 'भाषा-विमर्श' को भी भाषाविज्ञान की बहुआयामिता से सम्बन्धित करने की अपेक्षा है। पर अब तक हिन्दी में भाषाविमर्श-विषयक ऐसा लेखन नहीं हो पाया है। यह पुस्तक हिन्दी में इस अभाव को भरने की दिशा में लिखी गई है।

प्रौद्योगिकी के आविर्भाव और विकास ने आज तकनीकी ज्ञान और विज्ञान को इस तरह प्रस्थापित और विकसित किया है कि प्रायः भारत में भाषा-विमर्श उपेक्षित होने लगा है। कभी भारत में समाजवादी दल के नेता डॉ. राममनोहर लोहिया यह मानते थे कि अपने देश में विद्यार्थियों का बहुत-सारा समय भाषा सीखने में ही नष्ट हो जाता है, जिससे ज्ञान-विज्ञान को अर्जित करने में उन्हें अनावश्यक विलम्ब का सामना करना पड़ता है। आज भी प्रौद्योगिकी के कई प्रोफेसर और कई विश्वविद्यालयों के कुलपति तक प्रायः यह कहते पाए जाते हैं कि आखिर भाषा का अध्ययन-अध्ययन क्यों किया जाए? भाषा जितनी सीख ली जाती है उतनी ही काफी है। पर यही ब्रिटेन में **डेविड क्रिस्टल** का यह मानना है कि चाहे विद्यार्थी प्रबन्धन की ओर जाए या प्रौद्योगिकी की ओर, चाहे और किसी दिशा या ज्ञानानुशासन की ओर ही क्यों न जाए, पर उसे भाषा पर अच्छा अधिकार अवश्य होना चाहिए। इसीलिए भाषा-विमर्श की ऐसी अपेक्षित आवश्यकता हमारे अतीत में भी रही है, आज भी है और कल भी रहेगी।

इस पुस्तक का मन्तव्य भाषा के विषय में नये भाषाविज्ञान के सन्दर्भ में

पुनर्विचार करना है। इस दृष्टि से यहाँ भाषा के विभिन्न प्ररूपों पर विचार करते हुए कृत्रिम भाषा के आविर्भाव से लेकर विकास तक के सभी चरणों का पहली बार समीचीन विवेचन किया गया है। भाषा-क्षमता (लांग) और भाषा-व्यवहार (पेरोल) का भी व्यापक तात्त्विक विवेचन किया गया है। इस पुस्तक में पहली बार भाषा के अध्ययन की अपेक्षा का सन्दर्भ, व्याकरण का सन्दर्भ, भाषा-व्यवहारशास्त्र का सन्दर्भ, भाषा-प्रयोग में यौनगत भिन्नता का सन्दर्भ, प्राथमिक और द्वितीयक भाषा-अर्जन का सन्दर्भ, भाषा के व्यवहारशास्त्र का सन्दर्भ, सचन-कर्म सिद्धान्त का सन्दर्भ, सर्वेक्षण का सन्दर्भ, शिक्षा का सन्दर्भ, सापेक्षता का सन्दर्भ, प्ररूप-विज्ञान का सन्दर्भ जैसे ग्यारह सन्दर्भों पर भाषा-विमर्श किया गया है। लेखक यह मानता है कि भाषा-व्यवहार (Pragmatics) का सैद्धान्तिक और व्यवहारिक ज्ञान प्रत्येक विद्यार्थी को दिया जाना चाहिए। इससे ही वक्ता को भाषा का व्यवहार करना सही रूप में आ सकता है। भाषा-व्यवहार स्थितियों के अनुरूप, विषय के अनुरूप और वक्ता-श्रोता की भिन्न-भिन्न पात्रीयता तथा काल और स्थल के अनुरूप बदलता रहता है। हम माता-पिता, ताया-तायी, दादा-दादी, नाना-नानी, के साथ जिस भाषा में बात करते हैं, उसी भाषा में मित्रों से बात नहीं करते, जिस भाषा मे अधिकारी से बातें करते है, उस भाषा में अधिकृत से बात नहीं करते। सन्दर्भ, स्थिति, पात्र, स्थान और समय के अनुरूप भाषा-व्यवहार में अन्तर पड़ता है। आज बहुतेरे व्यक्तियों को यह भाषा-विवेक है ही नहीं, जिसके बिना उन्हें जीवन में अनेक प्रकार की कठिनाइयों का सामना करना पड़ता है। चाहे वे नौकरियों में हों या कामकाज में या कृषि में। ऐसे में भाषाव्यवहार-शास्त्र को स्नातक या स्नातकोत्तर कक्षा के अध्ययन का ही विषय नहीं बनाया जाना चाहिए, बल्कि अन्तर-माध्यमिक कक्षाओं में भी इसे पढ़ाया जाना चाहिए। प्रस्तुत पुस्तक इन अपेक्षाओं को ध्यान में रखकर सम्यक् चिन्तन के पश्चात् लिखी है। यदि भाषा-व्यवहारकर्त्ता के भाषा-विवेक को जाग्रत् करने में इस पुस्तक ने अपनी भूमिका अदा की, तो लेखक का श्रम सार्थक हो जाएगा।

इस पुस्तक का शीर्षक **'भाषा-विमर्श : नव्य भाषावैज्ञानिक सन्दर्भ'** रखा गया है। यहाँ 'नव्य' केवल नवता का द्योतक नहीं है, बल्कि 'नमन करने योग्य' का भी अर्थ-सम्वाहक है। यहाँ खण्ड-2 में भाषा विमर्श हेतु जो सन्दर्भ लिए गए हैं, वे अत्यन्त महत्त्वपूर्ण होने के कारण इस दृष्टि से भी सार्थक सिद्ध होते हैं।

वाणी प्रकाशन के स्वामी बन्धुवर श्री अरुण महेश्वरी ने इस पुस्तक के प्रकाशन में अपनी अभिरुचि न दिखाई होती, तो यह पुस्तक समय से प्रकाशित नहीं हो पाती।

–पाण्डेय शशिभूषण शीतांशु

चलभाष–09878647468

भाषा-विमर्श : स्वरूप, प्ररूपपरक सन्दर्भ

1
भाषा : स्वरूप, परूपपरक सन्दर्भ

1. भाषा : अवधारणा

भाषा किसी भी भाषा-भाषी व्यक्ति की विशिष्ट सामाजिक-सांस्कृतिक पहचान है। वह उसके समाज, देश-प्रदेश और उसकी संस्कृति की संदर्शिका है। देश-देश में भाषा परिवर्तित होती है–'जाति विशेषः शब्दार्थव्यवस्था।' यहाँ जाति राष्ट्र को सूचित करने वाला शब्द है। भाषा मनुष्य के समग्र सम्बन्ध, उसके क्रिया-कलाप और मानवीय उत्कर्ष का आधार है। मनुष्य का हृदय और मस्तिष्क इस पर आधारित-संचरित है। निःशब्दता के मौन को तोड़ यह मानवीय अस्मिता का संज्ञान कराती है। निवेश (Input) के रूप में यह चिन्तन का साधन है और निर्गत (Output) के रूप में यह अभिव्यक्ति का माध्यम है। इसके स्वरूप एवं अभिलक्षण को जानने के क्रम में मानवेतर भाषा से इसकी विभेदकता और अन्तर को स्पष्ट कर लेना अपेक्षित है।

2. मानवेतर और मानव-भाषा : अन्तर

पशु परस्पर स्पर्श, गंध, दृष्टि और ध्वनि के सहारे सम्प्रेषण करते हैं। इनमें जो त्रि-मेरुदण्डीय (Steckle vactro) हैं, वे प्रायः दृश्य-संकेतों का व्यवहार करते हैं। इनमें मादा प्रायः नर के प्रति उसके लाल पेट और चमकीली, नीली आँखों के कारण आकर्षित होती है। कुछ पक्षी-शावक अपनी माँ की चोंच के लाल धब्बे पर चंचु-प्रहार करके अपना भेजन मांगते हैं। पतंगों में कुछ प्रजातियों के नर मादा के प्रति उसके द्वारा छोड़ी गई गंध के कारण आकर्षित होते हैं। उस नर के लिए यह गंध इतनी शक्तिशाली होती है कि अगर एक कागज के टुकड़े को उस गंध से सुवासित कर दिया जाए, तो वह उसी के साथ जोड़ खाने की चेष्टा करने लगता है। फिर भी इस तरह के संकेत उतने व्यापक तौर पर विवृत नहीं होते हैं जितना कि ध्वनि-संकेतों का व्यवहार होता है। ध्वनि-संकेतों का सर्वाधिक लाभ यह है कि इसका प्रयोग अँधेरे में भी किया जा सकता है। यही कारण है कि मनुष्य और पक्षी, वानर, डॉलफिन तथा टिड्डे (ग्रासहॉयर) ध्वनि-संकेत के प्रयोग को अधिमानता देते हैं।

माना जाता है कि मनुष्य ने सम्भवतः अपने ध्वनि-संकेत की व्यवस्था को अपने विकास के परवर्ती चरण में अर्जित किया। ऐसा इसलिए प्रतीत होता है, क्योंकि जो इन्द्रियाँ भाषिक व्यवहार में प्रयुक्त होती हैं, उनके कुछ दूसरे बुनियादी प्रकार्य भी हैं। उदाहरणार्थ मानवीय फेफड़े प्राथमिक तौर पर श्वास-प्रश्वास के लिए व्यवहृत होते हैं। इसी तरह दाँत और जिह्वा का प्रयोग भोजन-क्रिया के लिए होता है। वाक्‌यन्त्र प्राथमिक रूप में फेफड़ों को बन्द करने के लिए तथा उनके अस्थि-पिंजर को सुदृढ़ करने के लिए व्यवहृत होते हैं। जब आदमी कुछ भी भार उठाता है तब वह सहज रूप में अपनी साँस रोक लेता है। ऐसा वह अपने स्वर-यंत्र को बन्द करके ही करता है। लाखों वर्ष पहले मनुष्य को फेफड़े वाले अस्थि-पिंजर को सख्त और कठोर-से-कठोर करने की जरूरत थी, जिससे वह पेड़ों से झूल सके। आज भी मनुष्य को इस यान्त्रिकता की जरूरत भारोत्तोलन-कर्म, मल-त्याग कर्म और नारियों के प्रसव-कर्म के सन्दर्भ में होती है।

प्रायः वास्तविक संकेत और पशुओं के द्वारा इच्छित सन्देश वाले सम्प्रेषण के बीच एक सबल कड़ी देखी जा सकती है। पशु, जो अपने प्रतिगामी को चेतावनी देना चाहता है, एक आक्रमणपरक या हमले वाली अपनी मनोवृत्ति को उद्दीप्त करता है। उदाहरण के लिए एक बिल्ली अपनी पीठ को धनुषाकार बनाती हे तथा घुरघुराती है। वह रह-रहकर भभकती है और झपट्टे मारने के लिए प्रस्तुत हो उठती है। जहाँ तक मानवीय भाषा का प्रश्न है वहाँ इसका विलोम उभरता है। अधिकाधिक मामलों में वहाँ संकेत और सन्देश के बीच ऐसी कोई कड़ी नहीं बनती है। जो भी प्रतीक विवृत-व्यवहृत होते हैं, वे यादृच्छिक होते हैं। उनमें कोई आन्तरिक सम्बन्ध नहीं होता है। उदाहरण के लिए 'हाथी' शब्द और 'हाथी' पशु ('हाथी' शब्द द्वारा संकेतित) क़े बीच कोई आन्तरिक सम्बन्ध-सूत्र नहीं है। अपवाद के बतौर नाद-सौन्दर्य या ध्वन्यर्थ-व्यंजना वाले कुछ शब्द हमारे सामने जरूर रहते हैं। जैसे– अंग्रेजी का 'quack-quack', हिन्दी का 'म्याऊँ-म्याऊँ' आदि। पर ऐसे शब्द आनुपातिक तौर पर बहुत ही कम होते हैं।

पशु-पक्षी प्रायः केवल तात्कालिक परिवेशगत चीजों के विषय में ही सम्प्रेषण करते हैं। एक चिड़िया खतरे की आवाज़ तभी उत्पन्न करती है जब वहाँ खतरा उपस्थित होता है। वह किसी चीज़ के विषय में ऐसी कोई सूचना नहीं दे सकती, जो क्राल और स्थल से हटी हुई है। हाँ, इस प्रकार की अभिव्यक्ति एक मानव-शिशु की दर्द-भरी भावनात्मक चीख या भूख अथवा उसके द्वारा सन्तोष में व्यक्त की गयी पुकार में देखी जा सकती है। यहाँ शिशु की भाषा को अभी पूर्णता में विकसित होना शेष है। इस प्रकार मानवीय भाषा उन चीज़ों के बारे में भी सम्प्रेषण कर सकती हैं, जो उपस्थित नहीं है। यह सम्प्रेषण भी उसी तरह का हो सकता है जैसा उपस्थित चीज़ों के बारे में होता है। अर्थात् यह वह विरल तत्व है, जिसे

विस्थापन (Displacement) कहा जाता है। यह मधुमक्खी की **सम्प्रेषण-व्यवस्था में भी पाया जाता है। यदि एक सक्रिय मधुमक्खी मधु-पराग का कोई नया स्रोत पा** लेती है, तो वह अपने छत्ते में लौट आती है और वह एक संश्लिष्ट नाच नाचने लगती है, जिससे मधु-मकरन्द की ठीक-ठीक स्रोतगत स्थलीयता को वह दूसरी मधु-मक्खियों को बता सके। यह स्रोत उससे मीलों दूर हो सकता है, पर इस योग्यता से सम्पन्न मधु-मक्खियाँ सीमित मात्रा में ही मिलती हैं। वे आपस में एक-दूसरे को मधु-मकरन्द के बारे में सूचना दे सकती हैं। इसके विपरीत मानवीय भाषा किसी भी विषय को निर्दिष्ट कर सकती है। यहाँ यह तथ्य कोई अर्थ नहीं रखता कि बातचीत का **विषय काल या स्थल से कितना निकट या कितनी दूर है।**

प्रायः अधिक-से-अधिक पशु स्वचल रूप में अपने-आप यह जानते हैं कि बिना सीखे उन्हें कैसे सम्प्रेषण करना है। उनकी सम्प्रेषण-व्यवस्था **आनुवंशिक रूप में स्वतः निर्मित** होती है। उदाहरण के लिए मधु-मक्खियों का नृत्य दुनिया की भिन्न-भिन्न जगहों, जहाँ मधु-मक्खियाँ रहती हैं, तत्त्वतः एक जैसा ही है। इसमें बहुत थोड़ी-सी भिन्नता देखी जा सकती है। सम्भवतः इसमें सीखने का बहुत ही सामान्य तत्त्व समाहित है। भाषा के अभिलक्षणों पर विचार करने के क्रम में मानव-भाषा और पशु-भाषा का यह अन्तर देखने योग्य है।

पशु प्रायः अपने वर्ग के दूसरे सदस्यों को प्रेम, भय अथवा अपनी आवश्यकता को सम्प्रेषित करने के लिए ध्वनियाँ उत्पन्न करते हैं। मनुष्य भी दूसरे मनुष्यों के साथ सम्प्रेषण की प्रक्रिया में जहाँ ध्वनियाँ उत्पन्न करते हैं, वहीं चाक्षुष् संकेतों से भी काम लेते हैं। फिर भी इन दोनों की भाषा में पूर्वोक्त अन्तर साभिप्राय है।

3. भाषा : अभिलक्षण

मानव-भाषा के अभिलक्षण निम्नलिखित हैं–

1. ढाँचों की द्वयता– मानव-भाषा दो प्रकार के ढाँचाई स्तर को उपस्थित करती है। दूसरे शब्दों में यहाँ भाषा में **दो प्रकार के ढाँचों** की स्तरीयता मिलती है। मानव-भाषा ध्वनियों, ध्वनि-समूहों या ध्वनि के ढाँचों से बनती है। पर यहाँ लघुतर रूपपरक इकाइयों, रूपिमों और शब्दों का योगदान होता है। मानव-भाषा में वक्ता के द्वारा जो शृंखल अभिव्यक्ति होती है उसे लघुतर इकाइयों में विश्लेषित किया जा सकता है। यही नहीं, इसके द्वारा सीमित संकेतकों के साधन से अधिकाधिक अर्थों को अभिव्यक्त किया जाता है।

उदाहरण के लिए एक वाक्य लें–'माता-पिता सभी संतानों को चाहते हैं।' इस वाक्य के शब्दों में 'माता-पिता, सभी, संतानों, को, चाहते, है' शब्द आये हैं। यहाँ हमने पूरे वाक्य को शब्दों में विश्लेषित किया है। इन शब्दों में से कुछ को

और छोटी भाषिक इकाइयों में वर्गीकृत किया जा सकता है। यथा हम संबंधसूचक परसर्ग, युग्म पद-निर्माण, बहुवचनांत संज्ञा जैसे रूपों को देखते हैं। पर ये सभी शब्द अपनी मूल ध्वनियों से निर्मित हैं। इस दृष्टि से इस पूरे वाक्य की स्वनिम-संरचना इस प्रकार होगी–

म् + आ + त् + आ –प् + इ + त् + आ स् + अ + भ् + ई
स् + अ + न् + त् + आ + न + ओं क् + ओ च् + आ + ह् + अ + त्
+ ए + ह् + ऐं।

ऊपर लिखे वाक्य का क्रम यदि बदल दें, तो यही वाक्य इस तरह हो जाएगा–'सभी संतानें माता-पिता को चाहती हैं'।

जहाँ तक भाषाओं का अन्वेषण किया गया है उसकी संरचना के दो स्तर प्राप्त हुए है। प्राथमिक स्तर शब्दों के संयोजन का है और द्वितीयक स्तर ध्वनियों के संयोजन का है। वास्तविकता यह है कि पशु के सम्प्रेषण में अर्थहीन ध्वनियाँ-मात्र होती हैं। इन ध्वनियों से शब्द नहीं बनते। इसी को ध्यान में रखते हुए कभी अरस्तु ने कहा था कि पशुओं के द्वारा उत्पन्न की जाने वाली ध्वनियाँ अक्षर को स्वरूपित करने के क्रम में संयोजित नहीं की जा सकतीं–"Animal's noises cannot be combined to form syllables."

2. सर्जनात्मकता–भाषा का दूसरा अभिलक्षण **सर्जनात्मकता** है। भाषा की इकाइयों को संयुक्त करने के अनेक मार्ग हैं। इसलिए यहाँ सर्जनात्मकता का अनन्त अवकाश है। मनुष्य रचना के कुछ आधारभूत सिद्धान्तों को व्यवहार करते हुए ऐसी अधिसंरचनाओं को सिरजता है कि मानवीय भाषा में व्यवहृत किसी वाक्य की सीमा निश्चित नहीं होती। उदाहरण के लिए एक वाक्य लें–'यह वही पशु है, जिसकी सींग टूटी हुई है, जिसे उसके मालिक ने बहुत पहले गोशाला में भेज दिया था'–इस वाक्य को, सम्बद्ध पदबन्धों के ढाँचों को दोहराते हुए, किसी भी सीमा तक विस्तृत किया जा सकता है। वास्तव में भाषा को ऐसी अभिलाक्षणिक विशेषता, जो वाक्यों को वाक्य के अन्दर जुड़ने की योग्यता देती है, उसे **पुनरावर्त्तिता (Recursiveness)** कहा जाता है। सर्जनात्मकता इसे प्रस्तुत करती है। पशुओं के भाषिक सम्प्रेषण में इस प्रकार की सर्जनात्मकता की बहुत कम गुंजाइश होती है। इसकी तुलना में मानव-भाषा के संकेतक विभिन्न रूपों में संयुक्त और सम्बद्ध हो सकते हैं। इस प्रकार **सर्जनात्मकता** भाषा का दूसरा अभिलक्षण है।

3. यादृच्छिकता–यादृच्छिकता का अर्थ है कि ध्वनियों या ध्वनि-परिवर्तनों के बीच, ध्वनि-प्रतीकों और उनके द्वारा निर्दिष्ट पदार्थों या अवधारणाओं का कोई जन्मजात या स्वाभाविक सम्बन्ध नहीं होता। उदाहरण के लिए अंग्रेजी में जिसे 'Dog' कहते हैं, हिन्दी में उसे 'कुत्ता', तमिल में उसे 'नाए', तेलुगु में 'कूका', रूसी में 'सुबका', फ्रेंच में 'शीयन' और जर्मन में 'हुंड' कहते हैं। इस प्रकार 'कुत्ता'

नामक जीवधारी के लिए अलग-अलग ध्वनि-संकेतों का प्रयोग में लाया जाना **संकेतक** और **संकेतित** अथवा शब्द और अर्थ के बीच की **यादृच्छिकता** को संपुष्ट कर देता है। वास्तव में यह परिपाटी की बात है। अतः भाषा को **'परिपाटीपरक ध्वनि-प्रतीकों की व्यवस्था'** भी कहा जाता है, जहाँ प्रत्येक प्रतीक ध्वनियों के ऐसे विस्तार को दर्शाता है, जिसके साथ कोई-न-कोई अर्थ सहबन्धित होता है।

4. विस्थापन (Displacement)–मानव-भाषा अभिलाक्षणिक रूप में सन्दर्भ-मुक्त मानी जाती है। इसके विपरीत पशु की भाषा हमेशा अपने सन्दर्भ से बँधी होती है। मनुष्य अपने अनुभवों, पदार्थों और घटनाओं के विषय में, बिना शरीरतः उपस्थित हुए और बिना उसे जिये हुए भी, उसके बारे में बातचीत कर सकता है। इससे यह स्पष्ट होता है कि मानव-भाषा का व्यवहार उद्दीपन के द्वारा व्यवस्थित नहीं है। इस गुणवत्ता को ही **विस्थापन** कहते हैं। जानवरों की भाषा में उत्तेजना और क्रिया के बीच सीधा सम्बन्ध होता है और वे अपने तात्कालिक वातावरण के बीच ही अनुक्रिया व्यक्त कर सकते हैं। कोई भी पशु शब्दों के संयोगीकरण को उत्पन्न करने में अपने-आप अब तक समर्थ नहीं हो पाया है। वह नयी स्थितियों की जरूरतों के मुताबिक इसमें किसी भी प्रकार परिवर्तन नहीं कर सकता है। वास्तव में पशु में इस प्रकार की भाषिक योग्यता नहीं है कि वह विशेष ध्वनि से विशेष अर्थ को सम्बन्धित करने के विषय में कोई अनुबंध कर सके। अतः यह केवल मानव-भाषा का अभिलक्षण है, जहाँ वह अपनी वाणी द्वारा सुस्पष्ट सूचना अपने सहयोगियों को प्रदान करता हैं मनुष्य किसी विशेष प्रकार के भोजन की मांग अपनी भाषा द्वारा कर सकता है, जबकि पशु अपने संकेतकों से इतना भर व्यक्त कर सकते हैं कि वे भूखे हैं। इस अभिलक्षण के अन्तर्गत मनुष्य अपनी भाषा का व्यवहार भूत, वर्तमान, भविष्य तथा दृष्ट-अदृष्ट स्थलों और पात्रों–सब के लिए कर सकता है। यहाँ यथार्थ के साथ-साथ काल्पनिकता की स्थिति भी होती है।

5. प्रचुरता (Redundancy)–मानव-भाषा में बड़ी प्रचुरता है। उदाहरण के लिए 'हाँ-ना'-परक अंग्रेजी भाषा के प्रश्नों को ही लें–Is he still there ? यहाँ इसकी प्रश्नात्मकता को द्योतित करने वाले दो चिह्न हैं–1. आरम्भ में सहायिका क्रिया की स्थिति और 2. वाचिक उच्चार की उभरती हुई वह लय, जिसके साथ प्रश्न किया गया है।

6. संस्कृति-संरक्षण और संस्कृति-अन्तरण के अभिलक्षण–भाषा में संस्कृति को बनाए रखने वाले, संस्कृति को परिरक्षित करने वाले और उसे अन्तरित करने वाले–दोनों ही प्रकार के अभिलक्षण होते हैं। शायद इसलिए डेकार्ट जैसे भाषाविद् ने यह कहा था कि "भाषा को धन्यवाद दो, जिसके कारण मनुष्य मनुष्य हुआ।" यद्यपि वास्तुकला, चित्र-कला, संगीत-कला जैसी सभी कलाएँ संस्कृति को बनाए रखने वाली हैं, पर भाषा इन सबसे कहीं अधिक गत्यात्मक है, जो संस्कृति को

परिरक्षित करती हुई उसे भविष्यत् पीढ़ी को अन्तरित करती हैं। **उदाहरण के लिए तेलुगु की सार्वनामिक व्यवस्था उसकी अन्तर्हित सांस्कृतिक व्यवस्था को** बाह्यीकृत करती है, जहाँ विनम्रता का व्यवहार विभिन्न अनुपातों में होता है। विशेषतः इसे वक्ता और श्रोता की अन्योन्य क्रिया में देखा जाता है।

7. गत्यात्मकता—भाषा गत्यात्मक होती है, यह स्थावर नहीं होती है। यह सभी स्तरों—ध्वनि, रूप, शब्द, अर्थ, वाक्य—पर परिवर्तित होती रहती है। प्रत्येक पीढ़ी अपनी भाषा को कुछ संशोधित-परिवर्तित करती है। इस प्रक्रिया में वह लोगों की बदल रही जरूरतों और मांगों के अनुरूप इसे अनुकूलित-रूपान्तरित करती चलती है। यही नहीं, दूसरे सम्प्रेषण-रूपों के साथ मानव-भाषा की तुलना करने पर जो अभिलाक्षणिक विशेषताएँ प्राथमिक तौर पर हमारे सामने आती हैं, वे यह स्पष्ट करती हैं कि मनुष्य का मस्तिष्क पशुओं के मस्तिष्क से भिन्न है। मानवीय मस्तिष्क में एक अन्तर्जात क्षमता होती है, जिससे मनुष्य भाषिक सर्जनात्मकता को सीखता है। यही नहीं, यहाँ हमें कृत्रिम भाषा के प्रयोग भी देखने को मिलते हैं, जिसका एक उदाहरण 'मोर्स कोड' (Morse code) है। वह एक बँधी-बँधायी व्यवस्था को निर्दिष्ट करती है, पर इस तरह की कृत्रिम भाषा को स्वाभाविक मानव-भाषा पर विचार करने के क्रम में ग्रहण नहीं किया जा सकता है।

8. विविक्तता (Discreteness)—मानव-भाषा में स्वनों के प्रयोग का **अविच्छिन्न प्रवाह** होता है। यह स्वन-प्रवाह एकाधिक वाक्यों को सिरजता है। वाक्य में एक से अधिक शब्द होते हैं और शब्दों में एक से अधिक स्वनिम। इसे विभिन्न इकाइयों की भाषिक स्थिति वाला अभिलक्षण कहा जाता है।

9. अधिगमता (Learnability)—**अधिगमता** भी भाषा का एक अभिलक्षण है। भाषा का अर्जन अभ्यास द्वारा सम्भव है। मातृभाषा का ज्ञान तो सहज ही हो जाता है, पर प्राथमिक भाषा के अतिरिक्त द्वितीय भाषा का अर्जन सदैव अभ्यास के आधार पर ही संभव होता है।

4. भाषा : परिभाषांकन

प्रास्ताविकः भाषा वागिन्द्रियों से उच्चरित यादृच्छिक ध्वनि-संकेतों की उस व्यवस्था का नाम है, जिसके द्वारा कोई भाषा-भाषी समुदाय परस्पर भावों और विचारों का आदान-प्रदान करता है।

मानव-भाषा के सन्दर्भ में सीमित यह भाषा ही भाषाविज्ञान का अध्येय विषय है। भाषा के मूल में ध्वनि की स्थिति है। ध्वनि दो प्रकार की होती है—1. आहत और 2. अनाहत। आघात के द्वारा जो नाद उत्पन्न होता है उसे **आहत नाद** कहते हैं और बिना आघात के जो नाद आविर्भूत होता है उसे **अनाहत नाद** कहते हैं। मानव-भाषा के मूल में **आहत नाद** की स्थिति है। यहाँ भाषा मुख-विवर में परस्पर

वागिन्द्रियों से आहत **ध्वनियों** से उत्पन्न होती है। **वागिन्द्रियों की स्थिति मुख-विवर में होती है। इससे बाहर** जो आहत नाद उत्पन्न होता है वह **मानव-भाषा का विषय नहीं है।** सरिता का कलकल, चिड़ियों का कलरव, समुद्र का गर्जन, तूफान की सायँ-सायँ, वाद्य-यंत्रों की आवाज़—वीणा की झंकृति, आर्केस्ट्रा धुन—इन सबके मूल में आहत नाद ही सक्रिय है। पर ये ध्वनियाँ भाषाविज्ञान के अन्तर्गत विचारणीय नहीं हैं, क्योंकि यहाँ विचारणीय भाषा का सम्बन्ध केवल मनुष्य की वागिन्द्रियों से उच्चरित ध्वनि-संकेतों से है।

मानव-भाषा **यादृच्छिक ध्वनि-संकेतों** से बनती है। **यादृच्छिक** का अर्थ है कि यहाँ जिन ध्वनियों का व्यवहार किया जाता है उनका रूपात्मक और गुणात्मक समीकरण किसी तर्क पर आधारित नहीं है। **'पानी'** की अभिव्यक्ति के लिए फ्रांसिसी भाषा में **'यू'** शब्द है, अंग्रेजी में **वाटर** है, अरबी में **आब** है तथा हिन्दी में **जल, नीर** जैसे शब्द हैं। इन भिन्न-भिन्न भाषाओं में **'पानी'** के लिए जो ध्वनि-संकेतों की व्यवस्था है वह यादृच्छिक है। वह इच्छा पर निर्भर है, तर्क पर निर्भर नहीं है। इसीलिए मानवीय भाषा की प्रकृति और संघटना में **यादृच्छिकता** का महत्त्व है।

भाषा ध्वनि से बनती है और ध्वनि भाषा के लघुतम इकाई है। ध्वनि में संकेत-गुण होता है। अतः ध्वनि संकेत की भूमिका अदा करती है। ध्वनि के संकेत-रूप होने का आशय किन्हीं विशेष ध्वनि-समुच्चय का अपनी व्यवस्था में किसी विशेष पदार्थ की अवधारणा को निर्दिष्ट करना है। अनेक ध्वनियों को क्रमतः और स्वरूपतः व्यवस्थित किया जाता है। इसे ही ध्वनि-संकेतों की व्यवस्था कहते हैं। ध्वनि-संकेतों की व्यवस्था से शब्द की, पद की रचना होती है, जिनके संयोग से वाक्य बनते हैं तथा वाकय और वाक्य के समूहीकरण से प्रोक्ति स्वरूपित होती है। इस तरह भाषा संरचित होती है।

किसी भी भाषा का महत्त्व उसके भाषा-भाषी समुदाय के बीच होता है। भाषा-भाषी समुदाय का सामान्य अर्थ मातृभाषी समुदाय है। पर इसके दो अभिप्राय लिये जा सकते हैं—प्रथमतः उस भाषा को बोलने-सुनने वाला मातृभाषी समुदाय और द्वितीयतः दूसरी भाषा के रूप में उसे सीखने वाला समुदाय। यहाँ अपेक्षा यह होती है कि वक्ता और श्रोता—दोनों उसे अच्छी तरह जानते हों। ऐसी स्थिति में मानवीय वागिन्द्रियों से उच्चरित ध्वनि-संकेतों की व्यवस्था द्वारा किसी विशेष भाषा-भाषी समुदाय का व्यक्ति वक्ता-श्रोता की भूमिका में अपने भावों और विचारों को सम्प्रेषित करने की स्थिति में होता है।

भाषा को परिभाषित करने के क्रम में उसे **अन्तर्वस्तु** नहीं मानकर **रूप** माना गया है। भाषा 'Substance' नहीं है, 'Form' है। **एफ.डी.सॅस्यूर** का यह कथन स्मरणीय है—"Language is a form, not a substance." सॅस्यूर के इस कथन को

उसके द्वारा शतरंज के खेल से भाषा की, की गई तुलना द्वारा स्पष्ट किया गया है। शतरंज के मोहरे किस पदार्थ से बनते हैं, उसका खेल में कोई महत्त्व नहीं होता। ये मोहरे किसी भी पदार्थ से बने हो सकते हैं–लकड़ी, प्लास्टिक और धातु–किसी से भी। शर्त इतनी ही है कि उन मोहरों की भौतिक प्रकृति मोहरों के बीच उस आकारगत साभिप्राय अन्तर को दर्शाने वाली हो, जिससे उसकी पहचान बनती है। यहाँ पदार्थ की भौतिक स्थिरता महत्त्वपूर्ण है। देखने की बात सिर्फ यह है कि मोहरे इस खेल में नियम के बतौर अपनी पहचान बनाये रखते हों। यदि इनमें से कोई मोहरा खो जाता है, तो उसकी जगह किसी दूसरे स्थानापन्न पदार्थ को रखा जा सकता है। जैसे–कोई सिक्का या चॉक का टुकड़ा, जो 'फील', 'किश्ती' या 'वज़ीर' को प्रतीकित कर सकता है। किसी मोहरे के आकार या प्रकार्य के बीच की नातेदारी खेल में यादृच्छिक परम्परा की बात है। निर्वचन की यह परम्परा प्रतिभागियों के द्वारा स्वीकृत होती है। यही कारण हे कि शतरंज का खेल खो गये मोहरे की जगह किसी पदार्थ के टुकड़े के साथ भी अच्छी तरह खेला जा सकता है। यहाँ यह सादृश्य भाषा के अभिव्यक्ति-स्तर के साथ बैठता है। तभी यह कहा जाता है कि भाषा **रूपपरक** है, **वस्तुपरक** नहीं।

भाषा के विषय में दार्शनिकों, मनोवैज्ञानिकों, साहित्यालोचकों, भाषाविदों और दूसरों ने भी अपनी अभिरुचि प्रदर्शित की है और अपने दृष्टिकोण से इसे परिभाषित करने का प्रयास किया है। पर जैसा **ब्रितानी-निकाय (स्कूल) के भाषाविद् एम.ए.के.हैलीडे.** का मानना है, भाषा की अब तक कोई व्यापक परिभाषा या समावेशी परिभाषा प्राप्त नहीं हो पाती है। उनके अनुसार भाषा क्या है, इस प्रश्न का उत्तर यही हो सकता है कि **भाषा भाषा है**– "The only answer to the question "What is Language" is "Language is Language." प्रसिद्ध दार्शनिक अरस्तू के अनुसार **"भाषा मन-मस्तिष्क के अनुभव का निरूपण है।"**

हॉकेट ने भाषा को परिभाषित करते हुए लिखा है " A Language is a complex system of habit. The system as a whole can be broken down into five principle subsystems of which three are central and two are peripheral." **हॉकेट के दृष्टि में भाषा मानवीय आदत की संश्लिष्ट व्यवस्था है**। इस व्यवस्था को साकल्य के बतौर पाँच प्रमुख उप-व्यवस्थाओं में विश्लिष्ट किया जा सकता है। इनमें तीन उपव्यवस्थाएँ **केन्द्रीय** हैं और दो उपव्यवस्थाएँ **परिधीय**।

हॉकेट के अनुसार तीन केन्द्रीय उपव्यवस्थाएँ निम्नलिखित हैं–

1. व्याकरणिक व्यवस्था–यह रूपिमों का भंडार है और उनकी वह व्यवस्था है, जिसमें रूपिम उपस्थित होते हैं।

2. स्वन-शास्त्रीय व्यवस्था–यह स्वनिमों का भंडार है और उनकी वह व्यवस्था है, जिसमें स्वन आविर्भूत होते हैं।

3. रूप-स्वानिमिक व्यवस्था–वह कूट (कोड), जो व्याकरणिक और स्वन-शास्त्रीय व्यवस्था को एक साथ जोड़ता है, रूप-स्वानिमिक व्यवस्था को जन्म देता है।

हॉकेट के अनुसार दो परिधीय उपव्यवस्थाएँ निम्नलिखित हैं–

4. अर्थपरक व्यवस्था– यह रूपिमों के संयोगों और उनकी व्यवस्थाओं को अपने साथ जोड़ती है। इसमें रूपिमों को वस्तुओं और स्थितियों के प्रकारों के साथ रखा जाता है।

5. स्वनकीय व्यवस्था–यह वह मार्ग है, जिसमें स्वनिमों के अनुक्रम वक्ता की करण-प्रक्रिया के द्वारा ध्वनि-तंरगों में रूपान्तरित होते हैं ओर श्रोता के द्वारा सुने गए भाषिक संकेतों से विकोडित किए जाते हैं।

प्रसिद्ध भाषा-विज्ञानी **सपीर** के अनुसार भाषा सभ्यता की सांस्कृतिक पद्धतियों के तंत्र का विवरण देती है। इससे सभ्यता-विशेष का अभिव्यंजन होता है।

हॉकेट को स्मरण करें तो 'भाषा एक अभ्यास-गुच्छ अथवा स्वभाव-गुच्छ है। पर भाषा का वचन-कर्म स्वभाव-गुच्छ मात्र न होकर एक ऐतिहासिक घटना है। यह अंशतः मानवीय स्वभाव के समनुरूप होती है और उसे प्रतिबिम्बित करती है तथा उसके द्वारा नियन्त्रित भी होती है। भाषा अपने वचन-कर्म में दूसरी ऐतिहासिक घटनाओं की तरह प्रत्यक्षतः पर्यवेक्षित होती है, पर मानवीय स्वभाव प्रत्यक्षतः पर्यवेक्षित नहीं हो पाता है।

उपर्युक्त परिभाषाओं के अतिरिक्त भाषा-विषयक कुछ और प्रमुख परिभाषाएँ विचारणीय हैं। प्रसिद्ध भाषविद् एडवर्ड सपीर, हेनरी स्वीट, ब्लॉक ऐंड ट्रेगर, ब्लूमफील्ड, ह्वाटमाऊ, आर.एच. रोबिन्स, आर. डब्लयू. लैंगेकर और नोअम् चॉमस्की की परिभाषाएँ आगे द्रष्टव्य हैं–

एडवर्ड सपीर की दृष्टि में भाषा "स्वैच्छिक रूप में प्रस्तुत प्रतीकों की व्यवस्था के साधन द्वारा विचारों, भावों और इच्छाओं के सम्प्रेषण की शुद्ध, असहजात मानवीय प्रविधि है।"

हेनरी स्वीट के शब्दों में "भाषा शब्दों में संघटित वाक्-ध्वनियों के साधन द्वारा विचारों की की गई अभिव्यक्ति है।"

ब्लॉक ऐंड ट्रेगर कहते हैं "कि कोई भी भाषा यादृच्छिक, वाक्-प्रतीकों की ऐसी व्यचस्था है, जिसके द्वारा एक सामाजिक वर्ग परस्पर सहकारिता करता है।"

ब्लूमफील्ड ने अपनी **'भाषा'** पुस्तक में लिखा है कि "उद्गारों की वह पूर्णता, जो किसी भाषा-भाषी समुदाय द्वारा व्यवहृत होती है, वही उस भाषा-समुदाय की भाषा है।"

ह्वाटमाउ के अनुसार "भाषा व्यवस्थित वाचिक प्रतीकवाद है। यह सूचनाओं को अन्तरित करने का साधन है। यह परम्परा की उच्च आनुपातिकता के साथ सामाजिक व्यवहार का एक रूप है।"

रोबिन्स ने अपनी **'सामान्य भाषाविज्ञान'** पुस्तक में स्पष्ट किया है कि "भाषा शुद्ध अथवा यादृच्छिक परम्परा पर आधारित एक ऐसी व्यवस्था है, जो वक्ता की परिवर्तित होती आवश्यकताओं और स्थितियों के अनुरूप अपरिमेय रूप में विस्तार-योग्य ओर परिष्करणीय होती है।"

लैंगेकर के अनुसार "मानवीय भाषाएँ असीमित हैं। ये पृथक् संकेतों के असीमित गुच्छ हैं, जिनमें बहुत-सारी संरचनात्मक जटिलताएँ हैं, जहाँ संरचना कम-से-कम दो स्तरों पर मुक्त-परिसमापनीय होती है तथा सूचना के अन्तरण को अनुमत करती हैं।"

नोअम् चाम्स्की के शब्दों में "जब हम मानवीय भाषा का अध्ययन करते हैं, तो हम उस दिशा में पहुँच रहे होते हैं, जिसे कुछ लोग मानवीय सारतत्त्व कहना चाहेंगे। यह मन-मस्तिष्क की विशिष्ट गुणवत्ता है। जहाँ हम जानते हैं, यह मनुष्य के लिए उसकी एकमात्रता और अद्वितीयता है।"×××"भाषा मन-मस्तिष्क का दर्पण है।"

ऊपर की परिभाषाओं पर विचार करें, तो उक्त सभी परिभाषाओं में कुछ मूलभूत एकता पायी जाती है। एकता के ये तत्त्व निम्नलिखित हैं–

1. भाषा आत्माभिव्यक्ति और सम्प्रेषण का साधन है।
2. भाषा यादृच्छिक है।
3. भाषा असहजात और परम्परित है।
4. भाषा प्रतीकात्मक है।
5. भाषा व्यवस्थित है।
6. भाषा वाचिक है।
7. भाषा सामाजिक व्यवहार का रूप है।
8. भाषा मानवीय है।
9. भाषा मुक्त-अन्त वाली है। वह विचारणीय और परिष्करणीय है।
10. भाषा अपनी संरचनात्मकता में जटिल है।

5.भाषा : स्परूप-निरूपण

1. भाषा वागिन्द्रियों से उच्चरित ध्वनि-संकेतों से स्वरूपित होती है।
2. इन ध्वनि-संकेतों में निर्दिष्ट अवधारणा या पदार्थ के बीच कोई तर्क-सम्बन्ध नहीं होता। अतः यह सम्बन्ध यादृच्छिक होता है।
3. भाषा सामाजिकता में स्वरूपित होती है, क्योंकि इसका स्परूप अभिव्यक्ति-परक होता है। यह वैयक्तिक सम्पत्ति नहीं है।
4. भाषा की प्रकृति औच्चारणिक और लेखिमिक होती है। प्राथमिक रूप में भाषा श्रौत सम्पर्क को स्वरूपित करती है। बाद में लिपिबद्ध होने के

बाद इसका स्वरूप चाक्षुष् भी हो जाता है।

5. भाषा परिवर्तनशील होती है। ध्वनि, शब्द, रूप, वाक्य, अर्थ—सभी स्तरों पर इसमें परिवर्तन आता रहता है। इनमें सबसे पहले ध्वनि प्रभावित होती है। ध्वनि के प्रभावित होने के कारण शब्द प्रभावित होते हैं। फिर रूप-रचना और वाक्य-रचना भी प्रभावित होती है। अर्थ में भी परिवर्तन होता चलता है। अपने परिवर्तन-क्रम में भाषा व्याकरण के नियमों को तोड़ती है। भाषा का यह परिवर्तन काल और स्थल-आधारित होता है। समय के बीतते जाने से जो परिवर्तन आता है वह काल-आधारित परिवर्तन है, पर जो परिवर्तन स्थल बदल जाने के कारण घटित होता है उसे भौगोलिक परिवर्तन कहते हैं। भाषा की परिवर्तनशीलता की यह दिशा कठिनता से सरलता की ओर होती है।
6. भाषा सहजात न होकर अर्जित सम्पत्ति है। यह अनुकरण और अभ्यास से सीखी जाती है।
7. भाषा परम्परा से सम्पोषित होती है।
8. भाषा संस्कृति की संवाहिका होती है।
9. भाषा की प्रकृति स्वायत्त होती है। यह किसी और चीज़ पर निर्भर नहीं होती। यह खुदमुख्तार होती है। प्रत्येक भाषा अपना स्वतन्त्र रूप विकसित करती है, जिसके कारण वह दूसरी भाषाओं से अलग हो जाती है। चाहे ध्वनि का स्तर हो या शब्द का स्तर, रूप का स्तर हो या वाक्य-रचना का स्तर या अर्थ का स्तर—हर-कहीं उसकी यह स्वायत्तता देखने को मिलती है। इसलिए कोई-कोई ध्वनि किसी-किसी भाषा में इतनी विशिष्ट होती है कि दूसरी भाषा में यह उच्चरित ही नहीं हो पाती है। संस्कृत से विकसित आर्य-भाषाओं में 'ज़' ध्वनि नहीं है। पर फ़ारसी तथा अंग्रेजी भाषाओं में 'ज़' ध्वनि है। रूसी भाषा में यही 'ज़' ध्वनि और विशिष्ट होकर दो नुक़ते वाली 'ज़' ध्वनि बन जाती है, जिससे यह फ़ारसी और अंग्रेज़ी से भिन्न हो उठती है। हिन्दी में परसर्ग के प्रयोग होते हैं, तो अंग्रेजी में पूर्वसर्ग की व्यवस्था है। हिन्दी की वाक्य-रचना कर्त्ता. कर्म. क्रिया की वाक्य-रचना है, पर अंग्रेजी की वाक्य-रचना कर्त्ता. क्रिया. कर्म की वाक्य-रचना है। इन सबसे भाषा की स्वायत्तता और निजता का पक्ष उजागर होता है।

6. भाषा : सामाजिक सम्पर्क

मनुष्य के द्वारा वाक्यों, उपवाक्यों, पदबन्धों, शब्दों में व्यक्त किए गए उद्‌गार अपनी रूपात्मकता में कभी पूरी तरह अर्थ नहीं देते, बल्कि अर्थ को ही सन्दर्भ

विशेष में उसके प्रकार्य पर निर्भर होना पड़ता है। दूसरे शब्दों में कहा जा सकता है कि जो कुछ कहा जाता है, उसका अर्थ वक्ता पर, श्रोता पर (जिसे कहा जाता है), साथ ही, कब कहा जा रहा है और कहाँ कहा जा रहा है, इस पर निर्भर होता है। वस्तुतः वह स्थितिगत सन्दर्भ, जिसमें कोई भाषिक उद्‌गार व्यक्त किया जाता है, और उसका साकल्यपरक अर्थ उद्‌गार के पूरे अर्थ-निर्धारण के लिए बहुत महत्वपूर्ण है। निम्नलिखित वाक्य को देखें। यह अपनी रूपरचना में प्रश्नात्मक है, पर भोजनकक्ष की स्थिति में यह एक विनम्र निवेदन का अर्थ देता है–'Can I have the salt? Please' अर्थात्, क्या मुझे नमक मिल सकता है? कृपा करें/कृपया दें।

इस दृष्टि से भाषा के व्यवहार और अर्थ को समझने के लिए निम्नलिखित अवयव सहायक सिद्ध होते हैं–

1. **प्रतिभागी का स्वभाव**–वक्ता और श्रोता के बीच की नातेदारी, उनकी आजीविका, उनका पुरूष-स्त्री होना, उनकी समाज-आर्थिक स्तृति (Strata) आदि पर अर्थ निर्भर होता है।
2. **प्रतिभागीकरण की प्रकृति**–इसके अन्तंगत वार्ता का माध्यम और स्वरूप आता है। आमने-सामने बातचीत करना, दूरभाष पर बातचीत करना, बड़े समूह को सम्बोधित करना, कुछ चुने हुए लोगों से बातचीत करना, कक्षा में व्याख्यान देना आदि इसके अन्तर्गत आते हैं। प्रतिभागीकरण की यह प्रकृति अर्थ को प्रभावित करती है।
3. **प्रतिभागियों की भूमिका**–इसके अन्तर्गत प्रतिभागी जिस विशिष्ट भूमिका में बातचीत करते हैं उसे रेखांकित किया जाता है। जैसे–शिक्षक और विद्यार्थी, अधिकारी और अधिकृत, पति और पत्नी, क्रेता और विक्रेता जैसी भूमिका में प्रतिभागी की बातचीत।
4. **वाक् की वृत्तिकता**–इसके अन्तर्गत मनाना, आदेश देना, अनुरोध करना, कर्मकाण्डों की रीतिपरक बातें करना, खेल के सन्दर्भ में बातें करना आदि द्रष्टव्य हैं। इस प्रकार यहाँ वाक् की प्रकृति में **वृत्तिकता** का सहज समावेश होता है।
5. **माध्यम की प्रकृति**–इसके अन्तर्गत बोलने, लिखने तथा लिखित पांडुलिपि से वाचन करने जैसी माध्यमगत भूमिका ग्रहण की जाती है। इससे भी अर्थ प्रभावित होता है।
6. **प्रोक्ति-क्षेत्र का प्रकार**–इसके अन्तर्गत विज्ञान, कला, अर्थशास्त्र, राजनीतिशास्त्र तथा भाषाविज्ञान जैसे भिन्न-भिन्न प्रोक्ति-विषयों का समावेश द्रष्टव्य है। यहाँ भिन्न-भिन्न प्रोक्ति-विषय अर्थ को नियन्त्रित करने में अपनी भूमिका का निर्वाह करते हैं।
7. **भौतिक-क्षेत्र स्थिति**–इसके अन्तर्गत लोकपरक बनाम निजी, कोलाहलपूर्ण

बनाम शान्त, संगोष्ठी-वार्ता बनाम कक्षा-वार्ता जैसी स्थितियों के द्वारा अर्थ को नियन्त्रित होते देखा जा सकता है।

8. **समाज-सांस्कृतिक स्थिति**–जैसे अंग्रेज से अंग्रेज की बातचीत, अंग्रेज की भारतीय से बातचीत, भारतीय की अंग्रेज से बातचीत, तमिल की पंजाबी से बातचीत आदि। इस प्रकार समाज-सांस्कृतिक स्थिति निहितार्थ को उजागर करती है।
9. **यथार्थ सांसारिक ज्ञान और विशिष्ट विश्वास**–ये वे चीजें हैं, जिन्हें प्रतिभागी अपनी प्रोक्ति में प्रायः लाया करता है, भले ही ये तत्त्व निजी हों या धार्मिक हों अथवा किसी वर्ग या संस्था की सदस्यता को उद्घाटित करने वाले हों।
10. **वक्ता की विशेष आकांक्षा की विधेयात्मकता-निषेधात्मकता**–इसके अन्तर्गत वक्ता अपने को किसी पद आदि से जोड़कर ज्ञापित करता है। इस से उसकी अप्रतिबद्धता या किसी विषय के प्रति उसके दृढ़ दृष्टिकोण आदि का परिचय मिलता है।
11. **प्रतिभागी का एकभाषी बनाम बहुभाषी होना**–दो से अधिक भाषाएं जब परस्पर सम्पर्क में आती हैं, तब वे एक दूसरे को प्रभावित करती हैं। एकभाषी व्यक्ति वह है जिसमें केवल एक भाषा-व्यवहार की ही योग्यता है। इसकी तुलना में द्विभाषी दो भाषाओं का एक समान प्रयोग कर सकता है। किन्तु ऐसा व्यक्ति, जो आश्रित द्विभाषी है, वह उस भाषा का व्यवहार तो अच्छी तरह कर लेता है, जिस पर उसका अधिकार होता है, पर दूसरी भाषा का वह उतना अच्छा व्यवहार नहीं कर पाता है। इस प्रकार द्विभाषावादिता में एक अनुपात-क्रम देखने को मिलता है। एक बहुभाषी व्यक्ति दो भाषाओं से अधिक भाषाओं का भी व्यवहार कर सकता है।

ऊपर निर्दिष्ट सभी अवयवों का परस्पर सहयोगीकरण जिस तरह अभिप्राय एवं अर्थ को नियंत्रित-प्रभावित करता है, उसी प्रकार ये अलग-अलग रह कर भी अर्थ को नियन्त्रित तथा प्रभावित करते हैं। एक वक्ता की क्षमता या योग्यता में उसकी **भाषिक योग्यता** भी ली जानी चाहिए। वास्तव में यही वह योग्यता है, जो वक्ता को जीवन में पहले कभी नहीं सुने गए और न ही कभी उच्चरित किए गए भाषाओं को रचने और समझने की क्षमता प्रदान करती हैं। साथ ही यह किसी उद्गार को व्याकरणिक रूप में परखने और अव्याकरणिक रूप में उसे खारिज कर देने की भी क्षमता रखती है। इसके अतिरिक्त यह अर्थपूर्णता और अर्थविहीनता की विभेदक क्षमता भी रखती है। इसमें वाक्यों को एक से अधिक रूप में व्याख्यायित करने की क्षमता होती है। जब कहीं अस्पष्टता या बह्वर्थता

आती है तब यह अस्पष्टता को दूर भी करती है। उदाहरण के लिए 'वृद्ध पुरुष और नारी' (Old men and women) वाक्यांश को लें। यहाँ एक अर्थ 'वृद्ध पुरुष और वृद्ध नारी'—दोनों का है, पर दूसरा अर्थ 'वृद्ध पुरुष' और 'नारी-मात्र' का है।

इसके अन्तर्गत साम्प्रेषणिक योग्यता का भी समावेश होता है। साथ ही कब, कहाँ और कितना बोलना चाहिए तथा कब, कहाँ बिल्कुल नहीं बोलना चाहिए—जैसे समुचित निर्णय करने की योग्यता भी सम्मिलित होती है। यही नहीं, उस योग्यता को भी यहाँ समाहार हो जाता है कि किसे, क्या और किस रूप में कहना चाहिए। इसके अतिरिक्त यह योग्यता भाषेतर अभिव्यक्तियों का भी निर्णय करती है। वस्तुतः समीचीन रूप में भाषा का व्यवहार करना साम्प्रेषणिक क्षमता के ही अन्तर्गत आता है।

भाषा के प्रभावी व्यवहार करने वाले को दो प्रकार की योग्यता चाहिए—

1. व्याकरणिक रूप में सुगठित वाक्यों को व्यक्त करने की क्षमता और
2. वार्ता में प्रतिपाद्य, विषय-सन्दर्भ, वक्ता तथा श्रोता की नातेदारी की मांग के अनुरूप वाक्यों को समीचीन तथा समुचित रूप में चुनने की क्षमता।

साम्प्रेषणिक क्षमता में वक्ता की भाषिक क्षमता का भी समाहार होता है। ये दोनों परस्पर बहुत निकट रूप में जुड़ी तथा साथ-साथ विकसित होने वाली क्षमताएँ हैं।

इसके अन्तर्गत समुचितता तथा समीचीनता के मानक पर आधारित प्रयोग के नियम और व्याकरणिकता-अव्याकरणिकता पर आधारित चलन तथा व्यवहार के नियम—दोनों साथ-साथ अर्जित होते हैं।

भाषा समाज में जीवित लोगों द्वारा व्यवहृत एक साम्प्रेषणिक व्यवस्था है। इसलिए समाज और भाषा में बहुत निकट का सम्बन्ध है। इस प्रकार के सम्बन्ध का अध्ययन क्षेत्रीय वैभिन्न्य, विभाषिक अन्तर, विभाषिक वैभिन्न्य का इतिहास, भाषा-समुदाय और उनकी अभिवृत्तियाँ, द्विभाषावाद, बहुभाषावाद और उनके पहलू (जहाँ दो-तीन विभाषाओं तक का व्यवहार किया जाता है और जिनमें भाषा-व्यवहार की धाराप्रवाहिता एक जैसी होती है), सांस्कृतिक स्तर और उनका अन्तरण, मानक और अमानक भाषा, राष्ट्रभाषा, कार्यालयी भाषा, लोगों की प्रवृत्तियाँ, उनकी मानसिक क्षमता, भाषा के साथ पुरुष-नारी का अपना-अपना सम्बन्ध—आदि दृष्टियों से किया जाता है।

हमारे दैनिक जीवन में भाषा व्यवहार को समाहित करने वाली क्रियाशीलता की शृंखला के द्वारा परिचालित होती है। वक्ता कई प्रकार की प्रयुक्तियों, शैलियों, वाचिक और लिखित जैसी कई माध्यम-प्रविधियों का व्यवहार करता है। पर यह

व्यवहार स्थिति-निर्भर होता है। इसलिए भाषा के अध्ययन को एक मानवीय प्रपंच के रूप में लिया जाना चाहिए, न कि समाज और जीवन से असम्बद्ध भाषावैज्ञानिक-तत्त्व मात्र के रूप में। आशय यह कि भाषा के अध्येता को वाक्य के ऊपर की **प्रोक्ति** जैसी इकाई तक जाना चाहिए। उसे विनिमय और अनुप्रस्थ तक जाना चाहिए, जिससे कि स्थितियों के प्रकार तथा भाषा-व्यवहार के बीच की नातेदारी का अध्ययन संभव हो पाए।

7. भाषाः संघटना

भाषा के संघटित होने के कई स्तर हैं। इन सभी स्तरों की संघटना से ही भाषा अस्तित्व में आती है।

भाषा-व्यवस्था (Langue) और भाषा-व्यवहार (Parole) का स्तरः भाषा के संघटित होने का पहला स्तर **भाषा-व्यवस्था** (लाँग) और **भाषा-व्यवहार** या वाक् (पेरोल) का है। 'लाँग' मातृभाषा-भाषी का वह अलिखित व्याकरण है, जो उसके मस्तिष्क में संचित रहता है। यह एक प्रकार से हर भाषा-भाषी समुदाय का भाषिक 'बैंक-बैलेंस' होता है। जिस भाषा का लाँग वक्ता के मस्तिष्क में नहीं होता है, उस भाषा को वक्ता न तो बोल सकता है और न ही समझ सकता है। इस दृष्टि से भाषा के संघटित होने की प्राथमिक अपेक्षा 'लाँग' पर निर्भर होती है। यदि वक्ता के मन-मस्तिष्क में लाँग सुरक्षित है, तो वक्ता वाचिक और लिखित--दोनों रूपों में भाषा को अभिव्यक्त सकता है और समझ सकता है। यहाँ 'लाँग' की भूमिका 'निवेश' (Input) की है। 'पेरोल' भाषा की वास्तविक अभिव्यक्ति है, निर्गत (Output) है। 'लाँग' से ही मानव-भाषा 'पेरोल' के स्तर पर--वाचिक अभिव्यक्ति के स्तर पर--संघटित होती है।

विकल्पक्रमी और विन्यासक्रमी संबंध का स्तरः 'पेरोल' के स्तर पर जो भाषा अभिव्यक्त होती है वह दो संबंधों में स्वरूपित होती है। भाषा की संघटना का यह दूसरा स्तर है। भाषा की अस्तित्वपरकता को यहाँ विकल्पक्रमी (Praadigmatic) और विन्यासक्रमी (Syntagmatic) संबंधों की संघटना में देखा जा सकता है। ये दोनों पारिभाषिक सॅस्यूर ने दिए थे, जिसने विकल्पक्रमी (Paradignatic) के पहले भाषा में सहचारक्रमी संबंध (Asssociative relation) की बात की थी। हिन्दी में भाषाविदों ने 'पाराडिग्मेटिक' का रूपांतरण **'सहचारक्रमी'** किया है, जो उचित नहीं है। वस्तुतः यह 'ऐसोशिएटिव' का सही हिन्दी अनुवाद है। 'Paradigmatic' का सही अनुवाद **'विकल्पक्रमी'** ही होगा। **विकल्पक्रमी** संबंध के मूल में समुच्चय (set) की संकल्पना काम करती है और **विन्यासक्रमी** संबंध में पारस्परिक संबंधों की शृंखला संकल्पना काम करती है। **समुच्चय** के मूल में चयन का कौशल होता है, जबकि **विन्यास** के मूल में संयोजन का कौशल होता है। इन दोनों के सहयोग

से संघटित होने वाली भाषा को ध्वनि, शब्द, रूप, वाक्य, अर्थ—सभी स्तरों पर देखा जा सकता है। ध्वनि के स्तर पर यदि एक अंग्रेजी ध्वनि 'बी' चुनें, दूसरी ध्वनि 'ए' तथा तीसरी, चौथी ध्वनि 'एल' लें, तो इनके विन्यास से **बॉल** शब्द बन जाएगा। यदि तीन हिन्दी ध्वनियों—'क', 'म', 'ल' का विन्यास हम **'कमल'** के रूप में करें, तो कमल बनेगा और यदि **'कलम'** के रूप में करें, तो **कलम** बन जाएगा। एक वाक्य लें—'वह...पीता है।' यहाँ व्याकरणिक दृष्टि से कर्म का खाना खाली है। वक्ता उसे इच्छानुसार भर सकता है। यहाँ कई शब्द संभावित हैं...पानी, दूध, घी, लस्सी, शिंकजवी, कोल्डड्रिंक, शराब, (वाइन), दवा आदि। पर वक्ता को इनमें से केवल एक शब्द ही चुनना है और उसे खाली जगह पर रखना है। यहाँ यह चयन शब्द-स्तर का है। इसे **विकल्पक्रमी** कहना इसलिए सार्थक है, क्योंकि इसमें अनेक संभाव्य विकल्पों में से किसी एक विकल्प को ही चुनना पड़ता है। इस प्रकार **विकल्पक्रमी** संबंध परस्पर अनुपस्थिति में बनते हैं। ऊपर संभाव्य कई शब्दों में जब एक को चुना गया, तो अन्य सारे शब्द अनुपस्थित हो गए। आशय यह कि भाषा की संघटना में भाषा के प्रत्येक स्तर पर **चयन** और **संयोजन** की प्रक्रिया चलती रहती है। इस प्रक्रिया से भी भाषा अस्तित्वमय होती है। इसके विपरीत **विन्यासक्रमी** संबंध है। 'ध्वनि' और 'शब्द' के स्तर पर जहाँ कहीं विकल्प-रूप में चयन किया गया वहाँ उसे संयोजित करने की भी अपेक्षा रही। उदाहरणार्थ—'बिल्ली दूध पी गई'। यहाँ 'बिल्ली' से 'दूध', 'दूध' से 'पी' और 'पी' से 'गई'—ये सभी शब्द परस्पर जुड़े हुए हैं। अतः यहाँ **विन्यास** का संबंध होने के कारण इसे **विन्यासक्रमी संबंध** कहते हैं। ये न केवल व्याकरणिक रूप में परस्पर जुड़े हैं, बल्कि अपनी आर्थी संरचना में भी सम्बद्ध हैं। यहाँ यह संबंध सभी भाषिक एककों की उपस्थिति में बन रहा है। अतः **विन्यासक्रमी संबंध** उपस्थिति में बनते हैं। इस प्रकार भाषा इन दोनों प्रकार के संबंधों के आधार पर संघटित और अस्तित्वमय होती है।

विभिन्न भाषिक इकाइयों का स्तरः भाषा की संघटना का तीसरा स्तर उसकी विभिन्न इकाइयों का है,जिसके मूल में ध्वनि की स्थिति है। यद्यपि ध्वनि अपने-आप में अर्थहीन है, फिर भी इससे **रूपों** (MORPHS) का निर्माण होता है। इसी से **कोशीय** (मुक्त रूप) और **व्याकरणिक** (बद्ध रूप) शब्द निष्पन्न होते हैं। शब्द जब आकांक्षा, आसत्ति और सन्निधि से जुड़ते हैं तब वाक्य बन जाते हैं और वाक्यों और वाक्यों का अनुक्रम पूरी **प्रोक्ति** को जन्म दे देता है। इस तरह भाषा की संघटना में ध्वनि की, शब्द की, रूप की, वाक्य की और वाक्य-गुच्छ या प्रोक्ति की भूमिका अनिवार्य होती है। यहाँ इन इकाइयों के साथ-साथ अर्थ का पूरा ध्यान रखना पड़ता है, जो अर्थ एक संकेतक और संकेतित के बीच पहले से किसी

भाषा-भाषी समुदाय में प्रचलित-स्वीकृत है, उसकी विद्यमानता से ही ये सभी भाषिक स्तर भाषा को संघटित करते हैं।

8. भाषा : प्रकार्य

भाषा का अध्ययन दो प्रकारों से किया जाता है एक अध्ययन तो उसके गठन (Organization) का अध्ययन है। इसमें भाषा के व्याकरण-पक्ष पर विचार किया जाता है। दूसरा अध्ययन उसके प्रकार्य (Function) का अध्ययन है। इसके अन्तर्गत भाषा किन-किन रूपों में उपयोग में आती है, इस पर विचार किया जाता है।

भाषा के प्रकार्य पर विचार करने वाला सबसे पहला व्यक्ति अमेरिकी भाषाविद् **मेलिनोव्स्की** था। उसने भाषा के तीन प्रकार्य निर्दिष्ट किये। उसके अनुसार भाषा का पहला प्रकार्य **तथ्यपरकता** का प्रकार्य है, जबकि दूसरा प्रकार्य **ऐन्द्रजालिकता** का जादुई प्रकार्य है। और तीसरा प्रकार्य Narrative Function है जहाँ भाषा एक भण्डार की तरह है और उपयोगी और आवश्यक सूचना से भरी है, जो अपनी ऐतिहासिकता में सुरक्षित हैं। **मेलिनोव्स्की** ने इन तीन प्रकार्यों के लिए Pragmatic और Magical और Narrative जैसे पदों का प्रयोग किया है।

यहाँ यह श्रेय भी **मेलिनोव्स्की** को ही दिया जाता है कि उसने भाषा के सम्पर्क द्योतक प्रकार्य के विषय में विचार किया और उसे **सम्पर्क-द्योतक** (Phatic Function) के रूप में रेखांकित किया। उसने मूलतः सम्पर्क-द्योतक भाईचारे (Phatic Communion) की अवधारणा प्रस्तुत की थी।

बाद में भाषाविज्ञान का प्राग निकाय बना। इस चेक निकाय में मुकारोव्स्की ने भाषा के तीन प्रकार्यो की जगह चार प्रकार्यों की बात की। उसने 'Aesthetic Function' नाम से चौथे सौन्दर्यात्मक प्रकार्य की स्थापना की। उसी निकाय के **रोमन याकोब्सन** ने भाषा के छह प्रकार्य माने–1. अभिधेयात्मक प्रकार्य (Denotative Function 2. अभिव्यंजनात्मक प्रकार्य (Expressive Function) 3. सम्पर्क-द्योतक प्रकार्य (Phatic Function), 4. क्रियावृत्तिक या इच्छात्मक प्रकार्य (Conative Function) 5. काव्यात्मक प्रकार्य (Poetic Function) और 6. अधिभाषात्मक प्रकार्य (Meta-Linguistic Function).

1. **अभिधेयात्मक प्रकार्यः** भाषा का यह प्रकार्य मूलतः कोशगत अर्थ देने वाला प्रकार्य है, जिसमें प्रायः एक शब्द का एक अर्थ नियत होता है। दूसरी ओर इससे सूचना भी प्राप्त होती है। इसीलिए कई विद्वानों ने इसे सूचनात्मक प्रकार्य के नाम से भी पुकारा है। **जी.एन.लीच** इसे सूचनात्मक प्रकार्य ही कहता है। भाषाके इस प्रकार्य में अर्थ बिल्कुल स्पष्ट होता है। जैसे–"कहीं आग लग गई, कहीं गोली चल गई।" इसका अर्थ भी स्पष्ट है और इससे एक सूचना भी प्राप्त हो जाती है

2. अभिव्यंजनात्मक प्रकार्यः इस प्रकार्य में भाषा के शब्दों और पदबन्धों की आवृत्ति की जाती है। यथा—"राम कहु, राम कहु, राम कहु राम रे।" कुछ विद्वानों ने भाषा के अभिव्यंजनात्मक प्रकार्य को विस्मय और आह्लादपरक शब्दों की सीमा में सीमित कर दिया है। यथा—'आह, उफ, शाबाश'। यद्यपि ये शब्द मात्र हैं।, पर इनसे होने वाला सम्प्रेषण पूरे वाक्य और पूरे कथन को समेट लेता है। इसमें जो धनीभूतता और तीव्रता होती है वह पूरे वाक्य और कथन से भी इस रूप में नहीं उभर सकतीं है।

3. सम्पर्क-द्योतक प्रकार्यः भाषा में यह प्रकार्य सम्पर्क बनाए रखने की दृष्टि से सक्रिय रहता है जैसे—चलते-फिरते, मिलते-जुलते, अभिवादन या नमस्कार निवेदिन करना। यही नहीं, गाड़ियों में बैठे हुए अपने अपरिचित सहयात्री से मौसम-विषयक बातें करना भी भाषा के इसी प्रकार्य को दर्शाता है। टेलीफोन पर बातचीत करते हुए 'हाँ जी', 'Yes Sir' जैसी अभिव्यक्ति करना, जिससे बातचीत में सम्पर्क बना रहता है, यहीं नहीं, दादी माँ द्वारा बचपन में सुनायी जानी वाली कहानी के बीच में हुँकारी भरते जाना भी सम्पर्क-द्योतक प्रकार्य का ही उदाहरण है।

4. क्रियावृत्तिक अथवा इच्छात्मक प्रकार्यः भाषा के इस प्रकार्य के मूल में वक्ता के कथन में किसी प्रकार का आग्रह या अनुरोध या आदेश या आज्ञा होती है। इसके मूल में इच्छा ही सक्रियं रहती है। यथा—'कृपया शान्त रहिए' या 'शोर मत करो।' नेपोलियन ने अपंने सैनिकों से जो यह कहा था—"March Forward. There is no Alpse." वह अपनी सेना को दिया गया उसका आदेश था। अतः यह भी क्रियावृत्तिक प्रकार्य का सटीक उदाहरण हैं।

5. काव्यात्मक प्रकार्यः भाषा का काव्यात्मक प्रकार्य उसके अन्य प्रकार्यों से विशिष्ट है। प्रायः साहित्य में और उसमें भी कविता में काव्यात्मक प्रकार्य देखने को मिलता है। इस प्रकार्य की दो विशेषताएँ हैं। यहाँ पर सामान्य भाषा में अनुपालित होने वाले नियमों को या तो **अतिक्रमित** कर दिया जाता है या उसपर **अध्यारोपित** भी कर दिया जाता है। इन दोनों के लिए **विचलन** और **समांतरता** जैसे पारिभाषिक पदों का प्रयोग होता है। इनके उदाहरण देखें—

1. आज प्रथम पिक गायी पंचम।" (विचलन)
2. विहग-विहग फिर चहक उठे ये कुंज-कुंज
   कल कूजित कर उर का निकुंज,
   चिर सुभग-सुभग।" (समांतरता)

ऊपर के पहले उदाहरण में सामान्य व्याकरण का नियम टूट गया है, तभी 'पिक ने गाया' की जगह कवि ने 'पिक गायी' जैसा प्रयोग किया है, जबकि दूसरे उदाहरण में वर्णों और शब्दों का बार-बार आवर्तन करने के कारण नियमों के

अध्यारोपण से समान्तरता उत्पन्न हुई है।

6. अधिभाषात्मक प्रकार्यः भाषा का अधिभाषात्मक प्रकार्य वहाँ होता है, जहाँ भाषा में केवल भाषा ही विवेच्य होती है। भाषा के अतिरिक्त और कुछ नहीं विवेच्य होता है। यह एक ऐसा प्रकार्य है, जो मनुष्य को छोड़कर किसी अन्य जीवधारी की भाषा में नहीं पाया जाता। जब कक्षा में विद्यार्थी अपने शिक्षक से किसी शब्द का अर्थ पूछता है और शिक्षक उसे बताते है, तब वहाँ यही प्रकार्य क्रियाशील रहता है। अंग्रेजी का एक शब्द है–'SOPHOMORE' (सोफोमोर) इसका अर्थ होता है–दूसरे साल का विद्यार्थी। यह विद्यार्थी एम.ए. भाग दो का भी हो सकता है और दूसरी कक्षा का भी।

भाषा के प्रकार्य पर फ्रांसीसी भाषाविद् **मार्तिन** ने भी विचार किया है, पर वह भाषा के छह प्रकार्य नहीं मानकर पाँच प्रकार्य ही मानता है। उसका यह विचार Functional view of Language में है। उसकी केन्द्रीय अवधारणा यह रही है कि ध्वनि के अतिरिक्त वाक्य-रचना में भी प्रकार्य की केन्द्रीय भूमिका होती है। इसे ही वह प्रभावी प्रकार्य कहता है। भाषा के प्रकार्य पर विचार करने वाले एक अत्यन्त प्रसिद्ध विद्वान एम.ए के हैलीडे हैं, जिन्होंने भाषा के तीन प्रकार्य माने हैं–1. विचारात्मक प्रकार्य (Ideational function of Language), 2. अन्तरवैयक्तिक प्रकार्य (Inter-personal function of language) और 3. प्रतिपाद्यपरक प्रकार्य (Thematic function of Language)। उन्होंने पुनः इन तीनों प्रकार्यों को दो-दो उपप्रकार्यों में वर्गीकृत किया है। इस तरह भाषा के विविध प्रकार्यों पर नव्य भाषा विज्ञान में विस्तृत विवेचन प्राप्त होता है।

2

भाषा : प्ररूपपरक सन्दर्भ

भाषा कोई एकरूप पदार्थ नहीं है। यह मानव द्वारा प्रसूत वह तत्त्व है, जो समाज में मानवीय सम्बन्धों जितनी ही जटिल है। भाषा अनेकरूपी है। अंग्रेजी, हिन्दी, पंजाबी जैसे नाम से भाषा को पुकारना केवल उस अमूर्तीकरण को संदर्भित करने के उद्देश्य से ही अर्थपूर्ण है, अन्यथा अंग्रेजी, हिन्दी या पंजाबी अपने-आप में अंग्रेजी, हिन्दी और पंजाबी की बहुतेरी विविधताओं-अनेकरूपताओं का एक पूरा तंत्र है। अंग्रेजी को ही लें, तो उसके अनेक रूप हैं—ब्रितानी अंग्रेजी, अमेरिकन अंग्रेजी, केनाडियन अंग्रेजी, भारतीय अंग्रेजी आदि। वास्तव में ये सभी रूप अंग्रेजी के क्षेत्रीय वैविध्य को दर्शाते हैं। इसी प्रकार हिन्दी के अंतर्गत मध्यप्रदेशीय हिन्दी, उत्तरप्रदेशीय हिन्दी, हरियाणवी हिन्दी, पंजाबी हिन्दी, बिहारी हिन्दी—ये सब हिन्दी के क्षेत्रीय वैविध्य को दर्शाने वाले रूप हैं। भाषा की अनेक भूमिकाएँ होती हैं। इस दृष्टि से भाषा के विविध प्ररूप निम्नलिखित हैं—

भाषा-व्यवस्था (लाँग): भाषा की जो अमूर्त व्यवस्था है उसे भाषा-व्यवस्था (लाँग) कहते हैं और जो उसका मूर्तन है उसे वाक् या भाषा-व्यवहार(पेरोल) कहते हैं। 'लाँग' वह भाषिक व्यवस्था है, जो किसी भी भाषा-भाषी समुदाय के हर व्यक्ति के मन-मस्तिष्क में समान रूप में व्यवस्थित रहती है। यहाँ यह उस भाषा-विशेष के अलिखित व्याकरण के बतौर उपस्थित होती है। यह शिक्षित और अशिक्षित—सब के मन-मस्तिष्क में समान रूप से विद्यमान होती है। 'लाँग' की सत्ता मानसिक होती है और व्यापक भी।

भाषा-व्यवहार या वाक् (पैरोल): 'पेरोल' व्यक्ति-विशेष द्वारा किया जाने वाला भाषिक निष्पादन है। इसकी सत्ता 'लाँग' की तुलना में मनोशारीरिक होती है, क्योंकि उच्चार वागिन्द्रियों से होता है और लिखने तक में शारीरिक हरकत विद्यमान होती है। 'लाँग' में जहाँ पूरे भाषा-भाषी समुदाय में समानता मिलती है, वहाँ 'पेरोल' में, सामाजिक समानता न होकर वैयक्तिकता होती है। **'लाँग'** भाषा का अमूर्त रूप है और **'पेरोल'** भाषा का मूर्त रूप है। कोई भी भाषा इन दोनों के योग से ही निष्पादित होती है।

अमूर्त भाषा-व्यवस्था (लाँग) और भाषा-व्यवहार (पेरोल): संबंध और अन्तर: अमूर्त भाषा-व्यवस्था (लाँग) और भाषा-व्यवहार (पेरोल) परस्पर संबंद्ध हैं। बिंना अमूर्त भाषा-व्यवस्था के भाषा-व्यवहार संभव नहीं है। इस अन्तर को निम्नलिखित रूप से समझा जा सकता है–

1. **'लाँग'** अपने-आप में एक कोड है, जबकि 'पेरोल' संदेश का कोडीकरण है।
2. **'लाँग'** स्वभावतः अपने-आप में प्रच्छन्न और गर्भित होता है। इसकी तुलना में **'पेरोल'** वास्तवीकृत रूप में भाषा का कार्यान्वित रूप होता है।
3. **'लाँग'** अपनी प्रकृति में सामाजिक होता है, पर **'पेरोल'** वैयक्तिक होता है।
4. **'लाँग'** की प्रकृति निश्चित होती है, पर **'पेरोल'** अपनी प्रकृति-स्थिति से ही स्वतन्त्र होता है।
5. **'लाँग'** मंदगति होता है, पर **'पेरोल'** क्षणभंगुर होता है।

स्टीफेन उल्मान न **'लाँग'** और **'पेरोल'** के बीच के अन्तर को इस प्रकार स्पष्ट किया है:

"Language is a vehicle of communication and the speech is the use of that vehicle by a given individual on a given occasion to put it more pointedly. Language is a code, whereas speech is the coding of a particular message...Language exists in a potential state, It is a system of science stored away in own memory ready to be actualized, translated into physical sound, in the process of speech. Speech is the use of language by one person in a specific situation, it is an individual act, language on the other, transces in the individual, it is a property of society at large it is, as Saussure puts it, a social institution...Another important difference concerns the attitudes of the individual speaker to language and to speech. He is the sovereign master of a speech, it depends on him alone what will he say, will he say it and even whether he will say it at all... But while the indivudual is in sole control over a sppech, he is no more then pasive recipient in matters of language, he essimilates it in early childho0od and can do nothing or very little to alter it...French Academy may exercise some influence on the language but even they will hardly affect its basic texture and the ordinary run of men will be quite powerless towards it, they will in Ssaussure words, 'register it passively' ". (अंग्रेजी अनुवाद Language और speech)

लाँग-**सम्प्रेषण** का वाहन है और **पेरोल** उस वाहन का विशेष अवसर पर विशेष व्यक्ति द्वारा किया गया उपयोग है। और अधिक केन्द्रित होकर कहें, तो **'लाँग'** एक कोड है जबकि **'पेरोल'** एक ऐसे विशेष संदेश का कोडीकरण है, जो श्रोता या श्रोताओं के द्वारा विकोडित किया जाता है।

'लाँग' प्रच्छन्न स्थिति में रहता है। यह हमारी स्थितियों में संचित संकेतों की व्यवस्था है। यह 'पेरोल' की प्रक्रिया में कार्यान्वित होने तथा भौतिक ध्वनि के रूप में अन्तरित होने के लिए प्रस्तुत रहता है।

'पेरोल' किसी विशिष्ट स्थिति में एक व्यक्ति के द्वारा किये जाने वाला भाषा-व्यवहार है। यह एक वैयक्तिक कर्म है। **सॅस्यूर** ने इसे इच्छा और बुद्धि का वैयक्तिक कर्म कहा है...'Parole est UN Acte individual de volonted e' Et d' intelligence', जबकि दूसरी **'लाँग'** व्यक्ति से परे रहता है। यह व्यापक तौर पर सामाजिक सम्पत्ति है, जैसा कि **सॅस्यूर** ने निर्दिष्ट किया है–**''यह एक सामाजिक संस्था है।''**

इनके बीच दूसरा महत्त्वपूर्ण अन्तर **'लाँग'** और **'पेरोल'** के प्रति वक्ता के सरोकारों से जुड़ता है। वक्ता अपनी वाणी का प्रभुत्वपूर्ण स्वामी है। यह केवल उस पर निर्भर है कि वह क्या कहेगा, कैसे कहेगा और यह भी कि वह कुछ कहेगा या नहीं।...इस प्रकार व्यक्ति-विशेष का जहाँ अपनी **वाणी** पर पूर्ण नियन्त्रण होता है, वहाँ **'लाँग'** के संदर्भ में वह एक निष्क्रिय गृहीता के अतिरिक्त और कुछ नहीं होता। यह वही **'लाँग'** है, जिसे वह अपने बचपन में अपना चुका होता है, आत्मसात् कर चुका होता है। हाँ, इसके विषय में वह कुछ करने की स्थिति में नहीं होता और यदि वह इसमें कुछ हेर-फेर करना भी चाहे, तो बहुत कम कर सकता है। उदाहरण के लिए 'फ्रांस' में **'फ्रांसिसी अकादमी' 'लाँग'** पर अपना कुछ प्रभाव तो डाल सकती है, फिर भी इसकी मूलभूत बनावट को वह बहुत मुश्किल से कुछ प्रभावित कर पाएगी। पर सामान्य लोगों की गति तो इसके प्रति पूरी तरह शक्तिहीन सिद्ध होती है। वे तो **सॅस्यूर** के शब्दों में, इसे निष्क्रिय रूप में दर्ज कर लेंगे। भाषा-व्यवहार क्षणिक है, अनित्य है और सुधार-रहित है। इस की इस क्षणस्थायी प्रकृति के विरोध में **'लाँग'** मंदगतिशील है, क्योंकि कई बार तो यह बिल्कुल ठहर-सा जाता है। **'पेरोल'** या भाषा-व्यवहार के दो अलग-अलग पहलू हैं। इन में एक **शारीरिक** है और दूसरा **मनोशारीरिक**। वास्तविक रूप में निर्गत ध्वनियाँ शारीरिक घटना हैं, जबकि जिन अर्थों को ये ध्वनियाँ सम्प्रेषित करती हैं वे मनोवैज्ञानिक तत्व हैं। इसके विपरीत 'लाँग' शुद्ध मनोवैज्ञानिक है। इस अन्तर से भी दोनों की स्वरूपगत भूमिका अच्छी तरह स्पष्ट हो जाती है।

मूल भाषा

मूल भाषा के अस्तित्व की बुनियाद में मानव की यह खोज निरन्तर सक्रिय रही है कि मानव-सृष्टि की सबसे प्राक्तन भाषा कौन-सी है। विश्व की तीन क्लॉसिकल भाषाओं—**संस्कृत, लैटिन** और **ग्रीक**—में बहुत पहले यह माना जाता था कि इन तीनों में प्राचीनतम भाषा **संस्कृत** रही होगी। अतः वही **मूल भाषा** है। पर बांद के अध्ययन से यह खण्डित हो गया और यह माना जाने लगा कि वास्तव में ये तीनों भाषाएं किसी एक भाषा से निःसृत हैं। पर वह भाषा कौन-सी है, इस तथ्य तक भाषाविद् नहीं पहुँच पाए। अतः **मूल भाषा** का कल्पित-अनुमानित रूप ही भाषा-अध्ययन के क्षेत्र में मान्य रहा। इससे इतना भर हुआ कि **मूल भाषा** के रूप में संस्कृत की स्थिति खण्डित हो गई और एक अज्ञात कल्पित-अनुमित मूल भाषा का अस्तित्व स्वीकार कर लिया गया, जिससे ये तीनों भाषाएं निःसृत हुई होंगी।

इसके अतिरिक्त **मूल भाषा** का आशय अंग्रेज़ी की पितृभाषा (Parent Language) से भी लिया जाता है। इस दृष्टि से इसका अर्थ विभिन्न भाषा-परिवारों की आरम्भिक भाषा से लिया गया है, जिससे परवर्ती भाषाएं और बोलियां विकसित हुई हैं। इस दृष्टि से भारतीय आर्य-परिवार की मूल भाषा **संस्कृत** और **द्रविड़** परिवार की मूल भाषा **द्रविड़** मानी जाती है, जिससे क्रमशः सभी आर्य भाषाएं तथा तमिल, तेलुगु, कन्नड़, मलयालम जैसी द्रविड़ भाषाएं निःसृत हुई हैं।

एक मत यह भी है कि **मूल भाषा भारोपीय भाषा-परिवार की नहीं थी, बल्कि भारोपीय-हित्ती परिवार की थी**, जिससे **भारोपीय** और **हित्ती** जैसी दो भाषाएँ निकलीं।

मानक (Standard) भाषाः भाषावैज्ञानिक दृष्टि से **मानक** भाषा या सामान्य भाषा और बोली में कोई अन्तर नहीं है। **आर. एस. रोबिन्स** का मानना है—"**मानक भाषा** का कोई विशेष अर्थ नहीं लेना चाहिए।" फिर भी प्रबुद्धों के लिए मानक भाषा विशिष्ट भाषा है और इसे सामान्य भाषा से अधिक गौरव प्राप्त है। मानक भाषा के वही निकष प्राप्त होते हैं, जो सामान्य बोली के। फिर भी **मानक भाषा** के संक्रमण में यह धारणा सक्रिय रहती है कि **अमानक भाषा** की बोलियाँ अशुद्ध और रूपहीन हैं, वे यथार्थ व्याकरण से रहित हैं। सामान्य भाषा या बोली को भद्दी अथवा फूहड माना जाता है। पर उनकी ओर से दूसरा आरोप **मानक भाषा** पर यह है कि इसमें कृत्रिमता और बनने की कोशिश सम्मिलित होती है। **रोबिन्स** यह मानते हैं कि किन्हीं बोलियों का अन्य बोलियों की अपेक्षा क्षेष्ठतर होने का दावा परीक्षण से सिद्ध नहीं होता। उनकी दृष्टि में **मानकेतर** स्वन-विज्ञान, स्वन-प्रक्रिया एवं व्याकरण भी यथार्थ वर्णन के उतने ही अधीन होते है जितने कि **मानक भाषा** के।

सामान्यतः किसी भाषा-क्षेत्र की अनेक बोलियों में कोई एक बोली **मानक** मान ली जाती है और पूरे क्षेत्र में उसका गौरवपूर्ण प्रयोग आरम्भ हो जाता है। इसे परिनिष्ठित भाषा भी कहते है। समाचार-पत्र, पत्र-व्यवहार आदि में इसी का व्यवहार किया जाता है। खड़ी बोली की स्थिति ऐसी ही रही है। यह हिन्दी की अन्य बोलियों के बीच मानव भाषा के रूप में प्रतिष्ठित हुई है। कई बार मानक भाषा अन्य बोलियों का अस्तित्व समाप्त कर देती है। रोम में चलने वाली **लातिनी भाषा इटली** में चलने के बाद अपनी समीपवर्त्ती बोलियों को समाप्त कर बैठी।

मानक भाषा अधिक स्थिर और व्याकरणिक होती है। उच्चारण की दृष्टि से इसमें भाषिक मर्यादा का अधिकाधिक पालन होता है। इसे टकसाली भाषा भी कहा जाता है। मानक भाषा के भी दो रूप होते हैं—**मौखिक** और **लिखित**। **मानक** भाषा का मौखिक रूप अधिक प्रकृत होता है, लेकिन उसके लिखित रूप में यह प्राकृतिकता कम होती जाती है। **मानक** भाषा प्रादेशिक प्रभाव ग्रहण करने से अपने-आप को बचाती है। यह भी माना जाता है कि **मानक** भाषा मूलतः राजनीतिक कारणों से स्वरूपित होती है। उसका प्रयोग शैक्षणिक, सामाजिक और राजकीय कार्यों के लिए होता है। यह अपने-आपको विचलित प्रयोगों से बचाती है। वाचन में इसके मूल आधार उच्चारण और व्याकरण हैं, तो लेखन में वर्तनी और व्याकरण।

विभाषा/बोली (Dialect): एक भाषा के अन्तर्गत एकाधिक **विभाषाएँ** होती हैं। ध्यान देने योग्य तथ्य यह है कि एक भाषाभाषी समुदाय में भी कोई दो व्यक्ति एक समान नहीं बोलते हैं। पर जब किसी भाषा के तहत व्यक्तियों का सह समूह बोलने के विशिष्ट तरीके में सांझ रखता, समानता को दर्शाता है तब वह वर्ग **विभाषा** का व्यवहार कर रहा होता है। यह **विभाषा** जब एक निश्चित भौगोलिक क्षेत्र में बोली जाती है तब उसे **क्षेत्रीय विभाषा** कहते हैं। ब्रजभाषा, खड़ी बोली, अवधी—ये सभी हिन्दी की क्षेत्रीय **बोलियाँ** हैं। **विभाषा** के प्रयोग गाँव और नगर—दोनों ही क्षेत्रों में होते हैं। इन दोनों ही जगहों की **विभाषा क्षेत्रीय विभाषा** कहलाती है।

यदि एक भाषा-क्षेत्र की बोधगम्यता में दो या दो से अधिक भाषाएँ व्याकरण, शब्द-सम्पदा और उच्चारण में अन्तर दिखाती हैं, तो इस अन्तर को विभाषिक अन्तर माना जाता है। पर जब केवल उच्चारणगत अन्तर सामने आता है, तो इसे बल और स्वराघात का ही अन्तर कहा जाता है। जब **विभाषा** की बात की जाती है तब यह तथ्य सदैव स्मरणीय रहता है कि वह किसी भाषा की **विभाषा** है। वस्तुतः प्रत्येक **विभाषा भाषा** का ही मानकेतर वैविध्यपूर्ण रूप है। कब और कैसे किसी **बोली** को **भाषा** का दर्जा दे दिया जाता है, यह भाषिक आधारों पर निर्भर न होकर समाज-राजनीतिक आधारों पर निर्भर होता है। भाषावैज्ञानिक दृष्टि से

प्रत्येक **विभाषा** अपने-आप में एक सम्भाव्य भाषा है। ऐसी कोई भी भाषिक व्यवस्था, जो एक भाषा-भाषी समुदाय द्वारा व्यवहृत होती है, वह वस्तुतः भाषा है या **विभाषा**—इसका निर्धारण प्रायः सामाजिक अभिवृत्तियों के द्वारा किया जाता है। उदाहरण के लिए कुछ लोगों की मान्यता है कि **'कोंकणी' 'मराठी'** की बोली है, जबकि **'कोंकणी'** बोलने वाले कहते हैं कि यह अपने-आप में स्वतन्त्र भाषा है। इसी तरह मैथिली को बिहारी वर्ग की **हिन्दी बोली** माना जाता रहा है। पर साहित्य-अकादमी से उसे भाषा की मान्यता मिल चुकी है। कभी **ग्रियर्सन** ने अपने व्याकरण में **पंजाबी** को **हिन्दी की बोली** कहा था, पर **पंजाबी** अपने-आप में स्वतन्त्रतः प्रतिष्ठित भाषा है। कई बार इस प्रकार का निर्णय **भाषा** और **विभाषा** के बीच व्यवस्थाओं की समानता और पारस्परिक सुबोधता आदि के आधार पर भी किया जाता है।

विभाषा का अध्ययन विभाषाविज्ञान (Dialectology) में होता है। **विभाषा** के अन्तर को मानचित्र से दर्शाया जाता है। जो रेखा बीच की सीमा का निर्देश करती है वह एक विशेष अभिलक्षण को दर्शाती है। इस तरह दूसरे अभिलक्षणों को दर्शाने वाले क्षेत्रों के आधार पर उसके किए जाने वाले वर्गीकरण को **भाषा** की **विभाजक रेखा** (Isoglosses) कहते हैं।

भाषा और विभाषा (बोली) में अन्तरः भाषा और **विभाषा** (बोली) के बीच अन्तर को स्पष्ट करने के दो आधार हैं। **हॉगन** के अनुसार ये आधार **संरचनात्मक (Structural)** और **प्रकार्यात्मक (Functional)** हैं। यदि शुद्ध भाषावैज्ञानिक दृष्टि की बात करें, तो **भाषा** और **बोली** का अन्तर करना संभव नहीं है, क्योंकि **भाषा और बोलियाँ**—दोनों ही मूलतः **भाषा** हैं। **भाषा** की जो परिभाषा 'यादृच्छिक **ध्वनि**-प्रतीकों की व्यवस्था' के रूप में की जाती है, वह **भाषा** और **बोली**—दोनों पर **समान रूप** में लागू होती है। इसलिए **भाषा**-और **बोली** की पृथकता के आधार को उस भाषा-भाषी समाज की जातीय चेतना और उसकी साम्प्रेषणिक व्यवस्था में देखा जाता है। इसका स्वरूप संस्थागत माना गया है।

संरचनात्मक आधार पर **भाषा** और **बोली** के बीच जो अन्तर दीखता है वह व्याकरणिक होता है। पर व्याकरणिक अन्तर से **बोली** और **भाषा** की अस्मिता सिद्ध नहीं हो पाती है। डॉ. रामविलास शर्मा के अनुसार, "जैसे सामाजिक गठन के रूपों में हम लघु जाति से महाजाति की ओर बढ़ते हैं, वैसे ही भाषा का क्षेत्र भी लघु से बृहत्तर होता जाता है। किसी भी भाषा या बोली की सीमाएं अचल और सनातन नहीं होतीं। जिसे हम आज भाषा कहते हैं वह किन्हीं परिस्थितियों में **बोली**-मात्र रह सकती है। जिसे हम **बोली** कहते है, वह कल **भाषा** बन सकती है...उत्तर भारत का बहुत-सा साहित्य ब्रजभाषा में रचा गया था, लेकिन हमारे जातीय विकास की विशेष्र परिस्थितियों में **खड़ी बोली** तो **भाषा** बन गई और

ब्रजभाषा रह गई एक **बोली** के रूप में।"

भाषा और **बोली** में **प्रकार्यात्मक दृष्टि** से सात अन्तर प्राप्त होते हैं–

1. अपने सामाजिक प्रकार्य में भाषा जहाँ अध्यारोपित (Super-ordinate) होती है वहाँ **बोली** भाषा के अधीनस्थ (sub-ordinate) होती है।
2. **भाषा** का प्रयोग-क्षेत्र **बोली** की अपेक्षा अधिक व्यापक और विस्तृत होता है और **बोली** का क्षेत्र **भाषा-क्षेत्र** की तुलना में छोटा होता है। यही कारण है कि एक **भाषा** के अन्तर्गत अनेक **बोलियाँ** समाविष्ट होती हैं। जैसे–हिन्दी भाषा के अन्तर्गत बिहारी-वर्ग, पूर्वी हिन्दी-वर्ग, पश्चिमी हिन्दी-वर्ग, राजस्थानी-वर्ग और पहाड़ी-वर्ग की क्रमश 3, 3, 5, 4, 3 अर्थात् कुल 18 **बोलियाँ** आती हैं।
3. **भाषा**-व्यापार का क्षेत्र बहुमुख होता है, पर **बोली** के व्यवहार का क्षेत्र अपेक्षाकृत सीमित होता है। यहाँ **भाषा-व्यापार** के क्षेत्र से **भाषा** की विभिन्न **प्रयुक्तियों** (Registers) का अर्थ काम्य है। **भाषा** सामान्य बोलचाल की, राजकीय कामकाज की, प्रशासन की, शिक्षा के माध्यम की, विधि की, वाणिज्य की, कला की, कृषि, चिकित्सा, अभियांत्रिकी,तकनालॉजी आदि की **प्रयुक्तियों** का व्यवहार करती है। पर **बोली** के लिए यह संभव नहीं है। वहाँ सामान्य दैनिक जीवन के उपयोग की, सामान्य भावानुभूतियों की तथा आजीविका से जुड़े कृषि और वाणिज्य जैसे कुछ सीमित क्षेत्रों की ही **प्रयुक्तियाँ** प्राप्त होती हैं।
4. **भाषा** का स्तर प्रतिष्ठित और प्रभुत्वपूर्ण होता है। इसके व्यवहार से प्रतिष्ठा और प्रभुता का द्योतन होता है। यद्यपि इसमें भी आत्मीयता की अपनी शैली होती है, फिर भी इसकी तुलना में उस भाषा की **बोली** का प्रयोग अधिक आत्मीय होता है।
5. **भाषा** का प्रयोग औपचारिक और अनौपचारिक–दोनों ही सन्दर्भों में किया जाता है। पर **बोली** की प्रकृति **भाषा** की अपेक्षा अधिक अनौपचारिक होती है।
6. **भाषा** मानक होती है, पर **बोली** को यह मानकता प्राप्त नहीं हो पाती है। दूसरे शब्दों में **भाषा** की प्रकृति अधिक मानकीकृत और अद्यतन रहती है। इसकी तुलना में **बोली** में मानकीकरण का अभाव होता है। इनके प्रयोगों में प्रयोजनहीन विकल्पों की संख्या अधिक रहती है।
7. भाषा अपनी एकाधिक बोलियों के बीच **सम्पर्क-भाषा** की भूमिका भी अदा करती है। यही नहीं, उसे मानक रूप में सीखा जाता है, जबकि **बोली** सम्पर्क-भाषा की भूमिका नहीं निभा पाती है, साथ ही मातृभाषा होने के कारण इसे मातृभाषी **पहली भाषा** के रूप में ही सीखता है। पर

भाषा और **बोली** के कई सन्दर्भ ऐसे भी हैं, जहाँ शिशु आरम्भ से ही **बोली** और **भाषा** को समान रूप में सीख लेता है, पर ऐसी स्थिति अपवादात्मक होती है।

विशेषकालिक (Time Specific) भाषा : जब हम भाषा के इतिहास और विकास के सन्दर्भ में भाषा के वैविध्य का लेखा-जोखा लेने की चेष्टा करते हैं तब वहाँ काल-भेद के आधार पर भी भाषा-वैविध्य उपस्थित होता है। अंग्रेजी के सन्दर्भ में 'एलिजाबेथन अंग्रेजी', 'विक्टोरियन अंग्रेजी' तथा हिन्दी के संदर्भ में भारतेन्दुयुगीन हिन्दी, छायावादकालीन हिन्दी, छायावादोत्तर हिन्दी और स्वातंत्र्योत्तर हिन्दी जैसा भाषा-वैविध्य इसी कालिकता के आधार पर उपस्थित होता है।

सम्मानित (Prestigious) भाषा : सम्मानित **बोली** या **भाषा** वह है, जिसे दूसरी भाषा वाले भी बोलने के इच्छुक होते हैं। जैसे कभी हिन्दी-क्षेत्र में **ब्रजभाषा** की स्थिति थी। यह सम्मानित **बोली** थी। इसे बोलने, पढ़ने और लिखने का विकास उन दूर-दराज के क्षेत्रों तक हुआ, जहाँ यह बोली भी नहीं जाती थी। **गुरु गोबिन्द सिंह** ने स्वयं पंजाबी-भाषी होते हुए भी ब्रजभाषा में अपनी रचनाएँ कीं। **गुरु तेग वहादुर** ने अपनी वाणी **ब्रजभाषा** में कही। गुरुमुखी लिपि में ब्रजभाषा का साहित्य लिप्यंतरित किया गया। इससे इसके सम्मानित भाषा होने का दर्जा स्पष्ट होता है। इसी प्रकार की स्थिति आज **खड़ी बोली हिन्दी** की है। अपने **बोली-रूप में** यह एक क्षेत्र-विशेष की **बोली** थी, पर हिन्दी की दूसरी विभाषाओं को बोलने वाले भी धीरे-धीरे इसका प्रयोग करने लगे। जैसा कि सम्मानित बोली के विषय में माना जाता हैं, वह एक दिन **मानक भाषा** के रूप में रूपांतरित हो जाती है, वैसा ही **खड़ी बोली** के साथ भी हुआ। फलतः वह आज **मानक हिन्दी भाषा** के रूप में स्थापित है। पर भारत में इससे भी अधिक सम्मानित भाषा का दर्जा आज **अंग्रेजी** को प्राप्त है, जिसे हर भाषा-भाषी सीखने-बोलने को इच्छुक है।

व्यक्तिभाषा (Idolect): यह समाज-भाषाविज्ञान का एक लोकप्रिय पारिभाषिक हैं। 1940 में आरंभ होने वाले दशक में संयुक्त राष्ट्र अमेरिका ने इसका पहला प्रयोग किया था। यह किसी भी भाषा-भाषी समुदाय में व्यक्ति-विशेष के बोलने की वैसी विशेष आदत को निर्दिष्ट करती है, जो जन-समूह के बोलने की आदत से भिन्न है।

यद्यपि किसी भी व्यक्ति-विशेष का भाषा-व्यवहार उसके स्थान और उसके आविर्भाव से नियंत्रित हो सकता है, पर **व्यक्ति-भाषा** अन अभिलक्षणों को अपने में समाविष्ट करती है, जो **प्रयुक्ति** से **प्रयुक्ति** के बीच और **माध्यम** से **माध्यम** के बची दैनिक भाषा-व्यवहार में भिन्नता दिखाती है। यही नहीं, वह उन स्थायी अभिलक्षणों से भी, जो वैयक्तिक स्वाभाविक अभिलक्षणों से उत्पन्न होती है, अपना अन्तर स्पष्ट करती है। यहाँ तुतलाना, हकलाना, सरसराना (Lisping), एकरस,

अभिव्यक्ति, मनपसन्द उद्गार, चीत्कार आदि इस तरह अपने-आपमें **व्यक्तिभाषा** की अंगुष्ठ-छाप (Finger Print) के समतुल्य हो जाती है। कहना होगा कि हममें से प्रत्येक व्यक्ति अपने भाषा-अभ्यास में या अपनी भाषिक प्रकृति में अद्वितीय है। इस रूप में प्रत्येक की वाणी की जो छाप है, वह नाटककारों, उपन्यासकारों के लिए चरित्रीकरण के साधन के बतौर बहुत महत्पपूर्ण है।

व्यक्तिभाषा-विषयक उल्लेख शैली-विषयक विमर्श में भी प्राप्त होता है। यहाँ उसे शैलीपरक वैयक्तिक अभिलक्षण की व्यवस्था के रूप में परिभाषित किया जाता है। यहाँ **व्यक्ति-भाषा** की पहचान न केवल वाणी (वाचिक भाषा) में प्राप्त होती है, बल्कि लेखन में भी देखने को मिलती है। इस तरह यहाँ वह **व्यक्ति-भाषाशैली** के रूप में उभरती है। जब हम यह जानने की स्थिति में होते हैं कि कोई कविता **पन्त** की न होकर **निराला** की है, तो वह भिन्न रचनाकारों की व्याकरणिक और शाब्दिक व्यक्तिपरकता के कारण ही संभव हो पाता है।

हॉकेट ने **व्यक्तिभाषा** (IDIOLECT) को परिभाषित करते हुए लिखा है, "Generally speaking the totality of speech habit of a single person at a given time constitute an 'ideolect'."

यहाँ **व्यक्ति-भाषा** को व्यक्ति-विशेष की निजी अभिव्यक्ति-प्रकृति की सम्पूर्णता से जोड़ा गया है। साथ ही इसे विशेष समय से भी सन्दर्भित किया गया है। पर **हॉकेट** इसके कुछ अपवाद भी मानता है। उसके अनुसार जब व्यक्ति एक की जगह दो भाषाएँ बोलने लगता है। तब एक की जगह दो **व्यक्ति-भाषाओं** की संभाव्यता बन जाती है। दो भाषाओं का व्यवहार करने पर व्यक्ति की व्यक्ति भाषिक स्थिति एक नहीं रहती, वह दो हो जाती है। **हॉकेट** यह भी प्रश्न खड़ा करता है कि कुछ दृष्टान्तों में यह पहचानना असंभव हो जाता है कि किसी बहुभाषी वक्ता की दो समान **व्यक्तिभाषाएँ** हैं या कि उसकी एक ही **व्यक्ति-भाषा** है, जो आनुपातिक तौर पर नमनीय **व्यक्ति-भाषा** है।

हॉकेट अपनी स्थापना की व्याख्या करता हुआ उदाहरण देता है कि कोई अंग्रेजी भाषाी माता-पिता के घर में जर्मनी में उत्पन्न होता है, तो वैसी स्थिति में वह एक भाषा अपने परिवार में सीखता है और दूसरा वह अपने खेल के सहचरों के बीच सीखता है। इस तरह वह एक व्यक्तिभाषा की जगह दो व्यक्तिभाषाएँ बोलनें लगता है। उसके शब्दों में "For example, some born of English speaking parents in Grmany, who learns tlie one language from his family and the other from his playmates possess two idiolects ralher than one"

पर यहाँ खटकने वाली बात यह है कि **हॉकेट** जिन दो भाषाओं से एक व्यक्ति द्वारा सम्पन्न होने की बात करता हे वे दो भाषाएँ मूलतः सामान्य भाषा या कि आधार भाषा है। **व्यक्तिभाषा** तो आधारभाषा को बोलने वाले **व्यक्ति-विशेष** के

स्वाभाविकं वैशिष्ट्य का द्योतक होती है। यह स्वाभाविक वैशिष्ट्य भी जिस अनुपात में मातृभाषा या प्रथम भाषा में स्वरूपित हो उठता है, उस रूप में बाद में या साथ-साथ सीखी हुई दूसरी भाषा में भी स्वरूपित हो उठे, यह अनिवार्य नहीं है। यदि ऐसा होता भी है, तो भाषा-वैमित्य यहाँ **व्यक्ति-भाषा** की प्रकृत विशेषताओं का नियन्त्रक बनकर उपस्थित नहीं होता, बल्कि **व्यक्तिभाषाई** वैशिष्ट्य के द्वारा ही एकाधिक भाषाओं में स्परूपित-निरूपित होता है।

हॉकेट ने इससे मिलते-जुलते एक दूसरे तथ्य की ओर भी हमारा ध्यान आकृष्ट किया है। उसके अनुसार यह कहना सुविधाजनक है कि एक शिक्षित स्विस जर्मनभाषी, जो तथाकथित मानक जर्मन भाषा और अपनी स्थानीय विभाषा—दोनों में बातचीत कर सकता है, वह भी दो व्यक्ति-भाषाओं से सम्पन्न होता है। कुछ मामलों में तो यह निर्धारित करना असंभव-सा हो जाता है कि कोई भी वक्ता दो समान **व्यक्तिभाषाओं** का व्यवहार करता है या तुलनात्मक रूप में किसी एक **नमनीय व्यक्तिभाषा** का ही व्यवहार करता है। इस तरह **हॉकेट** एक **व्यक्तिभाषा** के स्वरूपगत वैशिष्ट्य का रेखांकन करते-करते उसके क्षेत्र और उसकी व्यापकता को भी निर्दिष्ट कर देता है। यहाँ हॉकेट ने व्यापकता में जाकर **व्यक्तिभाषा-विषयक** अपना विमर्श प्रस्तुत किया है।

- **जॉन लॉयन्स** (John Lyons) के अनुसार प्रत्येक **व्यक्तिभाषा** दूसरे की **व्यक्तिभाषा** से अन्तर दिखाती है। भाषाविदों ने यह स्वीकार किया है कि प्रत्येक व्यक्ति की **निजी विभाषा** होती है। इसी की पहचान हम उसकी **व्यक्तिभाषा** के रूप में करते है। **व्यक्तिभाषिक** स्तर पर यह भिन्नता शब्दावली, उच्चारणगत स्वरूप और यहाँ तक कि किसी न्यून अनुपात में **व्याकरण** में भी परिलक्षित होती है। यहाँ यह भी माना जाता है कि कोई भी **व्यक्तिभाषा** एक बार ही निश्चित-निर्धारित नही हो जाती है, न ही ऐसा भाषा-अर्जन के समय निर्धारित हो पाता है, बल्कि भाषाविदों के अनुसार इसमें संशोधन-परिवर्तन वक्ता के पूरे जीवन तक सक्रिय रहता है।
- **लॉयन्स** यह भी मानता है कि **व्यक्ति-भाषा** की अवधारणा प्रथम ध्यानाकर्षण में जितनी उपयोगी मान जी जाती है, उतनी उपयोगी वह होती नहीं हैं। **व्यक्ति-विशेष** अपनी **व्यक्ति-भाषा** को आजीवन विस्तारित, संशोधित करता चल सकता है। निस्सन्देह जैसे ही वह बड़ा होता जाता है यह तथ्य अधिक महत्वपूर्ण हो उठता है कि किसी व्यक्ति-विशेष को कई विभाषिक वैविध्य का अपने खजाने में सामना करना पड़ता है और स्थितियों के अनुरूप एक से दूसरे में अन्तरण भी करना पड़ता है।

समाज-भाषाविज्ञानियों के दृष्टिकोण के अनुरूप ऐसा सोचना कहीं अधिक उपयोगी है, जहाँ किसी व्यक्ति-विशेष को उसकी अपनी भाषिक क्षमता में आंशिक तौर पर **समाकृतिक** (Isomorphic) **विभाषाओं** के समुच्चय पर अधिकार हो, जहाँ वह एक सामाजिक वर्ग या दूसरे सामाजिक वर्ग के सह-सदस्यों के साथ उनमें से प्रत्येक के बारे में साँझ रखता हो। सामान्यतः हम जिसे बोलियाँ कहते है, उनमें भी **व्यक्ति-भाषाओं** (idiolects) की परस्पर व्याप्ति (Over-Lapping) होती है। **लॉयन्स** यहाँ यह बताना चाहता है कि व्यक्ति-विशेष का भाषा-वैविध्य और उस भाषा-भाषी समुदाय का भाषा-वैविध्य वास्तव में एक ही सिक्के के दो भिन्न पहलू हैं।

प्रयुक्ति (Register):

प्रयुक्ति अंग्रेजी REGISTER शब्द का हिन्दी रूपान्तर है। इसका पहला व्यवहार पारिभाषिक पद के रूप में 19वीं शती के आरंभ में सांगीतिक अध्ययन के क्षेत्र में किया गया। इसका अभिप्रेत सुर, तान (Tones) की उन श्रेणियों को निर्दिष्ट करना था, जिन्हें उच्च, मध्य और निम्न स्तर के रूप में उत्पन्न किया जाता है। इस तरह **प्रयुक्ति** की अवधारणा को सबसे पहले **ध्वनिविज्ञान** में ग्रहण किया गया, जिससे वाणी में संभाव्य तारता (Pitch) की श्रेणी को वर्णित-व्याख्यायित किया जा सके। यद्यपि पुरुषों की आवाज़ प्रायः नारी की अपेक्षा तानता में निम्नतर होती है, पर पुरुषों और स्त्रियों–दोनों ही के लिए अरेखांकित (unmarked) **प्रयुक्ति** निम्न ही मानी जाती है। उच्च तान **प्रयुक्तियाँ** प्रायः तीव्र संवेगों, भावों की निर्दिष्ट करने के लिए रेखांकित की जाती हैं। उदाहरणार्थ Falsetto तथा Soprano का व्यवहार दो भिन्न-भिन्न **प्रयुक्तियों** के सन्दर्भ में किया जाता है।

व्यापक तौर पर **प्रयुक्ति** पद का प्रयोग समाज-भाषाविज्ञान के क्षेत्र में होता है। यहाँ **प्रयुक्ति** स्थितियों के अनुरूप भाषिक वैविध्य को स्वरूपित-निरूपित करती है। इस दृष्टि से **एम. ए. के हैलीडे** ने **प्रयुक्ति** की संकल्पना पर व्यापक विमर्श किया है। इस अर्थ में यह पद पहली बार 1950 के दशक के आरंभ में व्यवहृत हुआ। यहाँ यह पद अपने मूलभूत सांगीतिक क्षेत्र से सादृश्य दिखाने वाला सिद्ध हुआ, जो भाषा के भिन्न सामाजिक उपयोगों के लिए औपचारिकता और अनुप्रयुक्तता के अनुपात को तथा अन्तर की श्रेणियों को दिखाता है। वास्तव में यह प्रत्येक वक्ता की साम्प्रेषणिक क्षमता का एक भाग है, जहाँ वक्ता लगातार अपने प्रयोंगों को बदलता रहता है। यह **प्रयुक्ति** ही है, जो

ध्वनि, शब्दावली, व्याकरण आदि की दृष्टि से प्रतिदिवसीय जीवन की विभिन्न स्थितियों में भाषिक अभिलक्षणों का चयन और प्रयोग करती है। चाहे वह घरेलू वार्तालाप हो या व्यापारिक पत्र-व्यवहार, भिन्न सामाजिक भूमिकाओं में उपस्थित होते और उन्हें निर्दिष्ट करते हैं।

प्रयुक्ति को शैलीविज्ञान के क्षेत्र में भी ग्रहण किया गया है। यह कोई 1960 के दशक का आरंभ था जब **प्रयुक्ति-शैली** के निर्धारण की बात सामने आयी। इसके मूल में साभिप्राय भाषिक अभिलक्षणों का कोडीकरण सक्रिय था। **निल्स एरिक एंक्विस्ट, स्पेंसर और ग्रेगॅरी** तथा **एम. ए. के हैलीडे** के यहाँ 1964 में इसका व्यवहार देखने को मिलता है। हैलीडे ने तीन प्रमुख आधारों की बात की, जो स्थितिगत अभिलक्षणों के चयन के लिए साभिप्राय माने गये—1 क्षेत्र या प्रतिपाद्य (Field or subject-matter), 2. माध्यम या प्रविधि (Medium or Mode) और 3. प्रतिभागी की सामाजिक भूमिका (Tenor)। इसके द्वारा ही औपचारिकता-अनौपचारिकता का अनुपात प्रभावित होता है। यहाँ वैविध्यपरकता के प्रकार्य को भी जोड़ा जा सकता है, जिनमें खेलकूद की कमेंटरी, आकाशवाणी, टी.वी. पर उनके आँखों-देखे हाल का विवरण, शिक्षात्मक, उपदेशात्मक तथा प्रतिवादात्मक वैविध्य विचारणीय हैं, जिनकी अपनी विशिष्ट शब्दावलियाँ हैं, जो अपने प्रतिपाद्य को विवेचित करती हैं। कमेंटरी में वर्णन-विवरण और मूल्यांकन के प्रकार्य एक साथ समाविष्ट रहते हैं। कमेंटरी करने वाले और उसके द्रष्टा-स्रष्टा समुदाय के बीच एक प्रकार का संबंध होता है, जिसे सन्दर्भित **प्रयुक्तियाँ** दर्शाती हैं। पर यहीं यह तथ्य भी ध्यान देने योग्य है कि खेल-कूद के क्षेत्र में भी भिन्न-भिन्न प्रकार के खेलों के अनुरूप उनकी **प्रयुक्तियों** में रूप-भेद है, जैसे—फुटबाल, क्रिकेट और हॉकी के बीच। यहाँ यह भी विवेच्य है कि **प्रयुक्ति** अपने-आप में एक सामान्य और व्यापक पद है, जिसके अन्तर्गत उपप्रोक्तियों की पहचान की जाती है, पर प्रकार्य, माध्यम और क्षेत्र के सन्दर्भ में भिन्न-भिन्न प्रोक्तियाँ एक-दूसरे को अतिव्याप्त करती भी देखी जाती है। प्रयुक्ति का अन्तरण और मिश्रण भी होता है। साथ ही **प्रयुक्ति** आगत भी होती है, किसी और क्षेत्र से लायी जाती है। इस दृष्टि से वह गृहीतव्य भी होती है। उदाहरण के लिए यदि हम एक व्याख्यान को मुद्रित पाठ में प्रस्तुत करते हैं, तो इसमें औपचारिकता का भिन्न अनुपात शैली-विशेष का निर्धारण करता है। साथ ही यहाँ लेखिमिक परम्परा की मुद्रण-योजना भी द्रष्टव्य होती है, जिसको पारिभाषिक रूप में **पुनर्सन्दर्भीकरण** (Re-contextuatization) कहा जाता है। जहाँ तक

प्रयुक्ति के मिश्रण का प्रश्न है, यह एक प्रकार की विद्रूयिका (Parody) वाली स्थिति है। एक प्रकार की प्रोक्ति के औपचारिक अभिलक्षण दूसरी विषयवस्तु के लिए लाये और ग्रहण किये जाते हैं। यहाँ बहुधा उसी जैसा हास-परिहासपरक प्रभाव प्राप्त होता है।

एक दूसरे प्रकार का **प्रयुक्ति-मिश्रण** सामान्यतः उपन्यासों में प्राप्त होता है, जो अनुकरणात्मक प्रभाव के लिए गैर-साहित्यिक वैविध्य की परम्परा को समाविष्ट करता है। समाचार-पत्रों में छपे आलेख को, तार-सन्देशों को या निजी पत्रों को कथा-साहित्य में फिर से प्रस्तुत करना इस कोटि की **प्रयुक्तियाँ** हैं। इसे पुनः **प्रयुक्तीकरण** के नाम से भी जाना जाता है। उत्तर-संरचनावाद में ऐसी **प्रयुक्ति** ही **अन्तर-पाठीयता** (INTER-TEXTUALITY) बन जाती है।

1960 से आरंभ होने वाले दशक में **प्रयुक्ति** के लिए एक अन्य शब्द का प्रयोग भी प्रचलन में आया। **ग्रेगॅरी** (Gregary) ने विभाषिक श्रेणी (Dialectic Scale) के विलोम में **डायटिपिक स्केल** (DIATYPIC SCALE) को प्रस्तावित किया, जो अपने-आपमें **प्रयुक्ति** की ही श्रेणी है।

यहीं यह प्रश्न भी हमारे सामने आता है कि **प्रयुक्ति** की संकल्पना साहित्य-अध्ययन की विभिन्न विधाओं से असंबंधित है? आज जिसे रूप और भाषा के विशिष्ट अभिलक्षणों द्वारा साहित्य-भाषा के वैविध्य से अलगाया जाता है, इनमें से अनेक ऐसी **प्रयुक्तियाँ** हैं, जो क्षेत्र (Field), क्षेत्र (Tenor) और प्रकार्य (Function) से प्रभावित होती हैं। उपन्यासों के सन्दर्भ, प्रयुक्तियाँ और विधाएँ—तीनों परस्पर आच्छादित होते रहते हैं। कुछ उपन्यासों में तो असाहित्यिक **प्रयुक्तियाँ** एक उपविधा तक को उत्पन्न करती देखी जाती हैं। ऐसे उपन्यास, जो आत्मस्वीकार से भरे होते हैं या तो पत्रात्मक या डायरीपरक उपन्यास होते हैं, उनमें यह उपविधात्मक रूप देखने को मिलता है।

तोदोरोव ने 1966 में पहली बार **प्रयुक्ति** (REGISTER) की बात की थी। **हैलीडे** ने जिस क्षेत्र, प्रविधि और दिशा की बात की है, उनके अन्तर्गत उसे सम्पूर्ण घटनाकी प्रकृति के अनुरूप वर्गीकृत किया जाता है, जहाँ भाषिक सक्रियता उसके एक भाग को स्वरूपित करती है।

अपनी भाषिक स्थिति में प्ररूप परस्पर एक-दूसरे से भिन्नता दिखाते हैं। इसकी गतिविधि व्यापक तौर पर तीन सन्दर्भों में द्रष्टव्य होती है। प्रथमतः यह विचारणीय होता है कि वास्तव में क्या धटित हो रहा है। द्वितीयतः यह द्रष्टव्य होता है कि भाषा अपनी क्या भूमिका अदा कर रही है। और तृतीयतः यह महत्वपूर्ण बन जाता है कि इसमें कौन

प्रतिभागिता कर रहा है या भाग ले रहा है। ये तीन ऐस चर हैं; जो साथ होने पर श्रेणी को निर्धारित करते हैं, जिसके भीतर अर्थ का चयन किया जाता है और उसकी अभिव्यक्ति के लिए रूपों का व्यवहार किया जाता है। दूसरे शब्दों में ये ही प्रयुक्तियों को निर्धारित करते हैं। किसी भी भाषा-समुदाय या व्यक्ति की **प्रयुक्ति**-श्रेणी या माषिक भण्डार उस भाषा-व्यवहार से व्युत्पन्न होता है, जहाँ भाषा का संबंध उस विशिष्ट संस्कृति या उपसंस्कृति से होता है।

प्रयुक्ति का प्रकारीकरण भी प्रोक्तिगत क्षेत्र, प्रोक्तिगत प्रविधि और प्रोक्तिगत शैली पर आधारित है। इसी के अनुरूप **प्रयुक्तियों** को अलगाया भी जाता है। ऐसे माषिक अभिलक्षण, जो विशिष्ट तौर पर स्थितिगत अभिलक्षणों की समरूपता के साथ साहचर्यित हैं तथा क्षेत्र, प्रविधि और शैली के विशिष्ट मूल्यों से जुड़े हैं, वे ही **प्रयुक्ति** की अवधारणा को संघटित करते हैं।

समाज-भाषा (Sociolect): जब कोई **विभाषा** समाज के स्तर-भेद के आधार पर बोली जाती है तब उसे **समाज-बोली** या **समाज-भाषा** कहते हैं। इसके अंतर्गत वर्ग-विशेष की बोलियाँ जैसे–उच्च वर्ग, निम्न वर्ग की बोलियाँ तथा एक ही भाषा-भाषी समुदाय में वर्णभेद के आधार पर ब्राह्मणों की और तथाकथित शूद्रों, दलितों की बोलियाँ आती हैं। इनमें जो शब्दपरक अन्तर आता है वह समाज-भाषा के कारण ही। वास्तव में यहाँ जो भी भाषा-वैविध्य प्राप्त होता है वह वर्ग और वर्ण-वैविध्य के कारण ही होता है।

प्रायः दक्षिण अफ्रीका में **कराया इंडियन** नाम की जाति रहती है। इस भाषा-भाषी समुदाय में पुरुष और स्त्रियों की भाषा एक दूसरे से भिन्न है। इस प्रकार सामाजिक स्तरीकरण पर आधारित भाषा समाज-भाषा कहलाती है।

प्रति-समाजभाषा (Anti-Society Language): अपराधियों और प्रति-समाज की भाषा को प्रति-समाज भाषा (Anti-society language) के नाम से जाना जाता है। वस्तुतः यह अपराधियों की, underworld की भाषा है। **भक्ति प्रसाद मलिक** ने इसका अभिलेखीकरण अपनी पुस्तक–'लैंग्वेज ऑफ द अंडरवर्ल्ड ऑफ वेस्ट बेंगाल' (1972)–में किया है। वहाँ उन्होंने बम के लिए उनके द्वारा प्रयुक्त इक्कीस प्रति-सामाजिक शब्दों, तथा पुलिस के लिए प्रयुक्त ऐसे ही इकतालीस शब्दों का उल्लेख किया है। गोपनीयता तथा प्रतिबद्ध साम्प्रेषणिक तंत्र के बीच इसका व्यवहार इस प्रकार की भाषा का विशेष अभिलक्षण है। प्रसिद्ध भाषाविज्ञानी एम.ए. के हैलीडे ने अपनी पुस्तक Language As Semiotic में उन्हें विस्तारपूर्वक उद्धृत-विवेचित किया है।

राष्ट्रभाषा : किसी राष्ट्र में जो राष्ट्र-स्तर पर मान्यता-प्राप्त भाषा बोली जाती

है, उसे '**राष्ट्रभाषा**' कहते है। राष्ट्र के भौगोलिक विस्तार, वहाँ के भाषा-ऐक्य और भाषा-वैविध्य को देखते हुए किसी राष्ट्र की **राष्ट्रभाषा** उसका प्रतिनिधित्व करती है।

राष्ट्रभाषा राष्ट्र की प्रतिष्ठा का प्रतीक होती है और उसे राष्ट्र-स्तर का गौरव प्राप्त होता है। कभी-कभी राष्ट्र में बोली जाने वाली अनेक भाषाओं में से केवल एक भाषा का **राष्ट्रभाषा** के रूप में चयन किया जाता है। इस प्रकार **राष्ट्रभाषा** एक गौरवपूर्ण भाषा बन जाती है। भारत में स्वतन्त्रंता मिलने से पूर्व तक हिन्दी को राष्ट्रभाषा के रूप में ग्रहण किया गया था। उस समय हिन्दी अकेली गौरवपूर्ण राष्ट्र-भाषा थी। तब उसका गौरव वही था, जो राष्ट्र-ध्वज या राष्ट्र-गान का होता है। पर आज हिन्दी राजभाषा भी बन चुकी है। **राष्ट्रभाषा** सदैव स्वदेशी भाषा ही होती है, पर **राजभाषा** विदेशी और स्वदेशी दोनों हो सकती है।

राजभाषाः राजभाषा राष्ट्र-विशेष के राजकीय काम-काज की भाषा होती है। इसी में सारे सरकारी काम सम्पन्न होते हैं। स्वतन्त्रता मिलने के बाद हिन्दी अब भारत-संघ की **राजभाषा** है। भारत संघ के सारे प्रशासकीय कार्य जो केन्द्र द्वारा संसद, मंत्रालयों, सचिवालयों आदि में सम्पन्न होते हैं, वे सभी राजभाषा में सम्पन्न किए जाते हैं। **राजभाषा** संविधान-सम्मत भाषा होती है। राष्ट्र में बोली जाने वाली सभी भाषाओं के बीच इसका प्रमुख स्थान होता है। **हिन्दी** भारत की **राजभाषा** है, पर इसके साथ-साथ **अंग्रेजी** भी **राजभाषा** के रूप में जारी है।

राज्य-भाषाः जब एक राष्ट्र में अनेक राज्य होते हैं और केन्द्र-स्वीकृत **राजभाषा** और राज्यों की भाषाओं में अन्तर होता है, तो विभिन्न राज्यों के राजकीय कामकाज के रूप में जो-जो भाषाएं स्वीकृत होती हैं, उन्हें **राज्यभाषा** कहा जाता है। जहाँ केन्द्र और राज्यों की भाषा में अन्तर नहीं होता और दोनों जगहों पर एक ही भाषा राजकीय कार्यों में प्रयुक्त होती है, वहाँ वह केन्द्र में **राजभाषा** तथा राज्य में राज्य-भाषा के रूप में काम करती है। भारत में केन्द्र और राज्य के भाषा-वैविध्य में हिन्दी जहाँ भारत संघ की **राजभाषा** हैं वहाँ उर्दू जम्मू-कश्मीर की, बंगला बंगाल की, गुजराती गुजरात की, कन्नड़ कर्नाटक की **राज्य-भाषाएँ** हैं। पर जहाँ राजभाषा और राज्य-भाषा दोनों एक ही हैं, यथा—केन्द्र के साथ-साथ उत्तर प्रदेश, छत्तीसगढ़, मध्यप्रदेश, राजस्थान, बिहार, झारखंड, उत्तरांचल, हरियाणा तथा हिमाचल में हिन्दी ही सरकारी कामकाज की भाषा है, वहाँ हिन्दी दो भूमिकाओं में उपस्थित होती है। केन्द्र के सन्दर्भ में जहाँ वह **राजभाषा** है वहाँ राज्य के कामकाज के सन्दर्भ में वह **राज्यभाषा** है।

सम्पर्क-भाषा (Link Language/Lingua-Franca) :

सम्पर्क-भाषा की आवश्यकता विविध भाषा-भाषी देश में हमेशा होती है। जैसा

इसके **नाम से स्पष्ट** है यह एक ऐसी भाषा होती है, जो अनेक भाषा-भाषियों के बीच **सम्पर्क-भाषा** के रूप में स्वीकृत होती है। जिस भाषा के बोलने वालो की संख्या अधिक होती है, जिन भाषा-भाषियों का क्षेत्र विस्तृत होता है, जो अधिक प्रचलित एवं सहज भाषा होती है वह **सम्पर्क-भाषा** होती है। फ्रांसीसी भाषा में इसे 'Lingua Franca' कहा जाता है। भारतवर्ष में हिन्दी मध्यकाल से ही **सम्पर्क-भाषा** रही है और आज भी है। मध्यकाल में साधु-सन्तों और गुरुओं ने धर्म-प्रचार की दृष्टि से इसे **सम्पर्क-भाषा** बनाया। तब से लेकर आज तक यह सम्पर्क-भाषा का काम कर रही है। फिल्मों की भाषा और सेना की भाषा होने के कारण यह हिन्दीतर भाषा-भाषी क्षेत्रों मे भी समझी जाती है, जहाँ हिन्दी भाषा-भाषी **सम्पर्क-भाषा** के रूप में इसका प्रयोग करते हैं। अन्तर-राष्ट्रीय क्षेत्र में सीमित ही सही, पर अंग्रेजी की स्थिति भी बहुत-कुछ सम्पर्क-भाषा-सी बनी हुई है।

संकर (पिजिन/Pidgin) भाषा : पिजिन वह **संकर** भाषा है, जो निरन्तर यात्रा करते रहते वाले तथा उपनिवेश बनाकर रहते वाले लोगों के द्वारा बोली जाने वाली भाषा के सरलीकरण—दो भाषाओं के मिश्रण की क्रिया—से उत्पन्न होती है। यहाँ यात्रा-क्रम और उपनिवेशीक्रम के जिन लोगों के साथ उनकी दोहराव-भरी भाषिक अन्योन्य क्रिया चलती है, **पिजिन** उसीका सरलीकृत रूप माना जाता है। ऐसी भाषा प्रायः जलपत्तन और व्यापार के मार्गो के निकट विकसित होती है।

पिजिन एक प्रकार की **मिश्रित भाषा** है। इसलिए इसे **संकर भाषा** कहना उपयुक्त है। यहाँ भाषा का मिश्रित रूप भिन्न-भिन्न भाषाओं के अल्पकालीन सम्पर्क से विकास पाता है। यह एक प्रकार से विभिन्न प्रकार के सम्पर्कों की भाषा रही होती है। विशेषतः व्यापारियों, विभिन्न पर्यटकों, मालिकों और सेवकों के सम्पर्क से इसका विकास होता है। यह एक पक्ष की कामचलाऊ भाषा होती है, जिसमें भाषिक व्यवस्था का कोई अनुपालन नहीं होता है। हाँ, **पिजिन** में अनुकरण का प्रयास तो होता है, पर यह असफल प्रयास ही होता है। भाषिक शुद्धता का यहाँ कोई आग्रह नहीं होता है। चीन की **अंग्रेजी-मिश्रित पिजिन** इसका सटीक उदाहरण हैं।

पिजिन को हाशिए की भाषा अथवा **उपांतिक भाषा** भी कहते हैं, जो किसी पूर्णकारी स्रोत-भाषा से निकली होती है। और इस क्रम में उस भाषा की संरचना और शब्द-सम्पदा को वह बड़े प्रबल रूप में बदल चुकी होती है। यह देशी भाषा के बतौर क़िसी भाषा-भाषी समुदाय के रूप में- 'Grass Belong Head' का अर्थ चीनी-अंग्रेजी पिजिन में 'Hair' होता है।

अंग्रेजी-आधारित **पिजिन** उत्तरी अमेरिका में प्राप्त होती थी। यह अफ्रीका और क्रेबियन में दास-व्यापार के दोनो छोरों पर मिलती थी। इसी तरह यह न्यूजीलैंड और चीन में भी प्राप्त होती थी। अब भी इस प्रकार कई **पिजिन** आस्ट्रेलिया,

सोलोमन द्वीपों और न्यूगुएना में प्राप्त होती है। कितुबा (Kituba) Ke Kitanga से व्युत्पन्न है। Keketanga बाँटु परिवार की भाषा है। **कितुबा पिजिन** है, जो पश्चिमी ज़ेरा (Zera) में बहु-प्रचलित है। इसी तरह Fangoro भी है, जो Zulu भाषा पर आधारित है। यह **पिजिन** दक्षिणी अफ्रीका और उससे जुड़े प्रदेशों में विशेषतः खानों में बोली जाती है। यहाँ **पिजिन** का आविर्भाव उस समय हुआ जबकि अफ्रीकियों के पास कोई सम्पर्क-भाषा नहीं थी। वे मिलजुल कर साथ-साथ पौधे रोपने का काम करते थे। ऐसे में उन्होंने दासों के स्वामी की भाषा को सम्प्रेषण के लिए चुना, उसी में **पिजिन** के सन्दर्भ में लोगों ने अपनी देशी भाषाओं के तत्त्वों को मिला दिया। यहाँ ध्यान देने योग्य तथ्य यह है कि आगे आने वाली दूसरी पीढ़ी **पिजिन** का व्यवहार अपनी मातृभाषा की तरह करने लगती है। जब कभी ऐसा होता है तब पिजिन **क्रेओल** में बदल जाती है।

संसृष्ट (क्रेओल/Creol) भाषा : क्रेओल भाषा का मूल **पिजिन** में निहित होता है। **क्रेओल** में भिन्न-भिन्न भाषाएं अधिकाधिक मिश्रित हो कर अपना रूप गठित कर लेती हैं। **पिजिन** बोलने वाली पीढी के बाद आने वाली पीढी पिजिन को **क्रेओल** में बदल देती है। दक्षिणी अफ्रिका में जो दास हैं, उनकी बोली **क्रेओल** भाषा है। यहाँ **पिजिन** ही बाद की पीढ़ियों में प्रथम भाषा के रूप में प्रयुक्त होने लगी। वस्तुतः **क्रेओल** भाषा मूल भाषा की ध्वनि और रूप-परक संरचना को त्याग देती है। तथा अपना स्वतन्त्र ढांचा खड़ा कर देती है।

दूसरे शब्दों में **क्रेओल** वह भाषा है, जिसे विरासत में **पिजिन** का जार्गन प्राप्त होता है। यह देशी भाषा की तरह ही बोली जाती है। इसके वक्ता पूरे भाषा-भाषी समुदाय के होते है। ये वे लोग होते हैं, जिनके पूर्वज स्थलीय दृष्टि से एक **स्थान** छोड़कर दूसरे स्थान पर चले आए हों, जिससे उनकी मूल भाषा और समाज-सांस्कृतिक पहचान—दोनों ही टूट गए हों। क्रेओल का सुन्दर उदाहरण SRARAN है – जो मूलतः अंग्रेजी-आधारित **क्रेओल** है। यह सूरिनाम के तटीय क्षेत्रों में बोली जाती है। इसी तरह अंग्रेजी-आधारित पश्चिम भारतीय **क्रेओल** क्रेबियाँ में अफ्रीकी उद्‌गम के लोगों द्वारा बोली जाती है। कुछ **क्रेओल** भाषाएं दूसरी यूरोपीय भाषाओं से भी उत्पन्न हैं, जिनमें फ्रांसीसी-आधारित **क्रेओल** हैत्ती (Hati), त्रिनीडाड, ग्रेनाडा, फ्रेंच गुएना, मारिशस आदि क्षेत्रों में बोली जाती है। कुछ **क्रेओल** भाषाएं पुर्तगाली और स्पेनिश भाषाओं से उद्‌भूत हैं। **क्रेओल** के विषय में ध्यातव्य तत्त्व यह है कि **पिजिन** ही अपने विकास के किसी भी चरण में **क्रेओल** बन जाती है।

सोलहवीं शताब्दी के आरम्भ में यात्रियों और प्रशासकों द्वारा **क्रेओल** और **पिजिन** के व्यवहार के उदाहरण मिलते हैं। इनमें जो कुछ प्रतिवेदन आरम्भ के हैं, वे पिजिन और **क्रेओल** की संरचना के बारे में यूरोपीयों को सिखाने के उद्देश्य से लिखे गए थे, जिससे कि वे इसे सीख कर इसका व्यवहार कर सकें। **क्रेओल** और

पिजिन का गम्भीर अध्ययन **क्रेओल** के अध्ययन-विषयक शुचार्ड के आलेखों की शृंखला से आरम्भ हुआ। **शुचार्ड** को ही **पिजिन** और **क्रेओल** के भाषाविज्ञान का प्रवर्त्तक पिता माना जाता है।

यह सही है कि उच्चतर प्रदाता भाषाओं की तुलना में **क्रेओल** और **पिजिन** को उसके निम्न और अपभ्रष्ट रूपों के बतौर देखा जाता है। यही कारण है कि 1960 से पहले तक इन दोनों के अध्ययन को अपेक्षित प्रतिष्ठा प्राप्त नहीं हो पाई। जब **क्रेओल** भाषा के अध्ययन के लिए पहली अन्तरराष्ट्रीय कांफ्रेंस Jamaick में हुई, जिसे **क्रेओलिस्ट** विद्वानों के एक वर्ग ने आयोजित किया था, तब अमेरिकन **काली अंग्रेजी** तथा पिजिन और क्रेओल अंग्रेज़ी के बीच उभर रही अभिरुचि ने एक उचित अकादमिक ज्ञानानुशासन को स्थापित किया। स्मरणीय है कि पहली स्नातक पाठ्यपुस्तक के रूप में **पिजिन** और **क्रेओल** के विषय में 1966 में एक किताब भी प्रकाशित हुई। इस विषय में दूसरी कान्फ्रेंस 1968 में Jamaick में ही हुई। तब से अब तक **पिजिन** और **क्रेओल** पर कान्फ्रेंसें लगातार आयोजित होती आ रही हैं।

पिजिन भाषा के विकास-क्रम में जो उच्चस्तरीय अदाता (Superstrate) भाषा है, वही मूलतः शब्दावली मुहैया करती है। यह **आदाता भाषा** सामाजिक, आर्थिक और राजनीतिक दृष्टि से प्रभुत्व वाले वर्ग की होती है, जो पिजनीकृत होती है और **आदाता भाषा** के नाम से जुड़ जाती है। जैसे—पिजिन-अंग्रेजी, पिजिन-फ्रेंच। इसमें जो दूसरी भाषा रहती है उसे निम्नस्तरीय **गृहीता (Substrate)** भाषा के रूप में निर्दिष्ट किया जाता है। इसमें **पिजिन** गृहीता भाषा के बहुतेरे व्याकरणिक तथ्यों को बनाए रखती है। इस तथ्य के बावजूद कि **पिजिन** प्रायः दो या अधिक भाषाओं के मिश्रण से उभरती है या उसकी अपनी भाषा का आधार-रूप हुआ करती है। अब इस तथ्य को यह मान्यता दे दी गई है कि **पिजिन** भाषा की अपनी संरचना होती है, जो आदाता और गृहीता—दोनों भाषाओं से भिन्न होती है।

आधार-भाषा बनाम साहित्य-भाषा

आधार-भाषा शब्द का प्रयोग वहाँ किया जाता है, जहाँ इसके साथ 'साहित्य-भाषा' का प्रयोग होता है। **आधार-भाषा** किसी भाषा-भाषी समुदाय की वह सामान्य भाषा होती है, जिसमें उस भाषा का साहित्य लिखा जाता है। **साहित्य-भाषा वही आधार-भाषा** होती है, जिसमें उस भाषा का साहित्य लिखा जाता है। साहित्य-भाषा कहीं आधार-भाषा के व्याकरणिक नियमों को तोड़ती है, तो कही उस पर अधिक नियमों का अध्यारोपण कर देती है। **आधार-भाषा** जहाँ विभिन्न भाषिक इकाइयों, शब्दावली और व्याकरणिकता के आधार पर अपनी पहचान बनाती है, वहाँ **साहित्य-भाषा आधार-भाषा** का प्रयोग करती हुई भी उस भाषा को विशिष्ट

चयन-संयोजन के द्वारा अति विशिष्ट बना देती है। इस प्रकार **साहित्य-भाषा** के सन्दर्भ में **आधार-भाषा** का अर्थ साहित्य-भाषा के लिए भाषिक आधार प्रस्तुत करने वाली भाषा हुआ। इसीलिए **साहित्य-भाषा** का अध्ययन जब **आधार-भाषा** की दृष्टि से किया जाता है तब वह व्याकरणिक मात्र बन कर रह जाता है। पर जब ऐसा अध्ययन **साहित्य-भाषा** के आधार पर किया जाता है तब वह **काव्यभाषीय** अध्ययन बन जाता है।

आधार-भाषा किसी भी भाषा-भाषी समाज की सामान्य भाषा ही होती है, जबकि यही भाषा अपने लाक्षणिक प्रयोगों के कारण अति विशिष्ट होकर **साहित्य-भाषा** बन जाती है। **चॉमस्की** का मत है कि **आधार-भाषा,** जो सामान्य भाषा होती है, उससे **विचलन** दिखाकर ही **साहित्य-भाषा** जन्म लेती है। दूसरी ओर फ्रांसीसी विचारक **देरिदा** का मानना है कि आधार-भाषा ही आरम्भ में लाक्षणिक प्रयोगों–बिम्बों, प्रतीकों–की भाषा रही होगी। उससे **विचलित** होकर ही आज की सामान्य भाषा हमारे सामने उपस्थित हुई है। जब रचनाकार **साहित्य-भाषा** की सृष्टि करता है तब हम उस प्रक्रिया में प्राक्तन मानवीय भाषा की ओर ही लौटते हैं।

मृत भाषा (Dead Language) :

जो भाषा कभी जीवन्त प्रयोग में रही थी, जिसका विपुल साहित्य-भण्डार अब भी प्राप्त होता है, पर जिसका व्यवहार अब सामाजिक दृष्टि से नहीं होता, ऐसी भाषा को **मृत भाषा** कहा जाता है। हाँ, अपवाद-स्वरूप कभी-कभी बहुत छोटी-सी जगह में यह आज भी जीवित हो सकती है। आज **संस्कृत** ऐसी ही भाषा है, जिसका वर्चस्व कभी पूरे भारतवर्ष में था। कभी वह पद-प्रतिष्ठा की, राज-काज की और साहित्य की भाषा थी। पर आज वह साहित्य-मात्र में अवशिष्ट रह गयी है। ऐसी भाषा को **'पुस्तकालय-भाषा'** भी कहा जाता है। आज **ग्रीक** और **लातिनी** भाषाएं भी इसी प्रकार की भाषाएं हैं। जहाँ तक संस्कृत भाषा की बोलचाल का प्रश्न है, यह दक्षिण भारत के एक गाँव में सीमित रूप में अब भी बोली जाती है।

ऐसी भाषा का अस्तित्व परम्परा, परिपाटी, धर्म, संस्कृति को सुरक्षित रखने की दृष्टि से होता है। आज संसार में ग्रीक, लातिनी और संस्कृत यद्यपि मृत भाषाएं हैं, तथापि इन भाषाओं में लिखा गया साहित्य अपनी प्रचुरता और उत्तमता की दृष्टि से महत्वपूर्ण है। इनसे वे भाषाएं निःसृत हैं, जिन्हें आज हम बोलते हैं। वे इन्हीं **मृत भाषाओं** से निकली हैं। वस्तुतः ऐसी भाषाएं ही परिवर्तित हो कर जीवन्त भाषा बनती हैं और चलती रहती हैं। प्रश्न उठता है कि क्या **मृत भाषाएं** भी जीवित हो सकती हैं? इसका उत्तर 'हाँ' में दिया जा सकता है। यदि वे भाषाएं राजसत्ता और प्रभुसत्ता से जुड़ जाती हैं, तो वे पुनः काम-काज के कारण व्यवहार्य भाषा बन सकती हैं।

कृत्रिम भाषा (Artificial Language) :

उन्नीसवीं शताब्दी के उत्तरार्द्ध में एक प्रसिद्ध भाषाविद् **डा. जामेएन हॉफ** ने एक **कृत्रिम भाषा** खोज निकाली। इसका उद्देश्य विभिन्न भाषा वाले लोंगों को परस्पर निकट लाकर भाषिक आदान-प्रदान की सुविधा प्रदान करता था। उन्होंने एक विश्व-भाषा के निर्माण के लिए प्रयत्न किया। उनके द्वारा जो कृत्रिम भाषा निर्मित की गई उसे 'एस्पिरेंतो' (Aspiranto) नाम दिया गया। उन्नीसवीं सदी के आठवें दशक में इसका प्रचार जोरों पर रहा। विश्वविद्यालयों के भाषाविज्ञान-विभाग में इसका पठन-पाठन भी शुरू किया गया। पर अनेक प्रकार की व्यावहारिक कठिनाइयों के सामने आने के कारण वह **कृत्रिम भाषा** अपनी सोद्देश्यता में सफल नहीं हो पाई।

कृत्रिम भाषा वह है, जो स्वाभाविक भाषा के विरोध में रची जाती है। यह विभिन्न भाषा-भाषी समुदायों के द्वारा बोली जानी वाली भाषाओं के बीच सार्वभौमिक, अन्तर-राष्ट्रीय सम्प्रेषण की दृष्टि से निर्मित की जाती है। यह कोई सहजात स्वाभाविक भाषा नहीं है, बल्कि मनुष्य के द्वारा **कृत्रिम कोड** के आधार पर बनाई गई भाषा है। स्वाभाविक भाषा अपने भाषा-भाषी समुदाय के द्वारा स्वतः विकसित हुई रहती है। अतः वहाँ यह सम्भव नहीं होता कि उसकी रचना के किसी पूर्ण स्रोत को निरूपित किया जा सकें। इसके प्रतिकूल कम्प्यूटर के मशीनी कोड और वहाँ व्यवहृत होनी वाली बहुतेरी प्रोग्रामपरक भाषाएँ, यहाँ तक कि तर्कशास्त्र की भाषा (औपचारिक तर्कशास्त्र और प्रादर्श तर्कशास्त्र –दोनों की)–ये सभी एक प्रकार से **कृत्रिम भाषाएँ** ही हैं। पर भाषाविज्ञानपरक प्रवृष्टि में ये भाषाएँ विवेच्य नहीं हैं। यहाँ उस प्रकार की **कृत्रिम भाषाओं** को लिया जाता है, जो विश्व के सभी लोगों के लिए सामान्य भाषा-व्यवहार की दृष्टि से विकसित की गई हैं। लार्ज नामक भाषाविद् ने **कृत्रिम भाषा** की इस विशेषता को विवेचित किया है। इस दृष्टि से इस प्रकारकी सर्वविदित भाषा ऊपर लिखित **एमपिरेंतो** (Esperanto) है, जिसका आविर्भाव 1887 ई. में हुआ।

आज यह एक सौ चौबीस वर्ष पुरानी भाषा है। संयुक्त राष्ट्र अमेरिका के द्वारा किये गये अनुमान के आधार पर यह **एक सौ तीस** देशों में **आठ लाख** लोगों के द्वारा बोली जाती है। **हॉलेंड पार्क, लंडन** के **एसपिरेंतो पुस्तकाल्य** में **एसपिरेंतो** भाषा में अड़तीस हज़ार साहित्यिक पुस्तकें हैं। **वेस्टमिनिस्टर** में **एसपिरेंतो** का संसदीय दल भी है, जिसमें इसके दो सौ चालीस सांसद हैं। **द लिंग्विस्ट** नाम की पत्रिका के 1987 के शारदीय, बीसवें अंक के आठवें पृष्ठ पर सम्प्रेषण के अन्तरराष्ट्रीय माध्यम के बतौर इस **कृत्रिम भाषा** की सफलता के साक्ष्य-विषयक निम्नलिखित तथ्यों को दर्ज किया गया है–

1. **पेचिंग रेडियो प्रतिदिन** इस भाषा में आधे घण्टे का कार्यक्रम प्रसारित करता है।
2. **ब्रितानी दूरसंचार-व्यवस्था** तार-संदेश के लिए इस भाषा को स्पष्ट मान्यता देती है।
3. **डच दूरभाष-केन्द्रों** में विदेशी **एसपिरेंतो** भाषा-भाषी के लिए पूछताछ-व्यवस्था सुलभ है।
4. **एडिनबर्ग** के **ड्यूक** की सम्मान-योजनाओं के तहत भी यह उपलब्ध है।
5. **वेल्स का सैलानी बोर्ड** इस भाषा में सैल पर आने वालों को मुद्रित **'ब्रांउशर'** भी देता है।
6. **लिवरपूल विश्वविद्यालय** ने **एसपिरेंतो** भाषा-विभाग में हाल में एक प्रवक्ता की नियुक्ति भी की है।
7. **डच** सरकार ने एक **BSO** नामक कम्प्यूटर प्रौद्योगिकी को इस भाषा में मशीनी अनुवाद का कार्यक्रम विकसित करने के लिए लाख रुपयों का अनुदान भी प्रदान किया है। यह कार्यक्रम अन्तर-माध्यमिक भाषा के रूप में **एसपिरेंतो** का विकास करेगा।

कोई इस पाठ का अध्ययन करने चले, इसके पूर्व यह तथ्य जानने योग्य होगा कि पूरे विश्व में अंग्रेजी के विभिन्न प्रकारों के देशी वक्ता तीन हजार लाख हैं और लगभग इसी अनुपात में अतिरिक्त भाषा के रूप में इसके दूसरे प्रयोक्ता भी हैं। अंग्रेजी इक्कीस राष्ट्रों में राजभाषा के रूप में प्रयुक्त होती रही है तथा इसके अतिरिक्त सोलह देशों में वह सरकार, शिक्षा, प्रसारण और प्रकाशन के रूप में भी व्यवहृत होती रही है।

भाषाविद् **लार्ज (Large)** के अनुरूप **कृत्रिम भाषा-आन्दोलन** का सर्वाधिक सफल परिणाम **एसपिरेंतो** है, जो गम्भीर रूप में अन्यों के साथ-साथ **फ्रांसिस बेकन** के प्रयासवश भी आरम्भ हुआ था। उद्देश्य यह था कि यथार्थ वर्णों, प्रतीकों में एक ऐसी लिखित यथार्थ भाषा हो, जो अवधारणाओं को इस रूप में निदर्शित करे, जिसे सार्वभौमिक तौर पर समझा जा सके। इस दृष्टि से ही इस भाषा का विकास किया गया। यद्यपि यह चित्रात्मक भाषा रही, पर यह **चीनी-लिपि** और **मिस्री इतिहास-दर्शन** से भिन्न थी।

इसके मूल में यह मान्यता भी थी कि ऐसी भाषा न केवल सार्वभौमिक होगी, बल्कि प्रकृति को भी समीचीनता-पूर्वक प्रतिबिम्बित कर पाएगी, जो वैज्ञानिक उत्साहवर्धक कार्यों के उस युग का एक मुख्य सरोकार था। यहाँ प्रयोजन भाषा को अस्पष्टता से मुक्त रखने का था, जिससे इसमें सारे विचार पूरी स्पष्टता से अभिव्यक्त हो सकें। यहाँ यथोचित स्मरण-शक्ति की उपेक्षा थी, क्योंकि इसके विपरीत सामान्य व्यवहार वाली भाषा के लिए बहुतेरे भाषिक एककों को याद रखने

की **अपेक्षा** होती थो। साथ ही सार्वभौमिक भाषाई योजना में अपनी दिलचस्पी बनाए रखने की जरूरत भर थी।

एक गम्भीर प्रतिज्ञप्ति के रूप में सार्वभौमिक **कृत्रिम भाषा** की रचना उस समय देखने को मिली, जबकि उन्नीसवीं सदी के अन्तिम दिनों में **बोलापुक (Volapuk)** को अन्वेषित किया गया। **बोलापुक** का अन्वेषण एक जर्मन पंडित के द्वारा किया गया। यह एम.जे.एम. **श्लायर** था, जिसे पचास से अधिक भाषाओं का परिचय और ज्ञान प्राप्त था। उसने सोचा कि सभी सहजात प्राकृत भाषाएँ दोष और त्रुटियों से भरी हुई थीं, क्योंकि उनके व्याकरण अतार्किक और अनियमित थे। ऐसे में उसका उद्देश्य एक ऐसी भाषा का विकास करना था, जो सीखने में सरल हो और व्याकरण की दृष्टि से नियमित हो और जिसमें भावों-विचारों को सफाई और समीचीनता से व्यक्त किया जा सके। इसकी शब्दावली मूलतः **अंग्रेजी** शब्दों से, पर कहीं-कहीं **जर्मन, फ्रांसीसी, स्पेनी** और **इतालवी** शब्दों के अनुकूलन से भी व्युत्पन्न थी। **बोलापुक** में इनके मूल **(Radical)** चमके थे। ये **रेडिकल्स** स्रोत शब्दों से नियमों के आधार पर व्युत्पन्न होते थे। उदाहरण के लिए यहाँ **एच (h)** वर्ण को निकाल दिया गया था और **आर (r)** वर्ण को पूरी तरह अस्तित्वहीन कर दिया गया था, क्योंकि **श्लायर** के विचार में चीन-निवासी वृद्ध व्यक्तियों और बच्चों के द्वारा इनका उच्चारण कठिन हो जाता। सभी मूल को एक व्यंजन से ही शुरू होना और समाप्त होना था। जहाँ तक संभव हुआ, व्यंजन और स्वर-ध्वनियों को **Radicals** में विकल्पात्मकता भी दिलानी थी। इन नियमों के अनुसार अंग्रेजी के **moon, knowledge, speak, world, tooth, friend** जैसे शब्द **बोलापुक (Volapuk) Radical** में **Mun, Nol, Puk, Vel, toot** और **Flen** हो गए। संज्ञाओं में चार **कारक** और दो **वचन** निधारित थे, बशर्ते कि **कारक** और **वचन** निम्नलिखित उदाहरणों की तरह समाप्त होतेः

	Singular	Plural
Nominative	Vol	Vols
Genitive	Vola	Volas
Dative	Vole	Voles
Accusative	Voli	Volis

बोलापुक एक संयुक्त शब्द है। इसे **Vole** और **Puk** के संयोजन से **बोलापुक** नाम दिया गया, जिसका अर्थ भाषा (Language) होता है।

ऐसा तर्क करना संभव है कि **बोलापुक** जैसी **कृत्रिम भाषा** में एक पुरुषभाषी पक्षधरता थी, क्योंकि इसने **Brother** के लिए तो **Blod** शब्द लिया पर इसका स्त्री-रूप इसके पहले "Ji" जैसे उपसर्ग को लगाकर अभिव्यक्त किया गया। जैसे–**Jiblod,** जिसका अर्थ **बहन** हो गया। विशेषण बहुधा "Ik" जैसे प्रत्यय

जोड़कर बनाए जाते थे। क्रियाओं में एक नियमित संयोगीकरण था। यहाँ वाच्य और काल की सूचना उपसर्गों द्वारा प्राप्त होती थी, जबकि विधेयता, पुरुष और व्यक्तिवाची सर्वनाम—ये सब प्रत्यय के द्वारा द्योतित होते थे। शब्द-निर्मात्री नियमों में...ए, वी जैसे प्रत्यय का व्यवहार किया जाता है। इससे वैज्ञानिकता सूचित होती थी। यही नहीं, **Alto एल्टो** जैसे प्रत्यय के प्रयोग आध्यात्मिक और अमूर्त अवधारणाओं को द्योतित करते थे।

बोलापुक नाम के आन्दोलन ने उत्साहवर्धक, प्रभावशाली तथा आश्चर्यपरक विकास का अनुभव किया। यह आन्दोलन बड़ी तेज़ी के साथ जर्मनी से आस्ट्रेलिया, फ्रांस और निम्न देशों में फैल गया। इस प्रकार यह भूगोल के दूरतम क्षेत्रों तक चला गया। अट्ठारह सौ नवासी (1889) तक पूरे विश्व में बिखरी इसकी दो सौ तिरासी (283) संस्थाएँ सक्रिय थीं। **सिडनी** और **सेन-फ्रांसिसको** जैसे दूरवर्ती क्षेत्रों में सोलह सौ (1600) **वेलापुक** डिप्लोमाधारी थे और कोई दस लाख **बोलापुकिस्ट** अनुमित थे। इस **कृत्रिम भाषा** पर तीन सौ से अधिक पाठ्य पुस्तकें प्रकाशित हो चुकी थीं। पच्चीस शोध-पत्र तो **बोलापुक** को ही समर्पित थे, जिनमें सात पूरी तरह इसी **कृत्रिम भाषा** में छपते थे। प्रथम **बोलापुक** अंतर-राष्ट्रीय **कांग्रेस फ्रेडरिसेफेन (Friedrichshrfen)** में 1884 के अगस्त महीने में आयोजित हुआ। इसका दूसरा अधिवेशन **म्यूनिख (Munich)** में 1887 में सम्पन्न हुआ और तीसरा अन्तर-राष्ट्रीय अधिवेशन 1889 में **पेरिस** में आयोजित हुआ. जिसका सारा कार्य-व्यापार **बोलापुक** भाषा में ही सम्पन्न किया गया।

पर सम्प्रेषण के सम्भव वैश्विक माध्यम के रूप में इस भाषा के प्रति जो भी उत्साह था, वह धीरे-धीरे क्षीण होने लगा। इसका व्याकरण यद्यपि नियमित था, पर जटिल भी था, जो क्रियाओं के कई हजार भिन्न रूपों को निरूपित करता था। इसके नियम भी कठिन थे, विशेषतः दूसरी भाषाओं से व्युत्पन्न शब्दावली के सन्दर्भ में, यहाँ तक कि इन शब्दों को इनकी कठिनता के बावजूद कभी-कभी पहचानना भी असंभव हो जाता था। यहाँ सिर्फ एक विकल्प शेष रहता था कि इसे याद कर लिया जाए, रट लिया जाए। इस प्रकार यह भाषा ऐसी नहीं रह जाती थी कि जो इसमें दक्ष नहीं थे और केवल उत्साहजीवी थे, वे इसे अपने व्यवहार में समीचीन पा सकें और इसके सरलीकरण के लिए प्रयत्न कर सकें। जो कुछ ऐसे प्रयत्न हुए भी, वे **श्लायर** के विरोध द्वारा निष्प्रभावी कर दिए गए। यह इस आन्दोलन का दुर्भाग्य था कि इसके सरलीकरण के मुद्दे को लेकर जो विवाद उभरा, उसके कारण यह बहुतं तेजी के साथ ह्रासोन्मुख हुआ। यह 1912 का समय था जब **श्लायर** की मृत्यु हुई। दूसरी ओर **एसपिरेंतो** और **बोलापुक** के अतिरिक्त और भी अनेक अनुगामी कृत्रिम भाषाएँ सामने आयीं।

एसपिरेंतो पोलिश पोलिगलॉट के द्वारा रची गयी थी। जैसा **लार्ज (Large)**

और **लुडविक** (**Ludwick**), **लेजारस** (**Lazarus**), **जेमिन** (**Zamen**), **हॉफ** (**Hof**) ने माना है कि इसके अन्तर्गत **रूसी, फ्रांसिसी, जर्मन, पोलिश** जैसी भाषाएँ सम्मिलित थीं। **पोलिगलॉट** पेशे से एक चिकित्सक थे। उनकी भाषा को **लिंग्वो इंटरनेशिया** (**Lingvo-Internacia**) कहा जाता था, जो सबसे पहले 1887 में छपी थी। लेकिन यह नाम रचनाकार के या लेखक के छद्म नाम के द्वारा शीघ्र ही अंतरित कर दियागया। **डॉ. एसपिरेंतो** एक छद्म नाम ही था। **जेमिन हॉफ** ने सोचा कि सीखने के नजरिये से **वोलापुक** अधिक जटिल थी। यही नहीं, अंग्रेजी के साथ उसकी जो नजदीकी समानता और परिचयपरकता थी, उसने उसके इस इरादे को पक्का किया कि उसकी व्याकरणिक जटिलता, जो **वोलापुक** की नियमितता के बावजूद बनी थी, वह एक वैश्विक भाषा के योग्य अपेक्षित अभिलक्षण नहीं थी।

एसपिरेंतो में केवल सोलह व्याकरणिक नियम थे। **लार्ज** ने अपनी 1985 की पुस्तक में परिशिष्ट-एक में इसकी तालिका प्रस्तुत की है। इसकी शब्दावली अधिकांशतः लातिनी या रोमांस भाषाओं पर आधारित थी। बड़ी बात यह थी कि सभी जीवित भाषाओं की तरह **एसपिरेंतो** अपने परिवेश में परिवर्तन-सह होने की योग्यता-क्षमता रखती थी। नए शब्दों के प्रति इसमें अच्छी ग्रहणशीलता थी। **एसपिरेंतो** में ऐसे मूल धातु भी थे, जिससे नए शब्द बनाए जा सकें। यहाँ सभी संज्ञाएँ 'ओ' के साथ विशेषण 'ए' के साथ क्रियाविशेषण 'इ' के साथ बहुवचनांत 'जे' के साथ समाप्त होते थे। सामान्य धातुओं के साथ प्रत्ययों का व्यवहार शब्द-निर्माण के लिए नियमितता प्रदान करता था और इस अर्थ में आश्वस्त भी करता था कि शब्दों के परिवार अपेक्षाकृत धातु-रूपों के कम खजाने से भी रचे जा सकते थे। यह संख्या सोलह हजार की थी। इन मूल धातु-रूपों से दस गुना अधिक शब्द रचे जा सकते थे। **एसपिरेंतो** की वर्णमाला में पाँच स्वर-ध्वनियाँ और तेईस व्यंजन-ध्वनियाँ थीं। इसकी वैज्ञानिकता यह थी कि प्रत्येक का अलग-अलग एक ही उच्चारण था। यहाँ **वर्तनी** और **उच्चार**–दोनों सही अर्थ में ध्वनिशास्त्रीय दृष्टि से एकरूप थे।

एसपिरेंतो को विकसित करने में **जेमिन हॉफ** का लक्ष्य एक अंतरराष्ट्रीय भाषा मुहैया करना था। एक ऐसी भाषा, जो सभी राष्ट्र के द्वारा ग्रहण की जा सके और जो सारे विश्व की सामान्य सम्पत्ति बन सके, बिना किसी विशेष राष्ट्रीयता की छाप लगाए हुए। ऐसी भाषा को सीखना सरलतम होता और अंतरराष्ट्रीय सम्प्रेषण की दृष्टि से व्यवहार्य माध्यम भी बन पाता।

बहुतेरे **एसपिरेंतों-भाषी** का यह अनुभव था कि भाषा इन अपेक्षाओं के अनुसार चलती है। फिर भी इसके स्वरित वर्णों के व्यवहार की आलोचना की जाती रही है, जिसके कारण लेखन और टंकण में कठिनाई आती है। यह आलोचना इसलिए भी की गई है कि इसके शब्द सरलता के साथ स्वाभाविक भाषाई शब्दों की

अपेक्षा पहचान में नही आ पाते हैं, जबकि ये उन्हीं से व्युत्पन्न हैं। कुछ परवर्ती आलोचनाएँ तो वही हैं, जो किसी भी कृत्रिम भाषा पर लगाई जाती हैं। इसके मूल धातु को पहचानने की कठिनाई अपनी जगह पर है, जिसे नए सिरे से सीखने की जरूरत है और यह इस भाषा के वैश्विक प्रचार के मार्ग में एक गम्भीर व्यवधान बन जाता है। इस बात पर तर्क-वितर्क किया गया है कि **एसपिरेंतो** एक सही भाषा के उपयुक्त नहीं है, क्योंकि **एशियाई भाषाओं** के सन्दर्भ में वक्ताओं को अपील करने के नज़रिये से यह कहीं अधिक **यूरोसेंट्रिक** (**Eurocentric**) है।

एसपिरेंतो से कम ज्ञात एक और **कृत्रिम भाषा,** जो सामान्यतः व्यवहार में अधिक चालू है, वह **ईडो** (**IDO**) है। यह कइ रूपों में **एसपिरेंतो** से मिलती-जुलती है। **कृत्रिम भाषा ईडो** पर पहला वैश्विक अधिवेशन 1912 में **बियना** में आयोजित किया गया। विश्वयुद्धों के दौरान यह आन्दोलन विकसित हुआ। आए दिनों कई यूरोपीय देशों में इसने मजबूती से अपने पाँव जमा रखे हैं। यही नहीं, यह **उत्तरी अमेरिका** और उसके कुछ दूसरे देशों में भी अस्तित्वमय है। ब्रिटेन में इसकी पूरी सोसायटी ही है, जो अनेक रूपों में इसके विकास और उन्नति के लिए कार्य करती है। यह समिति पत्राचार-माध्यम का पाठ्यक्रम भी चलाती है तथा प्रत्येक वर्ष में तीन बार **ईडो-वीवो** (**IDO-VIVO**) नाम का एक शोध-पत्र भी प्रकाशित करती है। इसकी वार्षिक बैठकें भी हुआ करती हैं, पर इसके सदस्यों की संख्या कम है। इसका राष्ट्रीय संगठन **LaUNIONO POR LA LINGO INTERNACIANA** है। यह राष्ट्रीय संगठन **IDO** से सम्बन्धित है। यह संस्था अपने शोध-पत्र PROGRESO का प्रकाशन करती है और अंतरराष्ट्रीय कांफ्रेंसों का आयोजन भी करती है।

बाद में IDO के प्रति भी असंतोष जाग्रत् हुआ। परिणामतः 1922 में **एडगर वॉन वाही** (**EDGER VON WAHI**) के द्वारा **ऑक्सीडेंटल** (**OCCIDENTAL**) जैसी भाषा को प्रस्तावित किया गया। वास्तव में यह पश्चिमी संसार के भाषा-व्यवहार हेतु प्रस्तावित भाषा थी। इसकी शब्दावली पश्चिमी यूरोप के रोमांस भाषा-परिवार की प्रमुख भाषाओं में प्राप्त अंतरराष्ट्रीय धातु-रूपों से निर्मित की गई थी। जहाँ सामान्य धातु-रूप नहीं पाए जा सके थे, वहाँ लातिनी धातु-रूपों को ग्रहण कर लिया गया था।

यहीं **ओटो जेस्पर्सन की नोवियल** (**Novial**) भी थी, जिसने पहली **कृत्रिम भाषा** को प्रकाशित किया। इसकी शब्दावली बड़ी मात्रा में **ईडो** (**IDO**) पर आधारित थी और उसका व्याकरण बड़ी मात्रा में **ऑक्सीडेंटल** पर आधारित था। इस प्रकार **नोवियल** अपने-आप में अंतरराष्ट्रीय भाषा के लिए छह स्पर्धियों में एक बन गयी। ये सभी अन्तरराष्ट्रीय सहायक भाषा-संगठन के द्वारा मान्यता-प्राप्त भाषाएँ थीं। यह संगठन **रॉकफेलर फाउण्डेशन और वेंडर फेमिली** की आर्थिक

सहायता के द्वारा 1924 में स्थापित हुआ था। अन्य पाँच भाषाएँ, जिनको मान्यता प्राप्त हुई थीं, वे **एसपिरेंतो द्वितीय** (एसपिरेंतो का पुनरीक्षित संस्करण), **IDO, OCCIDENTAL, LETINO, SINE, FLEXIOME** थीं। 1945 तक यह संगठन इस निष्कर्ष पर पहुँचा कि इन भाषाओं में किसी एक को चुनने की अपेक्षा इन सब में अन्तर्हित सामान्य सार को किसी एक सहायिका भाषा के रूप में ग्रहण किया जाना चाहिए। इसकी शब्दावली ऐसी होनी चाहिए, जिसे यूरोपीय पढ़ने और समझने में समर्थ हों। वे इसके वाचिक रूप को बिना प्रशिक्षण के समझ सकें। इस अन्तरराष्ट्रीय शब्दावली के लिए इस संगठन ने भाषा के **एंग्लोरोमांटिक** दल–**अंग्रेजी, स्पेनी, फ्रांसीसी और पुर्तगाली**–के प्रमुख सदस्यों की ओर देखा। यदि कोई शब्द इन भाषाओं में से किसी तीन में प्राप्त नही होते हैं, तो जर्मन और रूसी भाषा से भी सहायता ले ली जाए, ऐसा **लार्ज** ने निर्दिष्ट किया। यह परिणामी भाषा **इन्टर-लिंगुआ (INTER-LINGUA)** के नाम से जानी गई। इस **INTER-LINGUA** का व्याकरण अनिवार्यतः रोमांटिक था और वह कई रूपों **आक्सीडेंटल (OCCIDENTAL)** के समान था। इसका लक्ष्य जितना संभव हो सके, उतना सरल होना था। ऐसा कोठ भी व्याकरणिक अभिलक्षण, जिसने किसी भी **INTER-LINGUA** वाली भाषा को योगदान करने वाली भाषा से अलग कर दिया, उसे लिया नहीं गया, न ही ऐसे किसी व्याकरणिक अभिलक्षण को जान-बूझकर बाहर रखा गया, जो प्रत्येक योगदान करने वाली भाषा में मिलते थे। इस **INTER-LINGUA** में लिंग-विधान नहीं था। क्रिया के लिए पुरुषवाचक समापन भी नहीं था और न ही यह नियम संज्ञाओं के शब्द-रूपों के लिए थाा। हाँ, इसमें निश्चित और अनिश्चित उपपद (Article) के लिए जगह थी, संज्ञाओं के विभेदक बहुवचन के लिए जगह थी और विभिन्न क्रियात्मक कालों के बीच विभेद करने के लिए भी निश्चित समापन की स्थिति थी। जहाँ तक उच्चारण का सम्बन्ध है, यह मूलतः चर्च वाला **एक्लेज़िएस्टिकल लैटिन** उच्चारण था।

INTER LINGUA का उद्देश्य प्राथमिक तौर पर वैज्ञानिक संप्रेषण करना था। इसने एक समय तक अपनी बहुत अच्छी प्रगति दिखायी। पर इन दिनों यह विज्ञान की अन्तर-राष्ट्रीय भाषा के रूप में अंग्रेजी के द्वारा स्थानान्तरित हो गई है।

ऐसी दूसरी **कृत्रिम भाषाएं** भी बीसवीं शताब्दी में खोजी गईं, इनमें **यूरोलेंगो (EUROLENGO)** नाम की एक भाषा आती है। यह भाषा **वाणिज्य** और **टूरिज्म** के व्यवहार के लिए सम्प्रेषण के सम्पादन के बतौर व्यापारित हुई। एक दूसरी **कृत्रिम भाषा GLOSA** भी सामने आई, जिसने अन्तरराष्ट्रीय भाषा के बतौर कार्य करना आरम्भ किया। पर अब भाषाविदों ने यह अन्तिम तौर पर मान लिया है कि यह संभव ही नहीं है कि कोई भी अन्वेषित या निर्मित **कृत्रिम भाषा** सम्प्रेषण के वैश्विक साधन के रूप में सफल हो पाए। किसी भी नई भाषा को सीखने के लिए

विशेष प्रयत्न की आवश्यकता होती है और ऐसी कोई भी भाषा विश्व की कुछ भाषाओं के नज़दीक अवश्य पाई जाएगी। वे लोग, जो आज अन्तरराष्ट्रीय रूप में सम्प्रेषण की जरूरत में होते हैं, वे अधिकतर एक से अधिक विदेशी भाषाएँ भी जानते हैं। जब कोई सामान्य भाषा सम्प्रेषकों, अनुवादकों और भाषान्तरकारों के लिए उपलब्ध नहीं होती, वहाँ भाषान्तरकारों का सहयोग लिया जाता है। संयुक्त-राष्ट्र जैसी संस्थाओं में कार्यालयी अन्तरराष्ट्रीय सम्प्रेषण अनुवादकों और भाषान्तरकारों द्वारा अनूदित होता है। वहाँ सभी वक्ताओं को अपनी-अपनी भाषाओं में सम्प्रेषण करने की सुविधा प्राप्त रहती है। कुछ संख्या में तो आज स्वाभाविक भाषाएँ भी, जिनमें अंग्रेजी भी समाविष्ट है, सम्प्रेषण के अन्तरराष्ट्रीय साधनों के बतौर कार्य करती है और वहाँ सुयोग्य अनुवादकों और भाषान्तकारों की बढ़ती हुई उपलब्धता भी है। इसलिए आज यह सही संभावना की जाती है कि **कृत्रिम भाषा** का तंत्र-विन्यास अब नितान्त अल्पमतीय उद्योग बनकर रह गया है। वह अब अस्तित्वहीन हो गयी है।

अपभाषा (Slang): भाषा-व्यवहार में अनौपचारिकता का अतिशयतावादी रूप **'Slang'** कहलाता है। हिन्दी में इसे **'अपभाषा'** कहते हैं। पर एक व्यक्ति के लिए जो अपभाषा है, दूसरे के लिए, वह अपभाषा नहीं भी हो सकती है। जैसे—अंग्रेजी का **'हिप्पी'** शब्द और **'Pot'** शब्द —ये दोनों ही अंग्रेजी भाषा-भाषी समुदाय में कुछ लोगों के लिए तो अपभाषा हैं, पर वहीं दूसरे के लिए ये अपभाषा नहीं हैं। स्वतः Slang शब्द का अर्थ कभी ब्रितानी अंग्रेजी में 'धोखा देना', 'ऐंठना', 'ठगना' आदि लिया जाता था। पर आज इसका अर्थ 'अपभाषा' है।

जार्गन (JARGON): यह एक ऐसा पद है, जिसका अर्थ आज अनाप-शनाप वाली शब्दावली के लिए होता है। पर वस्तुतः यह पद ऐसे भाषा-अभिव्यंजन और शब्द-गुच्छ को निर्दिष्ट करने के लिए व्यवहृत होता है, जो किसी विशेष वर्ग में उनकी पारस्परिकता में ही व्यवहृत होते हैं। आज माना जाता है कि हर व्यवसाय में उसकी अपनी विशिष्ट भाषा होती है, ठीक वैसे ही जैसे कि भाषाविदों के यहाँ संरचना में बाह्य संरचना, गहन संरचना तथा अंतर-भाषिक संरचना की स्थिति होती है।

गुप्त भाषा (कैंट CANT) तथा चोरभाषा (एरोगेट AROGET): कैंट एक ऐसा शब्द है, जिसका व्यवहार **गुप्त भाषा** को निर्दिष्ट करने के लिए होता है। यह भाषा किसी वर्ग अथवा किसी सम्प्रदाय या पंथ के द्वारा व्यवहृत की जाती है। इसी प्रकार Aroget की स्थिति भी है, जिसे **चोर-भाषा** कहते हैं। यह भी लोगों के विशेष वर्ग या समूह के द्वारा व्यवहृत होने वाले Jargen अथवा Slang को निर्दिष्ट करती है । उन्नीसवीं शताब्दी में विशेष रूप में इसका व्यवहार चोरों के द्वारा प्रयुक्त होने वाले Jargon को निर्दिष्ट करता है। ऐस Aragot का एक उदाहरण **to**

too-finger शब्द है जिसका अर्थ **to pick-pocket** होता था। पर कैंट और Aroget—दोनों के समान अभीष्ट को निर्दिष्ट करने के लिए व्यवहृत होने के कारण प्रायः दोनों को ही **चोरों की भाषा** से जोड़ा जाता है।

डायग्लोसिया (Diglossia): जब किसी भाषा में औपचारिक और अनौपचारिक शैली के बीच एक ऐसा निश्चित रेखांकित अन्तर होता है, जो एक प्रकार के द्वि-भाषीवाद को प्रस्तुत करता है, तब उसे 'डायग्लोसिया' कहते है। ऑक्सफोर्ड डिक्शनरी ऑव लिंग्विस्टिक्स के अनुसार—"The case in which a community uses this destinct forms of the same language, one aequrired throuugh education and appropriate to one range fo contexts, the other acquired before formal education and appropriate to another." उदाहरण के लिए लिखित या उच्च तमिल और वाचिक तौर पर निम्न तमिल का अन्तर **'डायग्लोसिया'** का मामला है। वस्तुतः यह दो बोलियों और शैलियों के बीच लाइन बदलने की घटना है। प्रागुवे **(PARAGUAY)** में **स्पेनी उच्च** का का और **गुआरनी निम्न** का उदाहरण है।

कूट-भाषा (**Code Language**) **:** जब सामान्य प्रचलित भाषा को छोड़कर नए कोड द्वारा सीमित भाषिक सम्प्रेषण किया जाता है, तब उसे **कूट-भाषा** कहा जाता है। यह एक नए प्रकार से **गुप्त भाषा** भी होती है। यहाँ जो श्रोता-वर्ग होता है, उसे **अन्तरंग** एवं **बहिरंग** —दो रूपों में विभाजित किया जाता है। इसके अनुरूप भाषा के भी दो रूप हो जाते हैं—1. **अन्तरंग** घर्ग की भाषा और 2. बहिरंग वर्ग की भाषा। **प्रति-समाज़** में बोली जाने वाली भाषा **अन्तरंग** वर्ग की भाषा है। यहाँ जो भाषिक कोड बनते हैं वे सीमित होते हैं।

कूट-अन्तरण और कूट-मिश्रण : यदि भाषा-सम्प्रेषण में दो या दो से अधिक भाषाओं के बीच ऐसा अन्तरण होता है, जहाँ पहले से चल रही भाषा को छोड़ दिया जाता है, तो उसे कूट-अन्तरण (Code Switching) कहते हैं। उदाहरण के लिए एक वक्ता अपने दो मित्रों के साथ बात करते हुए एक के साथ हिन्दी में बोलता हैं और दूसरे के साथ अंग्रेजी बोलता है और यदि एक साथ हिन्दी में बोलते हुए वह अंग्रेजी पर आ जाता है, तो इसे कूट-अन्तरण कहते हैं। भारत जैसे बहुभाषी देश में वक्तओं के लिए ऐसी स्थिति बहुत सामान्य है कि हिन्दी, पंजाबी, तमिल, तेलुगू में बोलते हुए वह सम्बोधिती और प्रोक्ति के विषय के अनुरूप कूट-अन्तरण करे, पर यदि कोई वक्ता एक भाषा का व्यवहार कर रहा हो और उसमें वह दूसरी भाषा के पदबंधों और वाक्यों का भी प्रयोग बीच-बीच में करता चले, तो इसे **कूट-मिश्रण** (Code-Mixing) का उदाहरण माना जाता है।

भाषा-विमर्श : प्रासंगिकता-परक सन्दर्भ

1
भाषा : अध्ययन-अध्यापन की सोद्देश्यता का संदर्भ

भाषाविज्ञानियों के अनुसार यह प्रश्न करना कि 'भाषा का अध्ययन क्यों किया जाए' या 'भाषा क्यों पढ़ी जाए' ठीक वैसा ही है कि मस्तिष्क का अध्ययन क्यों किया जाए, जबकि हम इसका प्रयोग दैनिक जीवन में किया ही करते है या कि हम आँखों की दृष्टि का अध्ययन क्यों करें, जबकि हम बिना उसके अनुभागों और प्रकार्यों को विश्लेषित किए ही देख सकते हैं? पर प्रसिद्ध भाषाविज्ञानी **डेविड क्रिस्टल** ने इन सब प्रश्नों को खड़ा करते हुए यह उत्तर दिया है कि मैं ऐसा नहीं सोचता हूं कि कोई इन विषयों पर ऐसा सवाल खड़ा करेगा और उसका जो-कुछ भी उत्तर दिया जाएगा, उसकी सम्यक् परीक्षा होगी। यदि किसी ने नेत्र-चिकित्सा का अध्ययन नहीं किया है, तो वह **मायोपिया** से पीड़ित किसी व्यक्ति को ऐनक लगाने की सलाह भला कैसे दे सकता हैं? सच्चाई यह है कि मानव-व्यवहार के ऐसे सभी पहलुओं का अध्ययन किया जाना महत्वपूर्ण है, क्योंकि जब चीजें गलत दिशा में जाना शुरू हो जाती हैं तब उसके सही निदान के लिए हमारे पास कोई ज्ञान नहीं होता है। ऐसे में कोई चाहे तो प्रश्न कर सकता है कि भला वह भाषा कैसे गलत दिशा में जा सकती है, जिसका व्यवहार प्रायः मातृभाषी किया करते हैं। यहाँ इतना ही कहा जा सकता है कि **अर्धंग** (Paralysis) जैसी बीमारी के कारण मनुष्य का बोलना बंद हो जाता है या दुर्घटनाग्रस्त होने पर भी मनुष्य को बोलने में नाना प्रकार की कठिनाइयाँ उपस्थित हो जाती हैं तब चिकित्सक के लिए यह अपेक्षित हो जाता है कि उसे मस्तिष्क के उस अनुभाग का ज्ञान हो, जो मनुष्य की भाषा को नियन्त्रित करता है। साथ ही उसे भाषा की कोटियों का भी परिज्ञान हो, जिससे वह यह समझ सके कि यह भूल साहचर्यक्रमी (पैराडिग्मैटिक) स्तर पर होती है, या संरचनात्मक विन्यासक्रमी (Syntagmatic) स्तर पर होती है?

यदि मस्तिष्क किसी दुर्घघटना से क्षतिग्रस्त हो जाता है या उसे स्ट्रोक (Stroke) लगता है या ऐसी कोई और आपात महाविपत्ति (Catastrophy) घटित होती है, जिससे हमारी भाषिक क्षमता नष्ट हो जाती है, जहाँ लोग अपनी भाषा पर

पूरा नियन्त्रण नहीं रख पाते हैं या उसे बोलने की पूरी क्षमता ही खो बैठते हैं या उसकी सुबोधगम्यता नष्ट हो जाती है, तब ऐसी स्थिति में क्या-कुछ इसके निदान के उपाय किए जा सकते हैं? ऐसे मामलों और इन सन्दर्भों में जो-कुछ भी चिकित्सा की जाती है, उसमें भाषा-विश्लेषण स्पष्ट तौर पर एक पूर्वापेक्षा के बतौर सामने आता है।

यदि कोई यह कहे कि भाषा मेरी अपनी है और मैं वर्षों से इसका व्यवहार कर रहा हूँ, इसलिए मुझे भाषा के अध्ययन का कोई औचित्य समझ में नहीं आता, तो इसका उत्तर यह कह कर दिया जा सकता है कि वर्षों से हमारे पास हमारा हृदय है, पर हम यह नहीं जानते हैं कि इसमें कोई छिद्र भी है कि नहीं है और यदि यह हो भी, तो हम इसका प्रदर्शन कैसे कर पाएँगे? कहते है, भाषा की अध्येय संरचना बहुतेरे रूपों में जटिल और कठिन होती है, ठीक उतनी ही जितनी मानव-शरीर की संरचना। बहुतेरे व्यक्तियों का सामान्य भाषा-ज्ञान बहुत कच्चा (शेकी) होता हैं और इसके विषय में इसकी विवरणात्मक योग्यता भी बहुत सीमित होती है। हम यदि भाषा जानते या पढ़ते भी हैं, तो हमें उसमें प्रशिक्षण नहीं मिला होता है। भाषा सम्प्रेषण की सर्वाधिक महत्वपूर्ण प्रविधि है। पर हमारे सम्प्रेषण के अनेक माध्यम हैं, जिनमें भाषा एक प्रमुख माध्यम है। हम भंगिमाओं, मुख-मुद्राओं तथा अन्य संकेतों से भी सम्प्रेषण का काम सम्पन्न करते हैं। फिर भी सामान्यतः सभी इस बिन्दु पर सहमत हैं कि भाषा का मुख्य उद्देश्य सम्प्रेषित करना ही है। इस सिलसिले में पिछले दस-बीस वर्षों में सम्प्रेषण से जुड़े हुए अनेक युक्ति-कौशलों एवं तन्त्र का विकास हुआ है, जो भाषा-अध्ययन में अपनी प्रासंगिकता सिद्ध करते हैं। सम्प्रेषण-कौशल सीखने के लिए भी भाषा के अध्ययन की अपनी सोद्देश्यता है।

जिनका भाषा-ज्ञान बहुत कम होता है अथवा जिनका अधिकार भाषाभिव्यक्ति पर नहीं होता, वह कई बार तो रुग्णता में अपने चिकित्सक द्वारा किए गए प्रश्नों का सटीक और समीचीन उत्तर तक नहीं दे पाते हैं। एक दर्द (Ache) जैसे शब्द का प्रयोग अलग-अलग मरीज अलग-अलग रूप में करता है। यहाँ सही उत्तर न देना डॉक्टर के लिए कठिनाई उत्पन्न करता है, जिस पर मरीज के रोग को डायगनोज़ करने का दायित्व होता है। डॉक्टर और मरीज के बीच भाषाभिव्यक्ति और उसकी समझ की समस्या के अलावा दूसरे क्षेत्रों में ऐसी जटिलताएं और समस्याएं हैं, क्योंकि भाषा में अर्थ की तिरस्करिणी (Semantic Curtain) महत्वपूर्ण है। बहुत सारे राजनीतिक और दार्शनिक चिन्तकों के बहुत सारे पद और शब्दावली में अर्थ-वैविध्य मिलता है, उसका आधार भौगोलिक या अर्थगत हुआ करता है।

भाषा बोलना और भाषा समझना हर भाषा-भाषी समाज का बालक अपने परिवेश से ही ग्रहण कर लेता है। ऐसे में भाषा का अध्ययन क्यों किया जाए?

सारा संसार भाषा का प्रयोग करता है। हर भाषा-भाषी समुदाय अपनी मातृभाषा का व्यवहार करता है। केवल भाषा पढ़ना और भाषा लिखना--इसका भी शिक्षण-प्रशिक्षण होता है और भाषा पढ़ायी जाती है। दुनिया का कोई देश ऐसा नहीं है, जहाँ भाषा नहीं पढ़ायी जाती हो। बच्चे जब अपना अध्ययन आरम्भ करते हैं तब वहीं से उन्हें भाषा-ज्ञान देना भी आरंभ कराया जाता है। जिस भाषा का वे अध्ययन करते हैं, धीरे-धीरे उस भाषा के व्याकरण और उस भाषा के साहित्य का ज्ञान भी उन्हें दिया जाने लगता है। अपने देश में भाषा पढ़ाने की यह अनिवार्य स्थिति दसवीं-बारहवीं के विद्यार्थियों की कक्षा तक के लिए सुनिश्चित है। उसके बाद भाषा का अध्ययन स्वैच्छिक अध्ययन बन जाता है। कोई चाहे तो विकल्प के रूप में भाषा का अध्ययन कर सकता है। पर प्रश्न उठता है कि भाषा के इस अध्ययन की सोद्देश्यता क्या है? हम भाषा क्यों पढ़ते और क्यों पढ़ाते हैं?

भाषा का सबसे महत्त्वपूर्ण कार्य या उपयोग उसका सम्प्रेषण है, जिससे मानव-समाज का पारस्परिक व्यवहार चलता है। पर किसी भी भाषा में वाचिक सम्प्रेषण उसके भाषा-भाषी समाज का स्वस्थ व्यक्ति स्वयं प्राप्त कर लेता है। यहाँ स्वस्थ से आशय है कि उसकी वागिन्द्रियाँ-सह कर्मेन्द्रियाँ रुग्ण नहीं हों। यहाँ भाषा-अधिगम के चार व्यापारों में दो व्यापार उसे सीखने पड़ते है। वह पढ़ना और लिखना सीखता है। इसकी भी प्राथमिक सोद्देश्यता सम्प्रेषण को ही माना जा सकता है। कोई व्यक्ति पढ़ता हुआ भी लेखक के कथन से सम्प्रेषित होता है। बोलने और लिखने में यह सम्बोधित कोई भी व्यक्ति हो सकता है, श्रोता हो सकता है। परीक्षा में परीक्षक हो सकता है अथवा पुस्तक में पूरा पाठक-वर्ग हो सकता है। पर भाषा के सीखने और उसे सिखाये जाने की सोद्देश्यता यहीं तक सीमित नहीं है।

जब हम भाषा का ज्ञान करते और कराते हैं तब भाषा के समीचीन प्रयोग और उसकी शुद्धता पर ध्यान देते हैं। भाषा जिन इकाइयों से संघटित होती है उनमें ध्वनि-संयोजन, शब्दार्थ-बोध, रूप-रचना, वाक्य-रचना, प्रोक्ति-संघटना और अर्थ-विवेक सबका परिज्ञान करना-कराना पड़ता है। यह कार्य प्रायः विद्यालयों के कक्षा-अध्यापन में किया जाता है, भले ही इसका स्तर जो हो। भाषा का विद्यार्थी स्वाध्याय से भी इस बोध को अर्जित करता है। यहीं वक्ता को भाषा का सही और सम्यक् उच्चारण, भाषा के शब्द-भण्डार, वाक्य-निर्माण, रूप-रचना और वाक्य में शब्दों के अनुक्रम का सही विन्यास सीखना पड़ता है। यहीं वाक्य और वाक्य के संसक्तिपूर्ण संगुम्फन से, उसके विन्यास से परिचित होना पड़ता है, जिससे बोलने और लिखने में वह सम्यक् रूप में प्रोक्ति का विन्यास कर सके। यहीं उसे यह समझना पड़ता है कि उसका सम्प्रेष्य अथवा जिसे वह सम्प्रेषित करना चाहता था, वह उसकी वाचिक और लिखित अभिव्यक्ति से पूरी तरह सम्प्रेषित हो पाया या नहीं।

भाषा के दो पक्ष हैं। पहला **संघटनात्मक** पक्ष है, जिससे उसकी निर्माण-प्रक्रिया का स्वरूप स्पष्ट होता है। दूसरा उसका **प्रयोजनात्मक** पक्ष है, जो उसकी अभिव्यक्ति के मन्तव्य का विवेचन करता है। भाषा के **संघटनात्मक** पक्ष का विवेचन हर भाषा-विशेष का **व्याकरण** करता है। पर भाषा के **प्रयोजनात्मक** पक्ष का विवेचन प्रत्येक भाषा में **प्रोक्ति** या **पाठ-भाषाविज्ञान** करता है। सही प्रोक्ति का निर्माण करना भी अपने-आप में एक महत्त्वपूर्ण कार्य है, जिसे निष्पन्न करने की सही कला प्रत्येक भाषा-भाषी को आनी चाहिए। तभी वह अपने भाषा-व्यवहार में कुशल हो पाता है। भाषा का जो अध्ययन और अध्यापन इन दो सोद्देश्यताओं को ध्यान में रखकर किया जाता है वह भाषा की प्राथमिक सोद्देश्यता ही है। इस दृष्टि से हर भाषा सीखने वाले को आरम्भ में उसका **व्याकरण** बताया जाता है। उसके बाद **प्रोक्ति-निर्माण** की संश्लिष्टता से, उसके महत्व से अवगत करते-कराते उसे शिक्षित-प्रशिक्षित किया जाता है। जब भाषा में प्रोक्ति जैसी संकल्पना नहीं आयी थी तब यह कार्य **रचना** के अंतर्गत सम्पन्न कराया जाता था।

भाषा के अध्ययन की **द्वितीयक** सोद्देश्यता भाषा के प्रकार्यों की जानकारी की है। हम भाषा-व्यवहार करते समय अपेक्षा के अनुरूप भाषिक प्रकार्य का सम्पादन कर पाते हैं या नहीं, इस पर बहुत-कुछ निर्भर होता है। कहाँ **सूचनात्मक** प्रकार्य की अपेक्षा है या **अभिधेयात्मक** प्रकार्य की, कहाँ **इच्छात्मक** या **क्रियावृत्तिक** प्रकार्य की आवश्यकता है, कब और कहाँ **सम्पर्क-द्योतक** प्रकार्य अनिवार्य होता है, कहाँ **आभिव्यक्तिक** प्रकार्य की अपेक्षा पड़ती है? भाषा सीखते समय और साहित्य पढ़ते समय कैसे भाषिक अर्थ ग्रहण करने हेतु **अधिभाषात्मक** प्रकार्य का उपयोग करना पड़ता है और कैसे **साहित्य** पढ़ने, समझने और रचने के लिए **काव्यात्मक** या **सौन्दर्यात्मक** प्रकार्य की समझ अपेक्षित होती है। यह सब तभी समीचीन रूप में सम्भव हो सकता है जब भाषा-अध्येता को इन या इन जैसे विभिन्न प्रकार्यों का सम्यक् ज्ञान हो।

भाषा के अध्ययन की **तृतीयक** सोद्देश्यता **भाषा-विश्लेषण** की है। भाषा की **संघटनात्मकता** को जानने के लिए जिस व्याकरण की अपेक्षा होती है वह **नियामक** व्याकरण होता है। उससे भाषा-प्रयोक्ता यह सीख पाता है कि भाषा में **शुद्ध** और **अशुद्ध** क्या है, **मानक** या **अमानक** क्या है? पर भाषा जिस रूप में है उसी रूप में उसका विश्लेषण करना उसके **वर्णनात्मक** स्वरूप का उद्घाटन करना है। यह कार्य **वर्णनात्मक** विश्लेषण करता है। इससे उस भाषा-विशेष के सन्दर्भ में नई जानकारियाँ उपलब्ध होती हैं। **भाषा-विश्लेषण** करने के लिए अनेक अभिगम हैं। भाषा-विश्लेषकों को उन अभिगमों का न केवल परिचय प्राप्त करना होता है, बल्कि उसमें विशेषज्ञता भी हासिल करनी होती है। तभी वह सम्यक् **भाषा-विश्लेषण** करने में समर्थ हो पाता है और जिस भाषा का वह विश्लेषण करता है उसके विषय

में नई सूचनाएँ और नेई प्रतिपत्तियाँ उपलब्ध कर पाता है। यह कार्य **भाषाविज्ञान** नाम का ज्ञानानुशासन करता है। उसके अभिगमों से परिचित होने के बाद ही किसी अभिगम-विशेष के आधार पर कोई किसी भाषा का सम्यक् विश्लेषण कर सकता है।

भाषा के अध्ययन की **चौथी सोद्देश्यता भाषा-व्यवहारशास्त्र** (Pragmaties) के ज्ञान की है। यह अपेक्षाकृत सूक्ष्म है। यहाँ भाषा-प्रयोक्ता के भाषा-विवेक की आत्यन्तिक अपेक्षा होती है। हमारे द्वारा किए जाने वाले **भाषा-व्यवहार** की सदैव एक ही स्थिति नहीं होती, **भाषा-व्यवहार** की अनेक स्थितियाँ होती हैं और हमारा **भाषा-व्यवहार** किसी एक व्यक्ति के साथ नहीं होता। प्रत्येक दिन अनेक व्यक्तियों के साथ हर भाषा-भाषी को **भाषा-व्यवहार** करना पड़ता है। हम एक ही तरह सभी व्यक्तियों से, सभी स्थितियों में भाषा का एक जैसा व्यवहार नहीं कर सकते। इसके लिए भाषा-प्रयोक्ता को **भाषा-व्यवहार** के सूक्ष्म अन्तर से परिचित होना पड़ता है। यहाँ स्थिति-भेद के अनुसार उसे भाषिक अभिव्यक्ति करनी पड़ती है। तभी वह इसके अनुरूप भाषा का सम्यक् व्यवहार करने में सफल सिद्ध होता है। यदि वह ऐसा नहीं कर पाता है, तो भाषा-व्यवहार के कारण उसे जीवन में सजा भोगनी पड़ती है तथा अनेक रूपों में विफलताओं का सामना करना पड़ता है। इस स्थितिगत और व्यक्तिगत अन्तर को ध्यान में रखकर भाषा-व्यवहार करने की सम्यक् समझ **भाषा का समाजशास्त्र** प्रदान करता है। कोई भी व्यक्ति परिवार में भाषा का जैसा उपयोग करता है, सामाजिक संस्थाओं में या कार्यालयों में ठीक उसी रूप में भाषा का व्यवहार नहीं कर सकता है। भावावेश में, **बौद्धिक निर्णय** के क्षणों में किसी व्यक्ति को **मनाने** में, किसी **अनुबंध** को हाथ में लेने में, **आग्रह-अनुभव** करने में, अपनी **नाराजगी** जाहिर करने में, अपना **प्रेम** ·बरसाने में या अपनी **सदाशयता** ज्ञापित करने में भाषा के अलग-अलग तेवर होते हैं।

भाषा-प्रयोक्ता को भाषा के ऐसे तेवरों से परिचित होना तथा उसका परिज्ञान प्राप्त करना होता है। जीवन में बहुत दूर तक किसी व्यक्ति की सफलता-विफलता उसके **भाषा-व्यवहार** पर निर्भर होती है, चाहे वह क्षेत्र परिवार का हो या कार्यालय का। वक्ता श्रोता को जो कहता है, श्रोता किस रूप में उसके प्रति अपनी प्रतिक्रिया व्यक्त करता है, यह सदैव उसके **भाषा-व्यवहार** से नियन्त्रित होता है। बड़े-से-बड़े संगीन मसले **भाषा-व्यवहार** की कुशलता से सँभाल लिए जाते हैं। भाषा सीखते समय बालक को यह ज्ञान अवश्य दिया जाना चाहिए कि वह घर में अपने भाई-बहनों से जिस रूप में भाषा का व्यवहार करता है उसी रूप में अपने माता-पिता के साथ भाषा-व्यवहार नहीं कर सकता है। जिस रूप में वह माता-पिता, उम्र के बड़े रिश्तेदारों या गुरुजनों से भाषा का व्यवहार करता है, उस रूप में वह अपने मित्रों के साथ **भाषा-व्यवहार** नहीं कर सकता। कार्यालय में व्यक्ति जिस

रूप में अपने अधिकृत (Subordinate) के साथ **भाषा का व्यवहार** करता है, ठीक उसी रूप में वह अपने अधिकारियों के साथ **भाषा का व्यवहार** नहीं कर सकता। एक व्यक्ति-विशेष से बातचीत करने हुए जैसी भाषा होती है, एक पूरे समुदाय से बातचीत करते समय भाषा ठीक वैसी नहीं रहती। चुनाव के दिनों में जनता को सम्बोधित करने वाले नेताओं द्वारा वोट माँगने के **भाषा-व्यवहार** और चुनाव जीतने के बाद उन्हीं नेताओं के मंत्री बन जाने पर किसी काम से जनता के उनके यहाँ पहुँचने पर उसका **भाषा-व्यवहार** ठीक वैसा ही नहीं रहता। **भाषा-व्यवहार** के इस वैविध्य को समझने के लिए और उसे आचरित करने के लिए भाषा को सम्यक् रूप में पढ़ने और समझने की अपेक्षा होती है। यह परिज्ञान हमें **भाषा का व्यवहारशास्त्र (Pragmatics)** प्रदान करता है।

हम जब **भाषा का व्यवहार** करते हैं तब एक प्रकार से **भाषिक वचन-कर्म** का सम्पादन करते है। जिसे प्रायः **वचन-कर्म** कहा जाता है उस **भाषिक वचन-कर्म** को जानना भाषा की पाँचवी **सोद्दश्यता** है। **ऑस्टिन** और **सार्ले** जैसे भाषा-चिन्तकों ने तीन प्रकार के **वचन-कर्म** माने है। भाषा का **पहला वचन-कर्म** वह है, जहाँ भाषा व्याकरणिक रूप में संघटित होती है और हम उसका उत्पादन-निष्पादक करते हैं। **दूसरा वचन-कर्म** वह हैं जहाँ व्याकरणिक रूप में संघटित भाषा-व्यवहार के द्वारा ही हम कुछ ऐसा विशेष अभिव्यंजित कर जाते हैं, जो उसकी भाषा-संरचना में निहित नहीं होता, पर वह उससे व्यंजित होता है। इस सोद्देश्यता के सम्यक् अवबोध से प्रयोक्ता अपेक्षा के अनुरूप **भाषा का व्यवहार** कर पाता है अथवा उस पर अंकुश लगा पाता है। भाषा की संधटना वाले पहले वचन-कर्म को **भाषिक वचन-कर्म** (Locutionary Speech Act) कहा जाता है। पर उससे व्यंजित होने वाले **दूसरे वचन-कर्म को भाषेतर वचन-कर्म** (Illocutionary Speech Act) कहा जाता है। इससे ही आग्रह, अनुरोध, दावा, चुनौती, धमकी, प्रशंसा, अवमानना, तिरस्कार आदि का द्योतन होता है। पर जब **भाषा-व्यवहार** वक्ता द्वारा सम्पन्न किया जाता है और उसमें जो कहा जाता है उसका अनुपालन श्रोता करता है तब ऐसी स्थिति में **अनुपालक वचन कर्म** (Perlocutionary Speech Act) उपस्थित होता है। पर यह श्रोता पर निर्भर करता है कि वक्ता के द्वारा कहे गए वचन को वह सम्यक् रूप में सुने और उसका पूरी तरह अनुपालन करे।

भाषा-व्यवहार मानव-व्यवहार का एक आकर्षक पहलू है। कोई कैसे अपने **भाषा-व्यहवहार** को प्रभावी बना सकता है, इसके लिए भी भाषा का अध्ययन किया जाता है। यूनान में अरस्तु के समय से **प्रभावी भाषिक प्रकार्य** के लिए **वाग्मिता-शास्त्र** (Rhetorics) पर विचार किया गया था। हमारे समकाल में हिन्दी में वाग्मिता के पक्ष को प्रभावी बनाने के लिए मध्यप्रदेश के **इन्दौर** शहर में एक **वाग्मिता-संस्थान** खोला गया है, जिसमें भाषा की वाग्मिता का अध्ययन-अध्यापन

किया जाता है। साथ ही इस क्षेत्र में दिलचस्पी रखने वाले को प्रशिक्षित भी किया जाता है। **मार्तिने** जैसे भाषाविज्ञानी ने भाषा के प्रकार्य पर विचार करने वाले चिन्तकों से अलग इस तरह के विशेष भाषा-प्रकार्य को निर्धारित किया है, जिसे भाषा का **प्रभावी प्रकार्य** कहते हैं। नेताओं, अधिवक्ताओं, प्रवचनकर्ताओं के लिए भाषा के इस प्रकार्य पर अधिकार अपेक्षित होता है, तभी वह अपने कार्य-क्षेत्र में अधिक सफल हो पाते हैं। भाषा-अध्ययन की यह **छठी सोद्देश्यता** है।

भाषा-अध्ययन की **सातवीं सोद्देश्यता** अन्य विषयों के अध्ययन की तरह है। वह उसके इतिहास के ज्ञान की सोद्देश्यता है। भाषा का इतिहास क्या है? यह कब आरम्भ हुई? कब से मनुष्य के साथ है और उसके साथ उसका कैसा अविनाभाव सम्बन्ध है, वह किन रूपों में मनुष्य के साथ विकसित होती गई, पूरी दुनिया में कितनी भाषाएँ हैं और उन्हें कितने वर्गों में विभाजित किया गया है? उस विभाजन के कितने आधार हैं? क्या सभी भाषाएँ आरम्भ से लेकर अब तक जीवित हैं? या इनमें कुछ भाषाएँ मृत्य या लुप्त भी हुई हैं? भाषा-अध्ययन में इस प्रकार का ज्ञान **ऐतिहासिक भाषाविज्ञान** से प्राप्त किया जाता है, जो भाषा के उच्चतर अध्ययन का विषय है।

मानव-मन की एक सहज प्रवृत्ति **तुलना** है। वह एकाधिक भाषाओं के बीच भी तुलना करके यह देखना चाहता है कि इनमं कितनी समानता या कितनी **असमानता** है, कितनी **तद्रूपता** या कितनी **व्यतिरेकिता** है? यह भी कि यह सब भाषा के संघटनात्मक स्तरों में किन-किन स्तरों पर किन-किन रूपों में है? भाषा-अध्ययन की यह **आठवीं सोद्देश्यता** है। भाषा का ऐसा अध्ययन **तुलनात्मक भाषाविज्ञान** के क्षेत्र में किया जाता है। यह भी उच्चतर भाषा-अध्ययन का अध्येय विषय है।

भाषा-विशेष का वर्णनात्मक-विवरणात्मक ज्ञान प्राप्त करना भाषा की **नवीं सोद्देश्यता** है। हम यहाँ उसकी संरचना और उसकी व्यवस्था का अध्ययन करना चाहते हैं। कोई भी भाषा अपने वाचिक स्वरूप में किस तरह संघटित है, इसे उद्घाटित करना चाहते हैं? भाषा का यह अध्ययन उसके ऐतिहासिक और तुलनात्मक अध्ययन से भिन्न होता है। यह अध्ययन जिस भाषा का किया जाता है केवल उसी भाषा पर आधरित होता है। उसके सारे आंकड़े उसी भाषा के होते हैं, जिनके आधार पर बुनियादी निष्कर्ष निकाले जाते हैं तथा भाषा की संघटना को स्वरूपित-विवेचित किया जाता है। **भाषा-व्यवहार** में ली जाने वाली छूट को भी यहाँ रेखांकित किया जाता है।

भाषा का इस प्रकार का अध्ययन **वर्णनात्मक और संरचनात्मक** भाषाविज्ञान पर आधारित होता है। उपर्युक्त भाषिक अध्ययन-क्रम में हम जिस भाषा-विशेष का अध्ययन करना चाहते हैं, यदि अब तक उसका इस प्रकार का स्वरूपगत या

व्याकरणिक अध्ययन नहीं किया गया है, तो उसके लिए **भाषा-सर्वेक्षण** की आवश्यकता होती है। भाष-अध्ययन की यह **दसवीं सोद्देश्यता** है। यहाँ भाषा-प्रयोक्ताओं से किये जाने वाले अभीष्ट प्रश्नों से प्राप्त उत्तरों के आधार पर भाषा का सर्वेक्षण किया जाता है, जिससे उस भाषा के विषय में नया ज्ञान सामने आ पाता है।

भाषा और समाज तथा संस्कृति का अभिन्न संबंध है। भाषा में प्रयुक्त विभिन्न प्रकार की शब्दावली प्रायः परम्परागत सामाजिकता और संस्कृति का संवहन करती है। अतः भाषा-अध्ययन की **ग्यारहवीं सोद्देश्यता** भाषा के समाज-सांस्कृतिक अध्ययन की, उसका समाज-सांस्कृतिक परिज्ञान प्राप्त करने की है। भाषा-विशेष की शब्दावली इस तरह का अद्भुत ज्ञानकोश हुआ करती है। साथ ही भाषा-विशेष के साहित्य में प्रयुक्त शब्दावली से भी इस प्रकार का ज्ञान प्राप्त किया जा पाता है।

भाषा-अध्ययन की **बारहवीं सोद्देश्यता** के प्रबंधन के क्षेत्र की है। आजकल **व्यापार-प्रबन्धन** (Business Management) के अध्ययन-अध्यापन की माँग जोरों पर है। इस क्षेत्र में उच्चतम डिग्री लेकर लोग प्रायः प्राइवेट क्षेत्र के राष्ट्रीय, अन्तरराष्ट्रीय उद्यमों में नौकरियाँ प्राप्त कर लेते है। पर यहाँ भी वे तभी महत्त्वपूर्ण और प्रभावी हो पाते हैं जब उनका भाषा-ज्ञान बहुत अच्छा हो और प्रकर्त्ता के बीच जो भी कठिनाई या अविश्वास पैदा होता है वह प्रभावी सम्प्रेषण के अभाव में ही होता है। आजकल उद्यमों में प्रत्येक स्तर पर भाषिक सम्प्रेषण की ओर अधिकाधिक ध्यान दिया जाने लगा है। प्रबन्धन के साथ सम्प्रेषण-क्षमता और सम्प्रेषण-युक्तियों को लेकर पाठ्यक्रमों का निर्माण किया गया है। यहाँ ऐसे प्रश्न सहज ही उत्पन्न होते हैं कि जो कम्पनियों के प्रबन्धक हैं या जो प्रशासी वर्ग है, वह निर्णय करते और कार्य-व्यापार सम्पन्न करते समय भाषिक सम्प्रेषण के प्रति आँखें तो नहीं मूँद लेता है? **सर ज्योफ्री विकेर्स** (Geoffri Vickers) ने कभी प्रबन्धन, जो व्यापक रूप में उससे निर्दिष्ट और संघटित है, की परिभाषा इस रूप में दी थी कि वह भाषिक संकेतों के माध्यम से निर्गत और गृहीत होता है। यहाँ भाषिक सम्प्रेषण प्रबन्धन-सहयोजन के लिए सहयोगी भूमिका अदा करता है, **विकेर्स** ने यह भी प्रकाश डाला है कि यह विस्मयकर नहीं होना चाहिए कि **व्यापार-प्रबन्धन** के साहित्य में सम्प्रेषण ने मुख्यतः सूचना के विनिमय को लागू करने से मुँह मोड़ लिया है। वस्तुतः आज यह भाषिक सम्प्रेषण ऐसा पद बन गया है, जो मानद-सम्पर्क के प्रत्येक रूप में किसी भी संगठन तथा प्रेस-तन्त्र के बीच सहयोगी भूमिका अदा कर सकता है। इस तरह **भाषा के अध्ययन की सोद्देश्यता** सम्प्रेषण के भिन्न-भिन्न माध्यम के अध्ययनों की भी है। यह पोस्टर, जर्नल, लाउड-स्पीकर, व्यवस्था, वर्ग, विचार-विनिमय तथा कार्यगत सूचना पर निर्भर करती है। **डेविड क्रिस्टल** ने लिखा

है कि व्यापार-प्रबन्धन में यह **वाणी** ही है, जो स्वर्णिम है और वहाँ **मौन** **अभिशाप** है, क्योंकि जहाँ **भाषा** महत्व की ओर अग्रसर करती है, वहाँ **मौन** विश्वास के अभाव की ओर ले जाता है। यहाँ Efficiency, Incentives, Moral, Motivation, Productivity, Continutiy, Standards, development, Partnership जैसे शब्दों के दूरगामी प्रभाव को समझते हुए इसका समुचित व्यवहार करने की अपेक्षा होती है।

आज भाषा पढ़ने और उस पर अधिकार प्राप्त करने की आवश्यकता **विज्ञापन-लेखक** बनने की दृष्टि से भी है, जो सही सन्दर्भ और अभीष्ट संप्रेष्य को प्रभावी शैली में सही शब्दों के द्वारा खरीददार समाज तक पहुँचा सकें। चाहे वह श्रव्य माध्यम हो, जैसे रेडियों या पाठ्य माध्यम हो, जैसे समाचार-पत्र या पाठ्य-श्रव्य माध्यम दोनों ही हों, जैसे **दूरदर्शन** और **संगणक**, जिसकी आवश्यकता **हर-कहीं** अनुभव की जाती है। भाषा के अध्ययन-अध्यापन की यह **तेरहवीं सोद्देश्यता** है।

इसी तरह भाषा का अध्ययन **अनुवादक** बनने के लिए भी किया जाता है। यहाँ एक से अधिक, पर कम-से-कम दो भाषाओं के सम्यक् ज्ञान की आवश्यकता होती है। बिना भाषा पर अधिकार रखे अनुवाद नहीं किया जा सकता। यही नहीं, वैज्ञानिक और प्रौद्योगिकीय जैसे अनुसंधान-क्षेत्रों में प्रयोगों से प्राप्त आँकड़ों के विश्लेषण-विवेचन के क्रम में और अपनी खोज को निरूपित करने के क्रम में भी सही भाषा की अपेक्षा होती है। इस सही पर बल देने के लिए भी भाषा के प्रशिक्षण की अपेक्षा है। आज पूरी दुनिया एक गाँव बन चुकी है। हम **विश्व-ग्राम** (Global Village) में रहते हैं। आज हमें एक से अधिक भाषा जाननी पड़ती है, चाहे वह हमारे देश का सन्दर्भ हो या विदेश का। ऐसे में हम विदेशी भाषाओं का ज्ञान भी प्राप्त करते हैं। यह ज्ञान भिन्न-भिन्न देशों से जहाँ उनकी आन्तरिक और बाह्य सुरक्षा से जुड़ा है, वहाँ दूसरे देशों मे गुप्तचरी के कार्यों से भी जुड़ा है। भारत में जर्मन, इटालियन, फ्रेंच, स्पेनिश, चीनी और रूसी जैसी भाषाएँ यद्यपि कम पढ़ाई जाती हैं, पर अंग्रेजी की पढ़ाई सर्वाधिक होती है। यहाँ दूसरी भाषाएँ पढ़ाने के लिए भाषाविज्ञानियों ने अनेक प्रकार के प्रयोग किए हैं, जिनको जानना उनके सम्यक् भाषाज्ञान के लिए अपेक्षित है। भाषा के अध्ययन की यह **चौदहवीं सोद्देश्यता** है।

आज अनेक ज्ञानानुशासनों का विकास हो चुका है। जैसे—नृतत्त्व-विज्ञान, समाजशास्त्र, मनोविज्ञान, विधिशास्त्र, प्राणिविज्ञान, गणित, बीजगणित, संगणक, सांख्यिकी, तथ्यांक-संग्रह विज्ञान, प्रौद्योगिकी आदि। अतः आज भाषा के अध्ययन की सोद्देश्यता इन सभी ज्ञानानुशासनों से भाषा को सम्बन्धित किए जाने की भी है। इस दिशा में समाजशास्त्र से जुड़कर समाज-भाषाविज्ञान, मनोविज्ञान से जुड़कर मनोभाषाविज्ञान, विधि-शास्त्र से जुड़कर अदालती भाषाविज्ञान, प्राणिविज्ञान से जुड़कर प्राणि-भाषाविज्ञान, गणित से जुड़कर गाणितिक भाषाविज्ञान, बीजगणित से

जुड़कर बीज-गाणितिक भाषाविज्ञान, संगणक् से जुड़कर संगणक-भाषाविज्ञान, सांख्यिकी से जुड़कर सांख्यिकीय भाषाविज्ञान, तथ्यांक-संग्रह से जुड़कर तथ्यांक-संग्रह भाषाविज्ञान और प्रौद्योगिकी से जुड़कर प्रौद्योगिकीय भाषाविज्ञान स्थापित हो चुके हैं। ये सभी भाषा-अध्ययन भिन्न-भिन्न दृष्टियों से भाषा के अध्ययन की सोद्देश्यता पर ही प्रकाश डालते हैं।

भाषा के अध्ययन की सोद्देश्यता इस दृष्टि से भी है कि **भाषा सभी प्रकार के ज्ञानों का बुनियादी आधार** है। चाहे वह चेतनागत ज्ञान हो या जीवनगत ज्ञान हो या नाना प्रकार के ज्ञानानुशासनों का ज्ञान हो, सभी **अच्छे भाषा-ज्ञान** पर ही निर्भर हैं। यदि किसी को विषय की अच्छी समझ हो, जो भाषा के आधार पर ही संभव है, पर उस विषय को बोलकर या लिख कर अभिव्यक्त करने की क्षमता उसमें न हो, तो उसका विषय-ज्ञान धरा-का-धरा ही रह जाएगा। इस दृष्टि से अध्येता चाहे जिस किसी क्षेत्र में जाना चाहे, उसे भाषा-ज्ञान का समर्थ बुनियादी आधार प्राप्त होना ही चाहिए।

डेविड क्रिस्टल ने लिखा है कि स्कूल छोड़ कर जब बच्चे निकल आते हैं, तो उन्हें अनके क्षेत्रों में स्पर्धा जीतनी पड़ती है और इन दिनों उनके अधिक-से-अधिक सरोकार (Concern) ऐसे होते हैं, ज़हाँ भाषिक अपेक्षाएँ प्रवेश की शर्त बन जाती हैं। **यू.के.** में इसके लिए अंग्रेजी भाषा की परीक्षा अनिवार्य मानी जाती है। पन्द्रह-सोलह वर्ष की अवस्था में ब्रितानी विद्यार्थी इस परीक्षा में बैठते हैं। उनकी लिखित और वाचिक दोनों ही परीक्षा ली जाती है। यहाँ वाचिक तौर पर समर्थ होने का उनसे प्रमाण माँगा जाता है। **डेबिड क्रिस्टल** का तो यहाँ तक कहना है कि "Language is the important index for many employers, who want to know how will he fit in with my staff and job requires an initial state of letter writing or form filling, which regularly possess unfamiliar for the school leaver, (Whatever level) who has not been given some training to cope with them."

यहाँ तक कि खेल के मैदान से क्रिकेट कमेंटरी करने वाले के लिए भी भाषा पर समर्थ अधिकार की आवश्यकता होती है कि वह स्थितियों और खेल के मोड़ के अनुरूप कब कैसे अपनी भाषा को पेंच, गति और विराम दे पाता है?

साहित्य के क्षेत्र में भाषा-ज्ञान सर्वाधिक अपेक्षित होता है, जिससे वह मानवीय संवेदनाओं, अनुभूतियों, चिन्तनों और संदृष्टियों को पकड़ सके तथा लाक्षणिक प्रयोगों की अन्तर्धारा में निहित साभिप्रायता को उजागर कर सके। इसीलिए **क्रिस्टल** ने एक नया पद निर्मित किया है—**भाषिक संवेदनीकरण (Language Sensetization)**। उसने भाषा को हमारी तात्कालिक व्यावहारिक जरूरत के बतौर विवेचित किया है।

हमारे देश में भाषा-अध्ययन अत्यन्त उपेक्षित विषय के रूप में सम्पन्न किया जाता है। इसलिए मातृभाषा-भाषी तक को अपनी मातृभाषा का सम्यक् विवेक प्राप्त नहीं हो पाता है। यहीं नहीं, हमारा देश एक बहुभाषी देश है, जहाँ हम कहने को कम-से-कम तीन भाषाएँ पढ़ते-सीखते हैं। पर बहुत कम लोगों को किसी भी एक भाषा पर सम्यक् अधिकार प्राप्त हो पाता है। यहाँ तक कि हम द्वितीय भाषा सीखने और सिखाने के क्रम में भी मातृभाषी व्याघात तक का परिहार करने में सफल नहीं हो पाते हैं।

जहाँ तक हिन्दी का प्रश्न है, प्रायः इसे पढ़ने वालों के पास भाषाभिव्यक्ति की अपेक्षित क्षमता और औच्चारणिक तथा लेखिमिक शुद्धता तक नहीं होती। अनेक पदों पर नियुक्त कर्मचारियों, अनुवादकों, अध्यापकों और आचार्यों तक की भाषा में लिखने में भयानक अशुद्धियाँ और वर्तनी की त्रुटियाँ मिलती हैं, जो अत्यन्त चिन्ताजनक है। कोई भी भाषा चाहे वह मातृभाषा के रूप में ही क्यों न पढ़ायी जाए, वह कभी उपेक्षणीय नहीं होती और एक स्तर तक विधिवत् उसके स्तरीय ज्ञान प्राप्त कर लेने की आवश्यकता बनी रहती है, जिससे भाषा-ज्ञान में त्रुटियाँ न रहें और भाषा-अभिव्यक्ति में भाषा-अध्येता को क्षमता और सामर्थ्य प्राप्त हो सके।

टी. वी. जैसे इलेक्ट्रोनिक मीडिया में और समाचार-पत्रों में हिन्दी भाषा की वर्तनीगत अशुद्धि से लेकर व्याकरणिक अशुद्धि तक प्रायः देखने को मिलती रहती है। इसलिए अपने देश में और विशेषतः हिन्दी के सन्दर्भ में भाषा के सम्यक् अध्ययन और अध्यापन तथा उसके पठन-पाठन की अनिवार्य अपेक्षा है।

2
भाषा : व्याकरण का सन्दर्भ

व्याकरण : अवधारणा और स्वरूप

'व्याकरण' पद का प्रयोग सामान्यतः भिन्न-भिन्न रूपों में किया जाता रहा है। इनमें निम्नलिखित धारणाओं पर विचार कर लेना अपेक्षित है, यद्यपि ये धारणाएँ अपने-आपमें निर्भान्त धारणा नहीं हैं।

1. **व्याकरण** से प्रायः व्याकरण-विषयक किसी भी भाषा में लिखी गई पुस्तक का ज्ञान होता है। व्यावहारिक रूप में विद्यार्थी प्रायः इसका प्रयोग **व्याकरण** पर लिखी पुस्तक के लिए ही किया करते हैं। जब एक विद्यार्थी अपने दूसरे सहपाठी से यह कहता हे कि 'मैं तुम्हारा व्याकरण दो दिनों के लिए ले लूँ', तो ऐसे में **व्याकरण** का प्रयोग **व्याकरण-विषयक** पुस्तक के लिए ही सीमित हो जाता है। पर इसका वास्तविक खतरा यह है कि व्याकरण की इस रूढ़ धारणा को स्वीकार कर भी लें, तब भी यह अपने-आप में व्याकरण-विषयक पुस्तक-मात्र नहीं है, बल्कि यह उसको निर्दिष्ट कर रहा है, जो पुस्तक में निहित है। इस अर्थ में किसी भी भाषा का **व्याकरण**, उस पुस्तक के लेखक के द्वारा जिस रूप में उसे लिखा गया है, उसके अतिरिक्त वह और कुछ भी नहीं रह जाता है।

2. एक धारणा यह भी है कि किसी भी भाषा का **व्याकरण** केवल लिखित भाषा में होता है। इसके विपरीत वाचिक भाषा का कोई **व्याकरण** नहीं होता। वहाँ भाषा-व्यवहार में इतने विकल्प होते हैं, इतनी अस्थिरता होती है कि उनके भाषिक प्रयोग आंशिक तौर पर ही **व्याकरणिक** कहे जा सकते हैं। अंग्रेजी में **व्याकरण** शब्द की जो व्युत्पत्ति है, वह भी इस दृष्टिकोण का ही सम्प्रेषण करती है। अंग्रेजी **'Grammar'** शब्द मूलतः **ग्रीक** भाषा से आता है, जिसका अर्थ ही **लिखना** है। यह एक महत्त्वपूर्ण और व्यापक विश्वास भी है। इस अर्थ में जो भाषाएँ कभी लिखी नहीं गईं, उनके विषय में प्रायः यह कहा जा सकता है कि उनका कोई **व्याकरण** नहीं है। पर भाषावैज्ञानिक दृष्टि से इसे कभी स्वीकार नहीं किया जा सकता।

3. यह भी कहा जाता है कि कुछ भाषाओं के व्याकरण होते हैं और कुछ के नहीं होते। उदाहरण के लिए **चीनी भाषा** का कोई **व्याकरण** नहीं है, जबकि **अंग्रेजी** में मूल्यवान व्याकरण है। आखिर ऐसे बयान से क्या अर्थ लिया जा सकता है? यही न कि अंग्रेजी में बहुत कम विभक्तियाँ हैं, श्लिष्ट योगात्मक स्थितियाँ हैं जहाँ प्रत्येक शब्द के कुछ-कुछ भिन्न आकार है, जबकि इसके विपरीत चीनी भाषा में सभी शब्द समाकारी है लातिनी भाषा की एक **'Amo'** क्रिया, के पाँच अर्थ —Love, Loves, Loved और Loving हैं। इसके विपरीत कुछ अंग्रेजी क्रिया के पाँच रूप होते है। यथा—Take, takes, took, taken, taking. इसके विपरीत चीनी भाषा में **प्रेम** के लिए एकमात्र शब्द ही सदैव प्रयुक्त होता है। पर **व्याकरण** का ऐसा अर्थ लेना **व्याकरण** को बहुत सीमित अर्थ में व्यवहृत करना होगा। उसे केवल रूप-विज्ञान के सन्दर्भ में निर्धारित कर देना होगा, केवल शब्द-रूपों के सन्दर्भ में सीमित कर देना होगा, जहाँ वाक्य-रचना का क्षेत्र इससे बिल्कुल छूट जाएगा। तब शब्द और शबद का संयोगीकरण, विन्यास और अनुक्रम को यह अपने विचार-क्षेत्र से बाहर कर देगा,जबकि वस्तुस्थिति यह है कि शब्दों का अनुक्रम वाक्य-रचना या वाक्य-चयन का अनुभाग है। यही नहीं, यह **व्याकरण** का महत्वपूर्ण भाग है, जो हमें यह बताता है कि कैसे **'श्याम ने राम को देखा'** से **'राम ने श्याम को देखा'** भिन्न है। इसी तरह एक **लौह-पत्र** से **पत्र-लौह** अलग है।

4. प्रायः भाषाभाषियों के बीच **व्याकरण** के विषय में यह धारणा भी प्रचलित है कि **व्याकरण** कुछ ऐसा है, जो अच्छा और बुरा हो सकता है, शुद्ध और अशुद्ध हो सकता है। उदाहरण के लिए **मेरे को यह चाहिए-ही, चाहिए,** यह हिन्दी का अशुद्ध प्रयोग है। ऐसा विश्वास बहुत व्यापक है, जो सावधान मीमांसा की अपेक्षा रखता है। यहाँ यह भी देखा जा सकता है कि **व्याकरण** की इस अर्थ-व्याख्या के अनुरूप यह प्रायः भाषा ही होती है, जो विद्यालयों में औपचारिक तौर पर किताबों के द्वारा पढ़ायी जाती है, जिनके विषय में यह कहा जाता है कि इसका कोई **व्याकरण** है। वास्तव में यह **व्याकरण** की पुस्तक ही है, जिन्हें हम अच्छे या बुरे व्याकरण के लिए निकष के रूप में इस्तेमाल करते है।

5. एक धारणा यह भी है कि कुछ लोग अपनी भाषा के **व्याकरण** के जानकार होते हैं और कुछ नहीं होते हैं। यह कुछ गहरी या सूक्ष्म बात है। इसमें यह तथ्य अन्तर्हित है, कि जब तक व्याकरण सुस्पष्ट नहीं होता है और सीखा या सिखाया नहीं जाता है, तब तक भाषा का **व्याकरण** निरस्तित्व होता है, चाहे यह सीखना-सिखाना किताब के द्वारा हो या विद्यालय के द्वारा। पर इसमें इतना अर्थ तो निश्चय ही विद्यमान है कि भाषा के **व्याकरण** को जानने का अर्थ है कि वक्ता **व्याकरणिक** रूप में उस भाषा को बोले। यदि कोई हिन्दी भाषा या अंग्रेजी भाषा या फ्रांसीसी भाषा बोलता है, तो उसे अच्छी तरह हिन्दी या अंग्रेजी या फ्रांसीसी भाषा का

व्याकरण आना ही चाहिए, विशेषतः तब जब वह इसे किसी हिन्दी-भाषी, अंग्रेजी-भाषी या फ्रांसीसी-भाषी की तरह ही बोलना चाहता है।

उपर्युक्त सभी धारणाओं से स्पष्ट है कि भाषा का व्यवहार करने वालों के द्वारा भाषा बोलते समय इसका जो अर्थ लिया जाता है, वही इसकी सम्यक् अवधारणा है। यह कोई ऐसी चीज़ नहीं है, जो किताब में लिखित रूप में उपलब्ध है और जिसे घोंटा लगाकर याद कर लिया जाए। ठीक उसी तरह जिस तरह प्राणी-विज्ञान पर पुस्तक लिखने से जीवन्त कोशिकाएँ सर्जित नहीं की जा सकती है।

6. भाषाविज्ञान के अन्तर्गत **व्याकरण** शब्द का प्रयोग **तकनीकी अर्थ** में होता है, जहाँ इसे मुख्य तौर से **ध्वनि-विज्ञान**, साथ ही **अर्थ-विज्ञान** से अलगाया जाता है। इस तरह इसका क्षेत्र **ध्वनि-विज्ञान** और **अर्थ-विज्ञान** के बीच में निर्धारित होता है। पर यह इन दोनों से जुड़ा होता है।

7. कुछ विद्वानों की बीच **व्याकरण** शब्द का प्रयोग कुछ अधिक व्यापक अर्थ में किया जाता है। जहाँ यह **ध्वनि-विज्ञान** और **अर्थ-विज्ञान** दोनों को अपने क्षेत्र में ले लेता हे, पर **फ्रैंक पामर** ने अपनी **ग्रामर** पुस्तक में इसे परम्परित अर्थ में ग्रहण किया है। फलतः वहाँ इसके विवेचन में **ध्वनि-विज्ञान** और **अर्थ-विज्ञान** को नहीं लिया गया है।

ऊपर विवेचित सारे दृष्टिकोणों के बावजूद भाषा-ज्ञान ग्रहण करने वालों के लिए **व्याकरण** कुछ वैसा अवश्य है, जिसे किताब से सीखा जा सकता है, क्योंकि किसी भाषा के ज्ञान का, उसको जानने का अर्थ उसके **व्याकरण** के बारे में सुस्पष्ट ज्ञान रखना है। **पामर** ने उल्लेख किया है कि वह कभी **वेल्श** में रहा था और उसने वहाँ की भाषा सीखने का प्रयास भी किया था। उनके इस प्रयत्न को देखकर वहाँ के एक मातृभाषी मित्र ने कहा था कि आप मुझसे अच्छी **वेल्श** सीख जाएँगे, क्योंकि आपने हमारी भाषा का **व्याकरण** सीख लिया है। इससे यह निहितार्थ निकलता है कि **वेल्श** भाषा बुरे और उसके अच्छे रूप में बोली जा सकती है और अच्छे रूप को **व्याकरण** की पुस्तकों को पढ़कर या उसे किसी से जानकर ही सीखा जा सकता है।

यहाँ यह तथ्य भी स्मरणीय है कि जब कोई इस तरह सोचता है, तब **व्याकरण** को **नियामक** या **मानक** नियमों के समुच्चय के रूप में देखा जाता है। ये वे नियम होते हैं, जो भाषा सीखने वाले को यह बताते हैं कि कैसे कोई भाषा बोली या लिखी जानी चाहिए। व्याकरण की यह **नियामक सत्ता व्याकरण** के परम्परित अर्थबोध में बहुत पहले से विद्यमान रहीं है, जहाँ उसे **नियम-समुच्चय** के बतौर जाना जाता रहा है। अब इसे **वर्णनात्मक नियम** कहा जाने लगा है। आशय यह है कि ये वे नियम है, जो भाषा के स्वरूप को वर्णित-व्याख्यातित करते हैं। अतः अब इसे **निर्देशात्मक नियम** के बतौर नहीं देखा जाता है।

नियामक व्याकरण हमें **शुद्ध** और **अशुद्ध** का ज्ञान कराता है कि अंग्रेजी में It is me **अशुद्ध** है और It is I **शुद्ध** है। अंग्रेजी में किसी वाक्य के अन्त में पूर्वसर्ग (Preposition) नहीं आता है। इस तरह **शुद्धता** का प्राधिकरण आरम्भ से ही **व्याकरण** के क्षेत्र में रहा है, जहाँ भाषा-ज्ञान प्राप्त करने वाले बच्चे को **व्याकरण** के अनुरूप शुद्ध प्रयोगों से परिचित करवाकर उन्हें व्यवहार मे लाना सिखाया जाता है। **फ्रांस** में **फ्रेंच एकेडमी** जैसी संस्था है, जो 1636 ई. से इस रूप में सक्रिय है कि **फ्रांसीसी भाषा** में किस तरह के प्रयोग स्वीकार्य हैं और किस तरह के अस्वीकार्य, इसका यह निर्णय करे। पर **व्याकरण** के इन नियमों में अधिकांश के वैध होने का तात्त्विक आधार स्पष्ट नहीं हो पाता है। इसलिए **पामर** की मान्यता है कि यहाँ त्रुटि को निषिद्ध या वर्जित करने का गम्भीर तर्क सामने नहीं आ पाता है। उसके अनुसार **शुद्धता-अशुद्धता** का मानक भाषा-भाषी विशेष के समाज में **स्वीकार्य या अस्वीकार्य** होने पर ही निर्भर होता है। यह इस बात पर भी निर्भर है कि कौन कहता है और कब कहता है। यहीं भाषा में प्रविधि का प्रश्न भी उत्पन्न होता है, तभी कुछ भाषिक रूप **अशिक्षित, गँवार,** अश्लील मान लिए जाते हैं। यह वह निर्णय है, जो एक **भाषा-भाषी** समाज अपनी **भाषा** के बारे में करता है। यही नहीं, कुछ भाषिक प्रयोग कुछ स्थितियों में ही स्वीकार्य होते हैं। आजीविका के लिए साक्षात्कार लेने और देने के क्रम में हम केवल **वेशभूषा** को नहीं देखते, बल्कि **भाषा** को भी देखते हैं। इस प्रकार के कुछ **भाषिक व्यवहार** को वैसे ही मान लिया जाता है, जैसे **पुरानी किस्म के कपड़े** पहनने के क्रम को। पर परम्परित **व्याकरण** के अधिकाधिक नियम, जो वर्षों से पढ़ाये जा रहे हैं, वे इस तरह के व्यवहारगत नियम नहीं हैं, वे केवल रूपों को निर्दिष्ट करते हैं, जिनको हम सामाजिक रूप में व्यवहृत नहीं करते और कई बार यदि हम ऐसा करते भी हैं, तो हमारी **भाषा किताबी** बन जाती है। इसलिए ऐसे भाषिक प्रयोगों की सार्थकता उनको दिए जाने वाली तर्क-संगति में ही निहित होती है।

पामर ने व्याकरण की अवधारणा पर विचार करते हुए यह प्रश्न उठाया है कि **क्लासिकल भाषा** के व्याकरण को **अंग्रेजी** या आधुनिक भाषा क्यों अपनाए? यह उसने उस सन्दर्भ में कहा है, जहाँ उसने **लातिनी व्याकरण** के प्रभाव को **अंग्रेजी** पर दिखाया है। उसी तरह **हिन्दी** पर **संस्कृत** के प्रभाव का उदाहरण लिया जा सकता है। **हिन्दी** क्यों **संस्कृत** का अनुगमन करे? पर इससे मुक्ति पाना आसान भी नहीं है। **रूप-रचना** और **वाक्य-रचना** का ढांचा तो **क्लासिकल भाषा** से अलग हो जाता है, फिर भी **व्याकरण** में उसके प्रभाव बने रह जाते हैं। **संस्कृत** में तीन **वचन थे** और तीन लिंग थे। पर **हिन्दी** में दो **वचन** और दो ही **लिंग** हैं। **संस्कृत** में विशेषण भी लिंग से प्रभावित होते थे, पर हिन्दी से तत्सम शब्दों के प्रयोग में लिंगपरक **रूप-परिवर्तन** नहीं होता। यथा—**संस्कृत**—चतुरा बालिका, **सुन्दरी** बालिका,

पर हिन्दी में इसका रूप चतुर बालिका तथा **सुन्दर** बालिका ही होगा। **भले ही** हिन्दी **के** तद्भव विशेषण लिंग से प्रभावित होते है, जैसे—**काला घोड़ा** और **काली गाय, बूढ़ा आदमी, बूढ़ी औरत।** इस दृष्टि से शुद्ध-अशुद्ध का विचार भाषा में अपने-अपने प्रचलित प्रयोगों पर आधारित होता है।

वस्तुतः **व्याकरण** का अर्थ ही यह होता है कि जो **भाषा** बोली और लिखी जाती है या केवल बोली जाती है उसकी सम्पूर्ण **संरचनागत विशेषताओं** का यह उद्घाटन करे। इस व्यापक अर्थ में व्याकरण में **ध्वनि** का भी समावेश हो जाता है। भाषा की **लघुतम** इकाई होने के कारण उसे छोड़कर **व्याकरण** की बात नहीं की जा सकती है। अतः **ध्वनि-विचार, रूप-विचार, वाक्य-विचार**—ये सभी **व्याकरण** के अन्तर्गत आ जाते हैं। यहाँ **व्याकरण भाषा** की प्रत्येक **संरचना** और **व्यवस्था** का यथातथ्य उद्घाटक होता है। पर जब किसी भी स्तर पर भाषिक प्रयोग के एकाधिक रूप मिलने लगते हैं, तब उनमें से एक को **मानक** निर्दिष्ट कर दिया जाता है। **व्याकरण** में **भाषा** के इस **मानकीकरण** का महत्त्व है। कई स्थलों पर **मानकीकरण** के बावजूद **व्याकरण** में व्यापक छूट दी जाती है। हमें यह परम्परा **क्लासिकल भाषा** के **व्याकरण-युग** से ही देखने को मिलती है। जैसे—**शर्मा, सूर्य, परिवर्तन।** इन सभी शब्दों में **रेफ् (**र्**)** के बाद आने वाली **व्यंजन** ध्वनि **द्वित्व** भी होती है और बिना **द्वित्व** के भी लिखी जाती है। इस विकल्प के लिए **व्याकरण** के आचार्य ने सूत्र तक निर्दिष्ट कर दिया था—**'अचोरहाभ्यां द्वे'**!

किसी भी **भाषा** का जब **व्याकरण** बनता है, तब वह उसे भाषा में चलने वाले **पूर्व प्रयोगों** से लेकर अपने **समकाल तक** के प्रयोगों पर विचार करता है। फिर वह उसका **मानकीकरण** करता है और उसे **नियमबद्ध** कर देता है। पर भविष्य के भाषा-प्रयोक्ता इन नियमों को **शिथिलीकृत** कर सकते हैं, **विकल्पित** कर सकते हैं और **अतिक्रमित** भी कर सकते हैं। इसलिए जीवन्त भाषा के **व्याकरण** में सदैव संशोधन-अभिवर्धन की अपेक्षा बनी रहती है।

इन सारे तथ्यों को देखने के बावजूद **भाषा** का **व्याकरण-ज्ञान भाषा** सीखने वालों के लिए अपेक्षित होता है। विशेषतः **द्वितीय भाषा** के रूप में भाषा-अधिगम करने वालों के लिए **व्याकरण** एक महत्वपूर्ण सोपान का काम करता है। द्वितीय भाषा-भाषी उस **भाषा** का मातृभाषी नहीं होता, जिसे वह सीख रहा होता है। उसके मन-मास्तिक में उस भाषा का व्याकरण अलिखित **'लांग'** के रूप में विद्यमान नहीं होता है। इसलिए बोलने और लिखने के लिए उसे **व्याकरण** सीखना पड़ता है, जिससे वह इसका सही-सही प्रयोग करना सीख जाए।

भाषा के **व्याकरण** के जो भी नियम होते हैं, उनका एक आधार-तर्क भी होता है। **पामर** ने एक उदाहरण देकर इसे सिद्ध करने का प्रयास किया है। **लातिनी** में 'st is I' जैसा प्रयोग चलता है, पर 'is is me' जैसा प्रयोग नही चलता है। **अंग्रेजी** में

दोहरी निषेधात्मकता का व्यवहार नहीं होता है। यहाँ एक निषेधात्मक **प्रयोग** दूसरे प्रयोग को निरस्त कर देता है। ऐसे में **निषेधात्मकता** नहीं रह जाती और वह **विधेयात्मकता** में परिवर्तित हो जाती है। पर यहाँ तर्क दिया जा सकता है कि दो निषेधात्मकता एक दूसरे को क्यों काटती है? इसकी जगह वह एक-दूसरे को सबल क्यों नहीं करती है? पर यह सम्भवतः **गणित** के अनुगमन पर **व्याकरण** का नियम बन गया है। **गणित** में दो ऋणात्मकता **धनात्मकता** में बदल जाती है। पर यदि अंग्रेजी को छोड़कर दूसरी भाषाओं को लें, तो वहाँ दो निषेधात्मक प्रयोग निषेधात्मक रूप में चलते है। जैसा **स्पेनी** और **रूसी भाषा** में देखने को मिलता है, पर कई बार नियमों के अन्तर्हित तर्क भ्रान्तिकारक भी होते हैं।

इन नियमों के पीछे एक विश्वास निहित है कि **भाषा** में जो व्यवहृत है, वही अपेक्षित होता है। प्रायः भाषा में किसी भी नव्यतर प्रयोग की अपेक्षा **परम्परित** प्रयोग स्वीकृत माने जाते हैं। अंग्रेजी में 'who did you see'? की जगह 'whom did you see'? इसका सुन्दर उदाहरण है। अन्ततः हमें स्वीकारना पड़ेगा कि **भाषा** में **व्याकरण** के नियम विशेष रूप से पूर्वमान्य होने के कारण **मानकीकृत** होते हैं। अतः उससे **विचलित-विपथित** प्रयोग **मानकेतर** प्रयोग माने जाते हैं।

यहीं **विभाषा** की बात भी सामने आती है कि क्या **विभाषा भाषा** का अपभ्रष्ट रूप है, जबकि वस्तुस्थिति ऐसी नहीं होती। वह भाषा का अपभ्रष्ट प्रयोग न होकर उससे भिन्न प्रयोग होती है, भले ही वह उस भाषा के शिक्षित समुदाय में स्वीकार्य नहीं होती।

हिन्दी में **व्याकरण** शब्द **'कृ'** धातु से बना है। इसके पहले **'वि'** और **'आ'** दो उपसर्ग लगे हैं तथा अन्त में **'ल्युट्'** प्रत्यय लगा है। इसका अर्थ सम्यक् रूप में किया गया **विश्लेषण** है। **महाभाष्यकार** के अनुसार **भाषा** को खण्डित करके उसके स्वरूप को ठीक-ठीक निश्चित करना **व्याकरण** का दायित्व है। इस पूरी क्रिया के लिए उसने **'व्याक्रियते'** क्रिया का प्रयोग किया है–**'व्याक्रियते अनेन इति व्याकरणम्'**। प्रायः लोग **व्याकरण** को इस तरह का शास्त्र मानते हैं, जो **भाषा** का विश्लेषण करे और उसके स्वरूप और वैशिष्ट्य को निरूपित करे। यहाँ इसे **नियामक** रूप में देखा गया है, जो **वाचिक** और **लिखित** दोनों रूपों में **भाषा** की **शुद्धता** का नियमन करता हैं। **संस्कृत** में **वेदांगों** की संख्या छह मानी गयी है। उनमें, **व्याकरण** भी एक **वेदांग** है। पर इसकी **नियामक** अर्थवत्ता और प्रयोजनीयता **महाभाष्यकार** के बाद ही सामने आयी। संस्कृत में **व्याकरण** के पर्याय रूप में **शब्दानुशासन** या **शब्दशास्त्र** का भी प्रयोग मिलता है। **पतंजलि, हेमचन्द, देवनन्दिन** आदि ने **शब्दानुशासन** का व्यवहार किया है। **शब्दशास्त्र** का व्यवहार **मीमांसा-शास्त्र** के लिए भी किया गया है। पश्चिम में जहाँ **वर्ण-विचार** और **अर्थ-विचार** को

व्याकरण से सम्बन्धित होते हुए भी उसके विवेच्य-प्रतिपाद्य में स्थान नहीं दिया गया है वहाँ **भारतीय परम्परा में वर्ण-विचार, शब्द-विचार** और **वाक्य-विचार**–तीनों का विवेचन किया जाता रहा है।

परम्परित **व्याकरण** में व्यापक तौर पर तकनीकी शब्दावली का व्यवहार होता रहा है, जो संज्ञा, क्रिया, पदबन्ध, वचन, वाक्यांश और शब्द की अवधारणा, प्रकृति और प्रकार्य पर विचार करती है। इनमें से कुछ पारिभाषिक ऐसे भी है, जो अधिकाधिक लोगों के लिए अबोधगम्य हैं। यह दूसरा प्रश्न है कि इन पारिभाषिकों की निर्धारित अवधारणाएँ कितनी वैध हैं। **व्याकरण** से यह अपेक्षा की जाती है कि वह शब्दों को परिभाषित करे। पर इस पर कोई प्रश्न नहीं करता कि उनके व्यवहार का कितना औचित्य है। **पामर** ने शब्द को अविभाज्य इकाई मानते हुए उसकी परिभाषा में आने वाली कठिनाइयों का उल्लेख किया है। उसके अनुसार **शब्द** एक ऐसी **भाषिक इकाई** है, जो किसी भी भाषिक सामग्री के सन्निवेश को अनुमत नहीं करती।

सामान्य-तौर पर **व्याकरण** भाषा के **घटक** या **स्तर** को निर्दिष्ट करता है, जो **रूपात्मकता** (Form) या सामान्य स्तर के अन्तर्गत सम्मिलित-समाविष्ट है। इसे प्रायः **अर्थ** और **ध्वनि**–दोनों से पृथक् माना गया है। विशेष तौर पर शब्दों, पदबन्धों तथा वाक्यांशों को ही इसके अन्तर्गत लिया जाता है, जिससे वाक्य की रचना सम्भव हो पाती है। इस तरह **व्याकरण** को प्रायः **वाक्य-रचना** और **रूप-रचना** के अन्तर्गत दो प्रभेदों में उपवर्गीकृत किया जाता है।

यह भी माना जाता है कि **वाक्य-रचना** ही **व्याकरणिक** संरचना का सर्वाधिक साभिप्राय पहलू है। इसलिए **व्याकरण** और **वाक्य-रचना** को कभी-कभी **पर्याय** के रूप में भी ग्रहण कर लिया जाता है। ये परस्पर विनिमयित, एक-दूसरे के लिए प्रयुक्त होते रहते है। इस दृष्टि से **व्याकरण को भाषिक संरचना के व्यवस्थित वर्गीकरण या विवरण को वर्णित-व्याख्यायित करने वाला भी माना जाता है।** इसके अन्तर्गत व्याकरणिक रूपों और व्याकरणिक प्रकार्यों का भी वर्णन-विवरण प्राप्त होता है।

परम्परित तौर पर अधिकतर ऐसे **व्याकरण** भी रहे हैं, जो अपने नियमों में **वर्णनात्मक** नहीं होकर **नियामक** रहे हैं। यहाँ भाषा-भाषी वक्ता को यह निर्देश प्राप्त होता रहा है कि उसे कैसे बोलना चाहिए और कैसे नहीं। यहाँ भी कुछ प्रादर्श **मानक** के आधार पर शुद्धता का निर्णय किया जाता रहा है। ये नियम भाषा-विशेष के व्यवहार या प्रयोग के पर्यवेक्षण पर ही आधारित होते हैं।

दूसरी ओर **अत्याधुनिक व्याकरण** के अध्ययन ने यह सिद्ध कर दिया है कि व्याकरण के अन्तर्गत हम भाषा की व्यापकता पर विचार करते हैं, जिससे भाषिक

उच्चारण अर्थात् भाषा का ध्वनि-पक्ष और अर्थ-पक्ष, ये दोनों समाविष्ट होते हैं। साथ ही इसमें **व्याकरण** में सार्वभौम व्याकरणिक लक्षणों से भी सरोकार निर्दिष्ट किया जाता है, जिसे **व्याकरण में भाषा** का सामान्य सिद्धान्त कह सकते हैं। यहाँ जो अभिलक्षण निर्दिष्ट होते हैं, वे सभी भाषाओं में प्राप्त होते हैं। इससे भाषा के सामान्य सिद्धान्त गठित होते हैं। **चॉम्स्की** का **प्रजननात्मक व्याकरण** इसका उदाहरण है। इस दृष्टि से व्याकरण शब्दार्थ-व्यापकता में चरितार्थ होता है।

दूसरी ओर **अत्याधुनिक व्याकरण** के अध्ययन ने यह सिद्ध कर दिया है कि व्याकरण के अन्तर्गत हम भाषा की व्यापकता पर विचार करते हैं, जिसमें भाषिक उच्चारण अर्थात् भाषा का ध्वनि-पक्ष और अर्थ-पक्ष, ये दोनों समाविष्ट होते हैं। साथ ही इस **व्याकरण** में सार्वभौम व्याकरणिक लक्षणों से भी सरोकार निर्दिष्ट किया जाता है, जिसे **व्याकरण में भाषा** का सामान्य सिद्धान्त कह सकते हैं। यहाँ जो अभिलक्षण निर्दिष्ट होते हैं, वे सभी भाषाओं में प्राप्त होते हैं। इससे भाषा के सामान्य सिद्धान्त गठित होते हैं। **चॉम्स्की** का **प्रजननात्मक व्याकरण** इसका उदाहरण है। इस दृष्टि से **व्याकरण** शब्दार्थ-व्यापकता में चरितार्थ होता है।

प्रजननात्मक सिद्धान्त में पारिभाषिक पद-विश्लेषण के प्रतिमान-मात्र को निर्दिष्ट नहीं करते, बल्कि प्रजनित नियमों की ऐसी व्यवस्था को दर्शाते हैं, जो अनुमानतः मातृभाषी वक्ता की भाषिक क्षमता या उसके भाषा-विषयक् अभ्यन्तरीकृत ज्ञान को औपचारिक या निश्चित रूप प्रदान करते हैं। इसके विपरीत **केटी वेल्स** (Katie Wales) ने माना है कि किसी भी भाषा-भाषी समुदाय में हम व्यक्ति-विशेष के निजी **व्याकरण** की भी बात करते हैं। यहाँ **व्याकरण** वस्तुतः नियमों का व्यक्तिभाषिक समुच्चय होता है, जिसे हम **कालिदास** या **शेक्सपियर** के **व्याकरण** के अध्ययन में अभिव्यक्त करते हैं। कई बार भिन्न-भिन्न निजतापरक पाठों के **व्याकरण** की भी बात की जाती है। जैसे **मैथिलीशरण गुप्त, प्रसाद, निराला** और **दिनकर** की **कविता का व्याकरण**। ऐसे अध्ययनों में प्रायः यह दिखाया जाता हे कि **कविता के व्याकरण की अवधारणा** उस भाषा के **मानक** से व्यवस्थित तौर पर किए गए **विचलन** को किस तरह समाविष्ट करती है।

व्याकरणिक विश्लेषण की उच्चतर सीमा या उसकी सबसे बड़ी इकाई के रूप में वाक्य को मान्यता दी गई है। पर सम्प्रति इस क्षेत्र में विकासनशील अभिरुचि अन्तर-वाक्यीय सम्बन्धों की ओर भी गई है। 1970 के दशक के बाद से हम पाठ की संरचना की भी बात भी करने लगे हैं, तभी से **व्याकरण** में **पाठ** की या **प्रोक्ति** की अवधारणा भी समाहित हो गई है। यहाँ समग्र पाठ के संरचनात्मक विवरणों के प्रति भाषिक सिद्धान्त लागू होते हैं। पाठों में ऐसे कथात्मक पाठों का अध्ययन भी मिलता है, जहाँ **व्याकरण** का व्यवहार एक शिथिल रूपात्मक अर्थ में भी किया जाता है। उदाहरणार्थ यहाँ **व्याकरणिक कर्त्ता प्रकर्त्ता** (Actent) रूप में समतुल्य हो जाता है।

व्याकरण-विषयक लोकप्रिय अवधारणा

व्याकरण के विषय में अमेरिकी लोगों के बीच एक **द्वैधवृत्ति या उभयमुखता** देखने को मिलती है। बच्चों के माता-पिता यह अनुभव करते हैं कि व्याकरणिक निर्देशों में परिवर्तन का कोई भी सुझाव उनके बच्चों को जोखिम में डालता है। फलतः वह तत्काल उग्र रूप में अपनी प्रतिक्रिया व्यक्त करते हैं। इसके बावजूद वह फ्रांसीसी पाठ्यक्रम के वैसे विज्ञापन के प्रति आकर्षित भी होते है, जिसमें यह नारा दिया गया है कि **'व्याकरण नहीं'** (No Grammer)। ऐसा विरोध तो केवल तभी सम्भव है जब **व्याकरण** को शान्तिपूर्ण रूप में विवेक-संगति के तौर पर कभी-कभी विवेचित किया जाता है। वस्तुतः यह अमेरिकी मानसिकता के गैर-बौद्धिक घटक का केन्द्र-बिन्दु है। वास्तविक संसार में यह स्कूली परम्परा के स्वीकृत अनुभाग के बतौर कभी व्यवहारोपयोगी नहीं है। पर इसे विडम्बना ही कहा जाएगा कि अमेरिकी स्कूली व्यवस्था में **व्याकरण-विषयक** इस दोहरी (द्वैत) वृत्ति की बहुत प्राचीन जड़ें विद्यमान हैं। अमेरिका में स्कूल भी हर दृष्टि से वहाँ के भाषा-भाषी समाज का एक उद्यम है। कोई भी विद्यालय-भवन पड़ोस का एक केन्द्र है। यहाँ **'पाइसपर्स'** (Piesuppers) की भी व्यवस्था है। अब वहाँ स्कूल अत्यन्त आधुनिक भवन में नये स्थापत्य से बने भवन में चले रहे हैं, पर वहाँ अपने बाहरी रख-रखाव और दिखावे में विद्यालय का रूप जितना परिवर्तित हो गया है, उतना आन्तरिक तौर पर नहीं हो पाया है। वास्तव में अमेरिका में सामुदायिक शिक्षा का उद्भव बहुत कम विशेषीकरण के साथ उनके अपने समुदाय में ही हुआ। विद्यालय के शिक्षक लगभग उसी शैक्षिक पृष्ठभूमि से आते थे। इनमें शायद ही कुछ लोग विषय-विशेषज्ञ रहे हों। यहीं नहीं, उन दिनों विद्यार्थियों के माता-पिता भी थे, जो विद्यालयों में शिक्षक के रूप में कार्यरत थे। इसलिए उन दिनों वहाँ व्यवस्थित पाठ्यक्रम भी आरम्भ नहीं हो सका।

दूसरे, अमेरिकी शैक्षिक व्यवस्था में आधुनिक अमेरिकी शैक्षिक व्यवस्था की मुख्य जड़ उस परम्परा में निहित थी, जो कॉलेज में अभिविन्यस्त हुई थी। यहाँ भी कोई लोकशिक्षा जैसी चीज़ नहीं थी, बल्कि वृत्तिपरक नेतृत्व की तैयारी ही थी। यह भी एक बड़ा कारण रहा, जो **व्याकरण** के प्रति लोकप्रिय प्रवृत्ति पर अपना प्रभाव छोड़ गया।

इस तरह की अमेरिकी परम्परा में **व्याकरण** की स्थिति पूर्ववर्ती पद्धति से प्राप्त एक रिक्ति-भर थी। इंगलैड के एलिजाबेथन स्कूलों में सारे निर्देश लातिनी भाषा में उपलब्ध थे और लातिनी साहित्य के प्रति केन्द्रित भी थे। वहाँ **व्याकरण** को एक **उपकरण** के रूप में पढ़ाया जाता था। इसलिए जब वहाँ अंग्रेजी को उसका स्थान दिया गया, तब लातिनी **व्याकरण** को पदच्युत होना पड़ा। यह वहाँ इसलिए भी अपेक्षित बना, जिससे विद्यार्थियों को अच्छी अंग्रेजी लिखना सिखाया

जाए। इससे पूर्व भी **व्याकरण** अच्छी लातिनी लिखने के प्रयोग-सन्दर्भ में उपयोगी माना जाता था। इस तरह इसका स्थान किसी-न-किसी अनुपात में सदैव दासोचित किस्म का था। यह किसी बौद्धिक विषय के रूप में पढ़ाया नहीं जाता था, पर विद्यार्थियों को अच्छी अंग्रेजी लिखने के सहायक माध्यम के रूप में उन्हें अवश्य सिखाया जाता था।

व्याकरण की पाठ्य पुस्तकें, जो अमेरिकी विद्यालयों में चलती थीं, लगभग **19** वीं शताब्दी तक **व्याकरण** की कमोबेश निम्नलिखित रूप में ही विवेचित करती थी। वहाँ यह स्पष्ट कहा गया था कि "English Grammar is the art of speaking and writing English correctly." शताब्दी के अन्त में इसे **भाषा के विज्ञान** के रूप में भी परिभाषित किया गया।

प्रायः यह माना जाता रहा है कि **व्याकरण** व्याकरणिक ज्ञान का समुच्चय है। यह अपने-आप में पूर्ण और निर्णयात्मक है। यह **शुद्धता** के निरपेक्ष और चरम मानक को जीवन्त करता है। ऐसा सुस्पष्ट तौर पर सोचा जाता है कि किसी भी शिक्षित व्यक्ति को इसे तत्काल समझ लेना चाहिए। यदि इस दृष्टि से कोई विफलता नजर आती है, तो इसका यह अर्थ लिया जाता है कि उसकी शिक्षा ही निम्नस्तरीय है। इतना ही नहीं, इसे भाषा की अपनी अस्मिता को नष्ट करने के उद्योग-रूप में भी देखा जाता है। सिद्धान्ततः यह मानक **शब्दकोश** और **व्याकरण** में प्रतिष्ठापित है।

अमेरिका में फ्रांइज (Fries) के द्वारा लिखे गए **व्याकरण** को महत्त्वपूर्ण घटना माना जाता है। व्याकरण के विकास की दिशा में यह पूरे तौर पर एक नई शुरूआत थी। 1940 के पहले अधिकाधिक प्रगतिकामी उसी पूर्व व्याकरण के अनिवार्य शिक्षण की ओर दृष्टि डाले बैठे थे, जो अर्थहीन नियमों की निर्दोषिता, शुद्धता पर बल देता था। अन्तर इतना ही था कि यह **अभिगम-दृष्टि** एक गैर-नियामक **अभिगम** की दृष्टि थी। **फ्राइज़** ने पहली बार यह सुझाया कि एक नए व्याकरण की आवश्यकता है। अतीत में भी बहुधा ऐसे परिवर्तनों को सुझाया गया थ। यही नहीं, पारिभाषिक शब्दावली, परिभाषाएँ या वर्गीकरण के विषय में भी ऐसा माना गया था। तब वह उनके लिए एक नया विचार था, जो इस क्षेत्र में कार्यरत थे कि कोई परिवर्तनपरक **नया व्याकरण** सम्भव हो सकता है, जहाँ प्रयोगों की स्वीकार्यता के लिए कुछ समय लग सकता है। कुल मिलाकर विद्यालयों के **व्याकरण** की परम्परा महत्त्वपूर्ण तौर पर एकरूप थी। अमेरिका में केवल एक छोटा, अल्प-संख्यक अंग्रेजी-शिक्षण यूरोप के व्याकरणिक कामों के प्रति जागरूक और उससे अवगत था। इनमें से बहुत कम ही इससे परिचित थे। वहाँ केवल एक प्रकार का **व्याकरण** ही प्रभावशाली रूप में स्कूल-शिक्षकों और **पाठ्य-क्रम** के लिए उपलब्ध था। **फ्राइज़** ने इस बात पर बल दिया कि ऐसे परिवर्तन जरूरी थे। उसने

इस नयी व्यवस्था के प्रति आंशिक बयान देने के प्रयास भी किये। पर उसका यह दृष्टिकोण प्राथमिक भाषा-विशेष के प्रति नहीं था या **व्याकरण** के विषय में नहीं था। वास्तव में यह अमेरिकी अंग्रेजी के विवरण के विषय में था। इसका शीर्षक पूरी तरह उपयुक्त था। इसमें उसने नई बुनियाद पर **व्याकरणिक** सूचनाओं की अच्छी रूपरेखा प्रस्तुत करने के द्वारा नये **व्याकरण** की सम्भावना पर विचार किया था।

अगर अमेरिकी अंग्रेजी **व्याकरण** की बात की जाए, तो वह भी ऐसी परिपूर्ण व्यवस्था मुहैया नहीं करता है, जिससे ऐसे नये **व्याकरणिक** अंग्रेजी पाठ्यक्रम की बुनियाद बन सके, जिसे उसने संदृष्ट किया था। ऐसा करने के लिए वाक्य-संरचना के विवरणों को समाविष्ट करना होगा। **फ्राइज़** ने वहाँ मूलतः वाक्य-रचना के एक अध्याय की परियोजना भी की थी। पर उसने यह जान लिया था कि पर्याप्तता और परिपूर्णता से भरा-पूरा ऐसा लेखन उसकी पुस्तक को और अधिक विलम्बित करेगा। उसकी यह पुस्तक पहले ही एक दशक तक विलम्बित हो चुकी थी। दूसरे, इससे पुस्तक का आकार भी बहुत बढ़ जाने वाला था। इसलिए उसने इस कमी को अपनी दूसरी किताब में पूरा करने का निश्चय किया। इसके बारह वर्षों बाद उसकी पुस्तक The Structure of English: An Introduction to the Construction of English Sentences प्रकाशित हुई। सम्भवतः वह विलम्ब सौभाग्यपरक था, क्योंकि यह 1952 में छपने वाली बहुत बेहतर किताब सिद्ध हुई। 1949 के पूर्व तक अमेरिकी **वर्णनात्मक भाषाविज्ञान** वाक्य-रचना के विज्ञान या विश्लेषण के सन्दर्भ में बहुत कम योगदान करता था। इससे एक दशक पहले, जो The Structure of English नाम की किताब आई थी, वह इस क्षेत्र में अधिक सक्रिय रूप में उपस्थित हुई। **फ्राइज़** नई विकसित तकनीकों में कुछ का व्यवहार करने में भी समर्थ सिद्ध हुआ। वह अधिक संतोषजनक रूप में आँकड़ों का तथ्य-संग्रह करने में भी समर्थ हुआ। बाद के वर्षों में **ट्रेगर** और **स्मिथ** ने जो An Outline of English Structure पुस्तक प्रकाशित की, वह **फ्राइज़** की किताब से अलग थी और यहाँ समस्या पर बिल्कुल दूसरे दृष्टिकोण से विचार किया गया था। इसमें **ध्वनि-व्यवस्था, शब्द-गठन** और **वाक्य-संरचना** को साथ-साथ लिया गया था। इसके लेखक प्राथमिक तौर पर भाषाविद् थे। फलतः उन्होंने शिक्षकों की अपेक्षा इसे भाषाविदों के लिए उनके दृष्टिकोण से लिखा था।

कहते हैं कि अंग्रेजी शिक्षकों को **भाषाविज्ञान** का पहला परिचय उस विरोध के सन्दर्भ में कराया गया था, जिसमें प्राधिकारवाद की समस्या थी। यह समस्या **परम्परित व्याकरण** बनाम **भाषाविज्ञान** की है। कोई भी व्याकरण अपने अध्येय विषय में किन चीज़ों को समाविच्ट करता है? इस विषय में परम्परित दृष्टिकोण यह रहा है कि यह **व्याकरण** ही है, जो हमें यह बताता है कि वाक्यांशों और

वाक्यों को गठित करने के लिए शब्दों को कैसे सहयोजित, संयोजित किया जाता है। उदाहरण के लिए हिन्दी में यदि परसर्ग को हम **घर** के साथ संयोजित-सहयोजित करेंगे, तो वह **घर में** होगा। इतने से वाक्यांश का व्यवहार किसी प्रश्नकर्त्ता के द्वारा पूछे गए पश्न के उत्तर में किया जा सकता है।

यथा–प्रश्न–वह अभी कहाँ है? उत्तर–घर में है।

पर यदि इसी उत्तर को और सटीक बनाना हो तो यह कहा जा सकता है–वह **घर में सोया है** अथवा **घर में कुछ खा-पी रहा है।** यहां यह सुझाना पूरी तरह समीचीन होगा कि किसी भी भाषा को बोलने वाले मातृभाषी उस भाषा की **संज्ञानात्मक व्यवस्था** से परिचित होते हैं, जहाँ संयोगीकरण के अभ्यास के लिए ऐसी संभावना को विशेषीकृत किया जाता है। इसका एक बहुंत महत्त्वपूर्ण पहलू चीज़ों को देखने का वह नजरिया है, जो हमें इस योग्य बनाता है कि कैसे **संज्ञानात्मक व्यवस्था** सार्थकता प्राप्त करती है और कैसे **विधेय का अनन्त समुच्चय** विशेषीकृत होता है। मानवीय भाषा इस अर्थ में अनन्त है, वह सान्त नहीं है, क्योंकि **वाक्य** को किसी भी भाषा-समुदाय का **भाषा-भाषी** अनन्तता तक विस्तृत-दीर्घायित कर सकता हैं पर इसके साथ यहाँ यह भी ध्यान देने योग्य है कि **वाक्य-गठन** में व्यवहृत होने वाले संयोगीकरण और सहयोगीकरण के सिद्धान्त अनन्त नहीं हैं और वास्तव में ये सिद्धान्त ही हैं, जो व्याकरण के भाग को गठित करते हैं।

इस विवेचन से कह पता चलता है कि कोई भी **व्याकरण** दो घटकों को अपने विवेच्य विषयों के रूप में समाहित करता है, इनमें पहला घटक **शब्द** का है, जिसका खज़ाना **शब्दकोश** हुआ करता है, जो भाषा-विशेष में प्राप्त व्यावहारिक शब्दों को तालिकांकित करता है और दूसरा घटक **वाक्य** का होता है, जो यह स्पष्ट करता है कि शब्दों को परस्पर कैसे **वाक्य-गठन** में संयोजित-सहयोजित किया जाता है। प्रत्येक **शाब्दिक प्रविष्टि** हमें शब्द-विशेष की भाषिक विशेषता और प्रगुणात्मकता के विषय में बताती है। उदाहरण के लिए **मानव** जैसा कोशीय शब्द इसके ध्वनिगत वैशिष्ट्य और इसकी अर्थीय प्रगुणात्मकता पर विचार करता है। पर संयोजन, सहयोजन का **घटक-तत्त्व वाकय-रचना** और **रूप-रचना** को सन्दर्भित-विवेचित करता है। इस तरह हम व्याकरण को **वाक्यांशों, वाक्यों के समुच्चयों** को प्रजनित करने वाले रूप में देख सकते हैं। साथ ही इस पारिभाषिक का व्यवहार करते हुए हम **व्याकरण** से आगे भाषाविद् के उस सबक को भी रेखांकित कर सकते हैं, जहाँ **प्रजननात्मक व्याकरण** का सिद्धान्त रूपांतरित होता है।

हाँ, **व्याकरण** के स्वरूप-निर्धारण के सन्दर्भ में उस मत को अधिक सतर्क और सावधान माना जाता है कि **व्याकरण** का क्षेत्र-विस्तार **शब्द** और **वाक्य-रचना**

के अतिरिक्त भी है। इसीलिए **नियामक भाषाविज्ञान ध्वनि** को इसके अन्तर्गत समाहित करता था, जिससे **ध्वनियों के सही उच्चारण** और उच्चारण-वैविध्य और उसी भाषा-विशेष के कालक्रमी चरणों में उसके परिवर्तित रूपों पर विचार किया जा सके। आज भी कुछ पश्चिमी **व्याकरण** ऐसे हैं, जो इस मान्यता के संपोषक हैं। जो मातृभाषी नहीं हैं और दूसरी भाषा के रूप में किसी भाषा को सीखते हैं, उनके लिए **व्याकरण** के अन्तर्गत इस क्षेत्र का समाहार अपेक्षित है। यह ठीक है कि **भाषाविज्ञान** के अन्तर्गत उसका प्राथमिक अंग ही **ध्वनिविज्ञान** है और इन विषयों के अध्ययन का वहां समावेश है। पर **भाषाविज्ञान** पढ़ने से पहले ही **भाषा** के प्रति जागरूक करने के लिए, सही भाषा-चेतना के लिए तथा **मानक** एवं **विभाषिक** तौर पर **विचलित** प्रयोगों से परिचित करने के लिए **व्याकरण** का अध्ययन-अध्यापन किया जाता है। इसलिए यहाँ **ध्वनिविज्ञान** को भी **व्याकरण** के अन्तर्गत लिया जाता है।

इसी तरह **व्याकरण** के क्षेत्र में **अर्थ** का चिन्तन भी महत्त्वपूर्ण हो जाता है, क्योंकि **भाषा** का मूल प्रयोजन **सम्प्रेषण** का है और वह अर्थ-निर्भर है। अतः शब्दों के विभिन्न **अर्थों, वाक्-भागों** (Parts of Speech) और व्याकरणिक एककों की **अर्थ-व्यवस्था** और **बहुकालक्रमी** अक्ष पर शब्दों में होने वाले **अर्थगत** परिवर्तनों के विषय में भी **भाषा** सीखने वाले को जानकारी चाहिए। **व्याकरण** उन्हें यह जानकारी भी प्रदान करता है। **हैलीडे** की तो यह स्पष्ट मान्यता है कि व्याकरण **अर्थपूर्ण** होता है--**Grammar is always seen meaningful.**

पहले **व्याकरण** के साथ हिन्दी में एक शब्द प्रचलित था--**व्याकरण और रचना (Grammar and Composition)** आज **रचना** की जगह **प्रोक्ति** (Discourse) की अवधारणा आ गई है, जो **वाक्य** और वाक्यों के अन्तर्ग्रथित होने पर, उनके बीच की **संसक्ति** और **समंजसता** पर विचार करती है। अतः पुरानी दृष्टि से **व्याकरण** के अन्तर्गत **रचना** और नई दृष्टि से **प्रोक्ति-व्याकरण** का सहज समावेश हो जाता है। अंग्रेजी में इसे **प्रोक्ति-व्याकरण** (Discourse Grammar) या **प्रोक्ति-भाषाविज्ञान (Discourse Linguistics)** भी कहते हैं। यहाँ भाषा में **वाक्य** से बड़ी **प्रकार्यात्मक** इकाई पर विचार सम्भव होता है।

व्याकरणिकता और अव्याकरणिकता

वाक्यगत उद्‌गार तभी पूर्णतः **व्याकरणिक** माने जाते हैं, जब वह अपनी **भाषा** के नियमों के समनुरूप सिद्ध होते हैं। पर जब वह ससका अनुपालन नहीं करते, तब वह अव्याकरणिक हो जाते हैं। **'व्याकरण'** ऐसी सुनिश्चितता या यथातथ्यता को अनुपालित देखना चाहता है। **भाषा** में प्रायः ऐसे अनेक लोकप्रिय प्रयोग देखे जाते हैं, जिन्हें **विभाषा** में तो स्वीकार्य मान लिया जाता है, पर उन्हें भाषा के

मानक रूप में स्वीकार नहीं किया जाता है। अतः वहाँ उसे **अव्याकरणिक** प्रयोग ही कहते हैं, क्योंकि **मानक भाषा** ही प्रादर्श मानी जाती है। उदाहरणार्थ अंग्रेजी में 'He came **with** bag and baggage' जैसा भाषिक प्रयोग **अव्याकरणिक** माना जाएगा। ठीक उसी तरह **'हमारे अनेक बार अनुरोध करने के बावजूद भी वह चला गया'** में **'भी'** को एक अव्याकरणिक प्रयोग ही माना जाएगा।

वस्तुतः **मानक भाषिक प्रयोग** की समस्या को दो रूपों में देखा जा सकता है। इसका पहला रूप **कालिक** और दूसरा **स्थानिक** है। **कालिक रूप** में कोई भी **मानक भाषिक** प्रयोग अपनी भाषा में दशाब्दों और शताब्दों से स्वीकृत होता है, पर स्थानिक तौर पर किसी-किसी भाषा के स्थान-विशेष में व्यवहृत होने वाले **विशेष भाषिक रूप** को भी मानक मान लिया जाता है। जैसे पेरिस में बोली जाने वाली फ्रांसीसी भाषा **स्थानिक** दृष्टि से **मानक भाषा** है।

हाँ, **चॉम्स्की** के **प्रजननात्म्क व्याकरण** ने 1960 से आरम्भ होने वाले दशक में इस तथ्य का उद्घाटन किया कि परिभाषाओं के रूपायन में समस्याएँ हैं। उसने **व्याकरणिकता** और **अव्याकरणिकता** जैसे विचार-बिन्दुओं का विवेचन किया, क्योंकि **प्रजननात्मक व्याकरण** सुस्पष्टता से किसी भी **भाषा** के सभी व्याकरणिक वाक्यों को प्रस्तुत और वर्णित करने का उद्देश्य रखता है।

कहा यह जाता है कि यह भी सदैव सुगम नहीं है कि हर समय यह निर्धारित किया जा सके कि **भाषा** में जो **विचलन** उपस्थित हो रहा है, वह **अर्थीय** है या· **व्याकरणिक। चॉम्स्की** के द्वारा निर्दिष्ट उसका अपना उदाहरण 'Colourless green ideas sleep furiously' अचानक किसी को निरर्थक प्रतीत हो सकता है, यद्यपि इसके लिए सन्दर्भ निर्दिष्ट कर दिए गए है। **चॉम्स्की** (1965) के परवर्ती **प्रजननात्मक** प्रतिमान के अनुरूप उक्त उदाहरण **अव्याकरणिक** है, जबकि यहाँ बुनियादी वाक्य-रचनात्मक कोटियाँ अपने अपेक्षित रूप में आयी हैं, जिन्हें हम विशेषक + विशेषण + संज्ञा + क्रिया-विशेषण की **व्याकरणिकता** कहेंगे। पर इसमें अर्थ की **ग्राह्यता** नहीं है। अतः वहाँ यह **अस्वीकार्य** है, इसलिए **चॉम्स्की** ने इसे **अर्ध-व्याकरणिक** निर्दिष्ट किया है।

यह कहा जा सकता है कि **व्याकरणिकता** की पूरी अवधारणा ही प्रादर्शीकृत है। पर स्पष्ट-तौर पर **अव्याकरणिकता** के रेखांकित दृष्टान्तों से अलग बोलचाल और साहित्यिक भाषा में **व्याकरणिक** नियमों का अतिक्रमण अदृष्ट ही रह जाता है। इसे हम इस रूप में भी कह सकते है कि वहाँ यह पूरी तरह स्वीकार्य हो जाता है जहाँ सान्दर्भिक उद्गार या प्रोक्ति साभिप्रायित रहती है। इससे यह भी निष्कर्षित होता है कि श्रोता या पाठक के लिए तब निर्वचनात्मक समस्या उत्पन्न हो पड़ती है, जब तकनीकी तौर पर **व्याकरणिक संरचनाएँ** तो सही होती हैं, पर उनकी

अपनी जटिलता और संश्लिष्टता के कारण उनकी अर्थ-ग्रहण प्रक्रिया कठिन हो उठती है।

व्याकरण बनाम लेखिम-विज्ञान (Grammar Vs Grammatology)

Grammatalogy जैसे पद को सबसे पहले 1952 में **गेल्ब** (Gelb) के द्वारा **लेखन-विज्ञान** के अर्थ में प्रस्तावित किया गया था। इसे G.K. Grammar में पहली बार स्वरूपित किया गया। इसके अन्तर्गत **लेखिम-व्यवस्था** के इतिहास और विकास, उसके सिद्धान्तों और तकनीकों, भिन्न भाषा-भाषी समाजों में लेखन के प्रकार्यों आदि पर विचार किया जाता है। इसके लिए पहले अधिक प्रचलित और लोकप्रिय शब्द **Graphology** (लेखिम विज्ञान) प्रयुक्त होता रहा है।

यह बीसवीं शताब्दी के उत्तरार्द्ध का पहला चरण था जब **विसंरचनावादी** (Deconstructionist) चमक-दमक और तड़क-भड़क के साथ **देरिदा** की कृति **Of Grammatology** (1967) में इस शब्द का व्यवहार हुआ। यहाँ यह उसकी भाषा-विषयक दार्शनिक समीक्षा का अनुभाग था। उसने परम्परित **वाचिक शब्द** की **शब्द-केन्द्रीयता** को काटा और **लेखिम-केन्द्रीयता** को केन्द्र में रखा। यहाँ देरिदा ने **लेखन** को वैसे सामान्यीकृत अभिलेखन के बतौर निर्दिष्ट किया, जिसे उसने **Arche writing** कहा तथा इसे उसने **भाषा** और **वाणी** का मूलाधार भी माना। यह बुनियादी तौर पर भाषा को इसी रूप में अभिलेखित मानता है।

इसी तरह **Grammetics** जैसे शब्द का प्रयोग पहली बार 1960 में आरम्भ होने वाले छन्द-शास्त्र के मिश्रण से अस्तित्व में आया। यह **वाक्य** और **छन्दीय** इकाइयों के बीच कविता में इनके पारस्परिक सम्बन्धों का अध्ययन करता था। इस दृष्टि से कविता की **लिपि-व्यवस्था में एनजैबमेंट** (Engambment) को देखा जा सकता है। यह लेखिम-स्तर का काव्यात्मक कौशल है, जो छान्दस् विराम और वाक्यीय विराम के बीच तनाव के अनुपात पर विचार करता है। इसमें कविता-पंक्ति के बीच में ही वाक्य पूरा हो जाता है।

निष्कर्ष : अन्ततः **व्याकरण का सन्दर्भ भाषा-संरचना** और **भाषा-व्यवस्था** का सन्दर्भ है, जो भाषा-बोध, भाषा-अर्जन, भाषा-शिक्षण और भाषा-विश्लेषण की दृष्टि से महत्तवपूर्ण है। एक ओर यह भाषा-विशेष से सन्दर्भित है, तो इसरी ओर इसकी सार्वभौमिकता से भी। भाषा का व्यवहार **व्याकरण** से जहाँ सन्दर्भित-सुनिश्ति होता है, वही यह **व्याकरण** को सन्दर्भित भी करता है, उसे रचता है। इस प्रकार भाषा और **व्याकरण** का पारस्परिक संबंध द्विध्रुवी बन जाता है। इस संबंध के एक छोर पर भाषा यदि व्याकरण से अनुशासित-नियंत्रित रहती है, तो दूसरे छोर पर अपनी विकास-प्रक्रिया में यह इस अनुशासन-नियंत्रण से छूट भी लेती दिखती है। दूसरे शब्दों में यह कहा जा सकता है कि वह कालक्रमिकता में एक सीमा में

अपना नया **व्याकरण** गढ़ती चलती है। अतः भाषा-विशेष के **व्याकरण** के लिए संबंध के इस लचीलेपन को अवधानपूर्वक बनाये रखना अपेक्षित और अपरिहार्य हो उठता है, जिससे यह उस भाषा में समाविष्ट हो रही या प्रयुक्त हो रही नयी संरचना और व्यवस्था की पहचान कर सके और इसे अपनी व्यापकता में समेट ले सके। जब तक भाषा-विशेष का **व्याकरण** अपने भाषाई स्वरूप और व्यवहार की स्थिरता और अस्थिरता के प्रति सजग रहता है और उसका पुनरीक्षण करता रहता है, तब तक वह भाषा जीवित और व्यवहार्य बनी रहती है, अन्यथा उसका दुष्परिणाम संस्कृत भाषा और उसके **व्याकरण** के रिश्ते की तरह हमारे सामने आता है, जहाँ व्याकरण तो अपने चरम पर सुविन्यस्त रह जाता है, पर भाषा व्यवहार्य नहीं रह पाती है। **व्याकरण** यदि भाषा का **मानकीकरण** है, तो वह उसका **मूल्यद्रष्टा** भी है। अतः काल, स्थल और प्रयोक्ता की दृष्टि से उसके व्यवहार में हो रहा विकल्पन, विचलन, परिवर्तन, अभिवर्धन, अध्याहरण आदि स्वाभाविक है, जिससे **व्याकरण** को अवगत रहने, उसका नोटिस लेते रहने स्यन्दित (filtered) तौर पर उससे तालमेल बिठाये रखने की अपेक्षा सदैव बनी रहती है।

3

भाषा-अर्जन : प्राथमिक और द्वितीयक भांषा-सन्दर्भ

'भाषा-अर्जन' एक ऐसा पद है, जो सामान्य तौर पर उस प्रक्रिया के विवरण के सन्दर्भ में व्यवहृत होता है, जिसके **द्वारा** बच्चे अपनी मातृ-भाषा बोलना सीखते हैं। साथ ही बच्चे और वयस्क–दोनों ही द्वितीय भाषा सीख कर उसमें वक्ता की भूमिका निभाते हैं। इस प्रकार **भाषा-अर्जन** प्रथम भाषा और द्वितीय भाषा–दोनों की ही अर्जन-प्रक्रिया को निरूपित करने वाला पद बन जाता है।

कैम्पवेल और **वेल्स** (Campwell & Wales, 1970) के अनुसार प्रथम भाषा या मातृभाषा-अर्जन विषयक सबसे पहले किये गये अध्ययन के जो अभिलेख प्राप्त होते हैं वह जर्मन प्राणिविज्ञानी **टिडेमान** (Tidemann, 1787) के हैं। यह अध्ययन बाल-विकास के सामान्य अध्ययन के अंशरूप में किया गया था। दूसरे महत्त्वपूर्ण, पूर्ववर्ती अध्ययनों में **चार्ल्स डार्विन (1877)** और **हिप्पोलाइट टेन (1877)** के अध्ययन भी समाविष्ट हैं। यहीं जर्मन शरीरविज्ञानी **प्रेयर (Preyer, 1882)** का नाम भी विचारणीय हो जाता है, जिसने अपने पुत्र के भाषा-विकास के संदर्भ में उसके पहले तीन वर्षों का आद्यन्त, हर दिन का नोट्स तैयार कर लिया था। कहते हैं कि बाल-भाषा के अध्ययन का सही **प्रतिष्ठात्मक पिता** यही था। यह विरुद उसे **कैम्पवेल** और **वेल्स** ने प्रदान किया है।

प्रेयर के द्वारा इस विषय में किया गया अध्ययन उस युग का अध्ययन है, जिसे **इनग्राम** (Ingram, 1989) **डायरी-अध्ययन (1876-1926) का काल** कहता है। जैसा इस नाम से पता चलता है, इस काल के दौरान अधिमानित तौर पर आंकड़ों और तथ्यांकों की संकलन-प्रविधि बच्चों के पिता की डायरी के रूप में निर्दिष्ट की गयी थी। इसमें स्वयं भाषाविद् और मनोविद् ने अपने-अपने बच्चों के विकास का अभिलेख प्रस्तुत किया था। इनमें से कुछ अध्ययन ऐसे थे, जो केवल भाषिक विकास को निर्दिष्ट करते थे। उदाहरण के लिए **प्रेयर** ने जो नोट्स तैयार किए, वह भाषिक विकास के अतिरिक्त अन्य विविध पक्षीय विकास को भी दर्शाने वाला था, जिसमें यंत्र (Motar) और सांगीतिक सजगता का भी समावेश था।

बच्चों के भाषा-विकास सम्बन्धी अध्ययन की पहली समर्पित प्रकाशित पुस्तक **सी. ऐण्ड.डब्ल्यू. स्टर्न** (C. and W. Stem) की Dic Kindersprache, 1970 थी; जो तब अंग्रेजी में सुलभ नहीं थी। यही वह पहली कृति थी, जिससे **भाषा-अर्जन** के भिन्न विकासात्मक चरणों की धारणा सामने आई। डायरी लिखने वालों का मुख्य उद्देश्य बच्चों के भाषिक एवं अन्य विकासों का ब्यौरा देना था। यद्यपि यहाँ व्याख्यात्मक पूर्व-कल्पनाएँ निर्दिष्ट की गई थीं, पर इन सबने विशेष तौर पर बच्चे में अन्तर्हित उसकी प्रतिभा (Genius) पर भी जोर दिया। इसने एक जन्मजात अन्तर्हित भाषिक क्षमता को निर्दिष्ट किया, जो **टेन** के अनुसार बच्चे को उसे भाषा को ग्रहण करने की क्षमता प्रदान करता है, जिसे दूसरे उसके सामने पहली बार प्रस्तुत करते हैं। बच्चे को तब तक कोई भी भाषा प्राप्त नहीं हुई होती है। यहीं उसे भाषा-सर्जन की क्षमता प्राप्त होती है।

व्यवहारवादी मनोविज्ञान की बढ़ती लोकप्रियता के साथ प्रथम विश्व-युद्ध के तत्काल बाद व्यक्ति-रूप बच्चे के अक्षांश (Longitudinal)–अध्ययन में एक लम्बे समय तक एक बच्चे के विकास का सारणीयनपरक अध्ययन किया गया, पर इसे अपूर्ण अध्ययन के रूप में ही देखा गया, क्योंकि यह सामान्य व्यवहार को स्थापित करने में उपयुक्त सिद्ध नहीं हो पाया, जबकि दूसरी भिन्न-भिन्न डायरियों ने बच्चों के अलग-अलग अन्तराल का विवरण दिया और उनके व्यवहार के विभिन्न अभिलक्षणों पर अपना ध्यान केन्द्रित किया। पर इससे विभिन्न बाल-पात्रों के बीच तुलना करना प्रायः असंभव हो गया। ऐसे समय **बृहत्तर नमूने वाले अध्ययन** (Large Sample Studies) को अधिमानता दी गई, जिसमें प्रायः समान आयु के अधिसंख्य बच्चों का अध्ययन किया गया था। इन्हें व्यवहार के समान रूपों में संलग्न समान समय-सीमा में पर्यवेक्षित भी किया गया था। बच्चों के भिन्न-भिन्न आयु-वर्गों को ध्यान में रखते हुए ऐसे कई अध्ययन किए गए, जिससे यह स्पष्ट हो सका कि प्रत्येक विशेष आयु-वर्ग में उनके सामान्य व्यवहार के साक्ष्य उपस्थित हो पाएँ और ऐसे अध्ययन के परिणामों को प्रमाणित भी किया गया। इस सन्दर्भ में वातावरण-विषयक तथ्यों को सावधानी से नियन्त्रित किया गया, क्योंकि **व्यवहारवाद** में वैज्ञानिक तौर पर बच्चों के विकास के बारे में वातावण-विषयक सार्थक प्रभावी बयानों को ग्रहण किया गया। इस प्रकार के अध्ययन में आये सभी बच्चे समान आर्थिक पृष्ठभूमि से आए थे और इनमें से प्रत्येक अध्ययन में बालक और बालिकाएँ दोनों सम्मिलित थे।

इनग्राम बृहत्तर नमूने वाले अंध्ययन के इस काल को **1926** से **1957** के बीच मानता है। यह वह काल है, जो **एम. स्मिथ** के अध्ययन से **1926** में आरम्भ होता है। और **टेम्पलिन** के अध्ययन से **1957** में समाप्त हो जाता है। इस काल में किया गया अध्ययन मुख्य तौर पर बच्चों की शब्दावली के विकास के प्रति

केन्द्रित था। यह औसत **(Mean)** वाक्य-दीर्घता और उच्चारण के प्रति भी केन्द्रित था। औसत (Mean) वाकय-दीर्घता का सिद्धान्त **नाइस (Nice, 1925)** का सिद्धान्त है। यहाँ एक वाक्य में बच्चा जितने शब्दों को प्रस्तुत करता था उसकी संख्या को गिनकर उसका औसत निकाल लिया जाता था। इस प्रकार इन तीनों क्षेत्रों का परिणाम, जो सामान्य बच्चों में प्रत्यक्षीकृत होता था, उन्हें जुडवाँ बच्चों, प्रदत्त बच्चों (Gifted Children) और निम्न वर्ग के बच्चों के साथ तुलित किया जाता था। **टेम्पलिन (Templin)** के अध्ययन का प्रकाशन इस काल की सबसे बृहत्तर घटना है। यह रचना उस वक्त प्रकाशित हुई, जिस वर्ष (1957) **नोअम् चॉम्स्की की 'Syntactic Structures'** पुस्तक का प्रकाशन हुआ। यह अनुभाववाद की विश्वसनीयता के समापन का अग्रदूत बनकर आया और इसने भाषावैज्ञानिक अध्ययन में व्यवहारवादी मनोविज्ञान के अंत की घोषणा कर दी। **चॉम्स्की** और उसके अनुगामियों ने भाषा की नियम-शासित प्रकृति पर प्रकाश डाला और **भाषा-अर्जन** के क्षेत्र में काम कर रह बहुतेरे भाषाविदों के प्रमुख ध्यान-केन्द्रण को भी उजागर किया। यहीं वाक्य-रचनात्मक नियमों को **भाषा-अर्जन** के साथ जोड़कर देखा गया। यही नहीं, चॉम्स्की के उत्तरवर्ती उत्कर्ष-बिन्दु से बृहत्तर नमूनों का अध्ययन वाक्य-रचना की अपेक्षावश भाषावैज्ञानिक दृष्टि से सहज, अकृत्रिम सिद्ध हुआ। यहाँ भाषावैज्ञानिक इकाइयों के बीच भी अन्योन्य क्रिया की अपेक्षा की गई थी। उस अवस्था-विशेष की सूचना, जिस अवस्था-विशेष में विशेष सहायिका क्रिया यहाँ विशेष ध्वनियों से अर्जित की जाती है, इस तथ्य को उद्घाटित नहीं करती कि कौन-से व्याकरणिक या ध्वनि-शास्त्रीय नियम किसी विशेष बालक के **भाषा-अर्जन** के सन्दर्भ में क्रियाशील होते हैं। फिर भी मानक को स्थापित करने की अपेक्षा विषयी के सावधान चयन की आवश्यकता और सावधान अनुसंधानात्मक प्रकल्प और उनकी माप आज के **भाषा-अर्जन** विषयक अध्ययन को सूचना मुहैया करते हैं।

इनग्राम (Ingram, 1989) ने 1957 से आरंभ होने वाले काल को देशांतर-भाषा-नमूने का युग माना है। इस प्रकार का विशेष अध्ययन **ब्रेने (Briane)** ने **1963** में, **Mileer or Eirvin ने 1946 .में Bloom** ने 1970 में तथा **Brown** ने **1973** में प्रस्तुत किया। अनुसंधाताओं ने कम-से-कम सावधानी के साथ चुने गए तीन वाचाल बच्चों की भाषिक क्रियात्मकता को, जिन्होंने अभी-अभी बहुशब्दीय भापा-अभिव्यक्ति का व्यवहार करना शुरू किया था, नियमित अंतरालों के साथ अभिलेखित किया। **ब्रेने** ने बच्चों की माताओं के द्वारा सुरक्षित रखी गई डायरियों के आधार पर इस प्रकार की प्रविधि को पूरकता प्रदान की। तीन बच्चों के नमूने को न्यूनतम अपेक्षित तथ्यांकों के रूप में लिया गया। माना गया कि वहाँ **भाषा-अर्जन** के सामान्य अभिलक्षणों के विषय में बयान दिया जाना था। इनमें

यदि एक चुना गया, तो इसके विषय में **इनग्राम** का कथन था कि हम नहीं जानते कि वह बालक विशिष्ट है या नहीं। यदि दो का चुनाव हुआ, तो भी हम यह नहीं जानते कि इन दोनों में से कौन विशिष्ट है और कौन असामान्य है? यदि तीन चुने गए, तो वहाँ कम-से-कम एक वैधता रहती है, जिसे ऐसे निर्णय के लिए व्यवहृत किया जा सकता है।

बालक और वयस्क के बीच भाषा-क्षमता का संबंध

इस क्षेत्र के वैसे शोधकर्ता, जो **भाषा-क्षमता** (Competence) और **भाषा-व्यवहार** (Performance) के बीच **चॉम्स्की** के द्वारा किये गये भेद से प्रभावित थे, वे यहाँ अन्तर्हित योग्यता के बीच के विभेद से भी प्रभावित थे। भाषिक व्यवहार स्वतः व्यवहार को स्थानीकृत होने देने के लिए केवल सामान्य अन्तर्वस्तु नहीं है, जिससे भाषा-व्यवहार की रूपरेखा तैयार की जा सके। वस्तुस्थिति की माँग यह थी कि बच्चों के विकास के प्रत्येक चरण में अन्तर्हित भाषिक क्षमता की स्थिति से सरोकार रखने वाले बयानों तक पहुँचा जाए।

यदि बालक के **भाषा-अर्जन** विषयक अध्ययन को वयस्कों के व्याकरण के सिद्धांतों के साथ ही इसके प्रति बच्चों के विकास में सक्रिय सूझों से जोड़ कर देखा जाना था, तो बच्चों और वयस्कों के व्याकरण के बीच की नातेदारी के सावधान परीक्षण की आवश्यकता थी। प्रायः सारे अधिगम बच्चे और वयस्क की व्यवस्था के बीच अन्तरों को स्वीकार करते हैं। इनके द्वारा प्रस्तुत निर्वचन भी परस्पर अन्तर दिखाते हैं। प्रश्न यह है कि किस सीमा तक बच्चे की अवस्था परिवर्तित या पुनःसंरचित होने की अपेक्षा रखती है। इसका अंतर तीन रूपों में किया जाता है–1. **सबल निरन्तरता**, 2. **दुर्बल निरन्तरता** तथा 3. **नैरन्तर्यहीनता**।

1. **सबल निरंतरता** (**Strong Continuity**)–1990 में वाइजन हॉरेन ने 1993 में **पोइपिल** और **वयस्कर** तथा **ह्याम्स** ने 1992, 1994, 1996 में इस बिन्दु पर प्रकाश डाला। बच्चे की भाषा-व्यवस्था बुनियादी तौर पर वयस्क से तद्रूप प्राप्त होती है। और इनके बीच का अन्तर किसी व्यवस्था के साथ यद्यपि अपना संबंध स्थापित नहीं करता है, फिर भी ध्वनि-विज्ञान के क्षेत्र में कुछ तत्त्व खुल्लमखुल्ला कार्यान्वित नहीं हो पाते हैं। **ह्याम्स** के अनुसार बच्चे जब वैसे शाब्दिक एककों को उत्पन्न करने में असफल हो जाते हैं, जो वस्तुतः वाक्य-रचनात्मक सूचनाओं के संवाहक-रूप में सक्रिय रहते हैं, तब ये वाक्य-रचनात्मक सक्रियता का साक्ष्य उपस्थित करते हैं। यह तथ्य है कि ये तत्त्व उद्धरणीय अर्थवत्ता का अभाव दिखाते हैं। इन्हें सीखने में कठिनाइयाँ भी सामने आती हैं।

2. **दुर्बल निरन्तरता**–**भाषा-अर्जन** की प्रक्रिया के आरंभ में बालक के लिए सार्वभौम व्याकरण के सिद्धान्त उपलब्ध रहते हैं। यह माना जाता है कि बच्चों के

भाषा-अर्जन का व्याकरण स्वाभाविक भाषा के सीमान्तों पर जाकर असफल हो जाता है। वयस्कों की भाषा-व्यवस्था से बच्चों की भाषा-व्यवस्था अन्तरण करती है। वास्तव में वयस्कों की व्यवस्था से अलग यह एक प्रकार की उप-प्रवृत्ति को दर्शाती है। संरचना-निर्माण के अभिगम मुख्यतः बच्चे की भाषा में शाब्दिक शीर्षकों की पहचान करते हैं। पर वहाँ प्रकार्यात्मक शीर्षकों का प्रक्षेपण नहीं होता। ऐसे शीर्षक, वाक्य-संरचनात्मक सूचनाओं का संवहन करते हैं, जैसे अनुबंधात्मक या कालपरक रचनाएँ। **Labeux, Redford, Guilfoyle** और **Noom** ने क्रमशः **1988** और **1992** में इस प्रकार के विमर्श उपस्थित किए। पर दूसरे अनुसंधाताओं के अनुसार ऐसी वाक्य-संरचनात्मक सूचनाएँ बच्चों की भाषा में उपस्थित तो होती हैं, पर वे अविशेषीकृत होती हैं, जबकि वयस्कों की भाषा-व्यवस्था में ये विशेषीकृत होती हैं। **Clahsan** के **1990ए 1993ए 1994** में किए गए अध्ययन से ऐसा सिद्ध होता है।

3. **नैरन्तर्यहीनता**–आरम्भिक चरण में वयस्कों की भाषा-व्यवस्था से बच्चे की भाषा-व्यवस्था मूलतः भिन्न होती है। **Bickereton** इस आरम्भिक व्यवस्था को **आद्यभाषा** कहता है और यह दावा करता है कि इसमें समीचीन भाषापरक विशेषताएँ नहीं होतीं, क्योंकि यह शब्दों की तंत्री से उस तरह जुड़ी होती है, जिसे प्रशिक्षित चिम्पेंजी के द्वारा भी इसे प्रस्तुत किया जा सकता है। ये सार्वभौम व्याकरण के सिद्धान्त हैं, जो अब तक पूरी तरह उभर कर सामने नहीं आ पाये हैं। इसीलिए बच्चों का **व्याकरण** सम्भाव्य स्वाभाविक भाषाओं के सीमान्त के बाहर जाकर नष्ट या पराजित हो जा सकता है।

नैरतर्यहीनता वाले अभिगमो के प्रति केन्द्रीय प्रश्न यह है कि आखिर ऐसा क्या है, जो वयस्कों की भाषा में परिवर्तन ले आता है। **बोरर** और **बैक्सलर** (Borer, Wexler) के **भाषा-अर्जन** के परिपक्व-सिद्धान्तों के अनुरूप सार्वभौमिक व्याकरण के सिद्धान्त सामान्यतया भिन्न निर्धारित चरणों में संक्रियात्मकता हेतु कार्यक्रम पर लागू किये जाते हैं। कहना न होगा कि मानवीय विकास के दूसरे पहलुओं की जगह इसे मान्यता दी जाती है। विभिन्न व्यक्तियों के लिए विकास के समान मार्ग हेतु वह पूर्वकल्पना सच्चे तौर पर अपना लेखा-जोखा करती है। पर ऐसा करते हुए भी इस बात की व्याख्या में असफलता हाथ आती है कि वैसे बच्चे, जो जन्म से ही दो भाषाओं के प्रति उन्मुख होते हैं या उन्मुख किए जाते हैं, वे सदैव दोनों भाषाओं को समान रूप से विकसित नहीं कर पाते हैं। कुछ मामलों में इन दो में से एक भाषा सबलतर हो जाती है। ऐसा **श्लाइटर** (Schlyter, 1995) का अभिमत है।

शाब्दिक अधिगम का पहलू इसकी विकल्पात्मक व्याख्या प्रस्तुत करता है। **Pinker** तथा **Clahsen** के अनुसार जिस **व्याकरण** के अनुरूप **भाषा-अर्जन** शाब्दिक एककों के अभिगम के द्वारा संचालित होते हैं वहाँ उनकी विशेषताएँ भी होती हैं।

यथा--समूह संज्ञा या सक्रर्मक क्रिया, जो कर्त्ता कारक से जुड़ी होती है। उदाहरण के लिए **देना** (Give) की शाब्दिक प्राविष्टि तीन तर्कों को विशेषीकृत करेगी— (1) **प्रकर्त्ता** (2) प्रतिपादय और (3) **लक्ष्य,** जो क्रमशः कर्त्ता, प्रत्यक्ष कर्म और अप्रत्यक्ष कर्म के रूप में कार्यान्वित होते हैं।

ध्वनि का प्रत्यक्षीकरण और उत्पादन

इनग्राम ने माना है कि बच्चे के जीवन के पहले साल को पूर्व भाषिक विकास के काल-रूप में संदर्भित किया जाता है। सामान्यतः बच्चे शब्दों को उत्पन्न करना तब तक शुरू नहीं कर पाते हैं जब तक कि वे एक वर्ष के नहीं हो जाते। अतः इस **पूर्वभाषिक विकास** का अध्ययन बाल **भाषा-अर्जन** के सिद्धान्त के बतौर करने का कारण वास्तव में उस कड़ी को स्थापित करता है, जो **पूर्वभाषा विकास-युग** और **भाषिक विकास युग** के बीच जुड़ती है।

शिशु के शरीर के अधिकाधिक भागों को बचपन के दौरान विकसित होने की जरूरत होती है। बच्चे के अन्दरूनी कान पूरी तरह जन्म के समय से ही स्वरूपित-विकसित हो चुके होते हैं। और यह सोचा जाता है कि **गर्भ में ही शिशु सुनने की क्षमता भी रखने लगता है।** निश्चित तौर पर जन्म के कुछ सप्ताहों के बीच शिशु दूसरी आवाजों से मानवीय आवाजों को अलगाने में समर्थ होते हैं और दो महीने के अन्दर सौहार्दपूर्ण ध्वनियों से क्रोध-भरी ध्वनियों को अलगा सकते हैं। कुछ ऐसे प्रयोग भी आविष्कृत किए गए हैं, जिनमें अपौष्टिक दुधमुँही तकनीक का व्यवहार करते हुए शिशु को उसे दूध चूसने का यंत्र दिया जाता है और दूध चूसने के अनुपात को मापा जाता है। शिशु के पास एक ध्वनि क्रीडित होती है, यह भी तब तक जब तक कि दूध चूसने की गति सुस्थिर नहीं हो जाती है। जैसे ही यह स्थिरीकृत होती है वह ध्वनि बदल जाती है। शिशु जब इस ध्वनि-परिवर्तन पर ध्यान देता है, तो दूध चूसने की उसकी रफ्तार बदल जाती है। इस प्रकार के प्रयोग यह दर्शाते हैं कि एक महीने की आरम्भिक स्थिति तक में शिशु अवाचित ध्वनि-खण्डों से वाचित ध्वनियों को अलगाने योग्य हो जाते हैं और सात सप्ताह के होने तक ये लय के या लयाघातों के कंटूर को, उसकी रूपरेखा को भी अलगा सकते हैं। यही नहीं, ये **व्यजंनों** (Consonants) को भी अलगा सकते हैं। वे प्रत्यक्षीकरण की स्थिरता को भी दर्शाने लगते हैं। **वे स्वर** या **व्यंजन** पर ध्यान केन्द्रित करते हैं और आकस्मिक वैविध्य की उपेक्षा तक कर देते हैं। अपने जीवन के आरम्भिक छह महीनों में शिशु ध्वनि-शास्त्रीय कोटियों के सार्वभौम समुच्चयों में से किसी भी भाषा-विशिष्ट चयन को अनुकूलित-समायोजित कर सकते हैं। उनमें देशी भाषा या मातृभाषा के प्रति आने वाले परिवर्तनों को पहले साल के दूसरे छह महीनों से पर्यवेक्षित किया जा सकता है। पर यह भी विवादास्पद है कि शिशु में

कैसे अपनी देशी भाषा या मातृभाषा के प्रति अन्तरण उभरने लगता है। **Vihman** के अनुसार इस प्रक्रिया में जो कुछ तत्त्व शिशु का मार्ग दर्शन कर सकते हैं उनमें माँ की आवाज का·प्रभावी मूल्य और बच्चों के साथ उसके द्वारा की जाने वाली अन्योन्य क्रिया में व्यवहृत लयात्मक ढाँचे भी सम्मिलित हैं। यही नहीं, छान्दसता के साथ उसकी बढ़ती-विकसित होती पहचान भी है। वे ध्वन्यात्मक संरचनाएँ हैं, तो लगातार आवर्त्तित होते शब्द-रूप भी हैं।

हाँ, मानवीय आवाज की ध्वनि-प्रगुणात्मकता को अलगाने की क्षमता शिंशु को मानव-भाषा का ज्ञान नहीं देती। उन्हें अब भी अपनी भाषा में अर्थहीन और अथपूर्ण ध्वनियों के अन्तर को सीखने की जरूरत रहती है। उन्हें यह सीखने की अपेक्षा रहती है कि ध्वनियों का कौन-सा संयोगीकरण संभव है और कौन-सा असंभव और किस तरह की लयात्मकता का व्यवहार उन्हें करना चाहिए। निष्कर्षतः इन सबसे यह संकेतित होता है कि मानव-शिशु अपने जीवन के बहुत आरंभ से ही मानवीय भाषा के साथ अपनी स्वर-संगति बिठाने लग जाते हैं।

ध्वनि-उत्पादन

कोई भी नवजात शिुश संभावित छींकने-खाँसने आदि की ध्वनियों के अतिरिक्त जो ध्वनि सबसे पहले उत्पन्न करता है वह उसके चिल्लाने-रोने की ध्वनि है। पर तीन महीने की अवस्था तक आते ही बच्चा अपनी किलकारियों, कूजन-ध्वनियों; का उच्चारण करने लगता है। छह महीनों की अवस्था तक आते-आते वह बड़बड़ाने (Babbling) वाली ध्वनियाँ उत्पन्न करने लग ज़ाता है। ये ध्वनियाँ वर्णों के दुहराव से बनी होती हैं। जैसे–'बा-बा-बा', 'दा-द्रा-दा' 'मा-मा-मा'। ये ध्वनियाँ एक शिशु के उपचार में प्रायः निनादित होने लगती हैं। **विहमैन ने** (1996) जैसा पर्यवेक्षित किया है, स्पष्टतः पूर्ववर्ती रूपों के प्रति शिशु का प्रतिगमन और प्रतिक्रमण ध्वनि के साथ घटित होने लगता है। उदाहरण के लिए पुनः पुनः दोहराई जाने वाली 'Babbling' ध्वनियों के आविर्भाव के थोड़ा पहले 'घुरघुराहट' की ध्वनि उभरने लगती है। शिशु के आठ महीनों का होते ही छांदस् अभिलक्षणों वाले वातावरण को भाषिक प्रभाव के साक्ष्य के बतौर देखा जाता है और दस महीनों की अवस्था तक आते-आते **स्वरों** और **व्यंजनों** के संदर्भ में ऐसा घटित होने लगता है। इन सब को देखने से यह पता चलता है कि चाक्षुष् और उच्चारणात्मक प्रक्रिया के बीच एक संयोगी शृंखला शिशु के पहले साल के उत्तरवर्ती चरण में विकसित होने लग जाती है।

शिशु के जीवन में पहले वर्ष के दौरान उसके स्वर-उच्चारण में आने वाला परिवर्तन बच्चे की वागिन्द्रियों में धीरे-धीरे आने वाले शरीर-वैज्ञानिक परिवर्तनों से ज़ुड़ा होता है, जो बच्चों के छह महीनों के होने के पूर्व तक इसके वयस्क आकार

के समरूप नहीं हो पाता है। तब तक बच्चे का वाक्-क्षेत्र (Vocal Track) एक वयस्क चिम्पैंजी के समान ही रहता है। उसका यह वाक्-क्षेत्र और भोजन-नलिका--दोनों किसी वयस्क की तुलना में छोटे होते हैं। हाँ, उसका वाक-क्षेत्र लम्बाई की अपेक्षा अधिक चौड़ा होता है। शिशु को दाँत नहीं होते। इस कारण उसका मुख-विवर भी किसी वयस्क के मुख-विवर की अपेक्षा अधिक चौरस होता है। उसके मुख-विवर के अधिकांश को उसकी जीभ भर देती है, इस कारण उसकी हलचल सीमित होती है। मुख-विवर की माँसपेशियों और उसकी अपरिपक्वता के कारण भी यहाँ गति सीमित रहती है। शिशु की जिह्वा के पीछे किसी प्रकार का विवर नहीं होता और इसका कोमल तालु (Ilem) इस रूप में सक्रिय रहता है कि आंरभ में शिशु की श्वास-प्रक्रिया मुख से संचरित न होकर नाक से संचरित होती है। तब इसी कारण वह सरलता से साँस ले पाता है और अपने उच्चारण को अधिकाधिक नासिक्य और कंठ्य बना देता है।

कुछ लोग शिशु और बच्चों के साथ उस विशिष्ट रूप में बात करते हैं जिसे शिशु-वार्ता, मातृ-वार्ता (Motherese), रखवाले की वार्ता तथा फिक्र करने वाले की वार्ता कहते हैं। बहुत सारे अंग्रेजी वक्ता इसे ऊँची तारता तथा बारम्बारता की एक विशद व्यापकता, ऊँचे दर की स्वर-शैली की विभिन्नता, 'चु-चु' (quack quack) जैसे विशेष शब्दों के दोहराव, संक्षिप्त व्याकरणिक सामान्य उद्गार, प्रतिपाद्य के दोहराव और प्रतिबंध (जो बच्चों की दुनिया के लिए प्रासंगिक सिद्ध हो पाएं) से विशेषीकृत करते हैं। फिर भी ऐसा नहीं कहा जा सकता कि सभी अंग्रेजी बोलने वाले वयस्क वक्ता शिशु और बालकों के साथ इसी रूप में भाषा-व्यवहार करते हैं, क्योंकि इनमें बहुतेरे सामान्य बारम्बारिता की श्रेणी लयतानता के ढाँचे और शब्दावली का व्यवहार करते हैं। संभवतः यह सत्य है कि प्रायः अधिकाधिक वयस्क शिशुओं और बालकों के साथ बातचीत करने के क्रम में विषय या प्रतिपाद्य को प्रतिबंधित करते हैं। यही नहीं, यहाँ बातचीत के सभी विषय प्रायः अवसर और अन्योन्य क्रिया करने वाले के आधार पर अनुकूलित होते हैं।

इस सन्दर्भ में प्रायः मतों में अन्तर भी प्राप्त होता है। बच्चों के ध्वनि-दोहराव वाले चरण और परवर्ती वयस्क ध्वनि-व्यवस्था के अर्जन के बीच संबंध प्राप्त होता है। **निरंतरतापरक** अधिगम के अनुसार बच्चे द्वारा दोहराव-भरी ध्वनियाँ वाग्-ध्वनियों की स्पष्टतः पूर्वगामी ध्वनियाँ हैं; जबकि नैरंतर्यहीनता वाले अधिगम के अनुसार इन दोनों के बीच ऐसा कोई प्रत्यक्ष संबंध नहीं है। **मोरॅर** (Mowrer, 1960) ने **निरंतरता वाली** पूर्व-कल्पना के पक्ष में यह तर्क प्रस्तुत किया है कि बच्चों के द्वारा ध्वनि-दोहराव की क्रिया में आने वाली ध्वनियाँ प्रायः सभी मानवीय भाषाओं में पाई जाने वाली ध्वनियाँ ही हैं; लेकिन माता-पिता और दूसरे पारिवारिक सदस्यों के द्वारा इनके चुनींदे **पुनर्बलीकरण** के कारण ध्वनियों का यह खजाना धीरे-धीरे उन

ध्वनियों के प्रति संकीर्ण होता चला जाता है, जिस भाषा की ध्वनियाँ उसे सिखाई जाती हैं। इस संबंध में किये गये सावधान पर्यवेक्षण से यह स्पष्ट होता है कि मानवीय भाषा में प्राप्त होने वाली बहुतेरी ध्वनियाँ बच्चों के दोहराव वाली ध्वनियों में नही पाई जाती हैं। पर उनमें से कुछ ऐसी ध्वनियाँ, जो बच्चों की दोहराव वाली ध्वनियों में प्राप्त होती हैं, वास्तव में ऐसी ध्वनियाँ हैं, जो उसके लिए वयस्क भाषा बोलने के अभ्यास के समय समस्या बन जाती हैं। इस प्रकार ऐसे पर्यवेक्षण निरंतरता वाली पूर्वकल्पना के प्रति संदेह प्रकट करने लग जाते हैं।

इस संदर्भ में शुद्ध नैरन्तर्य-रहितता वाला अभिगम शुद्ध निरन्तरता वाले अभिगम की अपेक्षा बेहतर सिद्ध होता है। इसके सर्वाधिक प्रबल प्रवक्ता याकोब्सन (Jakobson, 1968) हैं। इनके अनुसार शिशु के ध्वनि-उत्पादन के दो भिन्न चरण है। पहला चरण एक प्रकार की ध्वनि-आवृत्ति करता है। ये ध्वनियाँ किसी विशिष्ट अनुक्रम में मुखर नहीं होतीं। इसीलिए ये बच्चे के परवर्ती विकास के साथ सम्बन्धित नहीं पायी जाती हैं। दूसरे चरण में पहले चरण में उच्चरित होने वाली और पाई जाने वाली ध्वनियाँ अस्थायी या स्थायी—दोनों ही रूप में अनुपस्थित हो जाती हैं; जबकि बच्चा विशेष ध्वनि-प्रतीकों पर कुशलता प्रापत करता होता है। ध्वनियों के ये व्यतिरेकी युग्म उसके भाषा-अर्जन में साभिप्राय भूमिका अदा करते हैं। इसमें पहली समस्या यह है कि बहुतेरे बच्चे अपने आरम्भिक ध्वनि-युग्मों को बनाए रखते हैं। यहाँ तक कि भाषा के प्रारम्भ होने के बाद भी। ऐसा मेनन (Menn.1996) का विचार है। दूसरे, परवर्ती शब्दों के बहुतेरे ध्वनि-अनुक्रम बच्चे की ध्वनि-आवृत्ति वाले चरण में उसके द्वारा अधिमानित सिद्ध होते हैं, मानो इनका उन दिनों अभ्यास किया गया हो। शायद और अन्ततः प्रथम चरण में शिशु के द्वारा किया जाने वाला ध्वनि-दोहराव प्रायः परवर्ती भाषा-अर्जन के स्वर शैली-ढाँचों का संवहन करते मिलते हैं। इसीलिए वहाँ एक निरन्तरता प्राप्त होती है। कम-से-कम अधिखंडनीय स्तर पर हैलीडे, मेनन और क्लार्क जैसे भाषा-अर्जन के विद्वान् विचारक इस मान्यता में विश्वास रखते हैं। क्लार्क और क्लार्क (Clark And Clark, 1987) के अनुसार न तो निरन्तरता और न ही नैरन्तर्यहीनता इन तथ्यों के सन्दर्भ में पूरा श्रेय ग्रहण कर पाती है। ध्वनि-दोहराव और भाषा-अधिगम के बीच की नातेदारी अप्रत्यक्ष होती है। उदाहरण के लिए ध्वनि के दोहराव का अनुभव एक अनिवार्य प्राथमिकता हो सकता है, जिससे मुख-विवर और भाषा-उच्चार के क्षेत्र में वागिन्द्रियों पर नियन्त्रण प्राप्त किया जा सके। यदि ध्वनियों का दोहराव सामान्यतः वागिन्द्रियों के लिए व्यायाम मुहैया करता है तो वहाँ बहुत कम हेतु इस तथ्य के होंगे, जहाँ ध्वनि-दोहराव वाले चरण में उत्पन्न ध्वनियों और परवर्ती चरण में उच्चरित ध्वनियों के बीच किसी सम्बन्ध की प्रत्याशा की जा

सकें। फिर भी वहाँ कुछ नैरन्तर्यहीनताएँ हैं। औच्चारणिक ध्वनि-खण्डों में निपुणता, कुशलता तभी आरम्भ होती है, जब बच्चे अपने पहले शब्दों को व्यवहृत करना शुरू कर देते हैं।

शब्दावली का अर्जन

विहमान (Vihman) का मत है बच्चे ध्वनियों का अर्जन उसी समय शुरू कर देते हैं, जिस समय वे संकेतवाचक मुद्राओं, घुरघुराहटों और आद्य शब्दों का प्रयोग करने लगते है। इनमें अपेक्षया स्थायी औच्चारणिक रूप होते हैं। जो विशिष्ट अर्थ से परे होते हैं। शब्दावली का अर्जन शब्दों की तालिका को जमा करने की अपेक्षा इससे कहीं अधिक चीजों का समावेश करता है। वास्तव में बच्चे का मानसिक शब्दकोश एक ऐसा सक्रिय खजाना है, जहाँ शब्दकोशीय एकक संकलित और संघटित होते हैं। बहुतेरे शव्दकोशीय प्रतिमान तो यह मानकर चलते हैं कि यहाँ केवल शब्दों को एकत्र नहीं किया जाता, बल्कि विभक्ति-रूप वाली सामग्री को भी संकलित किया जाता हैं। संसाधन के तथ्यांक और त्रुटियाँ–दोनों ही यह निर्दिष्ट करते हैं कि शब्दकोशीय एकक कैसे संगृहीत और संसाधित होते हैं। यहाँ विभिन्न प्रकार की सूचनाओं को एक शब्दकोशीय एकक के साथ एकत्र होना होता है और शब्दकोशीय प्रवृष्टि को संघटित करना होता है। उदाहरण के लिए **बिल्ली (Cat)** के उदाहरण के सन्दर्भ में निम्नलिखित विवेचन द्रष्टव्य हैं–

1. अर्थीय निदर्शनः. मूर्त,. शब्द,. सजीव,. पशु का एक उपवर्ग
2. शब्दकोशीय कोटि अथवा शब्द वर्गः. संज्ञा
3. वाक्य-रचनात्मक अभिलक्षणः. स्त्रीलिंग
4. रूप-वैज्ञानिक अभिलक्षण और आन्तरिक संरचनाः. असंयुक्त,. एकवचन
5. औच्चारणिक ध्वनिवैज्ञानिक रूपः. द्विआक्षरिक (बिल्ली),. बलाघात (ली पर)

बच्चे को इन सूचनाओं को पहचानने की अपेक्षा होती है। साथ ही इन्हें एक शाब्दिक पुष्टि के समकक्ष मस्तिष्क में जमा करने की जरूरत होती है। जब बच्चा कोई नया शब्द अर्जित करता है तब वह नयी सूचनाओं को भी ग्रहण करता है। इस प्रकार वह पहले से उपलब्ध सूचनाओं के बीच यह नया सम्बन्ध स्थापित करता जाता है। शब्दकोश की अस्तित्वमयी रचना का उस मार्ग पर प्रभाव होता है, जिस रूप में नये शब्दकोशीय एकक जमा होते जाते हैं। पर नये शब्दकोशीय एककों का अर्जन शब्दकोश में स्थापित कड़ियों की पुनः संघटना को परवर्त्ती भी करता जाता है। इस परिप्रेक्ष्य के तहत यह अनुमान करना ऊपर से विश्वसनीय लगता है कि बच्चे का शब्दकोश वयस्कों की अपेक्षा लघुतर नहीं है, बल्कि यह उनसे भिन्नरूपता में संघटित भी है।

आरम्भ के पचास शब्द

शिशु पहले शब्द का उच्चारण दस से अट्ठारह महीनों की अवस्था में करता है और इसके अनुवर्त्ती कई महीनों में वह तीस से पचास तक की शब्दावली को अर्जित करता है। इस चरण में उसका शब्दकोश धीरे-धीरे विकसित होता है। **भाषा-अर्जन** का उसका यह अनुपात एक सप्ताह में दो-तीन बार होता है और उससे पहले के रूप और प्रकार्य वयस्कों से भिन्नता दिखाने वाले होते हैं। जहाँ तक रूप का सवाल है आरम्भ में सीखे गए शब्द ध्वनि-शास्त्रीय दृष्टि से सामान्यतः सरलीकृत किए गए होते हैं। पर प्रकार्यपरकता की दृष्टि से बच्चे जो दस-बीस शब्द आरम्भ में उत्पन्न करते हैं वे कुछ विशेष सन्दर्भ में ही करते हैं। जैसे एक बच्चा जब अपनी खिड़की से कार देखता है तभी वह 'कार' शब्द को उच्चरित करता है। पर जब वह खिलौनों की कार से खेलता होता है या दूसरे परिदृश्य में कारों को देखता है, तब वह उसका उच्चारण नहीं करता। फिर भी उससे उच्चरित होने वाले सभी शब्दों को सन्दर्भापेक्षित नहीं माना जा सकता है। यह सही है कि आरम्भिक शब्दों में से अधिकाधिक शब्दों का व्यवहार बच्चे अधिक सन्दर्भों में करते हैं, जहाँ वे पदार्थों, व्यक्तियों के लिए उनका व्यवहार कर सकें। जब बच्चा पहले पचास शब्दों का अर्जन सम्पन्न कर लेता है और दूसरे साल के अन्त तक उसकी अर्जित शब्दावली में नये शब्दों का अभिवर्धन भी बहुत तेजी के साथ होने लगता है, तब कई नये शब्द वह प्रतिदिन सीखने लग जाता है बच्चे द्वारा इस भाषा-अर्जन को **बहुधा शब्दावली (Vocabulary Spurt) के फूट निकलने का चरण** कहा जाता है। **स्मिथ (Smith, 1926)** ने बच्चे की औसत उत्पादक शब्दावली उसके अट्ठारह महीनां की अवस्था में बाईस शब्दों की मानी है। इक्कीस महीनों में एक सौ अट्ठारह (118) शब्दों की मानी है और दो सालों की अवस्था में बहत्तर (72) शब्दों की मानी है। **क्लार्क (Clark, 1993)** के अनुसार दो साल के बच्चे में शब्दावली का आकार उसकी उत्पादन-क्षमता में पचास से पाँच सौ शब्दों के बीच अपनी भिन्नता दिखाता है। यही नहीं, वह शब्दावली, जिसे वह समझने के योग्य होता है, उसकी अपेक्षा उसकी ग्राह्य शब्दावली काफी बड़ी होती है। **क्लार्क** जिसे प्रथा का सिद्धान्त कहता है, जहाँ लक्ष्य शब्दों को अपनाया जाता है, विशेषतः वक्ताओं के सन्दर्भ में, बच्चे उनका अनुसरण करते हैं। यहाँ वे उन शब्दों में अपना निजी अर्थ भी डाल देते हैं। वे यह मानने लग जाते हैं कि हर शब्द-रूप का दूसरे शब्द-रूप से भिन्न अर्थ होता है और वे ऐसे शब्द-रूप को छोड़ना चाहते हैं, जो अर्थ को अतिच्छादित कर लेते हैं। ऐसी स्थिति में बच्चे के द्वारा व्यवहृत शब्द न्यून समानीकृत होते हैं, जिन्हें एक वर्ग के उपवर्ग के रूप में व्यवहृत किया जाता है। जैसे Dog शब्द का Poodles के रूप में व्यवहार करना। इसके विपरीत दूसरे मामलों में वे शब्द को अति सामान्यीकृत कर देते हैं और उन्हें एक वर्ग के सभी

सदस्यों के लिए प्रयुक्त करने लग जाते हैं। यहाँ वे वयस्क भाषा से अपनी भाषा को भिन्न और विशेषीकृत करते दीखते हैं। साथ ही विभिन्न वर्गों के समान रूप से प्रत्यक्षीकृत व्यक्तियों के लिए वे इनका व्यवहार भी करने लग जाते हैं। जैसे--सभी घूमने वाले पशुओं के लिए Dog शब्द का व्यवहार करना। इस प्रकार का अति-विस्तारीकरण बच्चों के लिए एक चरण में उनके साम्प्रेषणिक कौशल के बतौर प्रस्तुत होता है, जबकि उनकी उत्पादक शब्दावली सीमित होती है। लेकिन बच्चे जो उत्पादन में शब्दों को अति विस्तृत कर देते हैं, बहुधा समीचीन संकेतकों को अधिक सुस्पष्ट पद के रूप में पहचानने के योग्य हो जाते हैं। उदाहरण के लिए एक बच्चा मोटर साइकिल बाइक, ट्रक, हवाई जहाज़ कहने पर समीचीन रूप में निर्दिष्ट होने वाले पदार्थ को पहचानने की क्षमता रखता है। पर उन पदार्थों को देखते हुए अपने द्वारा किए जाने वाले शब्द-उच्चार में वह उन्हें एक 'कार' नाम से ही पुकारता है।

व्याकरणिक शब्द-वर्ग और लम्ब-त्तडंग पूर्वकल्पना

बच्चे की भाषा में शब्द-वर्गों की पहचान की समस्या, साथ ही उनके द्वारा शब्द-वर्गों को पहचानने का सवाल **ब्राउन (Brown, 1973)** की पुस्तक के प्रकाशन के समय से ही वाद-विवाद का विषय बना हुआ है। **भाषार्जन-विषयक** आवर्ती विचार यह रहा है कि बच्चे अर्थीय संबंधों की पकड़ को विकसित करने क द्वारा वाकय-रचना को भी विकसित करने में समर्थ हो पाते हैं। वाक्य-रचना प्रायः बच्चे के **अर्जन** के संदर्भ में अधिक जटिल मानी जाती है। पिंकर (Pinker, 1984) की **अर्थीय लम्ब-त्तडंग** पूर्वकल्पना के अनुसार बच्चे अर्थीय आधार पर शब्द-वर्गों को निर्धारित कर पाते हैं। उनका अर्थीय ज्ञान अर्थीय कोटियों से जुड़े शब्द-वर्गों को उद्घाटित करने की दिशा में नेतृत्व प्रदान करता है। इनके बीच यहाँ एक-प्रति-एक समीकरण की सुसंगतता प्राप्त नहीं हो पाती है। दूसरी ओर वाक्य-स्तर की तगड़ी पूर्वकल्पना यह दावा करती है कि वाक्यीय सूचना क्रिया की तार्किक संरचना किसी शब्द के अर्थ को व्युत्पन्न करने के लिए व्यवहृत हो सकती है। यहाँ अधिगम वैसे चरण को उद्धृत करता है जिसमें शब्द-वर्ग **पूर्व-अर्जित** हैं, जबकि **अर्थीय तगड़ी पूर्वकल्पना** में बच्चा शब्द-वर्गों को पहचानने के क्रम में अर्थीय सूचना का व्यवहार करता है। जैसा **रोथ वेलर (Roth Weiler)** और **मिबर (Meibauer, 1999)** ने निर्दिष्ट किया है, कि **अर्थीय तगड़ी पूर्व कल्पना** के लिए समस्या यह है कि शब्दों को वाक्य में विभिन्न वर्गों के सदस्य-रूप में ही पहचाना जा सकता है और तभी बच्चे के लिए यह संभव हो पाता है कि वह शब्द-वर्गों और अर्थीय कोटियों के बीच एक कड़ी बना सके।

शब्द-कोशीय निदर्शन और विभक्तिपरक तत्त्व

उद्देश्य और विधेय या कर्त्ता-क्रिया का अनुबंध रूप-शास्त्रीय रेखांकन और वाक्य-रचनात्मक निदर्शन के बीच के संबंधों को **प्रत्यय-परक** तत्वों के अर्जन के बारे में दीर्घकालीन अध्ययन हेतु उद्भासित करता है। बहुत हाल में प्रत्ययपरक तत्त्वों और उनके अर्जन के शब्दकोशीय निदर्शन के प्रति भी ध्यान दिया जाने लगा है। नियमित और अनियमित प्रत्ययपरकता का स्तर यहाँ एक केन्द्रीय भूमिका अदा करता है, जबकि विभिन्न अभिगम विभिन्न **अर्जनात्मक** पाठ्यक्रम को उद्घोषित करते हैं। ऐसा पर्यवेक्षित किया गया है कि बच्चे रूप-शास्त्रीय रेखांकनों को अति समानीकृत कर देते हैं। उदाहरण के लिए वे **Went** की जगह **goed** का व्यवहार करते हैं। एक संयोगी अभिगम में **रुमेल हार्ट और मैक्क्ले लैंड (Rumel Hart and MC Clelland, 1986)** नियमित और अनियमित रूप-शास्त्र के बीच कोई अन्तर नहीं मानते हैं। यह तथ्य दोनों ही साहचर्यपरक तंत्र में प्रदर्शित होता है। **अनुरूपतः** जिस **रूप** में नियमित और अनियमित **रूप-शास्त्र** अर्जित होता है, **उसमें कोई अन्तर नहीं** रह जाता। पर्यवेक्षित **अति सामान्यीकरण निवेश** में **आविर्भाव** की बारम्बारिता के अवगमन का दावा करता हैं, दूसरी ओर एक द्विमशीनी अभिगम (Pinpcer. Prince, 1992) की यह **मान्यता** है कि नियमित रूप-शास्त्र प्रतीकात्मक निदर्शन पर आधारित नियमों के द्वारा चालित होता है, जबकि **अनियमित रूप-शास्त्र** व्यक्तिगत प्रकृति की विशिष्टता वाले शब्दकोशीय सूचना पर आधारित होता है। **नियमित रूप-शास्त्र** वहाँ व्यवहृत होता है, जहाँ कोई और सूचना प्राप्त नहीं होती है। अपने आरम्भिक **भाषार्जन** के चरणों में बच्चे जब बहुतेरे संचित रूपों का आश्रय नहीं ले पाते हैं, तब वे **नियमित रूपों को** अतिव्याप्त कर देते हैं।

वाक्य-रचनात्म्क विकास

छह से बारह महीनों के बीच का समय वह समय है, जिसके दौरान बच्चे सामान्यतः शब्दों को समझना आरम्भ कर देते हैं और एक एकक वाले उद्गार को अभिव्यक्त भी करने लगते हैं। इसे सामान्यतः **एकशब्दीय चरण** के रूप में निर्दिष्ट कियाजाता है। **बेनेडिक्ट (Benedict, 1979)** यहाँ समझ और उत्पादन के बीच के अन्तराल को दिखाता है, जो इस समय बहुत बड़ा होता हैं बच्चे द्वारा शब्द उत्पन्न करना शुरू करने के पहले वह लगभग सौ शब्दों को समझने योग्य हो जाता है। कोई बच्चा जैसे ही लगभग पचास शब्दों की शब्दावली विकसित कर लेता है वैसे ही वह तथाकथित **द्विशब्दीय चरण** में प्रवेश कर जाता है। दो शब्दों से अधिक को एक साथ शृंखल करने के आरम्भिक चरणों के दौरान बहुतेरे बच्चों की भाषा व्याकरणिक प्रत्ययों और प्रकार्यपरक शब्दों से विरहित रहती है। यहाँ पर

उनके द्वारा एकाधिक शब्दों की बनाई जाने वाली कड़ी कुछ इस प्रकार होती है, जैसे–Cat drink milk। इस प्रकार की भाषा को टेलीग्राफिक भाषा या तार-संदेशी भाषा के रूप में जाना जाता है। **ब्राऊन और फ्रेज़र** (1963) का ऐसा अभिमत है। यहाँ तक कि जब बच्चे के सामने पूरी वाक्य-रचना को उनके द्वारा अनुकरण करने के लिए पेश किया जाता है, तब भी वह उस वाक्य को तार-संदेशी रूप में ही दोहराने की प्रवृत्ति जाहिर करते है।

बच्चे की द्विशब्दीय अभिव्यक्तियों को **Pivot व्याकरण** या **केन्द्र-बिन्दुत्व व्याकरण** के उदाहरण के रूप में देखा जा सकता है। **ब्रेने** (Braine, 1963) ने बच्चों की अभिव्यक्ति में कुछ शब्दों के लिए ऐसी प्रवृत्ति को पर्यवेक्षित किया है, जो या तो भाषा-अभिव्यक्ति के आरम्भ या अन्त में रखे जाते हैं। ऐसे शब्दों को ही वह **केन्द्र-बिन्दुत्व** (Pivot) वाला शब्द कहता है। ये मुक्त-वर्गीय शब्दों के विरोध में उपस्थित होते हैं। अलग-अलग बच्चे प्रत्येक वर्ग में ऐसे भिन्न-भिन्न शब्दों का अनुभव करते हैं। पर **ब्रेने** के प्रयोज्य **ऐनड्रयू** की दृष्टि में **केन्द्र-बिन्दुत्व व्याकरण** द्विशब्दीय संयोगीकरण का संवहन करता है।

केन्द्र-बिन्दुत्व व्याकरण

केन्द्र-बिन्दुत्व वर्गीय शब्द–सभी, मैं, नहीं, अधिक, ही (Hi), दूसरे

मुक्तवर्गीय शब्द–तोड़ा, साफ किया, पहना, सूखा, द्वारा, गीता आदि, देखता हूँ, बंद करता हूँ, बैठता हूँ, बिस्तर, नीचे, घर, माँ, अधिक, पानी, गीला, बेबी, सुन्दर, रेलगाड़ी, कार, मछली, ऊँची, गरम, रस, पढ़ना, गाना, धूना, मामा, पापा, रोओ, दूध, मांस, टुकड़ा, जेब, कमीज, जूते, रोशनी, पेंट, कमीज, पानी, हवाई जहाज, मम्मा।

ब्रेने दावा करता है कि बच्चा निश्चित **मुक्त-वर्गीय** शब्द को एक **केन्द्र-बिन्दुत्व शब्द** के बाद उसकी जगह देने लगता है, जबकि कुछ दूसरे मुक्तवर्गीय शब्द हमेशा कुछ **केन्द्र-मुक्त बिन्दुत्व** शब्द के पहले आते हैं और यही वह सूचना है, जो बच्चे को मुक्तवर्गीय शब्दों के बीच विभिन्न अन्तर करना शुरू कराता है। फिर भी **केन्द्र-बिन्दुत्व व्याकरण** वाक्य के व्यवहार के शुरूआती दौर वाले बच्चे की भाषा-अभिव्यक्तियों का लेखा-जोखा लेने में समर्थ सिद्ध हो सकता है। यहाँ तक कि **ब्रेने** के प्रयोज्य ऐनड्रयू के संदर्भ में भी इसे पाया गया है। **ऐनड्रयू** भी ऐसे चरण में एक नामिक शब्द के साथ एक क्रिया शब्द को जोड़ने वाली अभिव्यक्ति उत्पन्न करता था। उसके प्रयोग में क्रिया शब्द की जगह निजी सामाजिक शब्द या विशेषक भी रहता था। यह स्पष्ट है कि बच्चे **केन्द्र बिन्दुत्व व्याकरण** के द्वारा अनुमत सहज, सामान्य भाषा-अभिव्यक्तियों के परे शीघ्र ही बढ़ जाते हैं।

ब्रेने के अभिगम में बच्चे की भाषा-व्यवस्था वयस्क की भाषा-व्यवस्था से काफी भिन्नता दिखाती प्रतीत होती है। यह स्पष्ट है कि बच्चे की भाषा-व्यवस्था

शब्दों की सामान्य व्यवस्था की लड़ियों की अपेक्षा कहीं अधिक जटिल है और यह भी कि पदबन्ध संरचना के आरम्भ के रूप में इसे व्याख्यायित किया जा सकता है।

एकशब्दीय चरण में यह **सदैव** सुस्पष्ट नहीं रहता कि बच्चों के द्वारा उत्पन्न शब्दों में कौन-सी कोटि इस हेतु लागू की जाती है। **रेडफोर्ड** (Redford, 1990) इस समय को **अ-कोटिपरक चरण** कहता है। दूसरी ओर **द्विशब्दीय चरण** में संज्ञा और क्रिया जैसी वाक्य-रचनात्मक कोटियाँ बच्चे के द्वारा व्यवहृत होती हैं। क्रिया को संज्ञा की विद्यमानता में व्यवहृत किया जाता है। **रेडफोर्ड** का दिया एक उदाहरण द्रष्टव्य है—Baby talking, Daddy gone. भाषा-अर्जन के इस चरण में बच्चे प्रायः समापिका क्रियाओं का व्यवहार नहीं करते हैं। यहाँ प्रायः अन्य पुरुष का रेखांकनीय प्रत्यय 'S' (अंग्रेजी) प्रासंगिक सन्दर्भ में गायब रहता है—'Pola Play with ball'। सहायिका क्रिया भी अध्याहृत (लुप्त) रहती है—Baby talking...Daddy gone. यहाँ पूर्वसर्ग भी लुप्त रहता है। यथा—want go out. यहाँ 'to' लुप्त है। पदबन्ध के क्षेत्र में सामान्यीकरण यह है कि इस चरण में बच्चों की भाषाभिव्यक्ति शबदकोशीय कोटि की योजना का संवहन करती है। इस कोटि के बाहर क्रिया जो कोटिगत नहीं होती है, वाक्य-रचनात्मक सूचना का संवहन करती है। यहाँ प्रकार्यपरक कोटियाँ होती हैं, जो इससे सहाचर्यित रहती हैं। यथा—काल का अनुबंधन। शब्दकोशीय कोटियों में संज्ञा, विशेषण और पूर्वसर्ग अभिप्रमाणित होते हैं, पर जैसा कि क्रियात्मक क्षेत्र में होता है, कोई भी वाक्य-संरचना उनके साथ साहचर्यित नहीं होती। नीचे वाक्यों का **'क्ष' परक** पदबंध प्रस्तुत है, जहाँ क्रियापरक शब्दकोटि का प्रक्षेपण है। क्रिया और समापिका क्रिया का पदबंध प्रकार्यपरक कोटि का एक प्रक्षेपण है, एक ऐसी परियोजना है, जो वाक्य-रचनात्मक क्रिया का संवहन करती है। समापिका क्रिया का व्यवहार यहाँ प्रजातिगत तौर पर होता है। यह यहाँ प्रकार्यपरक कोटि के उदाहरण के बतौर व्यवहृत होती है, बिना इसे और अधिक विशिष्टीकृत हुए इस अनुमान के तहत बच्चों की भाषा-अभिव्यक्तियाँ केवल शब्दकोशीय कोटियों को ग्रहण करती हैं। हमें शब्दकोशीय सामग्री प्राप्त करने की प्रत्याशा रहती है, जिसे क्रियापदबन्ध के क्षेत्र के अन्तर्गत समायोजित किया जा सकता है। **न्यून विशेषीकरण अधिगम** में एक या एकाधिक प्रकार्यपरक प्रक्षेपण उपलब्ध है, पर वे पूरी तरह विशेषीकृत नहीं हैं।

प्रश्न और निषेध की संरचना सर्वाधिक अध्ययन किए गए क्षेत्रों में आती है। **यूले (Yulle, 1985)** उनके अधिगम के लिए तीन चरणों का अलग-अलग वर्णन करता है। पहला चरण बच्चे के **अट्ठारह महीने से छब्बीस महीने** का चरण है। **दूसरा चरण** बच्चे के **बाईस महीने से तीस महीने** का चरण है और **तीसरा चरण चौबीस महीनों से चालीस महीनों** का चरण है। सबसे आरम्भिक महीनों में बच्चे

महज **'न'** या **'नहीं'** अभिव्यक्ति का आरम्भ करते हुए निषेधकों को संरचित करते हैं। दूसरे चरण में **'नहीं करना'** या **'नहीं कर सकता'** जैसी अभिव्यक्तियाँ सामने आती हैं और ऐसे दोनों **'न'**, **'नहीं'** वाले रूप क्रिया के सामने रखे जाते हैं, न कि भाषाभिव्यक्ति के आरम्भ में। अर्जन के इस प्रकार के ढाँचे की व्याख्या प्रायः यह कहकर की जाती है कि बच्चों की आरम्भिक अभिव्यक्तियों में निषेधक या तो क्रिया-पदबन्ध से जुड़े होते हैं अथवा न्यून विशेषीकृत प्रकार्यपरक विश्लेषणों के पहले आते हैं। **तीसरे और अन्तिम चरण** में जैसे ही समापिका तत्त्वों का प्रक्षेपण विकसित होता है, समापिका प्रक्रियाएँ अपनी जगह लेने लग जाती हैं, निषेधकों को पीछे छोड़ती हुई—जैसा कि अंग्रजी Did not और Won't में होता है। आरम्भिक प्रश्न तो केवल उभार वाली लयात्मकता से चिह्नित किए जाते हैं। यथा—**फ्रिजर वाटर**? 'हाँ' और 'न' परक **प्रश्नों** के उदाहरण भी द्रष्टव्य हैं—'Daddy Go'? ऐसे ही एक प्रश्न का उदाहरण है। सहायिका क्रियाएँ अथवा क्रिया-द्योतक रूप इस चरण में अभिप्रमाणित नहीं होते हैं। जब बच्चे प्रश्नपरक शब्दों का व्यवहार करना शुरू करते हैं, तब उसकी सूची सीमित होती है और वे **कहाँ, कौन** और **क्या** जैसे प्रश्नात्मक शब्दों को समाविष्ट कर पाते हैं। ऐसे प्रश्नात्मक शब्दों के पीछे प्रायः अंग्रेजी में 'S' लगा होता है, जिसे कोपुला (संयोजन) के क्रियान्वयन के रूप में लिया जाता है। आरम्भ में ये प्रश्न नियमपरक होते हैं। ऐस दावों के लिए साक्ष्य अनुबंधात्मक तत्त्वों में मिलते हैं—'What's these?'

'कुछ लेखकों (Klima And Bellugi, 1966, Radford 1990) ने यह पर्यवेक्षित **किया है** कि बच्चे प्रायः ऐसे प्रश्नों को समझने में विफल हो जाते हैं, जिनमें गति का समावेश रहता है। इस प्रकार के वार्तालाप का निम्नलिखित उदाहरण द्रटव्य है--

"वयस्क—तुम क्या कर रहे हो?

बच्चा—नहीं।"

इसे दस दौर के संकेत के बतौर लिया जाता है कि आरम्भ में जो पर्यवेक्षण आना चाहिए, बच्चे की भाषा-व्यवस्था में वह विकसित नहीं हो पाया है। यहाँ यह भी ध्यातव्य है कि वाक्य बच्चे के द्वारा पद व्याख्यायित नहीं हो सकता है।

जहाँ तक **संज्ञात्मक** क्षेत्र का प्रश्न है वहाँ **संज्ञा** और **विशेषण** उभरते हैं, लेकिन वहाँ उपपद (Article) की तरह के **निर्धारक** और **सम्बन्धवाचक** नहीं उभर पाते हैं। **निर्धारक** उनमें अपनी तरह से उभरते हैं, पर **संज्ञा** के साथ जुड़कर नहीं। इसका सादृश्य उससे बैठता है, जिसे हमने क्रिया-क्षेत्र से पर्यवेक्षित किया है। वाक्य-रचनात्मक क्रियाओं का संवहन करने वाले तत्त्वों में प्रायः बच्चे के आरम्भिक उद्गार में ये अनुपस्थित रहते हैं।

रूप-वैज्ञानिक विकास

सामान्यतः बच्चे व्याकरणिक रूपिमों का अर्जन दो वर्षों की अवस्था के आस-पास शुरू करते हैं। व्याकरणिक रूपिमों के अर्जन का अध्ययन **बेर्को** (Berko, 1958) से शुरू होता है, जिसने अंग्रेजी मातृभाषी बच्चों में उनके द्वारा किए जाने वाले बहुवचन–'S', सम्बन्धपरक-S, वर्तमानकाल-S, भूतकाल-ed, प्रगतिपरक-ing;. कर्त्तापरक-er, तुलनात्मक-er और -est और संयोजकों के अर्जन का अध्ययन किया। **बर्को** ने चार से सात की अवस्था वाले बच्चों के बीच इस पर काम किया और उस महिला ने यह दिखाया कि पाँच और छह साल के बीच के बच्चे समीचीन, व्याकरणिक प्रत्ययों को जोड़ने में समर्थ थे। इनका उन्हें पता था और इन शब्दों का व्याकरणिक वर्ग सन्दर्भतः उनके लिए स्पष्ट था। उसकी प्रयोगात्मक प्रविधि **'वग (Wug) प्रविधि'** के रूप में जानी गयी। **वग (Wug)** उसके अन्वेषित शब्दों में एक है, जिसका व्यवहार प्रयोग में किया गया। यह प्रयोग और इसकी तरह के दूसरे प्रयोगों को भी इस पूर्वकल्पना पर बहस करने के लिए लिया जा सकता है कि बच्चे इससे ट्यून्ड हो गए हैं, न केवल मानवीय भाषा की ध्वनियों के प्रति, बल्कि इसकी वाक्य-रचना के प्रति भी, इस अर्थ में कि वे भाषिक रूपात्मक अर्थों को विश्लेषित करने के प्रति अपनी प्रबल प्रवृत्ति दिखलाते हैं। **के. स्मिथ (K. Smith, 1979)** ने दिखलाया कि फ्रांसीसी बच्चे लगभग तीन वर्ष की अवस्था में शब्दों के समापन को पहचानते हुए लिंग का निर्धारण करने लगे। इसी तरह **लिवी (Levie, 1983)** ने हिब्रू-भाषी बच्चों के संदर्भ में अपने प्रयोग के आधार पर समान प्राप्तियों का हवाला दिया।

रूपिम जिस क्रम में अर्जित होते हैं, उसका अध्ययन **ब्राउन** और **अन्य** विद्वानों ने विभिन्न भाषा-भाषी बच्चों के द्वारा रूपिम-अर्जन करने के संदर्भ में किया है। अंग्रेजी में व्याकरणिक रूपिमों के अर्जन का क्रम सबसे पहले 'ing' के संयोगीकरण का होता है। इसके बाद वहाँ नियमित बहुवचन-s तथा अनियमित भूतकालिक रूपों का अभिग्रहण किया जाता है। यहाँ भाषा-अर्जन का क्रम **संरचना-निर्मातृ अभिगम** की मान्यता के साथ अनुकूल रूप में पर्यवेक्षित होता हैं यहाँ 'ing' की उपस्थिति, अन्य पुरुष-'S' या कोई भूतकालिक रूप प्रकार्यपरक कोटियों के साथ प्रत्ययपरक सामग्री को संकेतित करते हैं। अनुबंधात्मकता और कालिकता बाद में अनुप्राणित होती है। मूल व्याकरण का अर्जन आरम्भिक तीन-चार वर्षों की अवस्था में सम्पन्न हो जाता है। भाषा के अन्य भागों के अर्जन की प्रक्रिया, जिनमें शब्दावली का विस्तारण, काल के व्यवहार की सूक्ष्मता, क्रियार्थकता और उस भाषा-विशेष की प्रोक्ति के निर्माण के नियम आदि हैं, वे बाद में कई वर्षों का समय लेते हैं और यह क्रम व्यक्ति के निजी जीवन में भी चलता रहता है।

द्वितीय भाषार्जन के संदर्भ में इसकी तुलना प्रथम भाषा या मातृ-भाषा के

अर्जन के साथ की जाती है। इस क्षेत्र का केन्द्रीय प्रश्न यह होता है कि क्या **द्वितीय भाषार्जन** की प्रक्रिया **मातृभाषा या प्रथम भाषार्जन** के बिल्कुल समान है अथवा समग्रतः भिन्न प्रकृति की है?

यहाँ ध्यान खींचने वाला तथ्य यह है कि जहाँ प्रत्येक व्यक्ति अपनी प्रथम **भाषा या मातृभाषा** में समर्थ वक्ता होने की योग्यता प्राप्त कर लेता है, वहाँ **द्वितीय भाषार्जन** के संदर्भ में सामान्यतः वक्ता को यह क्षमता प्राप्त नहीं हो पाती है। **प्रथम** और **द्वितीय भाषार्जन** के संदर्भ में उसके विकासपरक मार्गों के अन्तर को पर्यवेक्षित किया गया है और यहाँ यह पाया गया है कि इस हेतु सार्वभौम व्याकरण की अनुपस्थिति **द्वितीय भाषार्जन** के संदर्भ में उत्तरदायी है। मुख्यतः ये वे भिन्नताएँ हैं, जिन्होंने अनुसंधाताओं को यह मानने को विवश किया है कि **प्रथम** या **द्वितीय भाषार्जन** के संदर्भ में जो प्रक्रिया समाविष्ट होती है, वह परस्पर भिन्न होती है। **प्रथम भाषा-अर्जन** के संदर्भ में सार्वभौम व्याकरण द्वारा दिए जाने वाले पथनिर्देश के प्रकाश में **द्वितीय भाषार्जन** के संदर्भ में पर्यवेक्षित अन्तर सार्वभौम व्याकरण के यहाँ सुलभ व प्रभावनीय होने के कारण होता है। यदि मामला यही है तो और दूर तक प्रभावनीय न नहीं होने का आखिर अर्थ क्या है? क्या यह समय के किसी निश्चित बिन्दु के बाद का अर्थ देता है? क्या इसका अर्थ एक भाषा के सीख लेने के बाद की कालिकता का है और यह भी कि वैश्विक व्याकरण के पथ-निर्देश का विकल्प क्या है?

परिपक्वता की जैविक अवधारणा हमें भाषार्जन के लिए एक संगीन समय के पूर्वानुमान की ओर ले चलती है। इसे **प्रथम भाषा** या **मातृभाषार्जन** के लिए **लिन्नेब्रग (Linne Brg, 1967)** के द्वारा मूलतः प्रस्तावित किया गया है। **लिन्नेब्रग** के अनुसार बच्चे की छह से लेकर तेरह वर्षों तक की अवस्था ही वह संगीन अवस्था है, जिसमें प्रथम भाषा या मातृभाषा के अर्जन को सक्रिय होना चाहिए। फिर भी इस हदबन्दी को बहुत पक्की हदबन्दी के रूप में नहीं लिया जाता है, बल्कि यह दावा भी किया जाता है कि भाषा के भिन्न-भिन्न अवयवों के लिए भिन्न-भिन्न संवेदनशील समय होते हैं। **लाँग (Long, 1990)** के दृष्टिकोण में ध्वनि-शास्त्र के लिए यह संगीन समय छह वर्षों की अवस्था के आसपास मिटने लग जाता है, पर वाक्य-रचना और रूप-रचना के लिए पंद्रह वर्षों की अवस्था के आसपास तक यह चलता रहता है।

दूसरे, **भाषार्जन** के संदर्भ में इस **संगीन समय** का सही अर्थ क्या है—यह बहुत अधिक विवादास्पद है। कुछ अनुसंधाताओं—**ब्ले ब्रोमन** (1989) आदि का यह तर्क है कि प्राथमिक और द्वितीयक भाषार्जन की भिन्नता का **वैश्विक व्याकरण** वयःसंधि के पहले उपलब्ध नहीं होता है। तभी वयस्क शिक्षार्थी **दूसरे भाषार्जन** में उच्च स्तर की प्रवीणता प्रापत कर लेते हैं। दूसरे चिन्तकों का यह

तर्क है कि वह सहजात ज्ञान, जिससे वैश्विक व्याकरण की प्राप्ति निदर्शित होती है, व्यक्ति में वयःसंधि के बाद और उसके जीवन में भी आद्यन्त विद्यमान रहता है। यह दावा उस पर्यवेक्षण पर आधारित है कि दूसरी भाषा के व्याकरण भिन्न-भिन्न विकासात्मक चरणों में स्वाभाविक भाषाओं के रूप में ही सामने आते हैं।

इससे सम्बन्धित प्रश्न **द्वितीय भाषा-अर्जन** के आरम्भिक चरण और **प्रथम भाषा-अर्जन की** भूमिका से सरोकार रखते हैं। यह मानना कि सार्वभौम व्याकरण दूसरी भाषा सीखने वालों के लिए प्राप्य और सुलभ है, इस तथ्य के लिए आवश्यक प्रतीत होता है कि इसे सीखने वाले वक्ता प्रथम भाषा अर्जित करने वाले बच्चों की तरह की प्रस्थान-रेखा से शुरूआत करते हैं। प्रथम भाषा का भूमिका-विषयक विवाद यह स्पष्ट करने की कोशिश करता है कि द्वितीय भाषा-अर्जन में प्रथम भाषा का प्रभाव होता है, क्योंकि यह स्पष्ट है कि कुछ प्रभाव है, पर यह किस सीमा तक है, यह स्पष्ट नहीं है।

न्यूनतम वृक्षीय पूर्वकल्पना के अनुसार **द्वितीय भाषा** सीखने वाले वयस्क शब्दकोशीय कोटियों के प्रक्षेपण के साथ वैसी ही शुरूआत करते हैं, जैसी शुरुआत **प्रथम भाषा** को सीखने वाले बच्चे किया करते हैं। वक्ता द्वितीय भाषा के निवेश पर आधारित संरचना को निर्मित करते हैं। तब **प्रथम भाषा में मातृभाषा** का कोई साभिप्राय प्रभाव प्रत्याशित नहीं होता, उल्टे यहाँ दूसरे अनुसंधाता **स्प्राइट, हुवैंग** आदि दावा करते हैं कि **दूसरी भाषा** सीखने वाले अनुसंधाता में सार्वभौम व्याकरण के प्रति पहुँच या पैठ होती है। यह पैठ सार्वभौम व्याकरण के साथ-साथ भाषा-विशेष के प्राचल के प्रति भी होती है, जिससे कि **प्रथम भाषा** की विशिष्टता को **द्वितीय भाषा** के मूल्यों के अनुरूप फिर से व्यवस्थित किया जा सके। इस संदर्भ में विभिन्न दृष्टिकोण मिलते हैं। प्रश्न यह उठता है कि **द्वितीय भाषा** के अर्जन में **प्रथम भाषा** का कितना भाग है? पूर्वकल्पना के अनुसार क्या **प्रथम भाषा** की सभी विशेषताएँ **द्वितीय भाषा-अर्जन** के आरम्भिक बिन्दु को संघटित करती हैं? **दुर्बल अन्तरण अभिगम** में प्रथम भाषा की व्याकरणिक विशेषताओं के चयनात्मक रूप में अन्तरित होने की स्थिति मान ली जाती है। यहाँ वाक्यगत विशेषताएँ अन्तरित होती हैं, जबकि रूपशास्त्रीय संचालित सूचनाएँ ऐसा नहीं कर पाती हैं। ऐसा प्रतिसहजात प्रतीत होता है कि वयस्क, जिनके पास एक भाषा पहले से है, जो एक पूर्व भाषा की संरचना से पूर्व परिचित हैं, वे इस ज्ञान का व्यवहार नहीं करेंगे और इसकी जगह वे आंशिक रचना के साथ आरम्भ करेंगे। तथ्यतः **प्रश्नों** के और **अन्तर्ग्रथित पदबन्धों** के साक्ष्य या प्रमाण **दूसरी भाषा** के अर्जन के प्रारम्भिक चरणों में प्राप्त होते हैं, जो बच्चों के भाषा सीखने के साक्ष्य के विरुद्ध हैं। इससे यह संकेतित होता है कि वयस्कों को द्वितीय भाषा सीखने के

लिए कहीं अधिक जटिल संरचना उपलब्ध होती है।

बच्चे कैसे अपने भाषा-भाषी समुदाय की भाषा को सीखते हैं और कैसे यह प्रक्रिया **द्वितीय भाषा-अर्जन** से तुलित होती है, इसके लिए ऊपर किये गये विवेचन को कई रूपों में सीमित माना गया है। इस सन्दर्भ में सन्निविष्ट सभी मुद्दों और तथ्यों का व्यापक लेखा-जोखा करने के लिए **गुडलक** और **एलिस** की पुस्तकें पठनीय मानी जाती हैं।

4
भाषा : शिक्षा का संदर्भ

यह तथ्य निःसंदिग्ध है कि किसी भी व्यक्ति की भाषिक योग्यता और क्षमता (उसकी संस्कृति के अनुकूल) उसे औपचारिक रूप में दी जाने वाली विषय-शिक्षा की सफलता-दर को प्रभावित करती है। प्रायः शिक्षा-व्यवस्था में ऐसा बहुत-कुछ घटित होता है, जिसे भाषिक क्रियान्वयन पर निर्भर माना जा सकता है। फिर भी भाषा और शैक्षिक सफलता के बीच की नातेदारी कहीं-अधिक जटिल है। इस संदर्भ में **स्टब्स (Stubbs, 1983)** ने तो प्रासंगिक प्रश्नों की एक तालिका ही प्रस्तुत कर दी है–

1. भाषा किस प्रकार ज्ञान के अधिगम से जुड़ी हुई है?
2. कैसे एक बच्चे की भाषा उसके स्कूली जीवन में उसकी सफलता या विफलता से संबंधित है? क्या इस मान्यता में कहीं ऐसा कोई तथ्य है कि कुछ बच्चों की भाषा को सीमित भाषा के रूप में लिया जाए?
3. कक्षाओं में शिक्षक और विद्यार्थी किस प्रकार की भाषा का व्यवहार करते हैं?
4. क्या किसी बच्चे की बोली का उसकी शैक्षिक योग्यता के साथ कोई प्रभावक-प्रभावित संबंध होता है?
5. क्या इस तथ्य की कोई साभिप्रायता है कि किसी देश में अनेक भाषाएँ या ब्रिटेन जैसे देश में सौ से अधिक भाषाएँ बोली जाती हैं?
6. क्या आप्रवासी भाषाओं के वक्ता के लिए देश के बहुतेरे क्षेत्रों में बहुत-अधिक एकाग्रता हेतु विशेष शैक्षिक व्यवस्था की जानी चाहिए?

यह एक दुःखद, किन्तु सुस्थापित तथ्य है, जिसने एक जैसे ऐसे प्रश्नों को उभारने की दिशा में बहुत-कुछ सम्पन्न किया है। दृष्टान्त के बतौर एक बड़ा तथ्य यह है कि कामकाजी वर्ग के बच्चों को ब्रिटेन की या भारत की स्कूली व्यवस्था में बहुत अच्छा कर पाने की संभावना किसी मध्यवर्गीय बच्चे की तुलना में कहीं कम है। इस संदर्भ में यह तथ्य ध्यान देने योग्य है कि इन बच्चों की भाषा में कुछ विशिष्ट अन्तर मिलते हैं। इन दो तथ्यों को देखते हुए यह निष्कर्ष निकाला जा

सकता है कि यहाँ पहला तथ्य कारणात्मक रूप में परवर्ती तथ्य से संबंधित है। पर यहाँ दो अन्य संभावनाएँ भी मिलती हैं। इन दो तथ्यों के बीच कोई कारणात्मक संबंध नहीं है। ऐसे में ये दोनों ही तथ्य किसी तीसरे कारण का परिणाम हो सकते हैं या कोई तथ्य ऐसा भी हो सकता है, जो अप्रत्यक्ष रूप में जुड़ता हो।

जो लोग इन दोनों तथ्यों के बीच **प्रत्यक्ष कारणात्मक सरोकार** पर विश्वास करते हैं, वे **बेसिल बर्नस्टीन** (Basil Bernstein, 1971) के अध्ययन पर आधारित कमोवेश प्रत्यक्ष अभिलक्षणों को मान लेते हैं। यही नहीं, ऐसे विचारक उसकी या उसके द्वारा दी गई सीमित और विस्तृत भाषिक कोड की अवधारणाओं को भी ग्रहण कर लेते हैं। इस सिद्धांत के आरंभिक स्वरूप को **बर्नस्टीन** ने बाद में यथेष्ट रूप में संशोधित किया है। फिर भी **स्टब्स** के अनुसार यह कुछ शिक्षाशास्त्रियों पर अधिकाधिक प्रभावी सिद्ध हुआ है। यही नहीं, यह एक ऐसा बयान है, जो सर्वाधिक प्रसिद्ध है। कहना न होगा कि यह बयान भाषिक कोड और सामाजिक वर्ग-स्तर के बीच सीधे संबंध को मानता है।

बर्नस्टीन के अपने पुराने और अनद्यतन बयान में जो सिद्धांत सर्वाधिक व्यापक रूप में सुविदित है, वहाँ कुछ तर्क-वितर्क इस रूप में उपस्थित होते हैं। भाषा के दो भिन्न प्रकार माने जाते हैं–(1) सीमित कोड और (2) सुव्याख्यायित कोड। ये दोनों कोड वक्ताओं के सामाजिक वर्ग-स्तर से व्यापक तौर पर संबंधित होते हैं। मध्यमवर्गीय वक्ताओं के विषय में यह कहा जाता है कि वे इन दोनों कोडों का व्यवहार करते हैं, लेकिन इसके विपरीत कामकाजी वर्ग-स्तर के व्यवहार के लिए केवल सीमित भाषिक कोड ही सुलभ होता है। यहाँ यह भी कहा जाता है कि जिस रूप में वक्ता अवधारणाओं को स्वरूपित करते तथा अपने को अभिव्यक्त करते हैं, वहाँ यह अपना प्रभाव भी डालता है। शिक्षा में विशेष रूप में इसकी महत्त्वपूर्णता का दावा किया जाता है, क्योंकि सभी विद्यालय इस व्याख्यायित कोड को निश्चयपूर्वक कहने की स्थिति में होते हैं।

इस प्रकार स्कूलों में भाषा का यह **सुव्याख्यायित कोड** उत्कृष्ट रूप में व्यवहृत होता है और इसे व्यवहार करने की योग्यता के कारण ही कुछ अवधारणाओं की स्थापना के लिए यह जरूरी होता है, जो कि शैक्षिक सेटिंग में महत्वपूर्ण भी है। एक ऐसा बच्चा, जिसे भाषा का सुव्याख्यायित कोड नहीं मिल पाता है, वह स्कूल में अकादमिक तौर पर सफलता प्राप्त करने में अयोग्य रह जाता है या कि पिछड़ जाता है।

भाषा का यह सुव्याख्यायित कोड व्याकरणिक जटिलताओं और पूर्णताओं के द्वारा विशेषीकृत होता है, जबकि भाषा का सीमित कोड व्याकरणिक सहजता-अपूर्णता तथा संक्षिप्त प्रश्नवाचकता और आज्ञासूचकता के एकाधिक व्यवहार को दर्शाता है। यही नहीं, इस सीमित कोड को सुव्याख्यायित कोड की अपेक्षा तार्किक तौर पर

भी सहजतर माना जाता है। पर **बर्नस्टीन** के द्वारा पूरी तरह विकसित इस सिद्धांत के गहरे तौर पर किए गए अतिसामान्यीकरण पर लेबोब (Labob, 1969) ने अप्रत्यक्ष संदेह प्रकट किया है, क्योंकि यहाँ पराभाषिक तौर पर वंचित होने की तथाकथित मिथकीयता को सहज रूप में नेतृत्व मिला है। इसके अनुसार किसी भी प्रकार के अमानक अंग्रेजी वक्ता प्रायः अपने घर पर समीचीन भाषिक उद्दीपन से वंचित कर दिए जाते हैं। इस तरह इसका दोष बच्चों के ऊपर मढ़ दिया जाता है, जो अपने स्कूली कैरियर में विफल हो जाते हैं। वे इसलिए विफल होते हैं कि स्कूली स्थिति में उनके द्वारा गृहीत-अधीत भाषा असमीचीन सिद्ध हो जाती है, साथ ही यह अकादमिक सफलता के लिए जरूरी अवधारणात्मक प्ररूपों को स्थापित करने से रोक देती है।

बर्नस्टीन की मान्यता की कम सहज एक अर्थ-व्याख्या यह भी सुझाती है कि भाषा और अकादमिक विफलता के बीच जो संबंध बनता है वह अप्रत्यक्ष है। इस तरह की अर्थ-व्याख्या **बर्नस्टीन** के सिद्धांत के परवर्ती बयान को मानती है। यह उत्तरवर्ती सैद्धांतिक मान्यता समाजीकरण के सन्दर्भों का ध्यान रखती है। **बर्नस्टीन** (1971) ने इसके चार प्ररूपों का निर्देश किया है–(1) **नियामक संदर्भ** (Regulative Context), **(2) निर्देशी संदर्भ** (Instructural Context) **(3) कल्पनात्मक अथवा नवाचारी परिवर्तित संदर्भ** (Imaginative or Innovative Context) **(4) अन्तर-वैयक्तिक संदर्भ** (Inter-Personal Context)

1. **नियामक संदर्भ**–इस नातेदारी को ऐसी प्राधिकार-परक नातेदारी माना गया है, जहाँ बच्चा नैतिक मान्यताओं और उनके बहुतेरे पृष्ठ-पोषक नियमों से परिचित हो पाता है।
2. **निर्देशी संदर्भ**–यहाँ बच्चा पदार्थों और व्यक्तियों के वस्तुनिष्ठ स्वभाव के विषय में जानकारी प्राप्त करता है और अनेक प्रकार के कौशलों को भी अर्जित करता है।
3. **कल्पनात्मक या नवाचारी परिवर्तित संदर्भ**–यहाँ बच्चे को उसे अपनी शर्तों पर और अपने रूप में अपनी दुनिया का अनुभव करने और उसे पुनः सर्जन करने के लिए उत्साहित किया जाता है।
4. **अन्तर-वैयक्तिक संदर्भ**–इस संदर्भ में बच्चे को अपनी और दूसरों की प्रभावपरक स्थितियों के प्रति ज्ञान प्राप्त होता है।

ऊपर निर्दिष्ट ये सभी सामान्यीकृत स्थिति-प्रकार बच्चे के सामाजीकरण और अनुभव की अर्थव्याख्या के लिए महत्तर रूप में साभिप्राय हैं। **हैलीडे (Haliday, 1973)** इस परोक्ष कारणात्मक सिद्धांत की इस प्रकार व्याख्या करता है–"बर्नस्टीन का काम जो सुझाता-समझाता है वह यह कि किसी प्रदत्त सन्दर्भ में भाषा के बहुतेरे प्रकार्य के प्रति विभिन्न सामाजिक वर्गों के सापेक्ष स्थिति-निर्धारण में अन्तर

पाए ज़ाते हैं। यही नहीं, किसी प्रदत्त प्रकार्य के अन्तर्गत भी अर्थ के विभिन्न क्षेत्रों के प्रति इसकी छानबीन की जा सकती है। यदि ऐसा है तो सामाजीकरण की प्रक्रिया के लिए विवेचनात्मक सन्दर्भों में ये अन्तर अपने-आपको उभारते हैं और इनका बच्चे के सामाजिक ज्ञानार्जन पर बहुत गहरा प्रभाव पड़ता है। यह प्रभाव शिक्षा के प्रति उसकी अनुक्रिया पर भी लागू होता है। शैक्षिक प्रक्रिया में बच्चे का निर्मित होना उन असंख्य मान्यताओं और व्यवहारों पर निर्भर है, जो न केवल अलग-अलग मूल्यों को, बल्कि भिन्न-भिन्न उपसंस्कृतियों की अधिगम-शैली और संचार-ढाँचों को भी प्रतिबिम्बित करते हैं। जैसा कि **बर्नस्टीन** ने निर्दिष्ट किया है, यह प्रवृत्ति न केवल दूसरों पर अधिगमता की कुछ विशेष प्रविधियों की तरफदारी करती है, बल्कि कुछ बच्चों के लिए यह घर और स्कूल के बीच संस्कृति की निरन्तरता का भी सर्जन करती है और यह निरन्तरता व्यापक रूप में दूसरों को नकारती है।"

ऐसा दृष्टिकोण अध्यापन के कार्यक्रमों और छात्रों के प्रति स्कूल में परिवर्तन को आमन्त्रित करता है। यहाँ यह उल्लेखनीय है कि **विगेन भाषा-कार्यक्रम (Wigan Language Project, Mason, 1988)** इसी प्रकार के पारस्परिक परिवर्तन को प्रभावी बनाने की दृष्टि से तैयार किया गया है।

हैलीडे बताते हैं कि बच्चे के सात भाषिक प्रतिमानों में जो प्रतिमान भाषा के उस प्रकार्य से स्वरूपित होता है, जो बच्चे और वयस्क दोनों के लिए है, यहाँ तक कि शिक्षकों के लिए भी है, वह केवल सातवें प्रतिमान के प्रति ही अपना झुकाव दिखाता हैं। यह सातवाँ भाषा का सादृश्यमूलक प्रतिमान है, जिसके माध्यम से प्रतिज्ञप्तियों को अभिव्यक्त किया जाता है। फिर भी भाषा का वैयक्तिक प्रकार्य जहाँ किसी के व्यक्तित्व को अभिव्यक्त करने का माध्यम है, वहाँ भाषा का स्वतः शोधात्मक प्रतिमान (Heuristic) यथार्थ को अन्वेषित करने का भी माध्यम है। इसीलिए चीजों के बारे में सीखना स्कूल में बहुत स्पष्ट और संगीन तौर पर महत्त्वपूर्ण है। बच्चा अपने परिवेश में अपने अर्थबोध वाले दल में स्वाभाविक तौर पर इन दोनों भाषिक प्रकार्यों का व्यवहार करता रहता है। **वैयक्तिक और स्वतः शोधी प्रविधियों** में सांस्थानिक रूप में काम करने की योग्यता कुछ ऐसी योग्यता है, जिसे उन्हें सीखना ही पड़ता है।

पुनः यह तर्क-वितर्क किया जाता है कि कुछ बच्चे इन दो प्रकार्यों के साथ अच्छी तरह से लैस होकर स्कूल में प्रवेश पाते हैं और सांस्थानिक रूप में अपने क्रिया-व्यापार में सफल होते हैं, जबकि दूसरे बच्चे अभावात्मक समाजीकरण वाले संदर्भों में भाषिक अनुभव प्रापत करने के कारण इनकी तुलना में खड़े नहीं हो पाते हैं। **हैलीडे** इस तथ्य की वकालत करते हैं कि बच्चे के लिए भाषा का जो अस्तित्व है उसके लिए शिक्षकों और वयस्कों में जागरूकता उत्पन्न की जानी चाहिए। यदि

वयस्कों का ध्यान-केन्द्र पूरी तरह भाषा के **निदर्शनात्मक प्रतिमान** के प्रति है, तो ऐसी स्थिति में बच्चा समस्या के विभिन्न रूपों के प्रति स्पष्ट तौर पर संवेदनशील सिद्ध नहीं हो पाएगा, जबकि कुछ बच्चे शैक्षिक संस्थाओं की मांगों का सामना करने में वैसा सिद्ध नहीं हो पाएंगे। यहाँ यह आशा की जाती है कि बच्चा **निजी प्रकार्य** और **स्वतः शोधपरक प्रकार्य**—दोनों को एक विशेष रूप में काम में लाए। यहीं नहीं, यहाँ समान तौर पर यह भी आवश्यक है कि यदि अध्यापन की सामग्री पूरी तरह भाषा के **निदर्शनात्मक प्रतिमान** पर आधारित है, तो वह बच्चा जो भी भाषा जानता है उसके अनुसार वह चलने में विफल हो जाता है। यहाँ बच्चा स्वभावतः ऐसी सामग्रियों के साथ संबंध बनाने में कठिनाई का अनुभव करेगा।

लेबाब (Labov, 1969 and 1972A) **काले और प्यूटो रिकन (Puerto Rican)** ने बच्चों की भाषा का न्यूयार्क में अध्ययन किया और उस सिद्धांत का समर्थन किया, जो भाषा और बच्चों की अकादमिक विफलता के बीच की नातेदारी को परोक्ष मानता है, साथ ही यह भी मानता है कि इस नातेदारी की व्याख्या करने में सामाजिक संदर्भ एक निर्णायक तत्त्व है।

समाज-भाषाविज्ञान की एक प्रमुख उपलब्धि यह है कि वाचिक व्यवहार का सर्वाधिक सशक्त निर्धारक सामाजिक संदर्भ है। अतः **काले** बच्चों के साथ किए गए क्षेत्र-अध्ययन ने यह सिद्ध किया है कि वैसे बच्चे अपने मित्रों के साथ असंरचित स्थितियों में तीक्ष्ण और **जटिल** भाषा का व्यवहार करते हैं, लेकिन वे ही तब **एकाक्षरी** और **सुरक्षात्मक** भाषा का प्रयोग करने लगते हैं जब उनकी जाँच-परीक्ष की स्थितियाँ या प्रतिसम कक्षापरक स्थितियाँ सामने आती हैं, जहाँ ये किसी वयस्क के अधिकार में होते हैं। **फिलिप्स** ने भी अपने प्रयोग में अमेरिकी भारतीय बच्चों के साथ ठीक ऐसी स्थिति पाई है कि वे कक्षा में प्रवेश के पूर्व, बाहर अधिक अभिव्यक्तिपरक और मुखर हैं। पर कक्षा के अन्दर अपने गोरे शिक्षकों के साथ वे कहीं अधिक मूक, अल्पभाषी और सुरक्षात्मक हैं।

ऐसे बहुतेरे अनुसंधानों से यह संकेतित होता है कि स्कूली स्थितियों में कुछ ऐसा अवश्य है, जो कुछ बच्चों को समीचीनतः शिक्षा से लाभान्वित होने की उस प्रक्रिया को रोक देता है, जिसे स्कूल उन्हें सिद्धान्ततः प्रदान करता है।

लेबाब भी इस दृष्टिकोण के विरुद्ध दृढ़ निश्चय होकर यह आपत्ति करता है कि मानक बोलियों की अपेक्षा अमानक बोलियाँ कहीं कम हैं और यह भी कि उनके वक्ता कुछ महत्त्वपूर्ण अवधारणाओं से विरहित हैं, क्योंकि उनकी भाषा इन अवधारणाओं के प्रति अपनी पैठ को नकार देती है। **स्टब्स (Stubbs, 1983)** ने लेबाव की इस मान्यता को सारगर्भित रूप में स्पष्ट और व्याख्यायित किया है।

प्रायः शिक्षकों के द्वारा छात्रों की भाषा के विरुद्ध उठाई जाने वाली आरोपात्मक आलोचना यह है कि यह अस्पष्टता से बुरी तरह जुड़ी हुई है। शिक्षक बहुधा काले

बच्चों की अंग्रेजी के बारे में ऐसा अनुभव करते हैं। वे उनकी देशी अंग्रेजी में ऐसे वाक्य पाते हैं–'He my brother' इसमें स्थितिगत क्रिया 'है' (is) का लोप है। पर ऐसी अनेक भाषाएँ हैं, जो 'होने-विषयक' (To be) क्रिया का इस प्रकार के वाक्यों में व्यवहार नहीं करती हैं। उदाहरणार्थ रूसी 'On Moj Brat' वाक्य को लें। इसका अंग्रेजी में शाब्दिक अनुवाद He my brother' ही होगा। यहाँ भी **स्थितिगत क्रिया** की स्थिति नहीं है। थोड़ी दूर जाकर देखें तो संस्कृत में भी ऐसी स्थिति है। पर वहाँ विकल्पात्मक छूट है। 'स मम भ्राता' और 'स मम भ्राता अस्ति'–दोनों रूप चल सकते हैं। अतः ऐसी बहस छेड़ना बेतुका और हास्यास्पद लगता है कि रूसी भाषा में अस्तित्वपरक नातेदारी की अवधारणा त्रुटिपूर्ण है, क्योंकि उनकी भाषा के व्याकरण में ऐसा कोई नियम-विवरण नहीं है। यही नहीं, एक तुलनात्मक उदाहरण **BEV** (कालों की अंग्रेजी) क्रिया-संरचना में इस प्रकार है–'He come yesterday', जबकि मानक अंग्रेजी में यहाँ 'Come' की जगह 'Came' होना चाहिए था। पर सुस्पष्टतः भूतकाल को चिह्नित करने की यह क्रियात्मक विफलता भूतकाल के प्रत्यक्षीकरण की विफलता को संकेतित नहीं करती है। इससे महज इतना अर्थ निकलता है कि कालों के द्वारा प्रयुक्त अंग्रेजी क्रिया 'Come' उस श्रेणी को निर्दिष्ट करती है, जैसी श्रेणी 'Put', और 'Hit' के प्रयोग में बनती है। यथा I put it here yesterday.

कहना होगा कि तर्क और व्याकरण–दोनों को उलझा देना आसान है। **ब्रितानी** और **अमरीकी** अंग्रेजी की कई **अमानक** बोलियों में दोहरी निषेधात्मकता भी पाई जाती है। जैसें–'I don't know nothing', जबकि **मानक** अंग्रेजी में 'Nothing' की जगह 'anything' होगा। कई बार यह भी कहा जाता है कि ऐसे वाक्य तर्कहीन हैं। इन आरोपों का आधार यह है कि दो बार की निषेधातमकता प्रायः विधेयात्मकता में बदल जाती है और उसका अर्थ यह निकलने लगता है कि 'I do know something'। इन बोलियों के अतिरिक्त अनेक ऐसी दूसरी भाषाएं है; जिनमें दोहरी निषेधात्मकता भी पाई जाती है। जैसे–**फ्रेंच** और **स्पेनिश** भाषाएँ। **ब्रिटेन**, **अमेरिका** या किसी दूसरे देश के लिए ये भाषाएँ विदेशी हो सकती हैं। पर ये एक ही वाक्य में दो निषेधपरक पूर्वकालिकों का व्यवहार करने के कारण किसी भी रूप में तर्कहीन या अतार्किक नहीं हैं।

एक बच्चे का अपना स्वराघात और उसकी अपनी विभाषा स्कूल में उसकी अकादमिक सफलता को परोक्षतः प्रभावित कर सकती है। ऐसे मामलों में भी उनके शिक्षक विभाषा बोलने वाले बच्चों के अवधारणात्मक संघटन के प्रति उनकी पहुँच के बारे में जागरूक तौर पर अपना कोई दृष्टिकोण नहीं रखते हैं। यही नहीं, विभाषाओं के तर्क के बारे में भी उनके पास कोई दृष्टिकोण नहीं होता, बल्कि शिक्षक भाषा के अमानक रूपों के व्यवहार के प्रति अपने चेतन या अवचेतन के

द्वारा हमेशा निषेधात्मक रूप में ही अपनी प्रतिक्रिया व्यक्त करते हैं। वे मानक वक्ताओं की अपेक्षा अमानक वक्ताओं को कम प्रतिभासम्पन्न और कम मेधावी मानते हैं। यह उस मार्ग को भी प्रभावित करता है, जिस तरह वे बहुतेरे बच्चों के साथ व्यवहार करते हैं। यही नहीं, यहाँ ऐसा संयोग भी देखने को मिलता है कि एक बच्चा, जिसके प्रति बहुत अच्छा करने की आशा नहीं रखी जाती है, वह इस तथ्य को समझता है और शिक्षक की ऐसी आशा के अनुसार ही अपने को सिद्ध भी करता है।

यहाँ तक कि यदि शिक्षक परम्परित मार्ग से बाहर जाकर बच्चे की भाषा को भिन्न स्वीकारते हुए उसे सामान्य मूल्य और महत्त्व की भाषा मानता है, तो उसकी अपनी भाषा **मानक** प्रतिष्ठा प्राप्त होने की दिशा में बच्चे की भाषा से स्पष्टतः भिन्न हो जाती है और बच्चा इसे जान लेता है कि शिक्षक के द्वारा व्यवहृत भाषा-रूप ही संस्थागत अधिकारियों के द्वारा समर्थित भाषा-रूप है। ऐसी स्थिति में बच्चे दोहरी बाध्यता में फँस जाते हैं। वे यह पहचानने और समझने लगते हैं कि आगे बढ़ने के लिए उन्हें शिक्षक की भाषा-शैली को ही चुनना पड़ेगा। पर ऐसा करते हुए उन्हें अपने मित्रों से अलग होना होगा। यही नहीं, एक **अमानक** बोली स्कूल के लिए निम्न सामाजिक प्रतिष्ठा वाली भी सिद्ध होती है। पर इसके वक्ताओं को वह अपनी वर्गगत निष्ठा निभाने में विधेयात्मक समझ की सम्पन्नता भी देती है।

बच्चे पर इस प्रकार की दुविधा को जबरन लादने की अपेक्षा स्कूलों के लिए उपयुक्त यह होगा कि वे सांस्थानिक अधिकारियों की **मानक** भाषा के प्रयोग पर रोक लगाए। स्कूल ऐसा कर सकते हैं कि वे बच्चों को इस बात के लिए अनुमत कर दें कि वे किसी भी भाषा के स्वराघात का व्यवहार कर सकें। पर इस प्रकार का समाधान भी बहुत सरल और सामान्य कोटि का ही होगा, क्योंकि इससे बाद में बच्चों के लिए बहुतेरी कठिनाइयाँ उत्पन्न होंगी, क्योंकि कुल मिलाकर समाज में विभाषा के प्रति सह्यता-दर काफी न्यूनतम है।

ब्रिटेन में बड़ी-से-बड़ी बोली से सम्बन्धित समस्या उनकी अभिव्यक्तियों और पूर्वग्रह में है। बहुतेरे व्यक्ति अमानक बोलियों का व्यवहार करते हैं। बाद में जाकर सम्भवतः यह सहजतर हो पाए कि अभिवृत्तियों में परिवर्तन लाकर इस समस्या का समाधान किया जा सके। ऐसा कुछ मामलों में देखा भी गया है। यह बहुसंख्य लोगों के भाषाई अभ्यासों को परिवर्तित करने की अपेक्षा अधिक ग्राह्य होगा। पर काल की निकटता में इस प्रकार की अभिवृत्तियों, प्रवृत्तियों के अस्तित्व को स्वीकार करना होगा और इसको बच्चों के द्वारा पराजित किए जाने में सहायता करने के लिए प्रयास भी करना होगा। स्पष्ट तौर पर रोजगार के ऐसे बहुतेरे अवसर, जो समाज के उच्च वर्गीय लोगों के लिए सुलभ हैं, वे उनके लिए नकार

दिये जाएंगे, जो मानक भाषा का प्रयोग करने में समर्थ नहीं हैं। पर स्कूल में इन अभिवृत्तियों के प्रति सफलता हेतु अनुपाततः सक्रियता दिखाई जा सकती है, जिससे स्कूल में उच्चतर स्तृति (Strata) के स्वराघातों और वाचिक मानक अंग्रेजी के अध्यापन को पहचानना और समझना निश्चित तौर पर विफल हो जाएगा। वास्तव में मानक अंग्रेजी भी एक बोली ही है, जो ब्रितानी समाज में विशेष वर्ग के साथ जुड़ी हुई है। इसीलिए यह उस वर्ग का प्रतीक भी है। अधिक मामलों में बच्चे इस को इसलिए बोलना सीखते हैं, क्योंकि वे इस प्रतिष्ठित सामाजिक वर्ग के साथ जुड़ जाएँ और अनुभव करें कि ऐसा करने की क्षमता उनमें प्रत्याशित है।

दूसरी ओर लिखित भाषा एक दूसरी बात है। एक नयी बोली को लेखन में सीखना उसे वाचिक रूप में सीखने की अपेक्षा कहीं अधिक सरलतर है। यही नहीं, लेखन में इसके लिए योजना बनाने और पुनः नियोजित करने के लिए समय भी है। **मानक** अंग्रेजी को वाचिकता में एक बोली के रूप में लिया जा सकता है, स्पष्टतः उनसे अलग जो इसका व्यवहार लिखित रूप में करते हैं। तथ्य यह है कि किसी भाषा का लिखित रूप विशेष सामाजिक वर्ग के साथ उसकी प्रतिबद्धता को निर्दिष्ट नहीं कर पाता है।

1980 में यह सवाल महत्त्वपूर्ण तौर पर उभरा कि उन बच्चों को, जिनकी घरेलू भाषा अंग्रेजी नहीं थी, उन्हें वहाँ कैसे समायोजित किया जाए और वहाँ बोली बोलने वालों के साथ किस तरह का व्यवहार किया जाए। यहाँ यह विमर्श मातृभाषा-अध्यापन की अवधारणा पर केन्द्रित है कि क्या अंग्रेजी के अतिरिक्त अन्य मातृभाषा को स्कूल में पढ़ाया जाना चाहिए या कि स्कूल की एकमात्र भाषा अंग्रेजी ही रखी जानी चाहिए।

भारत में तो स्पष्टतः दो प्रकार के स्कूल हैं ही। एक वह जिनमें केवल अंग्रेजी माध्यम से शिक्षा दी जाती है और दूसरा वह, जहाँ मातृभाषा के माध्यम से बच्चों को पढ़ाया जाता है। कहना न होगा कि इन दोनों की स्कूली शिक्षा का अन्तर उनके सामाजिक वर्ग को तो निर्दिष्ट करता ही है, साथ ही ज्ञानार्जन की इनकी प्रक्रिया पर भी प्रभाव डालता है।

हाँ, इस निर्णय को मानना सरलतर है, जिसे यहाँ पूर्बवर्ती विकल्प के रूप में रखा गया है। ऐसे क्षेत्रों में अधिसंख्य बच्चे अंग्रेजी-इतर मातृभाषा पढ़ते हैं, उनकी अपेक्षा, जहाँ बच्चे अंग्रेजी-इतर बहुतेरी भिन्न भाषाएँ बोलते हैं। उदाहरण के लिए वेल्स में अंग्रेजी के साथ वेल्श भाषा भी शिक्षा का माध्यम है। यह द्वितीय भाषा के रूप में शिक्षा के एक चरण पर अधिकाधिक स्कूलों में गृहीत और कार्यान्वित है, क्योंकि वहाँ अधिकाधिक बच्चे वेल्श भाषाभाषी हैं। इस प्रकार वे वेल्श भाषा-समुदाय में अपनी भाषा को अपनी संस्कृति के साथ ज़ीवन्त बनाए रखने में समर्थ हैं।

पर ब्रिटेन में अधिकाधिक क्षेत्रों में मानक अंग्रेजी को ही प्रतिष्ठा प्राप्त है।

फिर भी यहाँ एक या एकाधिक दूसरी भाषा को माध्यम-भाषा के रूप में रखने की व्यवस्था है, विशेषतः शिक्षा के आरम्भिक दिनों में, जिससे कि बच्चे के सीखने की प्रक्रिया बुरी तरह बाधित न हो। ऐसा इसलिए है कि बच्चा यहाँ स्कूल में व्यवहृत भाषा को समझने की स्थिति में नहीं भी हो सकता है।

ध्यान देने योग्य तथ्य यह है कि भाषा-अन्तरण के साथ परिवेश का आकस्मिक अन्तरण मातृ-भाषा को न तो स्वीकृत कर पाता है और न ही महत्त्व दे पाता है। ऐसे में घरेलू परिवेश और सामुदायिक जीवन से इसका अलगाव और बृहत्तर समाज में अल्पसंख्यकों से सम्बन्धित निषेधात्मक लक्षणाएँ मनोवैज्ञानिक दबाव को उत्पन्न करने का कारण बनती हैं। साथ ही पहचान के संरचन को प्रभावित करती शैक्षिक उपलब्धि को भी आक्रान्त करने लग जाती है।

Skutnabbn-Kangas और Tuakomaa ने यह दिखाया है कि स्वीडेन में फिनिश बोलने वाले बच्चों ने स्वीडिश भाषा को अधिक कुशलता के साथ सीख लिया, जबकि उन्हें इसके साथ-साथ उनकी अपनी **फिनिश** भाषा को विकसित करने के लिए भी समान अवसर मुहैया किया गया था। इन अनुसंधाताओं का शोध-कार्य यह सिद्ध करता हे कि जब तक बच्चा अपनी मातृभाषा में कुशल नहीं हो जाता है तब तक वह दूसरी भाषा को सीखने में वैसी कुशलता विकसित नहीं कर सकता है। यह शोध-निष्कर्ष यह सुझाता है कि मातृभाषा के सम्यक् अध्यापन की अपेक्षा और अनिवार्यता को समझा जाए, क्योंकि शिक्षा और ज्ञानार्जन के साथ भाषा की अस्मिता सदैव जुड़ी हुई है। जिस बच्चे का भाषा-ज्ञान जितना समर्थ होता है विषय-ज्ञान का अर्जन और अभिव्यंजन—दोनों ही उसके लिए सरलतर हो जाते हैं।

5
भाषा : सर्वेक्षण का सन्दर्भ

भाषा-सर्वेक्षण

भाषा-सर्वेक्षण का सन्दर्भ बोलियों के विकासात्मक अध्ययन से जुड़ा है। 19वीं शताब्दी के उत्तरार्द्ध में बोलियों के विकास के अध्ययन का शुभारम्भ हुआ। तब इसके मूल में दो तथ्य सक्रिय थे। **पहला तथ्य** भाषिक सन्दर्भ में सर्वेक्षण-कार्य हेतु तकनीकों के समुच्चय के युगपत् विकास का था। **दूसरा तथ्य** भाषा से सम्बन्धित अन्य विभिन्न क्षेत्रों में भी इस प्रकार के तकनीकी विकास की सक्रियता का था। इसी सदी में **भाषा-सर्वेक्षण** की यांत्रिकी और अपेक्षाओं पर विपुल साहित्य का सर्जन हुआ। यही नहीं, इन सब आधारों पर बहुत-सारे **सर्वेक्षण-कार्य** किये गए। इनमें कुछ विभाषा से सम्बन्धित थे, तो कुछ सामान्य **सर्वेक्षण-कार्य** थे, जो एक ओर अपनी प्रकृति में कहीं अधिक गहनतापरक थे, तो दूसरी ओर कहीं अधिक व्यापक भी थे। इन सम्पन्न किये गये **सर्वेक्षणों** के विषय-क्षेत्र और उनकी गहनता भिन्न-भिन्न रूपों में सामने आई। मूलतः भाषाई अभिगमों के श्रेणी-विस्तार के सन्दर्भ में जहाँ उन पर विचार किया गया, वहीं **सर्वेक्षण** के लिए प्रयोज्य प्रयोक्ताओं के चुनाव पर भी भौगोलिक या सामाजिक नियन्त्रकों के दबाब के सन्दर्भ में, साथ ही प्रत्येक सर्वेक्षित जनसंख्या को अतिक्रान्त करने वाले नमूनों की सघनता के सन्दर्भ में विचार किया गया। इस परम्परा में इस प्रकार के आरम्भिक **सर्वेक्षण-कार्य** प्रधानतः बोलियों, मुख्यतः परिचित यूरोपीय ग्रामीण भाषाओं के क्षेत्र में आचरित हुए। यहाँ प्रायः बहुत छोटी और गैर-प्रातिनिधिक संख्या में सूचकों से लिये जाने वाले नमूनों का व्यवहार किया गया।

बिल्कुल हाल में बोली-विज्ञानियों की सूक्ष्मता के बढ़ते हुए प्रभावों में एक नमूने प्राप्त करने की तकनीक और सामान्य शोध-प्रविधि से जुड़ा है, जो कुल जनसंख्या को कवर करने के उद्देश्य की प्रवृत्ति का विकास है। यहाँ ऐसा कोई भी पूर्व निर्णय नहीं किया गया कि इनमें से कौन-सा प्रकार और कौन-से वक्ता अधिक प्रासंगिक हैं। समग्र भाषा के रूप में परम्परित तौर पर प्रत्यक्षीकृत विविध प्रवक्ताओं के जो सर्वेक्षण या तो विभिन्न वर्गों के साथ जुड़े थे, या भौगोलिक

स्थलीयता से जुड़े थे, वे बहुत सामान्य हो गए। ये **भाषा-सर्वेक्षण** विषयक जटिल-सामान्य प्रश्नावली से सूक्ष्मता के धरातल पर अन्तर दिखाते थे। ये अनेक सरकारी जनगणना के भाग को भी स्वरूपित करते थे। इनका सन्दर्भ उच्चस्तरीय विवरणात्मक भाषा-प्रयोग विषयक सर्वेक्षण का था। यह सारा-कुछ पश्चिम में प्रवासी समुदाय तथा समग्र जनगणना के पार जाकर फलित-आचरित हुआ। इन सभी प्रकारों के **सर्वेक्षणों** का विषय-क्षेत्र विशेष तौर पर वास्तविक भाषा-प्रयोगों का अन्वेषण करना था, जहाँ **द्विभाषावाद** अथवा **द्विविभाषावाद** का समावेश था, साथ ही विभिन्न भाषाओं या वाचिक विभाषाओं के बीच भी यह सक्रिय था।

यहाँ यह ध्यातव्य है कि किसी सीमा तक स्थिति के कुछ वैसे पहलुओं को नियन्त्रित करना संभव हो पाया, जिसमें वाचिक भाषा और भाषा-विषयक टिप्पणी प्राप्त की जाती है। विशेष औपचारिक रूप में वहाँ इन सभी तत्त्वों के साथ भाषिक प्रयोगों के सहवैभिन्त्र्य का अध्ययन भी किया जाता था। इस तरह इस प्रविधि ने दिलचस्पी के बहुतेरे आंकड़े प्रस्तुत किये, यद्यपि इसे बहुत सावधानी के साथ अनुप्रयुक्त करने की अपेक्षा थी। वक्ता और लेखक सांस्कृतिक रूप में परिभाषित अभिज्ञान और विन्यास के श्रेणीविाान के साथ थे, जिसने भाषा-प्रंयोग से सम्बन्धित चुनाव वाली चेतन या अचेतन स्थिति को प्रभावित किया।

भाषा-प्रयोगों के विषय में अधिकाधिक अन्वेषण परोक्ष चैनलों के द्वारा किये जाते रहे। जैसे—**सूचकों का आत्मप्रतिवेदन,** जो विश्वसनीयता और परिपूर्णता के सन्दर्भ में बहुत अधिक अन्तर दिखाता है। इस सन्दर्भ में **नागर बोलीविज्ञान की लेबावियन परम्परा** में विकसित तकनीकों का अपना महत्त्व है। इनके द्वारा सूचकों के अपने तथा दूसरों के भाषा-प्रयोगों के विषय में, उनकी राय और विश्वास के अध्ययन के विषय में और बहुतेरे भाषा-व्यवहारों के प्रति आत्मनिष्ठ प्रतिक्रिया के परीक्षण-तथ्यों के प्रभाव के विषय में प्रकार्यों के वितरण के विषय में विमर्श-विवेचन किया गया।

इन सबके अतिरिक्त कोई भी **सर्वेक्षक** वास्तविक आंकड़ों से समीचीनता-विषयक कुछ साक्ष्य या सूचकों के भाषा-प्रयोग के प्रति उनकी सूझ प्राप्त करता है। यहाँ कौशल के बतौर **अनुच्छेदों के वाचन** और **रिक्त स्थानों की पूर्ति** जैसे परीक्षण लगातार किये जाते हैं। साथ ही सामान्य भाषा के प्रति समीचीनता के प्रस्तुतीकरण हेतु उद्दिष्ट वार्ताएँ भी रखी जाती हैं। निश्चय ही ऐसी कुछ तकनीकें इस प्रकार के अधिकाधिक परम्परित अध्ययनों में पहले से लागू की जाती रही हैं। विशेषतः वहाँ जहाँ तथ्यों के तत्काल स्फूर्त निदर्शनों को प्राप्त करने के प्रति कम केन्द्रण पाया जाता रहा है। यहाँ पर दो प्रकार की परम्पराएँ मिलती हैं। एक परम्परा **वर्णनात्मक कोटि** की है, तो दूसरी **प्रजननात्मक कोटि** की। इस क्षेत्र के कार्यकर्त्ता अपने दोनों प्रकार की अभिरुचियों, अभिप्रवृत्तियों, विश्वासों में वर्णनात्मक प्रकार के भाषा-प्रयोग

मात्र के प्रति केन्द्रण के सन्दर्भ में और ऐसे **प्रजननात्मक** प्रकार से भी भिन्नता दिखाते हैं, जिसमें सूझों को केन्द्रीय स्थान और तर्क-वितर्क की स्थिति आबंटित होती है, साथ ही भाषा-प्रयोग और आौन्तरिक सूझों के बीच ज़हाँ बड़ी **भिन्नता** (Discripency) की संभावना होती है, ऐसी संभावना जो शायद ही कभी ध्यान का उद्‌भास-केन्द्र बनती हैं। प्रविधिगत समस्याओं की तुलना में सैद्धान्तिक विमर्श **सर्वेक्षकों** को शायद ही कभी सक्रिय करते हैं। वे तो व्यापक रूप में अपने विवरणों की समीचीनता के प्रति अपने लिए सरोकार रखते हैं। यह सरोकार उनकी प्राप्तियों के व्यावहारिक निहितार्थ के प्रति भी होता है।

अधिक-से-अधिक **भाषा-सर्वेक्षणों** के द्वारा, जो सांझ किये गये लक्षण प्राप्त होते हैं, वे स्पंष्ट तौर पर नमूनों, आँकड़ा-संग्रह और विश्लेषण से साहचर्यित होते हैं। वहाँ प्रथम चरण के बतौर सर्वेक्षण के लक्ष्य को अवश्य परिभाषित किया जाना चाहिए। यह भी ध्यान रखना चाहिए कि वहाँ किस प्रकार की सामग्री उद्दिष्ट है और उनके पीछे कौन-सा सिद्धान्त है—(1) वर्णनात्मक (2) सैद्धान्तिक (3) व्यावहारिक और (4) निदानपरक (Remdial) आदि। इन सबके विमर्श के आलोक में **सर्वेक्षण** के विषय-क्षेत्र—जनसंख्या—को नमूनाकृत किया जाता है। यहाँ व्यवहृत होने वाली प्रश्नावली के रूप और श्रेणी के विस्तार को भी निर्णीत कर लेना चाहिए। संसाधन और प्राविधिक प्रत्ययनीयता अभिगम के माध्यम के लिए सूचकों के प्रति बहुतेरे निर्णयों को उत्पन्न करती है। यथा—**प्रत्यक्ष, डाकपरक** आदि। यहाँ उस संख्या का भी ध्यान रखना पड़ता है कि कितने सूचकों तक पहचान हुई और किस प्रकारके साँचे का व्यवहार किया गया। यही नहीं, यहाँ क्षेत्र में काम करने वाले **सर्वेक्षकों** की संख्या और पृष्ठभूमि को भी ध्यान में रखना पड़ता है।

मुख्य **सर्वेक्षण** एक लघु श्रेणी-मान पर **पथप्रदर्शी (PILOT)** अध्ययन के द्वारा चलता है। यह बहुधा कम कठिन अध्ययन होता है, जो सम्भाव्य भाषिक या गैर-भाषिक चरों की सापेक्ष महत्ता को निर्धारित करने के प्रति उद्दिष्ट होता है अथवा **सर्वेक्षण** के दूसरे पहलुओं या अभिलक्षणों की जांच करने के प्रति उद्दिष्ट होता है। यहाँ सभी पृष्ठभूमिगत सामग्री—**भाषिक** और **जनसांख्यिक (Demographic)**—उपलब्ध होती है, जिसकी जाँच की जाती है। जैसे—**आकार, घनत्व, उद्‌भव, वितरण** और **मानव-जनसंख्या** की विशेषता आदि।

जब यह **सर्वेक्षण-कार्य** स्वतः सम्पादित हो जाता है, तब जो भी प्राचल ग्रहण किया गया होता है, उसके आधार पर उन उपलब्ध सामग्रियों को विवेचित किया जाता है और निष्कर्ष निकाले जाते हैं। कुछ मामलों में प्राचल का संशोधन भी किया जाता है। तभी निष्कर्ष से आविर्भूत होने वाली व्यावहारिक सिफारिशें उभरती हैं। यहीं यह पाया जाता है कि ऐसे सर्वेक्षणों की विस्तृत विशेपता में वैभिन्न्य के लिए व्यापक विषय-क्षेत्र उपलब्ध होता है। यहाँ **ग्रन्थाकार (Format)** के श्रेणी-विस्तार

को सर्वेक्षण के सर्वाधिक महत्त्वपूर्ण दलों पर सभी प्रकार से विचार करने के द्वारा उत्तमता से व्याख्यायित किया जाता है।

वेंकर (WEKNER), राइड (WRIDE, 1876) और दूसरों के द्वारा किया गया जर्मन विभाषा का सर्वेक्षणः महत्त्वपूर्ण **सर्वेक्षण** था। यह जर्मन भाषा की ग्राम्य और अमानक बोलियों से सरोकार रखने वाला था और संयोगवश किन्हीं विशिष्ट बोलियों का किया जाने वाला पहला अध्ययन था, जो इसी उद्देश्य से परिचालित भी रहा। आरम्भ में इसका लक्ष्य **वर्णनात्मक था**। लेकिन यह परियोजना एक सैद्धान्तिक किस्म के विरोधाभास में खींच ली गई। इसके मूल में सर्वाधिक **जनघोषित व्याकरण (JUNG GRAMMATIKER)**—सक्रिय था। यह एक प्रकार का **नव्य व्याकरणिक सिद्धान्त** था। इस प्रासंगिक मान्यता के समर्थक और विरोधी—दोनों ने, जो भाषिक परिवर्तन पर नियन्त्रण करने से सम्बन्धित थे, अपने भिन्न-भिन्न दृष्टिकोणों के समर्थन की प्राप्तियों की घोषणा की।

उक्त सन्दर्भ में केवल वास्तविक आंकड़े ही संगृहीत किये गये। विश्वासों और अभिवृत्तियों के प्रमाणों को संकलित नहीं किया गया। इस **सर्वेक्षण** ने समग्र यूरोपीय साम्राज्य को अपने घेरे में लिया। यहाँ कम-से-कम एक स्कूल वाले प्रत्येक गाँव को नमूनाकृत किया गया। इसके लिए जो प्रविधि ग्रहण की गई थी, वह अप्रत्यक्ष थी। इसमें ऐसे प्रत्येक स्थल के स्कूली शिक्षक को डाक से भेजी गई प्रश्नावली समाविष्ट थी। इस प्रश्नावली के साथ उन्हें यह निर्देश भी दिया गया था कि उन्हें इसे किस तरह भरना है। लगभग चालीस वाक्य ऐसे थे, जिन्हें जर्मन भाषा से उनकी स्थानीय विभाषाओं में अनूदित करना था। यहाँ इनके उच्चारणों का उस सीमा तक निर्देश भी किया जाना था, जिस सीमा तक शिक्षक इन्हें सर्वोत्तमता से कर सकते थे। इन सबका उद्देश्य सर्वाधिक विशिष्ट स्थानीय प्रपत्रों पर ऐसी उपलब्ध सूचनाओं को भरवाना था, जो विशिष्ट रूप में सर्वाधिक आर्ष थीं। यह शुद्ध भाषा के प्रति उन्नीसवीं शती की अभिरुचि को प्रतिबिम्बित करता है। फिर भी यह किस अनुपात में किया जा सका, इस पर सवालिया निशान लगता है; क्योंकि स्वयं शिक्षकों ने भी इस पर बहुत बड़ी सीमा तक अपनी योग्यता के अनुरूप भाषा-व्यवहार के पुनः प्रस्तुतीकरण में अन्तर दिखाया। इसके लिए जो व्यवस्था ग्रहण की गई थी, वह ध्वनिविज्ञान की अपेक्षा और रूपविज्ञान के हित में अधिक उपयोगी थी। इसके अतिरिक्त उन्नीसवीं शताब्दी के सभी सर्वेक्षणकारी कार्य वे थे, जो ध्वनिविज्ञान के क्षेत्र में प्रायः पूर्व संरचनावादी थे। हाँ, बाह्य संरचनापरक ध्वनिविज्ञान से परे वहाँ व्यवस्था के बयानों तक बढ़ने वाले कुछ विरल प्रयत्न भी थे। इसके अन्तर्गत 52 हजार से अधिक प्रश्नावलियाँ, जो **यूनिवर्सिटी ऑफ मारबर्ग** पर आधारित थीं, सर्वेक्षणकर्त्ता के व्यवहार में लायी गईं। इस प्रश्नावली को सर्वेक्षकों ने समीचीन रूप में भरवाया और वापस लिया। इसके

अन्तर्गत इतने प्रभूत आंकड़े समाविष्ट थे, जिसने इसके संश्लेषणात्मक पाठ को बाधित किया। फलतः इसका रेखाचित्र 1926 ई. तक सामने नहीं आ पाया। यह वर्ष इस **सर्वेक्षण-कार्य** के उद्भावक **ग्योर्ग वेंकर** की मृत्यु के बाद का पन्द्रहवां साल था। इसका प्रकाशन बिखरा हुआ था और यह पूरी-की-पूरी योजना परित्यक्त कर दी गई थी। इस बीच 1939 में द्वितीयक प्रश्नावली की अड़तालीस हजार प्रतियाँ प्राप्त की गई थीं और इसके परिणामों में केवल शब्दपरक परिणाम 1953 से 1978 के बीच प्रकाशित किये जा सके थे।

गिलिरोन (Gillie'ron) और एडमोंट (Edmont) का फ्रांसीसी भाषा-विषयक विश्लेषणः फ्रांस में 1880 के दौरान भाषा-सर्वेक्षण विषयक सरोकार विकसित हुआ। मूलतः यह मानक फ्रांसीसी भाषा की प्रगामिता के सामने स्थानीय भाषा की प्रत्यक्ष आसन्नमृत्यु के कारण उभर कर आया। **गिलिरोन** ने प्रासंगिक विभिन्नताओं के सर्वेक्षण को चलाने का पाठ (Task) स्वीकार किया। कुछ अंश में तो उसके मिशन की अनिवार्य **शीघ्रता** का दृष्टिकोण इसमें निहित था। **जर्मनी** में जो तकनीकें व्यवहार में लाई गई थीं, **गिलिरोन** ने अपने **सर्वेक्षण-कार्य** में उनको ग्रहण किया। उसने परीक्ष्य **वाणी** और **वक्ता** के प्रकार के बारे में **जर्मन** अनुमान को बनाए रखा। साथ ही **ऐतिहासिक भाषाविज्ञान** के समसामयिक मुद्दों में **जर्मन** अभिरुचि को भी बनाए रखा। उसने क्षेत्र-सर्वेक्षणकर्ता के **स्थलीय** (ON THE SPOT) **अनुसंधान** वाली प्रत्यक्ष प्रविधि को लागू किया। सुसंगति के स्तर को बढ़ाने के क्रम में उसने केवल एक क्षेत्रीय कार्यकर्त्ता का उपयोग किया, जिसका नाम **एडमोंट** था। यह एक अध्यवसायी बोली-विज्ञानी थे। इन निर्णयों ने अनिवार्य तौर पर नाटकीय रूप में गृहीत विस्तार के भौगोलिक घनत्व को घटा दिया। परिणामतः पन्द्रह वर्षों के दौरान केवल 683 स्थलों में ही, जो **फ्रांस** और **कोरसिका** की मुख्य भूमि के अन्तर्गत आते थे, यह अन्वेषण-कार्य सम्पन्न हो पाया। पर इनमें प्रत्येक स्थल से प्राप्त भाषिक विवरणों की राशि, सामग्री की विश्वसनीयता, सुसंगतता और विश्लेषण की गति तथा इनका प्रकाशन—ये सब **जर्मन** सर्वेक्षण के सुसंगत अभिलक्षणों की अपेक्षा कहीं अधिक श्रेष्ठ थे। **एडमोंट** ने प्रत्येक स्थान पर एक या दो सूचकों का ही व्यवहार किया था। ये सूचक भी मुख्यतः पुरुष थे, जिनमें औपचारिक शिक्षा का अभाव था। इन्होंने बृहत्तर प्रश्नावली के साथ अपना कार्य आरम्भ किया था। इनके अन्तिम प्रपत्र में 1900 मद थे। इनका परिणाम 1902 से 1910 के बीच सामने आया।

गिलिरोन के दो विद्यार्थियों—**कार्ल जेबर्ग** और **जेकोब जुड**—ने बाद में एक समान, किन्तु अधिक उन्नत ग्रन्थाकार को प्रस्तुत किया। यह **इतालवी-भाषी** यूरोपीय क्षेत्र की **मानचित्रावली** (एटलस) के निर्माण के सन्दर्भ में किया गया था। **जुड** ने अपने मुख्य क्षेत्र-कार्यकर्त्ता **पॉल** के साथ जो काम किया, उस पर **अमेरिकी**

सर्वेक्षण-कार्य के आरम्भिक चरणों का निर्णायक प्रभाव था।

अंग्रेजी विभाषा-समाजः 1870 में **डब्ल्यू.ए. राइट (W.A. WRIGHT)** को अंग्रेजी विभाषा-समाज की स्थापना के लिए आमन्त्रित किया गया। 1873 में यह समाज अपने मार्ग पर आ गया। तब **डब्ल्यू.डब्ल्यू. स्कीट (W.W. Skeat)** इसके सचिव-निर्देशक बने। 1876-1896 के बीच इसने अंग्रेजी विभाषाओं के अनेक ग्रन्थ-खण्ड प्रकाशित किये, जिनमें सन्दर्भग्रन्थ-तालिका भी समाविष्ट थी। यही नहीं, मूल सन्दर्भिका भी पुनः मुद्रित की गई। साथ ही विभाषा-विषयक एकालेख (MONOGRAPHS) भी छापे गये, जो विभिन्न आकार-प्रकार के थे। इस सोसायटी का उद्देश्य एक **निर्णायक विभाषिक व्याकरण** और **विभाषिक कोश** तैयार करना था। 1895 में **जोसेफ राइट (Joseph Wright),** जो **योर्कशायर** से स्वतः शिक्षित एक अकादमिक व्यक्तित्व था और बाद में **ऑक्सफोर्ड विश्वविद्यालय** में तुलनात्मक भाषा-शास्त्र का प्रोफेसर भी बना, को उन दोनों ही कामों के लिए सम्पादक के बतौर नियुक्त किया गया। बाद में यह मानकर कि जिस काम के लिए इसकी स्थापना की गई थी, वह सम्पन्न हो चुका है, सोसायटी को बन्द कर दिया गया। 1898 से 1905 के बीच छह खण्डों में कोश का प्रकाशन किया गया। इसके छठे खण्ड में व्याकरण भी समाविष्ट था, जो अलग से प्रकाशित हुआ। पर इस सोसायटी का प्रभाव क्षेत्रीय भाषा-सोसायटी के रूप में लगातार बना रहा।

कुरथ (KURATH) एवं अन्यों का अमेरिकी सर्वेक्षणः 1931 में संयुक्त राष्ट्र अमेरिका और कनाडा में अधिसंख्य विद्वानों ने एक प्रायोजित भाषिक मानचित्र पर काम करना शुरू किया। यहाँ एक व्यापक क्षेत्र को समेटना था। इसलिए प्रत्येक क्षेत्र को स्वतः समाविष्ट इकाई के बतौर लेना अपेक्षित था। इसमें इस परियोजना के समायोजक **हंस कुरथ (HANS KURATH)** की बीज भूमिका थी, जिसने प्रथम क्षेत्रीय सर्वेक्षण का निर्देशन किया, वह भी **न्यू इंग्लैण्ड** में। **कुरथ** के कार्य ने दूसरे क्षेत्रों में किये जाने वाले सर्वेक्षण के लिए एक प्रादर्श मुहैया किया। यहाँ **यूरोप** की तुलना में वैभिन्नय का अनुपात कम था, जिसका कारण शायद **उत्तरी अमेरिका** में वक्ताओं के द्वारा हाल में उनके द्वारा दी गयी दखल थी। लेकिन विशेष रूप में पूर्व में लोकभाषा तथा अन्यक्षेत्रीय भाषा-प्रयोग की दिलचस्प सामग्री बड़ी मात्रा में संकलित की गई। इस कार्य को सम्पन्न करने वाले प्रमुख सर्वेक्षकों में **हैरोल्ड बी. एलन (ALLEN), इ. बैगबाइ. एटवुड (ATWOOD)** और **गुइ एस. लोमैन (GUY S. LOMAN)** प्रमुख थे।

इस समय तक **टेपरिकार्डर** अधिक सफलता से सुलभ होने लगे थे। क्षेत्रीय-सर्वेक्षकों के द्वारा लोगों की प्रतिक्रियाओं को अभिलिखित और अर्थायित करने की समस्या बड़ी थी। यह एक ऐसी समस्या थी, जो धीरे-धीरे उभर कर सामने आने लगी। जैसे बड़ी और छोटी लिखावट की विभिन्नतापरक विशेषताओं

के **प्रति** जागरूकता उभरकर सामने आयी। अब बाद में निर्णयों का लिया जाना सम्भव हो सका, क्योंकि एक बड़े अन्तराल के बाद अभिलेखों के साक्ष्य में ऐसा संभव था। इस काम के दूसरे पहलुओं ने भी **यूरोपीय अध्ययन** के सन्दर्भ में प्रगामिता का निदर्शन प्रस्तुत किया। यहाँ विभिन्न सामाजिक और शैक्षणिक स्तर के विभिन्न आयु-वर्गों के सूचकों का परीक्षण भी संभव हो सका। आयोजकों ने यह भी अनुभव किया कि जिस प्रकार की भाषा का अध्ययन परम्परित तौर पर **यूरोप** में किया जाता था वह अपेक्षाकृत न्यूनतर महत्त्व का हो गया था।

यह परियोजना परवर्त्ती दशकों में धीरे-धीरे आगे बढ़ी, जिसके परिणामस्वरूप **न्यू इंग्लैंड वर्क** का प्रकाशन सम्भव हो सका। पर किसी दूसरे क्षेत्र से सम्बन्धित इसका कोई भी खण्ड 1961 तक प्रकाशित नहीं हो सका। **ऐलन (ALLEN)** के प्रभाव के अन्तर्गत दूसरे बाकी खण्डों का प्रकाशित होना धीरे-धीरे जारी रहा, किन्तु **अमेरिकी भाषाविज्ञान** के क्षेत्र में कई अधिक काम अब भी किये जाने शेष रहे।

अंग्रेजी विभाषाओं का सर्वेक्षण

यह सर्वेक्षण-कार्य 1948 में आरम्भ हुआ, इसमें **डीथ (DIETH), ओर्टन (ORTEN)** तथा अन्यों की महत्त्वपूर्ण भूमिका रही। स्मरणीय है कि अंग्रेजी भाषा की सोसायटी बंद हो जाने से अंग्रेजी भाषाओं से सम्बन्धित कार्य को परवर्त्ती समय में आकर पुनः आरम्भ करना पड़ा। बीच में केवल क्षेत्रीय विभाषा की सोसायटियाँ और बहुतेरे अकादमिक अन्वेषण-कार्य अस्तित्ववान रहे। पर द्वितीय विश्वयुद्ध के तत्काल बाद **यूगेन डीथ (EUGEN DIETH)**, जिसका सम्बन्ध **जूरिख़, स्वीट्ज़रलैंड** से था, ने सामान्य सर्वेक्षण की प्रस्तावना की। **लीड्स में हेरोल्ड आर्टन (Ḥarold Orton)** ने **इंग्लैण्ड** के लिए आयोजक की भूमिका का निर्वाह किया। इसके तुरन्त बाद ही **स्कॉटलैंड** के भाषिक **सर्वेक्षण** का कार्य आरम्भ हुआ।

डीथ के उत्साहवर्धक प्रयत्न, जो शुद्ध ऐतिहासिक मुद्दों के विपरीत एककालिक प्रवृत्ति के थे, में मुख्य तौर पर **ध्वनि-शास्त्र** और **शब्द-विज्ञान** पर केन्द्रण किया गया। पर यहाँ **ध्वनि-विज्ञान** के सन्दर्भ में, जो दिलचस्पी दिखायी गयी, वह भी बहुकालक्रमी या ऐतिहासिक प्रकृति की ही थी। इसके अतिरिक्त जो लेखिम-पद्धति व्यवहृत हुई वह शुद्ध **औच्चारणिक ध्वनि-विज्ञान** की प्रकृति की थी, स्वनिमिक प्रकृति की नहीं। यहाँ मानक **यूरोपीय प्ररूप** के सूचकों का व्यवहार किया गया। ये प्रायः ऊँची अवस्था के अशिक्षित पुरुष हुआ करते थे। इस सन्दर्भ में, जो स्थल लिए गए उनमें कुछ तो नागर क्षेत्र थे, पर इसका मुख्य केन्द्रण ग्राम्य क्षेत्रों पर अधिक था। क्षेत्रीय सर्वेक्षकों के द्वारा किये गये संकलन में लगभग एक हजार पन्द्रह मील या 1600 कि.मी. क्षेत्र के अन्तर्गत 311 स्थलों की जाँच की गयी। यह कार्य 13 वर्षों के भीतर 1948 से 1961 के बीच सम्पन्न हुआ।

यहाँ कुछ **टेप-रिकार्डिंग** भी की गई, पर विश्लेषण-कार्यों में इनका बहुत कम उपयोग हो पाया। यहाँ ऐसे प्रयत्न भी किये गये, जिनमें क्षेत्रीय प्रशिक्षण को मानक रूप में प्रस्तुत किया जा सके—पर यह उद्यम पूरी तरह सफल नहीं हो सका। यहाँ प्रश्नावलियाँ बड़ी उच्चता में संरचित थीं। इनमें बहुतेरे प्रकारों के विभिन्न प्रश्न थे। कहीं नामीकरण था, तो कहीं पूर्ण करने की अपेक्षा थी, तो कहीं रूपान्तरित करने की। सर्वेक्षण का यह प्रकार पर्याप्त ध्यान का केन्द्रण माँगता था और विशेष बोलियों के परिणामी अध्ययन की अपेक्षा रखता था। यहाँ जो प्रश्नावली तैयार की गई थी, वह **SED** (अंग्रेजी विभाषा का **सर्वेक्षण**) के प्रादर्श पर आधारित थी।

पर यहाँ भी **सर्वेक्षण** का अनुपात पहले की तरह धीमा रहा। **ऑर्टन (ORTON)** के द्वारा लिखित **परिचयात्मक प्राक्कथन** 1962 में सामने आया। इसके तत्काल बाद असंसाधित प्रतिक्रियाओं के चार खण्ड प्रकाशित हुए। उपयुक्तता और अभिरुचि की दृष्टि से उत्तरी क्षेत्रों के प्रति स्पष्ट पक्षपात देखने को मिला। **ऑर्टन (ORTON)** की मृत्यु 1975 ई. में हुई। इसके बाद भी दूसरे कार्यकर्त्ताओं ने इस योजना को बनाए रखा। अन्ततः 1978 में A Linguistic Atlas of England का प्रकाशन संभव हो सका। यहाँ मानचित्र के रूप में इसकी कुछ सर्वाधिक महत्त्वपूर्ण प्राप्तियों को संश्लेषित किया गया। बहुतेरे आलेख और कुछ किताबें इन आंकड़ों के आधार पर छपीं। **लीड्स विश्वविद्यालय** भाषा-अध्ययन का पूर्ववत् केन्द्र बना रहा। पर अब **स्टेनली इलिस (STENLY ELLIS)** इसके प्रधान थे।

स्कॉटलैंड का भाषिक सर्वेक्षण

यह संस्था कई मायनों में ऊपर निर्दिष्ट सर्वेक्षण-कार्यों से अपना अन्तर दिखाती है। यह अपनी भौगोलिक चौहद्दी में अन्यों के कार्य-क्षेत्र की अपेक्षा अधिक बृहत्तर है। यहाँ पहली बार **गेलिक** और **अंग्रेजी** में से किसी भी भाषा में किसी भी भाषा-प्रयोग को विचार का विषय बनाया गया, चाहे वह भाषा **स्कॉटलैंड** की सीमा में थी या उससे बाहर प्रचलित थी। यहाँ व्यापक विभाषा-मात्र तक ही अपने क्रियाकिलाप को सीमित नहीं रखा गया। यह एक प्रकार का निरन्तर जारी अध्ययन था। **यूनिवर्सिटी ऑफ एडिनबर्न के कला-विभाग** में इस अध्ययन पर कार्य जारी था। प्रविधि की दृष्टि से यहाँ भी जैसे-जैसे **बहुकालक्रमी या ऐतिहासिक** प्रविधि की अपेक्षा **एककालक्रमी अध्ययन** वाला परिवर्तन आता गया, वैसे-वैसे इसने भी अपने विशिष्ट सरोकार को परिवर्तित किया। इस क्षेत्र में काम करने वाले महत्त्वपूर्ण व्यक्ति **जे.सी. कैटफोर्ड (CATFORD), ट्रेवर हिल (TRAVOR HILL), जेम्स.वाई. माथेर (MATHER), एंगुस मैक-इन-टोश (MC IN TOSH)** और **हंस हेनिंग, स्पीटेल (HANS-HENNING, SPEITEL)** थे।

इस **सर्वेक्षण-कार्य** के आरम्भिक चरणों में **शब्द** से सन्दर्भित **सर्वेक्षण** किये गए। डाक-प्रश्नावलियों के द्वारा इसे सम्पन्नता देकर 1951 में संपादित किया गया। इस कार्य के लिए स्थानीय शिक्षकों को विशेष रूप में देख-रेख करने के लिए कहा गया था। उन्होंने उपर्युक्त सूचनाओं वाली प्रश्नावली की 2600 प्रतियाँ जमा कीं। यद्यपि इससे कहीं अधिक क्षेत्र-सर्वेक्षण 1955 में किया गया था, जहाँ 200 स्थलों की व्यापक एवं गहन जाँच पड़ताल की गई थी, पर यहाँ प्रशिक्षित साक्षात्कार-कर्त्ताओं का व्यवहार किया गया, जिन्हें साक्षात्कार के समय ही ध्वनि शास्त्रीय मुख्य बिन्दु निर्धारित करने थे, न कि उसे स्थगित कर बाद में विश्लेषित किया जाना था। यह एक नई नीति थी, जिसका अनुपालन **अमेरिकी** सर्वेक्षण में नहीं किया ग़या था। इससे समय की अच्छी बचत संभव हो सकी।

फिर भी इस क्षेत्र मं गम्भीर प्रकाशन 1975 तक आकर शुरू हो पाया। 1975 में ही तीन खण्डों में **The Linguistic Atlas of Scottland** का प्रकाशन हुआ और आगे भी उनके यहाँ इस क्षेत्र में कार्य चलते रहे।

लेबोवियन (Labovian) परम्परा का सर्वेक्षण

न्यू इंग्लैण्ड और **न्यूयार्क सिटी** में **लेबोव** के प्रारम्भिक कार्य ने अनेक अध्ययनों को प्रेरित-प्रोत्साहित किया। ये सभी अध्ययन अपने विषय-क्षेत्र और प्रकार में व्यापक भिन्नता दिखाने वाले थे, पर ये सभी **लेबोव** की केंद्रीय मान्यतागत स्थितियों के द्वारा प्रभावित हुए। सांख्यिकीय तौर पर प्रासंगिक जनसंख्याओं के नमूनों को उद्भासित करने की जरूरत,संरचित साक्षात्कार तथा अन्य प्रविधियों के साथ काम करने की जरूरत, औपचारिकता के बहुतेरे स्थलों पर वाणी को प्राप्त करने की, विशेषतः अतिरिक्त भाषिक प्रयोग की जरूरत भीतरी सूझों और अभिवृत्तियों की पड़ताल—ये सब **लेबोव** की केंद्रीय मान्यताएँ थीं। इनमें से कुछ अध्ययन, जैसे—सैद्धान्तिक रूप में **अभिविन्यस्त टाइनेसाइड भाषिक सर्वेक्षण (Tyenside Linguistic Survey)** बिना किसी व्यापक रूप में वितरित परिणामों को प्रस्तुत किये एक लम्बे समय तक बना रहा। दूसरे अध्ययन या तो एक या कुछ सर्वेक्षकों के द्वारा पूरे कर लिए गए और उनका लोक-प्रचार भी काफ़ी तेजी के साथ हुआ।

लेबोव के द्वारा **न्यूयार्क सिटी** में किया गया उसका अपना अध्ययन 1966 में प्रकाशित हुआ, जिसने ऐसे सर्वेक्षणों के लिए बहुतेरी मिसालें स्थापित कीं। यहाँ लगभग एक-सौ ऐसे सूचकों का व्यवहार किया गया, जिनका चयन स्वीकृत **रैंडम** नमूनों के द्वारा किया गया था। एक **रैंडम** नमूना प्रत्येक आबादी की अनेक स्तृति (STRATA) से लिया गया था। इस संरचना की प्रासंगिकता में ज्ञान तत्त्वों के आधार पर स्थापित था। यह साक्षात्कार दो प्रकार की वार्ता-शैलियों पर आधारित था। यही नहीं, इसमें एक अनुच्छेद-वाचन, एक शब्द-सूची, भाषिक-अभ्यास,

विभिन्न रूपों के प्रति प्राप्ति की संलक्ष्यता और इन मुद्दों के बारे में चुटकुलापरक विमर्श भी समाविष्ट था। बाद में **लेबोव** ने स्वयं **न्यूयार्क** में बसे **अफ्रीकी** लोगों के भाषा-व्यवहार के दीर्घकालीन अध्ययन को प्रस्तुत किया। उसने अपने ऐसे काम के अभिलक्ष्ज्ञण को अपने अनुवर्ती कामों के द्वारा स्पर्धित और विकसित भी किया। ध्यान रहे कि इन विकासों के पूर्व **क्लासिकल लेबोवियन प्राचल** दूसरों के द्वारा व्यवहार में लाया जा चुका था। विशेषतः **रोगर शुई** और उसके सहयोगियों ने अपने **डेट्रोयट** सर्वेक्षण में इसका व्यवहार किया था। यह एक बृहत्तर श्रेणी-विस्तार वाली परियोजना थी, जो पारिणामिक रूप में व्याकरणिक वैविध्य को परीक्षित करती थी। यही नहीं, वक्ताओं के द्वारा चरों (Variables) के जो **लेबोवियन** वर्गीकरण प्रत्यक्षीकृत और मूल्यांकित हुए थे, उनका भी इसने परिष्कार किया। इसके अतिरिक्त **डेट्रोयट** टीम ने आंकड़ों की तकनीक को संसाधित करने और जमा करने में कम्प्यूटर के व्यवहार का भी पथ-प्रदर्शन किया। बहुत हाल तक आकर यह अपनी पूरी व्यापकता में छा गया था। यही नहीं, इसने अपनी प्राप्तियों के शैक्षणिक तात्पर्य को भी आगे बढ़ाया। इस तरह के काम के दूसरे पहलू भी परवर्त्ती अध्ययनों में बार-बार आवर्तित हुए हैं।

हाल के बृहत् भाषावैज्ञानिक सर्वेक्षण

कहना होगा कि उपर्युक्त सर्वेक्षण-कार्य **समाज-भाषाविज्ञान** के व्यवहार-कर्त्ताओं द्वारा विकसित किये गए। पर समाज-भाषाविज्ञान केवल **लेबोवियन** शहरी विज्ञान तक सीमित नहीं था और इससे बहुत भिन्न व्यापक भाषाविज्ञान का अध्ययन भी 1970 से 1980 के दशक के बीच विकसित हो गया था। इसे भी समाज-भाषाविज्ञान के प्रभाव के अन्तर्गत ही माना जाएगा। इस परवर्त्ती प्रकार का अध्ययन–कौन क्या बोलता है, किन विषयों पर बोलता है–ऐसे प्रश्नों का जवाब देने वाला सिद्ध हुआ। कुछ अन्वेषकों ने तो सरकारी जनगणना से प्राप्त द्वितीयक आंकड़ों के साथ भी काम किये। पर बिल्कुल हाल में कहीं अधिक सुस्पष्ट सैद्धान्तिक रूप में ऐसे ठोस सर्वेक्षणों की जरूरत का अनुभव किया गया, जो विशेषज्ञों के द्वारा सम्पादित हो।

इस प्रकार के **सर्वेक्षणों** में एक **सर्वोत्तम सर्वेक्षण Linguistic Minorities Product** को माना जाता है, जो यू.के. का प्रोजेक्ट था और जो शिक्षा और विज्ञान के **ब्रितानी** विभाग के द्वारा वित्तीय तौर पर सम्पोषित था। यह परियोजना **यूनाइटिड किंगडम** की नव्यतम अल्पसंख्यक भाषाओं से सरोकार रखती थी। मूलतः ये भाषाएँ **यूरोपीय महाद्वीप** तथा **एशिया** से आए **आप्रवासी सम्प्रदायों** के द्वारा व्यवहृत होती थीं। 1978 में **Inner London Education Authority** द्वारा किये गए पूर्व सर्वेक्षणों ने **London** और दूसरे ब्रितानी नगरों के स्कूलों की भाषिक स्थिति की

जटिलता को उद्घाटित किया था और बहुतेरी समाविष्ट अल्पसंख्यक विधेयात्मक भाषाओं के साथ व्यवहार करने वाली नीति के शैक्षणिक परिणामों के प्रति जागरूकता भी बढ़ाई थी। **Linguistic Minorities Products** ने 1980 में अपना कार्य आरम्भ किया। इसने कई नगरों में प्रश्नावली-आधारित अध्ययन सम्पादित किये। प्रधान तौर पर स्कूल-वय के **प्रयोज्य** (Subject) के साथ ये प्रश्नावलियाँ भाषा-व्यवहार के ढांचों को स्थापित करने की माँग करती थीं, जिनमें प्रत्येक उपलब्ध भाषा की प्रवाहिता, बारम्बारिता और उसके चयन-क्षेत्र के विषय में साक्षरता, अभिवृत्तियाँ आदि होती थीं। इन अध्ययनों की प्राप्तियों के परिणामस्वरूप बहुतेरे शैक्षणिक कार्यक्रम अपने वैशिष्ट्य में प्रेरित तो हुए, पर अदल-बदल भी किये गए। सामान्यतः विद्यार्थियों की घरेलू भाषाओं की मान्यता के लिए, साथ ही उसे अधिक उत्साहकारी दिशा देने के लिए। ये विद्यार्थी वे थे, जो आप्रवासी अल्पसंख्यक पृष्ठभूमि से आए थे।

उन देशों और समुदायों में इस तरह के मुद्दों को भी परीक्षित किया गया, जहाँ द्विभाषावाद या बहु-भाषावाद सामान्य है, पर स्तुतिपरक तथा कार्य-क्षेत्रीय बहुतेरी भाषाओं का वितरण भिन्न-भिन्न है। **वेल्स** और **कनाडा** में मुख्य रूप में ऐसे बहुतेरे, दूसरे अध्ययनों के लिए अभी अपेक्षा बनी हुई है। ये अध्ययन अपने परिणामों पर आधारित-प्रस्थापित होंगे।

6

भाषा : सापेक्षता का संदर्भ

भाषिक सापेक्षता एक ऐसी आवधारणा है, जो यह मानती है कि भाषा के माध्यम से संस्कृति हमारे सोचने और हमारे द्वारा अनुभूत संसार के बारे में हमारे वर्गीकरण को प्रभावित करती है। इस मान्यता को पूववर्ती युगों में बहुतेरे विद्वानों ने अपने-अपने ढंग से माना था। 1220 से 1292 के बीच **रोगर बेकन**, 1760 से 1835 के बीच **बिल्हेल्म वॉन हम्बोल्ड्ल्ट** ऐसे विद्वानां में प्रमुख रहे हैं। **सॅस्यूर** के संरचनावाद में भी ऐसी ही एक मान्यता प्रच्छन्न है, जो यह मानती है कि यदि किसी व्यक्ति-संकेत का मूल्य व्यवस्था में दूसरे संकेतों के प्रति इसकी नातेदारी से उत्पन्न होता है और यदि सभी भाषिक व्यवस्थाएं संकेतों की परिचित संख्याओं के बीच अभिज्ञान बनाते हुए उसके मूल्य-संकल्प को विभाजित नहीं करती हैं, तब निश्चित तौर पर किसी भाषा के द्वारा प्राप्त अनुभव ज़ो भाषिक ग्रिड या झिंझरी से ढका होता है, उसमें कुछ यादृच्छिकताएं समाविष्ट हो जाती हैं। फिर भी **सपीर-होर्फ** की पूर्वकल्पना सर्वाधिक प्रसिद्ध है। वह निस्संदिग्ध रूप-भेद है। ये दोनों भाषाविद् **फ्रांज बोआज** से प्रभावित थे।

बीसवीं शताब्दी के मोड़ पर संयुक्त राष्ट्र अमेरिका में बहुतेरे भाषाविदों ने अमेरिकी राष्ट्रीय भाषाओं के अभिलेख निर्मित करने के संदर्भ में अपना सरोकार बनाया। उनकी चिन्ता यह थी कि ये लुप्त हो जाएं, इसके पहले ही इनके अभिलेख तैयार कर लिए जाएं, क्योंकि ये श्वेत अमेरिकी समाज के द्वारा अधिक व्यापकता से प्रभावित होने लगे थे। इससे पहले ये भाषाएं यूरोप के भाषाविदों के द्वारा अन्वेषित की गई थीं, जिन्होंने अपनी भारोपीय भाषा की समीचीन कोटियों पर आधारित व्याकरणिक विवरणों को उन भाषाओं पर अध्यारोपित करने की प्रवृत्ति दिखाई थी। 1911 में **फ्रांज बोआज** ने इस प्रवृत्ति की आलोचना की तथा इस बात पर बल दिया कि भाषाविद् का पहला पाठ यह है कि वह प्रत्येक आद्य-भाषा की निजी, विशिष्ट, व्याकरणिक संरचना को अन्वेषित करे और इस संदर्भ में समीचीन व्याकरणिक कोटियों को विकसित करे।

बहुतेरी भाषाएं उस विभेदक कोटि को प्रदर्शित नहीं करती हैं, जिसे यूरोपीय

भाषाविदों ने सर्वमान्य तौर पर मान्यता दे रखी है। इसके अन्तर्गत **एकवचन-बहुवचन, भूतकाल** और **वर्तमान काल** की विभेदकताएं आती हैं। लेकिन वे तो इसकी जगह यूरोपीय भाषाविदों के सम्मुख बिल्कुल नई कोटियों के बीच की विभेदकता को प्रदर्शित करती थीं। उदाहरण के बतौर **हॉकेट** (1958) ने भाषा की काल-व्यवस्था को तीन अनुभागों में विभक्त रूप में वर्णित किया हैः

1. **काल-रहित सत्य (Timeless truth)**—पहाड़ ऊँचे हैं।
2. **ज्ञात अथवा अनुमित रूप में ज्ञात घटनाएँ**—मैंने उसे कल देखा।
3. **अनिश्चितता के क्षेत्र में अब तक विद्यमान घटनाएँ**—वह कल आ रहा है।

इसलिए अंग्रेज़ी में जहाँ वक्ता की अभिवृत्ति निश्चितता अथवा अनिश्चितता के रूप में उद्गार की प्रतिज्ञप्तिपरक अंतर्वस्तु के बारे में निर्दिष्ट होती है, वहाँ यह **प्रादर्श सहायिका क्रियाओं—सकता (can, may), गा (will, shall), चाहिए (should, ought), ज़रूरत है (need)**—आदि के माध्यम से प्रादर्श व्यवस्था में सम्पन्न होता है। पर **होपी** नामक भाषा में **क्रिया** का **काल** स्वतः इन सूचनाओं को संवहित करता है।

उसी लय में जैसा **हॉकेट**, विशेषतः Meno Mini के संदर्भ में कहता है कि इसमें पंचपथीय वृत्तिकता है और यह वृत्तिकता **व्यतिरेकिता** पर आधारित हैः

1. **निश्चितता (Certainity)**—वह आता है।/वह आ रहा है।/वह आया।
2. **अफवाह (Rumour)**—
   उसे आने के लिए कहा गया है।/ऐसा कहा जाता है कि वह आ गया।
3. **प्रश्नात्मक (Interrogative)**—क्या वह आ रहा है?/क्या वह आया?
4. **विधेयात्मक (Positive)** प्रत्याशाओं के विपरीत—
   ...तो आखिर अब वह आ रहा है।
5. **निषेधात्मक (Negative)** प्रत्याशाओं के विपरीत—
   ...लेकिन वह आने के लिए जा रहा था।

इस प्रकार **होपी** भाषा में तीन ऐसे शब्द हैं, जो ऐसा प्रकार्य सम्पन्न करते हैं, जबकि अंग्रेज़ी में ऐसा केवल एक ही **अनुबंधक**—that है।

निम्नलिखित वाक्यों को देखेंः

I see **that** it is new.

I see **that** it is red.

I hear **that** it is new.

I hear **that** it is red.

Hopi में पहले **that** के लिए एक शब्द है, दूसरे के लिए **another,** तीसरे के लिए **and** है तथा चौथे के लिए पुनः **another** शब्द है। ऐसा शायद इसलिए है

कि चेतना के प्रति यहाँ तीन विभिन्न प्रकारों की प्रतिनिधिता समाविष्ट है। पहले उदाहरण में पदार्थ की नीवनता वक्ता के द्वारा सूचित की गई है। यहाँ इसकी पृष्ठभूमि में असंख्य चाक्षुष् युक्तियों के साथ-साथ वक्ता का अतीत अनुभव भी सक्रिय रहा है, दूसरे उदाहरण में पदार्थ की लालिमा वक्ता की नज़र के द्वारा सीधे चेतन में ग्रहण की गई है। इसी तरह तीसरे और चौथे उदाहरणों में लालिमा और नवीनता दोनों ही वक्ता के श्रवणेन्द्रिय द्वारा सीधे प्रत्यक्षीकृत हुई है।

ऐसी स्थिति में यह स्पष्ट प्रतीत होता है कि भाषाएं अपनी व्याकरणिक और शाब्दिक संरचनाओं के द्वारा संसार और उसके अनुभव के सभी कुछ की उसी रूप में अर्थ-व्याख्या नहीं कर पाती हैं। यहाँ सवाल यह उठ खड़ा होता है कि कब और किस अनुपात तक यह भाषिक अन्तर संस्कृतियों के बीच के अवधारणीकरण के संभावनागत अन्तरों को प्रभावित करता है।

सपीर नामक भाषाविद्, जिसे **फ्रांज बोआज** के द्वारा **कोलम्बिया विश्वविद्यालय** में 1900 ई. में पढ़ाया गया था, उसने 1905 ई. में **एमरिंडियन भाषाओं** का अध्ययन **विश्राम (WISHRAM) भारतीयों** के यहाँ अपने क्षेत्रीय दौरे के दौरान आरम्भ किया। **एमरिंडियन भाषा** और संस्कृति-विषयक उसके अनुभव ने उसे इस अर्थ में विश्वास दिलाया कि **भाषा** और **विचार** के बीच सीधा सम्बन्ध है और विचारों पर भाषा का प्रभाव यथार्थ के सिद्धांत को निर्धारित करने के क्रम में निर्णायक है।

मनुष्य इस पदार्थ-जगत् में अकेला नहीं रहता है, न ही वह सामाजिक सक्रियता के इस संसार में अकेला है, जैसा कि सामान्यतः समझ लिया जाता है, बल्कि वह उस विशेष भाषा की कृपा पर बहुंत-अधिक आधारित है, जो उसके समाज के लिए अभिव्यक्ति का माध्यम बनी हुई है। यह कल्पना करना **विभ्रम** या **विपर्यय-मात्र** है कि कोई बिना भाषा-व्यवहार के अनिवार्य तौर पर यथार्थ से अभियोजित हो जाता है और वह भाषा-विशेष सम्प्रेषण या प्रतिबिम्बन की विशेष समस्याओं को समाधान देने का माध्यम-मात्र है। वस्तु-सत्य यह है कि यथार्थ संसार एक बड़ी सीमा तक सामाजिक वर्ग की भाषाई आदतों के आधार पर निर्मित होता है। कोई भी दो भाषाएं कभी भी पूरी तरह समान सामाजिक यथार्थ को निरूपित करने में समान नहीं मानी जा सकतीं। वह संसार, जिसमें भिन्न-भिन्न समाज रहते हैं, वास्तव में भिन्न-भिन्न संसार हैं, न कि वे उनके द्वारा लगाए गए भिन्न-भिन्न लेबलों वाला समान संसार है।

यह स्पष्ट प्रतीत होता है कि भाषाएं अपनी **शब्द-सम्पदा** और **व्याकरणिक संरचनाओं** के द्वारा संसार और उसके अनुभव को उसी रूप में व्याख्यायित नहीं कर पाती हैं। सवाल यह पैदा होता है कि कब और किस अनुपात में यह भाषिक भिन्नता संस्कृतियों के बीच के अवधारणीकरण की सम्भावनाओं में अन्तर को

प्रभावित करती है।

होर्फ आरम्भ में एक **रासायानिक अभियन्ता** के बतौर शिक्षित हुआ था और उसने **अग्नि-शामक अधिकारी** के बतौर काम किया था। यह उसके उन्हीं कार्य-दिनों की बात है कि वह **भाषा-चिन्तन** की ओर झुका। जिस रूप में लोग किसी घटना का प्रत्यक्ष करते हैं, उसके भाषिक विवरण के प्रभाव के प्रति उसने दिलचस्पी दिखाई। कहा जाता है कि ऐसे **गैस-पीपे (Gasoline drums)** के गोदाम-**भंडार** के इर्द-गिर्द बहुत सावधानी बरती जाती होगी, पर खाली पीपे के इर्द-गिर्द इतनी सावधानी नहीं होगी और वहाँ धूम्रपान भी होगा। फिर भी वे खाली पीपे अधिक खतरनाक सिद्ध होंगे, क्योंकि वे विस्फोटक बाष्प को सम्वहित करते हैं। यह एक ऐसा ही भाषिक विवरण है।

सपीर के पाठ्यक्रम में येल यूनिवर्सिटी में **अमेरिंडियन भाषा-विज्ञान** विषय में **होर्फ** ने 1931 में प्रवेश ग्रहण किया और 1932 में **सपीर** ने **होर्फ** के लिए वह अनुदान प्राप्त किया, जिसके आधार पर **होपी भारतीयों** के बीच **होर्फ** अपना सर्वेक्षण-कार्य शुरू कर सके। उसने 1932 में पर्यवेक्षित किया कि पश्चिमी भाषाओं में अन्तर्हित सैद्धान्तिकी अपने वक्ताओं पर दो **अन्तरिक्षीय (Cosmic)** रूपों को अध्यारोपित करती है–(1) **काल**, जो भूत, वर्तमान और भविष्य में विभाजित है तथा **स्थल**, जो स्थिर, त्रि-आयामी और अन्तहीन, असीम है। **होपी** अपने वक्ताओं को विश्व के सन्दर्भ में दो भिन्न **अन्तरिक्षीय** रूपों का नेतृत्व कराती है–**अभिव्यक्त** और **अनभिव्यक्त** अथवा **वस्तुनिष्ठ** और **आत्मनिष्ठ**। **अभिव्यक्त** वह प्रत्येक वस्तु है, जो हमारे बोध के प्रति अभिगम में प्रवेश्य है अथवा प्रभाव्य है, जबकि **अनभिव्यक्त** वैसा प्रत्येक पदार्थ है, जो भविष्य-गर्भित है और जो लोगों, पशुओं और पौधों के मस्तिष्क में उपस्थित है। इस तरह **होर्फ** के काम ने **भाषिक सापेक्षता के सिद्धान्त** के दुर्बल संस्करण को उपस्थापित किया। पर यह **सपीर** के द्वारा प्रस्तुत किये गये सिद्धान्त की अपेक्षा नया था। **होर्फ** अपनी सापेक्षता के सिद्धान्त में मात्र इतना कहता है–

> ''कोई भी व्यक्ति पूर्ण निष्पक्षता के साथ प्रकृति का वर्णन करने के लिए स्वतन्त्र नहीं है, बल्कि वह निर्वचन या अर्थव्याख्या की कुछ प्रविधियों के प्रति बाध्य किया गया है अथवा नियन्त्रित है। सभी पर्यवेक्षक किसी एक जैसे चित्र या विश्व के प्रति एक जैसे पदार्थगत साक्ष्य के द्वारा अगवाई या मार्ग-दर्शन नहीं करते हैं, जब तक कि उनकी भाषिक पृष्ठभूमि एक जैसी नहीं होती या किसी रूप में अंशशोधित नहीं होती है।

होर्फ के लेखन में यह अस्पष्ट है कि उसने सोचा कि सामान्य रूप में भाषा अंशशोधित हो सकती है। अंग्रेज़ी में वह जगत्-परिदृश्य और इसके बीच अन्तर को, जिसे वह अभिव्यक्ति देता है और दूसरी भाषा और जगत्-परिदृश्य, जिन्हें वे

अभिव्यक्त करती हैं–को व्याख्यायित करने में आदयन्त सफल होते है। सुस्पष्टतः भाषाओं के बीच में हू-ब-हू अनुवादीकरण एक-दूसरे से परस्पर पृथक है, ठीक अंग्रेज़ी और अमेरिकी भारतीय भाषाओं की तरह, जिसने **होर्फ** का ध्यान खींचा। ये वहाँ बहुत कठिनाई दिखा सकते हैं, जहाँ व्यापक अनुच्छेदीकरण करना पड़े। कुछ अर्थों में तो अनुवाद संभव होगा, जिसका श्रेय अनुवाद में रुचि रखने वाले भाषाविदों को दिया जाएगा। यहाँ **रोमन याकोब्सन** का यह प्रस्ताव स्मरणीय है कि "सभी संज्ञानात्मक अनुभव और उसका वर्गीकरण किसी भी अस्तित्वपरक (जीवित) भाषा में सम्प्रेषणीय है। जहाँ कहीं भी कोई कमी है वहाँ **आगत शब्दों के द्वारा** गृहीत भाषा के शब्दों, पारिभाषिक शब्दों को सुधारा और विशेषीकृत किया जा सकता है। यहाँ तक कि उसका **आगत** अनुवाद भी नव्य शब्द और अर्थपरक अन्तरणों और अन्ततः व्यास-शैली के द्वारा किया जा सकता है। जो भाषा अनूदित हुई उसमें व्याकरणिक कौशलों का कोई भी ऐसा अभाव नहीं होना चाहिए, जो मूल स्रोत-पाठ में विद्यमान वैसी समग्र अवधारणीकृत सूचनाओं के शाब्दिक अनुवाद को असम्भव न बनाए।

ऐसे सार्वभौमिकतावाद के समर्थन में **विज़बिक्स (Wierzbieks)** दावा करती है कि **अर्थीय मूल (Semantic primitives)** या **अर्थीय आद्यता (Semantic princes)** सार्वभौम रूप में अस्तित्व रखती है। इससे उसका आशय अर्थीय घटकों के उस सुनिश्चित समुच्चय से है, जो और अधिक लघुतर अर्थीय घटकों में विखंडित नहीं हो सकता है। इसे इस अर्थ में **सार्वभौमिक** माना जाता है कि प्रत्येक भाषा में इसके लिए एक शब्द अवश्य विद्यमान होता है। जैसे–**मैं (I), तुम (You), कोई (Some one), कुछ (Some thing), जहाँ (Where), जब (When), बड़ा (Big), छोटा (Small), अच्छा (Good), बुरा (Bad), करो (Do)** आदि।

1980-90 के दशक में विभिन्न भाषाओं में भाषिक कार्यान्वयन को लेकर अधिसंख्य अध्ययन किये गये, जो स्पष्ट तौर पर सार्वभौमिक कोटि के थे। ऐसे अध्ययनों का यह दावा है कि सभी भाषाएँ स्थलीय समाकृतियों में सुस्पष्ट अन्तर दिखाती हैं। पर ऐसा सापेक्ष तौर पर कुछ अभिव्यक्तियों को निर्दिष्ट करने की सोद्देश्यता के कारण होता है। उदाहरण के लिए स्थलीय **पूर्वसर्ग (Preposition)** के संदर्भ को लिया जा सकता है, यद्यपि इसे एक विशेष स्थलीय नातेदारी के रूप में समझा जाता है, जो भाषाओं के बीच में हेर-फेर करती हैं।

गुम्पर्ज़ (GUMPERZ) और **लेविनसन (LAVINSON)** ने **सापेक्षतावाद** और **सार्वभौमिकतावाद-विषयक** वाद-विवाद में दोनों पक्षों के समर्थन में बहुतेरे संज्ञानात्मक और भाषिक तत्त्वों के अध्ययन को नियंत्रित किया। वहाँ **भाषिक सापेक्षता** के तत्त्वों के दार्शनिक पहलुओं पर **सत्तामूलक सापेक्षता** की अवधारणा के साथ इसके संयोगीकरण के संदर्भ में भी विमर्श किया गया है।

7

भाषा : सार्वभौमिक अभिलक्षणों का संदर्भ

भाषा की सार्वभौमिकता के अध्ययन का यह आधार-वाक्य है कि संसार की सभी भाषाओं में कुछ अन्तर्निहित, अन्तहीन, मुग्धकर प्रकृति-वैशिष्टय प्राप्त होते हैं। वहाँ सार्वभौमिक व्याप्ति की एकरूपता पाई जाती है। कहना होगा कि सभी भाषाएं अपनी अन्तहीन् विभेदकता के बीच समान ढाँचाओं से अपने को अलग करती हैं। पर **भाषाई सार्वभौमिकता** का सिद्धान्त उस गुणात्मकता को विशेषीकृत करता है, जो मानव-भाषाओं के लिए अनिवार्य है, यदि अनिवार्य नहीं है, तो एक दृष्टि से सम्भव है, और जो दूसरी ओर असंभव भी है। कुल मिलकर **भाषाई सार्वभौमिकता** का अध्ययन मानव-भाषाओं के बीच उनकी पारस्परिक भिन्नता की सीमा निर्धारित करने का लक्ष्य रखता है। **भाषिक प्ररूपशास्त्र (Language Typology)** का अध्ययन भाषाई भिन्नता के अध्ययन से सरोकार रखता है। पर **भाषाई भिन्नता** और **भाषाई सार्वभौमिकता** के बीच एक सुदृढ़ सरोकार भी है। उदाहरण के लिए भाषाई **सार्वभौमिकता** का अध्ययन **प्ररूपशास्त्रीय** अनुसंधान के लिए प्राचलों को निर्धारित करने में सहायक हो सकता है। यदि यह खोज लिया जाता है कि सभी भाषाओं में **स्वर-ध्वनियाँ** होती हैं, तो **स्वर-ध्वनियों** की उपस्थिति बनाम अनुपस्थिति को स्थापित करना फलप्रद नहीं हो पाएगा, जिसे भाषाओं के **प्ररूपशास्त्रीय वर्गीकरण** का एक अधार बनाया जा सके।

भाषाई सार्वभौमिकता के अध्ययन के दो प्रमुख अभिगम हैं—पहला अभिगम **जोसेफ गीनबर्ग** के द्वारा प्रस्तावित है, जब कि दूसरा अभिगम **नोअम् चॉम्स्की** के कार्यों से प्रभावित है। ये दोनों अभिगम परस्पर **सार्वभौमिक तत्त्वों** की व्याख्या और साक्ष्य के प्रति उनकी अभिरुचि के सन्दर्भ में आमूल अपनी भिन्नता दिखाते हैं। इन दोनों अभिगमों में **चॉम्स्की** के अभिगम को उपर्युक्त दोनों ही दृष्टियों से सरलतम माना जाता है। अतः इसका विवेचन यहाँ पहले किया जा रहा है।

1. भाषाई सार्वभौमिकता के प्रति नोअम् चॉम्स्की का अभिगमः नोअम् चॉम्स्की के प्रारम्भिक कामों के द्वारा प्रभावित भाषाविदों ने दो प्रकार की सार्वभौमिकता के बीच अन्तर स्पष्ट किया है। **सार्वभौमिकता** के ये दोनों प्रकार क्रमशः (1)

आकारिक (Formal) और (2) **सारवान् (Substantive)** हैं। इनमें से कुछ तो सभी भाषाओं के अभिलक्षण हैं, जब कि दूसरे अभिलक्षणों के एक समुच्चय को निरूपित करते हैं। प्रत्येक भाषा एक उपसमुच्चय का चुनाव करती है। उदाहरण के लिए **याकोब्सन** के द्वारा निर्दिष्ट **विभेदक अभिलक्षण-सिद्धांत (Distinctive Feature Theory)** पन्द्रह से बीस अभिलक्षणों की तालिका मुहैया करता है। इसके लिए वह दावा करता है कि यादृच्छिक भाषा की ध्वनि-शास्त्रीय व्यवस्था ऐसे किसी भी विभेदक लक्षण का व्यवहार नहीं करेगी, जो सूची में सन्निविष्ट नहीं है। यद्यपि यहाँ भी स्पष्ट तौर से यह समझने की अपेक्षा है कि जरूरी नहीं कि किसी भी विशेष भाषा को इस पूरी विभेदक तालिका का व्यवहार करना ही चाहिए।

एक **औपचारिक अभिलक्षण** वह है, जो व्याकरण के रूप का निर्धारण करता है, जो घटकों का, नियम के प्ररूपों का और नियम की अन्तःक्रिया के सिद्धान्तों का अध्ययन करता है। इसके विपरीत एक **वास्तविक सार्वभौमिक अभिलक्षण** नियमों को अन्तर्वस्तु को निर्दिष्ट करता है। उदाहरण के लिए **'क्ष'-बाधन-सिद्धान्त** के कोटि और बाधन-स्तर को लिया जा सकता है।

इन सार्वभौमिक अभिलक्षणों में जो अभिलक्षण सबसे पहले इस परम्परा में स्थापित होता है वह यह कि सभी भाषाएँ संरचना-निर्भर हैं। इसे **संरचना-निर्भरता का सिद्धांत** कहते हैं। यह इस तथ्य पर बल देता है कि एककों के अनुक्रम की अपेक्षा भाषा वाक्य में संरचनागत नातेदारी पर भरोसा करती है। अंग्रेजी से उदाहरण लेते हुए यह बताया गया है कि अंग्रेजी वक्ताओं के लिए **विधेयात्मक-निषेधात्मक** या **'हाँ'-'ना'**परक वाक्यों को रचने की योग्यता किसी शब्द के किसी निश्चित स्थान में, घोषणात्मक पदबंध में उपस्थित होने के ज्ञान-मात्र पर निर्भर नहीं करती है, बल्कि उस 'प्रश्नपरकता' को रचने के लिए उसे **सबसे पहले** लाने की आवश्यकता होती है। उदाहरणार्थ–'**Will** the letter arrive tommorrow'–जैसे प्रश्नात्मक वाक्य को रचने के लिए सामान्य घोषणात्मक वाक्य के तीसरे शब्द को, जैसा कि इस वाक्य में द्रष्टव्य है–'The letter **will** arrive tommorrow' पहले स्थान पर लाने की अपेक्षा होती है। हिन्दी में यदि हम इस वाक्य को निर्मित करें, यथा–'क्या चिट्ठी कल पहुँच जाएगी'–तो यहाँ ऐसा कोई शब्द नहीं हैं, जिसे अंग्रेजी की तरह **पहले स्थान** पर लाने की अपेक्षा हो, बल्कि यहाँ प्रश्नात्मक सार्वनामिक 'क्या' को अतिरिक्त रूप में पहले लाने की अपेक्षा होगी।' अंग्रेजी के ही एक दूसरे वाक्य को लें–**Is** this a dagger I see before me? यहाँ 'This **is** a dagger' के दूसरे शब्द को पहले स्थान पर लाना अपेक्षित हुआ है। इसलिए अंग्रेजी में **प्रश्नात्मक वाक्य** के रचाव की प्रक्रिया में महत्वपूर्ण तथ्य यह सिद्ध होता है कि वहाँ वाक्य-रचनात्मक कोटि का ज्ञान **प्रश्नात्मक वाक्य** की रचना के लिए जरूरी है। यही नहीं, वहाँ सहायिका क्रियाओं

की पहचान रखना भी जरूरी है। यह भी अपेक्षित है कि वक्ता वर्ग के उस एकक की भी पहचान कर लें, जिसे पहले स्थान पर रखने की अपेक्षा होती है। पर हिन्दी में **प्रश्नवाक्य** की वाक्य-रचना में इस संज्ञान की अपेक्षा नहीं होगी, बल्कि उस शब्द-ज्ञान की अपेक्षा होगी, जिसे **अतिरिक्ततः** आरम्भ में रखना पड़ता है। यहाँ उस ध्वनिशास्त्रीय कालपरकता को भी पहचानने की अपेक्षा होती है, जिसकी औच्चारणिक **'तानता'** से प्राश्निकता जाहिर होने लगती है। लिखने की प्रक्रिया में केवल **'प्रश्न-विराम'** का प्रयोग इस प्रश्नात्मकता को उपस्थित कर देता है। यथा– **'आप जाएँगे?'** यहाँ घोषणा ही प्रश्नात्मक हो जाएगी कि **'आप जाएँगे?'** इस तरह केवल **'तानता'** और लेखिमिक प्रश्नात्मकता के आधार पर यह भी **'क्या आप जाएँगे?'** की तरह ही एक **प्रश्न-वाक्य** हो जाएगा।

पर अंग्रेजी में जहाँ **संबंधवाचक पदबंध** समाविष्ट होंगे, वहाँ उपर्युक्त वाक्य-संरचनात्मक संज्ञान वैसे पदबंधों की संज्ञानात्मकता को स्थापित करने के लिए पर्याप्त और योग्य सिद्ध नहीं हो पाएगा। उदाहरण के लिए एक वाक्य लें–The man, who is tall, is Johan. यहाँ सम्बन्धित प्रश्न **दूसरी** सहायिका क्रिया को खिसकाने से रचित होता है, जबकि Johan is the man who is tall में **पहली** सहायिका क्रिया को खिसकाने से प्रश्नात्मकता उभरती है। इस प्रकार सम्बन्धवाचक पदबंधों के वाक्यों में प्रश्नात्मकता को निरूपित करना यह जानने की अपेक्षा रखता है कि यहाँ प्रमुख पदबंधों में सहायिका क्रिया कहाँ है, जिसको खिसकाने से प्रश्नात्मकता उभरती है। कहना न होगा कि यहाँ भी संरचना का संज्ञान ही अपेक्षित है। इसी तरह **भाव-वाच्य** की रचना में वक्ता को एक शब्द को एक विशेष स्थान की जगह आनुक्रमिकता में खिसकाने की अपेक्षा पदबंध को खिसकाने की जरूरत पड़ती है। इसलिए यहाँ भी इस संरचना के संज्ञान का ही कार्यान्वयन होता है। यहाँ यह मानना पड़ेगा कि बिना वाक्य के संरचनात्मक ज्ञान के वक्ता के लिए पदबंध की पहचान करना सर्वथा असम्भव होगा।

वे **सार्वभौमिक अभिलक्षण,** जो **चॉम्स्की** के रूपान्तरक-प्रजनक व्याकरण में सुस्थापित हैं, **रूपकात्मक-प्रतीकात्मक (Figurationality) प्राचल** का समावेश करते हैं। उदाहरण के लिए मुख्य **शीर्ष प्राचल (Head Parameter)** को लिया जा सकता है, जो किसी भाषा में तत्त्वों के अनुक्रम को विशेषीकृत करता है। यहाँ कोई भी पदबंध किसी एक तत्त्व का संवहन करेगा, जो अनिवार्य है। **कुक (Cook)** की व्याख्या के अनुसार इसको पदबंध का **शीर्ष** कहते हैं। उदाहरण के लिए एक क्रिया-पदबंध को देखें–Limed him very much. यहाँ इसकी पहचान का एक सूत्र यह है कि पूरे पदबंध में यह सबसे **बांयी ओर** उपस्थित होता है,जबकि जापानी भाषा में यह **दाहिनी ओर** उपस्थित होता है। हिन्दी में भी **'बहुत पसन्द किया'** में **'पसन्द किया'** की स्थलीय स्थिति **दाहिनी ओर** की ही है। यह दक्षिण पार्श्वीय ही

है। अन्तर्जात या स्वाभाविक (Innate) सार्वभौमिकता का **शीर्ष प्राचल** है, यह विशेषीकृत करता है कि जो यहाँ दो वैकल्पिक संभावनाएं हैं, इनमें से कोई भाषा किसी एक को ही चुन सकती है। नियमतः किसी भी भाषा के किसी भी पदबंध में **शीर्ष** (**Head**) केवल एक ओर ही होगा, चाहें बायें या दाएँ। इस प्रकार यह प्राचल भाषा के बीच की भिन्नता को कुछ सम्भावना-मात्र में सीमित कर देता है।

इस सम्बन्ध में **चॉम्स्की** की परम्परा सार्वभौमिकता को किसी एक भाषा अथवा कुछ भाषाओं की निश्चित संख्या के सावधान और विस्तृत विश्लेषण के आधार पर स्थापित करती है। यहाँ किसी भी भाषा की बहिःस्तरीय संरचना को कुछ निश्चित लक्षणों के सन्दर्भ में व्याख्यायित किया जाता है, जो कि सभी भाषाओं में साँझ रखती है, क्योंकि वह मनुष्य-मात्र में अन्तर्जात या स्वाभाविक है।

1. सार्वभौमिक भाषाई अभिलक्षणों के प्रति ग्रीनबर्ग का अभिगम

ग्रीनबर्ग की परम्परा में जिन भाषाई सार्वभौमिक अभिलक्षणों को अलगाकर स्थापित किया गया है, उनका आधार विश्व की भाषाओं से लिये गए बृहत्तर निदर्शनात्मक नमूने रहे हैं। वस्तुतः भाषाई सार्वभौमिक अभिलक्षणों के प्रादर्श-आधार सभी सम्भाव्य मानव-भाषाएँ रही हैं। फिर भी बहुत सारी भाषाएँ ऐसी रही हैं, ज़िन्हें पर्याप्त विवरण के साथ उस रूप में अभिलिखित नहीं किया जा सका, जससे कि वह व्यवहार के अनुरूप आंकड़े मुहैया कर सके। किसी भी भाषा से स्पष्ट रूप में ऐसा कोई साक्ष्य भी उपलभ्य नहीं है, जो भविष्य में इस दिशा में अपनी सक्रियता दिखा पाए। यही कारण है कि इस क्षेत्र को वर्तमान पर्यवेक्षण के सन्दर्भ में उपलब्ध भाषा-अध्ययन के प्रति सीमित हो जाना पड़ता है। यहाँ तक कि भविष्य में किसी दूरस्थ बिन्दु पर जाकर इनके उस दिशा में मुड़ने की तार्किक संभावन नज़र आती है, जहाँ सभी संभव प्रकार की भाषाओं की निदर्शनात्मकता तक ही सीमित न रहकर पूरी तरह भिन्न भाषाओं को भी इसमें व्यक्त किया जा सकता है।

फिर भी अपनी सीमा में विश्व की भाषाओं में प्रत्येक के साथ इस दिशा में अनुसंधान करना और उस पर काम करना असम्भव-सा ही है, क्योंकि पूरे विश्व में लगभग चार हजार भाषाएं बोली जाती हैं। इन सबके आधार पर सार्वभौमिक लक्षणों की पड़ताल कर पाना बहुत कठिन होगा। इसलिए यहाँ भाषाओं के चयन की अपेक्षा है। पर यह चयन भी ऐसा हो, जहाँ किसी भी प्रकार की पूर्वग्रस्तता से बचा जा सके। यहाँ यह विचारणीय है कि प्रतिनिधि रूप में चुनी गई भाषाएं अनुवंशिक भाषिक परिवारों की श्रेणी को आश्वस्त करने वाली हों, क्योंकि एक परिवार की भाषाएं प्रायः बहुत सारी प्रगुणात्मकताओं में साँझ रखती हैं, जो कि उन्हें अपनी पूर्वजा जननी भाषाओं से प्राप्त होती हैं। इन प्रगुणात्मकताओं को सार्वभौमिक दृष्टि से नहीं लिया जा सकता है।

आदर्श-अध्ययन तो उसे माना जाएगा, जहाँ **बेल (Bell, 1978)** के द्वारा पृथकीकृत किए गये 478 वर्गों की भाषा में से प्रत्येक वर्ग की एक भाषा से उदाहरण लिए जाएं। यहाँ यह तथ्य ध्यान देने योग्य होगा कि प्रत्येक भाषा-वर्ग अपनी आनुवंशिकता से जुड़ी भाषाओं के वैशिष्ट्य-समुच्चय का संवहन करता है, जो पिछले पैंतीस सौ वर्षों में अपनी सामान्य पूर्वजा भाषा से अलग हो चुका है। व्यवहार में फिर भी इन नमूनों की संख्या छोटी है और इनमें कुछ ऐसी भी भाषाएं हैं, जिन्हें समीचीनता से वर्णित नहीं किया गया है और जिनके वक्ता भी अनुंसधान-कर्त्ताओं के लिए आसानी से उपलब्ध नहीं हो पाते हैं। ऐसे में वे भाषाएँ गम्भीर तौर पर न्यून रूप में निर्दिष्ट होने में विवश होती हैं। उदाहरण के लिए **भारतीय भाषाएं** जहाँ अतिशय निदर्शित होने लगती हैं, वहीं **न्यूगोहना** और **एमाज़ोनिया** की भाषाएं सामान्यतः छूटने लग जाती हैं। यही नहीं, यदि एक भौगोलिक क्षेत्र से आने वाली बहुतेरी भाषाओं से नमूने लिए जाते हैं, तो वहाँ पूर्वग्रह का खतरा भी पैदा होता है। भले ही ये नमूने भिन्न-भिन्न भाषा-वर्गों को निरूपित करते हों, क्योंकि भौगोलिक सन्निकटता में भाषाएं समय के अन्तराल से एक-दूसरे को प्रभावित करती देखी जाती हैं। अन्ततः पूर्वग्रह किसी नमूने के संग्रह में एक ही प्रकार की भाषाओं की प्रभुत्वपरकता के कारण भी उभर सकते हैं। इस क्षेत्र के विश्लेषक के लिए इन सबके प्रति सावधान रहने की अपेक्षा है।

ग्रीनबर्ग ने 1966 में तीस भाषाओं के नमूने लिये और उन पर सार्वभौमिक भाषिक अभिलक्षणों की दृष्टि से विचार किया। इन भाषाओं में **बास्क, सर्बिअन, वैल्श, नौर्वेजियन, आधुनिक ग्रीक, इटेलियन, फिनिश, योरूबा, न्युबिअन, स्वाहिली, फुलानी, मसाई, संघाई, बर्बर, तुर्की, हिब्रू, ब्रुशस्की, हिन्दी, कन्नड़, जापानी, थाई, बर्मी, मलयाई, मओरी, लोरित्जा, माया, ज़ेपोटी, क्वेशुआ, शिवशा और गुआरनी**–इन सबके व्यापक अध्ययन के आधार पर उसने तीन प्रकारों के निम्नलिखित पैंतालीस सार्वभौमिक अध्ययन प्रस्तावित किए।

शव्द-आधारित भाषाई अभिलक्षण

(क^1=कर्त्ता, क्रि=क्रिया, क^2=कर्म)

1. **प्रख्यापनात्मक अथवा घोषणापरक** वाक्यों में कर्त्ता के साथ कर्म का प्रधान अनुक्रम सदैव एक होता है। यहाँ कर्त्ता सदैव कर्म की ओर उन्मुख होता है और कर्म से पहले आता है, उससे आगे-आगे चलता है।
2. पूर्वसर्ग (**Preposition**) के साथ आने वाली भाषाओं में सम्बन्धकारक हर-हमेशा शासित करने वाली संज्ञा के पीछे आता है, **जबकि परसर्ग** (**Postposition**) के साथ आने वाली भाषाओं में यह सदैव शासित करने वाली संज्ञाओं से पहले आता है। पर **नोर्वेजिअन** एक ऐसी भाषा है, जहाँ सम्बन्ध कारक के ये दोनों ही अनुक्रम प्राप्त होते हैं।

3. ऐसी भाषाएँ, जो क्रिया, कर्त्ता औरं कर्म के अनुक्रम में प्रभावी होती हैं, ये प्रायः सदैव **पूर्वसर्गीय** भाषाएँ होती हैं।
4. जो भाषाएँ सामान्य कर्त्ता, कर्म, क्रिया के अनुरूप आती हैं, वे **परसर्गीय भाषाएँ** होती हैं। यह तथ्य अत्यधिक बारम्बारिता से सम्पुष्ट होता है।
5. यदि कोई भाषा कर्त्ता, कर्म और क्रिया के अनुक्रम में प्रभावी है और **सम्बन्धकारक** शासित करने वाली क्रिया के पीछे आता है, तब उसी तरह वहाँ **विशेषएण भी संज्ञा** के पीछे आता है।
6. सभी ऐसी भाषाएं, जहाँ क्रिया, कर्त्ता और कर्म का अनुक्रम प्रभावित होता है, वहाँ कर्त्ता, क्रिया और कर्म की **वाक्य-रचना** विकल्प या एकमात्र **विकल्पात्मक मूलभूत अनुक्रम** में प्रस्तुत होती है।
7. यदि कर्त्ता, कर्म और क्रिया की संरचना से प्रभावित भाषा में उसका कोई **विकल्पात्मक मूलभूत अनुक्रम** नहीं हैं, या वहाँ केवल कर्म, कर्त्ता और क्रिया की **वाक्य-रचना** ही **विकल्पात्मक** है, तो ऐसे में वहाँ क्रिया के सभी **क्रियाविशेषणात्मक विशेषक** क्रिया से पहले आते हैं।

2. वाक्य-रचनात्मक सार्वभौमिक भाषाई अभिलक्षण

8. यदि **हाँ-ना** परक प्रश्न किसी अनुकूलित दृढ़ कथन से अपने को अलग करता है, विशेषतः स्वरतानता के ढांचे से, तो यहाँ **विभेदक ध्वनितानपरक अभिलक्षण**, जो इन ढाँचों के हैं, वे वाक्य के **आरम्भ की अपेक्षा वाक्य के अन्त को** मानते, उन पर भरोसा रखते हैं।
9. **संयोगी आवृत्ति** की अपेक्षा जब कहीं अधिक **प्रश्नात्मक प्रत्यय** या संयोजक सम्पूर्ण वाक्य के सन्दर्भ के द्वारा अपने स्थान पर विशेषीकृत होते हैं और वे यदि आरम्भिक होते हैं, तो यह **पूर्वसंर्गीय** भाषाओं में पाए जाते हैं और यदि कहीं ये **आन्तिक** होते हैं, तो इनकी स्थिति **परसर्गीय** भाषाओं में प्राप्त होती है।
10. **प्रश्नात्मक प्रातिपदिक या संयोजक**, जब वाक्य में विशेष शब्द के सन्दर्भ के द्वारा अपनी स्थिति में विशेषीकृत होते हैं, जब वे सदैव प्रायः **शब्द का अनुगमन** करते हैं। ऐसे **प्रातिपदिक** भाषा में प्रभावी अनुक्रम में आविर्भूत नहीं हुआ करते।
11. बयानों के अनुक्रम का वह **प्रतीपन (Inversion)**, जिससे कि क्रिया कर्त्ता से पहले आए, ऐसी स्थिति केवल वहाँ देखने को मिलती है, जहाँ भाषा में **प्रश्नात्मक शब्द** या **पदबंध** सामान्यतः आदि स्थानीय या आद्य होते हैं। वहाँ प्रतीपन **हाँ-ना** परक प्रश्नों में केवल तब उपस्थित होता है, यदि वह प्रश्न शब्दात्मक प्रश्नों में भी आविर्भूत हुआ हो।

12. यदि किसी भाषा में क्रिया, कर्त्ता और कर्म का **प्रभावी अनुक्रम** उसके **दृढ़ कथनपरक** या **घोषणापरक** वाक्यों में प्राप्त होता है, तो वहाँ **प्रश्नात्मक शब्द** या **पदबंध प्रश्न शब्दपरक** प्रश्नों में उसे पहले प्रस्तुत करता है। पर यदि **दृढ़कथनपरक** वाक्यों में कर्त्ता, कर्म और क्रिया का **अनुक्रम** प्रभावित होता है, तो वहाँ ऐसा कोई **निरपवाद नियम** लागू नहीं होता।
13. यदि कोई **संज्ञापरक कर्म (नामिक कर्म)** सदैव क्रिया के पहले आता है, तो यहाँ क्रिया की प्रस्तुति आश्रित क्रिया के रूप में होती है और यह उसके पहले आती है।
14. **स्थितिपरक** बयानों में **अनुबंधनात्मक पदबंध** सभी भाषाओं में सामान्य अनुक्रम की तरह निष्कर्ष के पहले आता है।
15. **सांकल्पिक** और **सोद्देश्य** अभिव्यक्तियों में एक आश्रित क्रिया-रूप सदैव सामान्य अनुक्रम की तरह मुख्य क्रिया का अनुगमन करता है। इसका अपवाद उन भाषाओं में देखने को मिलता है, जहाँ **नामिक कर्म** सदैव क्रिया के पहले आता है।
16. ऐसी भाषाओं में जहाँ क्रिया, कर्त्ता और कर्म का प्रभावी अनुक्रम होता है, वहाँ संयोगी बारम्बारिता की जगह प्रभुता से **संज्ञा के बाद विशेषण की स्थिति** प्राप्त होती है।
18. जब **वर्णनात्मक विशेषण** संज्ञा के पहले आता है, तब वहाँ **निश्चयात्मक** और **संख्यावाचक** भी संयोगी बारम्बारिता की जगह प्रभुता के साथ पहले ही उपस्थित होते हैं।
19. विशेषण के विषय में सामान्य नियभ तो यह है कि **वर्णनात्मक विशेषण** प्रायः संज्ञा के बाद आता है। वहाँ विशेषणों की अल्प संख्या ऐसी भी है, जो नामिक से पहले आ जाती है, पर इसके विपरीत सामान्य नियम यह होता है कि **वर्णनात्मक विशेषण नामिक से पहले** आते हैं। वैसी स्थिति में उसका कोई अपवाद प्राप्त नहीं होता है।
20. जब नामिक से पहले **निश्चयवाचक, संख्यावाचक और वर्णनात्मक** विशेषण—ये सभी या इनमें से कोई एक भी आता है, तो ये हमेशा उसी अनुक्रम में रहते हैं। यदि वे अनुगमन करते हैं, तो अनुक्रम या तो वही रहता है अथवा बिल्कुल **विलोम (Reverse)** हो जाता है।
21. यदि कुछ या सभी **क्रियाविशेषण** उन विशेषणों का अनुगमन करते हैं, जिनकी विशेषताओं का वे निरूपण करते हैं, तब भाषा ऐसी होती है, जिसमें **प्रतिबन्धक विशेषण** नामिक का अनुगमन करते हैं और क्रिया नामिक कर्म के पूर्व प्रभावी अनुक्रम में उपस्थित होती है।

22. यदि श्रेष्ठता की तुलना में कोई अनुक्रम या अनुक्रम के विकल्पों में से कोई एक मानक, चिह्नक और विशेषण का अनुक्रम है तब उस भाषा में **परसर्गों** का व्यवहार होता है। **संयोगी बारम्बारिता** की अपेक्षा **बहुघटनीयता** की दृष्टि से यदि कोई **अनुक्रम** विशेषण चिह्नक और मानक का अनुक्रम है, तो वहाँ भाषा में **पूर्वसर्गीय व्यवस्था** काम करती है।
23. यदि **समानाधिकरण** में **व्यक्तिवाचक नामिक** सामान्यतः **जातिवाचक नामिक** के पहले आता है, तब वहाँ भाषा की ऐसी व्यवस्था मिलती है, जहाँ वाक्य में नियन्त्रित करने वाला **नामिक आश्रित सम्बन्धकारक** के पहले आता हे। पर संयोगी बारम्बारिता की अपेक्षा कहीं अधिक **दृष्टांतों** में यदि **जातिवाचक नामिक** सामान्यतः **व्यक्तिवाचक नामिक** के पहले आता है, तब **ऐसी** स्थिति में उस पर **आश्रित सम्बन्धकारक** नियन्त्रण बनाए रखने वाले **नामिक** के पहले आता जाता है।
24. यदि **सम्बन्धवाचक** अभिव्यक्ति एकमात्र **वाक्य-निर्माण** अथवा **विकल्पात्मक वाक्य-निर्माण** के बतौर नामिक के पहले आती है, तो ऐसी स्थिति में वह भाषा-व्यवस्था **परसर्गीय** भाषा-व्यवस्था होती है या विशेषण नामिक या उन दोनों के पहले आ जाया करता है।
25. यदि सार्वनामिक कर्म, क्रिया का अनुमान करता है, तो नामिक कर्म की स्थिति में ऐसा ही पाया जाता है।

3. रूपवैजानिक सार्वभौमिक अभिलक्षण

26. यदि किसी भाषा में **निरन्तरता-रहित प्रत्यय** मिलते हैं, तो ऐसी स्थिति में वहाँ या तो वह उपसर्ग के रूप में होता है या **प्रत्यय-मात्र** अर्थात् **अन्तसर्ग** के रूप में या दोनों ही रूपों में।
27. यदि कोई भाषा पूणरूपेण या एकान्तिक रूप में या अनन्य रूप में **अंतसर्गात्मक** है, तो उस भाषा में **परसर्ग** की व्यवस्था चलती है। पर यदि वह एकान्तिक रूप में **उपसर्ग-रूप** है, तो वहाँ पूर्वसर्ग की व्यवस्था चलती है।
28. यदि **धातु** या **मूल क्रिया-रूप** का अनुगमन **व्युत्पत्ति** और **विभक्ति**–दोनों ही करते हैं, तब वहाँ **व्युत्पत्ति** सदैव धातु और विभक्ति के बीच सिद्ध होती है।
29. यदि किसी भाषा में **विभक्तियाँ** हैं, तो वहाँ सदैव व्युत्पत्ति की स्थिति है।
30. यदि क्रिया **पुरूष** और **वचन** की कोटि वाली होती है या वह लिंग की कोटि वाली भी होती है, तो वह सदैव **काल-पद्धति** की कोटि वाली होती है।

31. यदि **कर्त्ता** या **कर्म** में से कोई भी **नामिक लिंग** की दृष्टि से **क्रिया** के साथ अन्वित होता है, तो ऐसी स्थिति में **विशेषण** भी सदैव **लिंग** की दृष्टि से **संज्ञा** के साथ अन्वित होता है।

32. जब कभी क्रिया किसी नामिक कर्त्ता या नामिक कर्म के साथ अन्वित होती है, तब यह **वचन की दृष्टि** से भी अन्वित देखी जाती है।

33. यदि **संज्ञा** और **क्रिया** के बीच **वचन** का अन्वय स्थगित मिलता है और वहाँ व्याकरणिक नियम अनुक्रम पर आधारित होते हैं, तब ऐसे दृष्टांतों में क्रिया सदैव इनसे **पहले** आती है और वह भी केवल **एकवचन** में। यहाँ त्रिवचनात्मक व्यवस्था नहीं होती।

34. किसी भाषा में तब कोई त्रिवचनात्मक व्यवस्था नहीं होती है जब तक वहाँ द्विवचनात्मकता नहीं होती। इसी तरह कोई भी भाषा तब तक **दो** से नहीं जुड़ती है, यानी द्विवचनात्मक नहीं होती है, जब तक वह **बहुवचनात्मक** नहीं होती है।

35. ऐसी कोई भाषा नहीं है, जिसमें बहुवचन के कुछ **शून्य-रहित (Non-Zero) संरूप (Allomorph)** नहीं मिलते हों, जबकि ऐसी भी भाषाएं हैं, जिनमें एकवचन केवल शून्य के द्वारा ही अभिव्यक्त होता है। पर **द्विवचन** और **त्रिवचन** केवल **शून्य** के द्वारा कभी भी अभिव्यक्त नहीं होते हैं।

36. यदि किसी भाषा में **लिंग** की कोटि प्राप्त होती है, तो उसमें **वचन** की कोटि भी अवश्य प्राप्त होगी।

37. किसी भी भाषा में **एकवचन** की अपेक्षा **एकवचनेतर** वचनों में लिंग की कोटि अधिक नहीं होती है।

38. जहाँ **कारक-व्यवस्था** है, वहाँ ऐसा कोई **कारक** जिसमें शून्य संरूप प्राप्त होते हों, वह ऐसी कारक-व्यवस्था है, जो इसकी अर्थवत्ता में **अकर्मक क्रिया** के कर्त्ता को सन्निविष्ट करती है।

39. जहाँ **वचन** और **कारक** दोनों के **रूपिम** उपस्थित होते हैं और दोनों जहाँ अपने नामिक आधार का पूर्वगमन करते हैं, वैसी स्थिति में **वचन** की अभिव्यक्ति प्रायः सदैव **कारकीय** अभिव्यक्ति और **नामिक** आधार के बीच पाई जाती है।

40. जब **विशेषण** संज्ञा का **अनुगमन** करता है, तब वहाँ वह संज्ञा की सभी **विभक्तिपरक** कोटियों की अभिव्यक्ति करता है। ऐसे दृष्टांतों में **नामिक** इन सभी कोटियों या इनमें से किसी एक कोटि की प्रत्यक्ष अभिव्यक्ति का अभाव दिखाते हैं।

41. यदि किसी भाषा में **क्रिया नामिक-कर्त्ता** और **नामिक-कर्म**—दोनों का

अनुगमन एक महत्तवपूर्ण प्रभावी-अनुक्रम में करती है, तब वहाँ उस भाषा में प्रायः सदैव **कारक-व्यवस्था** पायी जाती है।

42. सभी भाषाओं में **सार्वनामिक कोटियाँ** होती हैं, जो कम-से-कम **तीनों पुरुषों** और **दोनों वचनों** को अपने में समाविष्ट किए रहती हैं।
43. यदि किसी भाषा में **नामिक में लिंग की कोटियाँ** मिलती हैं, तो वहाँ **सार्वनामिक** में भी **लिंग की कोटियाँ** प्राप्त होती है।
44. यदि किसी भाषा में **लिंग की विभेदकता उत्तम पुरुष** में प्राप्त होती है, तो वहाँ **मध्यम पुरुष** अथवा इन दोनों में सदैव लिंग की **विभेदकता** मिलती है।
45. यदि किसी भाषा में **सार्वनामिक** के **बहुवचन** में **लिंग की विभेदकता** प्राप्त होती है, तो वहाँ किसी अंश में यह **विभेदकता सार्वनामिक** के एकवचन में भी मिल जाती है।

यद्यपि कुछ **सार्वभौमिक अभिलक्षण**, यथा–सभी भाषाओं में **वाचिक स्वर-ध्वनियाँ** हैं–**तात्पर्यहीन** हैं, पर वह इतना तो विशेषीकृत करते ही हैं कि वहाँ सभी भाषाओं में बिना भाषा के द्वारा किसी दूसरे अभिलक्षण को निर्दिष्ट किए यह **विशिष्ट प्रगुणात्मकता** प्राप्त होती है।

ग्रीनबर्ग के द्वारा ऊपर निर्दिष्ट तालिका से यह प्रमाण मिल जाता है कि बहुतेरे सार्वभौमिक अभिलक्षण **तात्पर्यपरक** हैं या **अनुबन्धनात्मक** हैं। इस दृष्टि से वे एक प्रकार की विशेपता की उपस्थिति से दूसरे प्रकार की विशेषता की उपस्थिति को इस रूप में जोड़ देते हैं कि यदि वहाँ एक विशेषता उपस्थित है, तो दूसरी भी अवश्यमेव उपस्थित होगी। किसी भी दो गुणधर्मिता या गुणधर्मी एककों–**प (P)** और **क (Q)** में–यह तार्किक रूप में सम्भव है कि कभी ये दोनों साथ-साथ उपस्थित हों और कभी इनमें **प** उपस्थित हो पर **क** उपस्थित नहीं हो और कभी इन दोनों में से कोई भी उपस्थित नहीं हो और कभी केवल **क** उपस्थित हो, पर **प** उपस्थित नहीं हो। पर **अनुबंधनात्मक** उदाहरणों में ऐसा देखा जाता है कि ऐसे **अनुबंधनात्मक** सार्वभौमिक अभिलक्षण भाषिक एककों के तार्किक रूप के सम्भव संयोगों को सीमित कर देते हैं। वे यह विशेषीकृत करते हैं कि यहाँ ऐसा दृष्टांत नहीं है कि **प** तो उपस्थित हो, पर **क** उपस्थित नहीं हो। ऐसा तभी सम्भव है, जबकि इसके साथ तीनों सम्भावनाएँ किसी भाषा में तथ्यतः उजागर होती हों कि वहाँ कोई ऐसा बिन्दु है, जो **अनुबंधनात्मक** सार्वभौमिक दावा को प्रस्तुत करे। उदाहरण के लिए यदि **प** के साथ **नासिक्य स्वर-ध्वनियाँ** जुड़ती हैं और **क** के साथ **मुखीय स्वर-ध्वनियाँ** जुड़ती हैं, तब यह दावा करना कि **प** और **क** ध्वनियाँ रिक्त हैं, क्योंकि सभी भाषाओं में **मुखीय स्वर-ध्वनियाँ** मिलती हैं–ऐसा उदाहरण जहाँ न तो **प** और न ही **क** ध्वनि उजागर हो पाती है, उन पर लागू नहीं होता। इसलिए

कोमरी (Comree) का कहना है कि **अनुबंध-रहित सार्वभौमिक अभिलक्षण,** जैसे कि सभी भाषाओं में **मुखीय स्वर-ध्वनियाँ** होती हैं, साथ ही यह बयान भी कि **नासिक्य स्वर-ध्वनियाँ** भी सभी भाषाओं में सम्भव हैं–**अनुबंधनात्मक** सार्वभौमिक अभिलक्षण को अनावश्यक और बेमानी बना देते हैं।

पर ऊपर प्रस्तुत **ग्रीनबर्ग** की तालिका दूसरे प्राचल को भी व्याख्यायित करती है। यह दूसरा प्राचल **अनुबंधात्मक** और **गैर-अनुबंधात्मक** के अतिरिक्त है, जिसमें **सार्वभौमिक अभिलक्षणों** को वर्गीकृत किया जा सकता है। नामतः यह (1) **विशुद्ध सार्वभौमिक अभिलक्षण (Absolute)** हैं, जो अपवाद-रहित हैं और (2) **सार्वभौमिक अभिलक्षण प्रवृत्तियाँ (Universal tendency)** हैं, जिसमें अपवाद प्राप्त होते हैं। यहाँ यह ध्यान रह कि **अनुबंध-सहित** और **अनुबंध-रहित** सार्वभौमिक अभिलक्षणों के बीच के अन्तर से ऊपर निर्दिष्ट कोटिगत भिन्नता सर्वथा अलग और स्वतंत्र है। कुछ तो शुद्धतः **अनुबंध-रहित भाषायी सार्वभौमिक अभिलक्षण हैं।** यथा–सभी भाषाओं में स्वर-ध्वनियाँ होती हैं। इसके विपरीत भाषाओं में शुद्धतः **अनुबंधात्मक भाषायी अभिलक्षण** भी प्राप्त होते हैं। जैसे–यदि किसी भाषा में उत्तम पुरुष और मध्यम पुरुष निजवाचक सर्वनाम प्राप्त होते हैं, तो वहाँ अन्य पुरुष में भी निजवाचक सर्वनाम मिलते हैं। **अनुबंध-रहित प्रवृत्तियाँ** लगभग सभी भाषाओं में पाई जाती हैं। जैसे–नासिक्य व्यंजन लगभग सभी भाषाओं में मिलते हैं, यद्यपि कुछ **शैलिशन (Salishan)** भाषाओं में नासिक्य व्यंजन नहीं आते हैं। अतः **कोमरी** का यह मानना है कि सार्वभौमिक भाषायी अभिलक्षण के संदर्भ में **अनुबंधपरक प्रवृत्तियाँ** तो मिलती ही हैं। यथा–यदि एक भाषा में कर्त्ता + कर्म + क्रिया का बुनियादी **शब्द-अनुक्रम** मिलता है, तो उस भाषा में परसर्ग के प्रयोग होते हैं, लेकिन इसका भी अपवाद प्राप्त हो जाता है। उदाहरण के लिए–फ़ारसी भाषा में कर्त्ता + कर्म + क्रिया की संरचना मिलती है, पर वहाँ **परसर्ग** की जगह **पूर्वसर्ग** के प्रयोग प्राप्त होते हैं।

व्यवहार में ऊपर विवेचित अनुसंधान-विषयक प्रतिबंध को देखते हुए कुछ जगहों पर यह स्थापित करना संभव नहीं हो पाता है कि जिसे हम **भाषायी सार्वभौमिक अभिलक्षण** के रूप में ले रहे हैं, वह **सुनिश्चित** या **परिशुद्ध सार्वभौमिक अभिलक्षण** है भी या एक दृढ़ प्रकृति-मात्र है।

हॉकिन्स (Hawkins, 1998) एक **आवर्ती सार्वभौमिक अभिलक्षण** अथवा **विस्तारपरक सार्वभौमिक अभिलक्षण** की भी बात करता है। यह अभिलक्षण इस तथ्य को निर्दिष्ट करता है कि एक विशेष प्रकार की भाषा दूसरे प्रकार की भाषा की अपेक्षा अधिक प्रायिक या लगातार उभरने वाली है। ऐसे **विस्तारपरक सार्वभौमिक अभिलक्षणों** में पदबंध-कोटियों के परे **वाक्य-रचनात्मक शीर्षों** की स्थिति अधिक समानतापरक मिलती है और स्वतः सन्निहित संबंधपरक पदबंधों के बिना भाषाएँ

उनके साथ आने वाले पदबंधों की अपेक्षा कहीं अधिक प्रायिक और बार-बार उभरने वाली होती हैं।

ग्रीनबर्गियन परम्परा में काम करने वाले भाषाविद् **सार्वभौमिक अभिलक्षणों** के अस्तित्व को, जिन्हें वे अलगा देते हैं, परिवर्तन या रूपांतरण के लिए भी अनुमत करते हैं। इसे संभव रूप में देखा गया है कि कुछ **सार्वभौमिक अभिलक्षण** एक प्रकार की व्याख्या की अपेक्षा रखते हैं, जबकि **दूसरे अभिलक्षण** दूसरे प्रकार की व्याख्या की अपेक्षा रखते हैं। कुछ **सार्वभौमिक भाषायी अभिलक्षण**, यथा–ईस तथ्य को–कि सभी भाषाओं में **तीन पुरुष** और **दो व्यवस्थाएँ** होती हैं–प्रोक्ति-रचना के भाषाव्यवहार-शास्त्रीय दृष्टिकोण से व्याख्यायित किया जा सकता है। वे सम्प्रेषण को सुसाध्य बनाते हैं, सरल करते हैं, क्योंकि वे वक्ता को सांदर्भिक अंतर को अनुमत करने देते हैं, जिससे सम्प्रेषण अधिक सफल और कार्यक्षम हो जाता है। **कोमरी** भी **हॉकिन्स** की तरह ही **उत्तम या मध्यम पुरुष निजवाचक भाषायी रूपों के** अस्तित्व की व्याख्या इसी के समरूप करता है, क्योंकि जहाँ **उत्तम पुरुष, मध्यम पुरुष निजवाचक** के रूप प्राप्त होते हैं, वहाँ उस भाषा में **अन्य पुरुष निजबाचक** के रूपों का भी अस्तित्व होता है।

उत्तम पुरुष और **मध्यम पुरुष निजवाचक** में प्रत्येक के लिए किसी प्रदत्त सन्दर्भ में शायद ही कोइ अर्थ-दुरूहता मिलती है कि परस्पर अनुकूल सर्वनाम सहनिर्देशीय हैं या नहीं हैं, क्योंकि **'मैं'** जैसे उत्तम पुरुष, एकवचन; **'हम'** जैसे उत्तम पुरुष, बहुवचन और **'तुम'** जैसे मध्यम पुरुष, एक वचन में इनके सभी प्रयोग-दृष्टांतों में प्रायः सभी सहनिर्देशी हैं। फिर भी अन्य पुरुष में संदर्भकों की विशाल संख्या संभावित है। कुछ भाषाओं में जहाँ ऐसी अभिव्यक्ति मिलती है...I hit myself, वहीं दूसरी भाषा में I hit me. जैसी अभिव्यक्ति मिलती है। पर यहाँ ग्रह संभव नहीं है कि सह-संदर्भ के अर्थीय अंतर के साथ इन दोनों की शब्दतः अर्थ-व्याख्या हो सके। पर यदि किसी भाषा में He hit himself. और He hit him. जैसे संभाव्य वाक्यों वाली दोनों ही स्थितियाँ उपस्थित होती हैं तब यहाँ **सह-संदर्भी** **बनाम अ-सहसंदर्भी** के अर्थीय दृष्टि वाले महत्त्वपूर्ण अंतर को दिखाया जा सकता है। इस प्रकार उत्तम पुरुष या मध्यम पुरुष की अपेक्षा **अन्य पुरुष** में यह **निजवाचकता** कहीं अधिक प्रमुख है और यह अनुबंधात्मक सार्वभौमिकों में प्रतिबिम्बित होती हे।

दूसरे, **सार्वभौमिक अभिलक्षणों** को नियंत्रकों के परिणाम से उद्भूत रूप में व्याक्ष्यायित किया जा सकता है, जहाँ व्याकरण का एक भाग दूसरे भागों पर अपने को आरोपित कर देता है या जहाँ **रूप** के स्तर पर **अर्थ** के स्तर द्वारा आरोपित नियंत्रकों से परिणामित होने के रूप में उनकी व्याख्या की जा सकती है। **कीनन** **(Keenan 1979è1987) अर्थरूप निर्भरता-सिद्धांत** (MFDP) की वकालत करता है,

जिसे **प्रकार्यपरक निर्भरता-सिद्धांत** के रूप में भी जाना जाता है। वह इसके **'क्यों'** की व्याख्या करता है। यदि किसी भाषा में **नामिक** और **विशेषणक** के बीच **वचन** और **लिंग-विधान** में **रूपशास्त्रीय** अनुबंध प्राप्त होता है, तो वहाँ यह सदैव देखने को मिलता है कि **विशेषणक नामिक** के साथ अन्वित होते हैं। वह तर्क देता है कि यह अन्वय **प्रतिबंध-रूपशास्त्र** में एक अर्थीय नियंत्रण से उत्पन्न होता है, जो किसी **प्रकार्यपरक कोटि** की कारणात्मकता के प्रति अपना झुकाव दिखाता है। जैसे कि **विशेषण** अपना **निर्वचन** बदलने के लिए **तर्क** करता पाया जाता है। उदाहरण के लिए उस संज्ञा को लें, जिसका निर्वचन भिन्न विशेषीकृत करने वाले विशेषणों के साथ विशिष्ट रूप में **निश्चर (Invartiant)** होता है। उदाहरण के लिए Flat tyre, Flat beer और Flat road में **Flat** के अलग-अलग अर्थ हैं, जबकि Flat road, Dusty road और Windy road जैसे सभी युग्म पदों में **road** का निर्वचन समान है। इस प्रकार **अर्थ-रूप निर्भरता-सिद्धांत** व्याकरण के अंतर्गत आंतरिक संसक्ति के सुदृढ़ रूप की व्याख्या करता है। रूप की निर्भरता अर्थ की निर्भरता को प्रतिबिम्बित करती है। यहाँ यह कहने की आवश्यकता है कि **सार्वभौमिक रूपशास्त्रीय निर्भरता अर्थीय निर्भरता** का अनुगमन करती है।

कुछ भाषायी **सार्वभौमिक अभिलक्षण** भाषिक प्रयोक्ता के द्वारा प्रस्तुत की गई प्रक्रियात्मक मांगों के संदर्भ द्वारा व्याख्यायित किये जा सकते हैं। उदाहरण के लिए **स्मृति-नियंत्रक** या **स्मरण-नियंत्रक** को लिया जा सकता है, जहाँ सुबोधगम्यता और उत्पादन में संसाधित होने वाली कुछ संरचनाओं को सन्निविष्ट **सापेक्ष सुगमता या कठिनाई** के द्वारा व्याख्यायित किया जा सकता है। उदाहरण के लिए यह सुविदित है कि केन्द्र में सन्निहित संबंधसूचक पदबंधों को संसाधित करना कहीं अधिक कठिन है। यह बात मुख्यतः वाक्य के बीच में आने वाले संदर्भसूचक पदबंधों पर लागू होती है, जबकि **वाम पार्श्विक** संबंधसूचक पदबंध, जो वाक्य के आरम्भ में आते हैं या **दक्षिण पार्श्विक संबंधसूचक पदंबध,** जो वाक्य के अंत में आते हैं, का संसाधन उतना कठिन नहीं होता। ऐसा इसलिए होता है कि केन्द्र में **सन्निविष्ट पदबंध-संसाधक** से **सन्निविष्ट पदबंध** को संसाधित करने से क्रम में **प्रधान पदबंध** को संसाधक के द्वारा बाधित करने की अपेक्षा होती है। जैसे...

The Man

↓

that the boy kicked

↓

ran away

यहाँ The man ran away की **संसाधन-प्रक्रिया** को बीच का पदबंध बाधित करता है। जैसे-जैसे ऐसी स्थिति में एकाधिक पदंबध सन्निविष्ट होते जाते हैं,

वैसे-वैसे इसकी संसाधन-प्रक्रिया और जटिल होती जाती है। उदाहरण के बतौर...

The man
↓
That the boy
↓
that the dog
↓
that the cat
↓
that the mouse
↓
hated
↓
scratched
↓
bit
↓
kicked
↓
ran away

भाषाएँ प्रायः **केन्द्र-सन्निविष्ट वाक्य-संरचना** के प्रति उपेक्षा करती देखी जाती हैं। जैसा ऊपर निर्दिष्ट किया गया है, यह अंग्रेजी भाषा की एक संभावित संरचना है। पर यहाँ इसकी उपेक्षा करने की सामान्य प्रवृत्ति और इसे संसाधित करने में उत्पन्न कठिनाई भी सामने आती हैं। क्रिया-स्थिति और संबंधसूचक पंदबंध-स्थिति के बीच वे शब्दों के व्याकरणिक तत्त्वों को अभिप्रेरित कर सकते हैं।

यदि एक **कर्त्ता+कर्म+क्रिया** संरचना वाली भाषा में नामिक के बाद संबंधवाचक पदबंध आता है तब प्रत्येक अकेला **संबंधवाचक पदबंध केन्द्र-सन्निविष्ट स्थिति** में होगा, जो इस वाक्य के **शीर्ष नामिक** और क्रिया के बीच उद्भूत होगा। इसी प्रकार यदि एक **कर्त्ता+कर्म+क्रिया** की संरचना वाली भाषा में संज्ञा से पूर्व **संबंधवाचक पदबंध** आते हैं, तो वहाँ प्रत्येक अकेला **संबंधसूचक पदबंध केन्द्र सन्निविष्ट** होगा। यहाँ अभिप्रमाणित सहसंबंध का अर्थ इतना है कि कम-से-कम कुछ **संज्ञापदबंध** वाम पार्श्विक हैं, जैसा कि **कर्त्ता+कर्म+क्रिया संरचना** वाली भाषाओं में मिलता है और कुछ दक्षिण पार्श्विक हैं, जैसा **कर्त्ता+कर्म+क्रिया संरचना** वाली भाषाओं से प्राप्त होता है।

हॉकिन्स (Hawkins) के अनुसार **सार्वभौमिक भाषायी अभिलक्षणों** पर विमर्श करने हेतु मानवीय प्रत्यक्षपरक और संज्ञानात्मक औजारों की कुछ प्रगुणात्मकताएँ भी प्रासंगिक हैं। उदाहरण के लिए **बर्लिन और के (Berlin or Kayè1969)** ने यह दिखाया है कि यदि किसी भापा में रंगों की पूरी व्याख्या सक्रिय है, तो वह कम-से-कम **काले** और **सफेद** रंग का अंतर जरूर स्पष्ट करेगी। पर यदि यहाँ **तीन रंगों की व्यवस्था है,** तो तीसरा रंग लाल होगा। यदि **चार रंगों की व्यवस्था** है, तब चौथा रंग **हरा** या **पीला** होगा। यदि पाँच रंगों की व्यवस्था है, तो **हरे** रंग **पीले** के दूसरे छाया-रंग होंगे। यदि छह रंगों की व्यवस्था है, तो छठा रंग **नीला** होगा और यदि **सात रंगों की व्यवस्था है,** तो सातवाँ रंग **भूरा** होगा। **के और मैकूडिनियल ने (Me Diniel, 1978)** यह दिखाया है कि इस **सार्वभौमिक अभिलक्षण को** मनुष्य की **रंगसंदृष्टि की नाड़ी-संरचना** के संदर्भ के द्वारा व्याख्यायित किया जा सकता है।

जैसा कि **हॉकिन्स** और **कोमरी**–**दोनों ने निर्दिष्ट किया है कि कोई सार्वभौमिक भाषायी अभिलक्षणों को रेखांकित करने वाला भाषाविद्-अनुसंधाता चॉम्स्की** और **ग्रीनवर्ग**–दोनों के सैद्धान्तिक प्रतिमानों के साथ-साथ क्यों न लाभ उठाए, क्यों न वे दोनों को ही समाविष्ट करा ले और क्यों न प्रत्येक अभिगम में सुझायी गयी व्याख्या के प्रकारों को सुस्पष्टता के बृहत्तर अनुवाद के प्रति सन्नद्ध होकर काम करें, क्योंकि यह संभावित है कि ऊपर निर्दिष्ट तत्त्वों के द्वारा स्वाभाविक भाषायें नियंत्रित होती हैं। यहाँ हर प्रकार की व्याख्या ऐसी हो सकती है, जो **सार्वभौमिक भाषायी अभिलक्षणों** के सिद्धान्त में जरूरी तत्त्वों को मुहैया करने योग्य हो, पर यह सर्वथा असंभव है कि इन दोनों सिद्धांतों में से किसी एक का अकेला सिद्धांत किसी पर्याप्त समीचीन सिद्धांत को स्थापित कर सके।

8

भाषा : यौन (पुरुष और स्त्री)-विभेदकता का सन्दर्भ

भाषा के व्यवहार में पुरुष और स्त्री की सामाजिक रचना-कोटि का अन्तर देखने को मिलता है। सामाजिक लिंग-भेद के सन्दर्भ में भाषा-अध्ययन के दो प्रमुख केन्द्रबिन्दु हैं। केन्द्रबिन्दु का प्रथम तत्त्व वह है—जिसे अनेक भाषाविदों ने पर्यवेक्षित किया है कि पुरुष और नारी की भाषा-बोली में अन्तर होता है और दूसरा तत्त्व वह है जिसे अनेक स्त्रीवादियों और कुछ भाषाविदों ने दिखाया है कि पुरुष और स्त्री के विषय में एक अन्तर के साथ बातचीत की जाती है और यह दावा भी किया गया है कि भाषा स्वतः स्त्री के प्रति भेदमूलक है।

पुरुष और स्त्री के भाषा-व्यवहार में सक्रिय अन्तर

पुरुष और स्त्री के भाषा-व्यवहार का अन्तर सबसे पहले मिशनरियों और अन्वेषकों के द्वारा देखे और निरीक्षण किए गए समाज में सत्रहवीं शताब्दी में प्राप्त होता है। इन अन्तरों के कारण इस सोच में दिलचस्पी बनी। उसका प्रायः यह दावा रहा कि कुछ भाषा-समुदायों में पुरुष और स्त्री पूरी तरह भिन्न भाषा का व्यवहार करते हैं। पर इसे एक अतिवादी बयान भी माना गया। वास्तविकता यह है कि अनेक भाषा-भाषी समुदायों और समाजों में, जो इस सन्दर्भ में आनुपातिक अन्तर दृष्टिगोचर हुआ, वह यह था कि वक्ता का पुरुष, स्त्री होना ही यह निर्धारित करता था कि वह निश्चित ध्वनि-शास्त्रीय, वाक्यरचनात्मक, शब्दकोशीय भाषा-रूपों की अधिकता और न्यूनता को निर्धारित करे, जबकि कुछ दूसरे निश्चित चयनों की संभावना को प्रतिबाधित या न्यूनीकृत करे।

कोएटेस और स्मिथ (**Coates And Smith, 1986, 1985**) ने सामाजिक लिंग-भेद के ऐकांतिक निर्भर अन्तरों के विवरणात्मक अधिसंख्य अध्ययनों का सर्वेक्षण मुहैया किया। यहाँ ऐसे मामले दर्शाये गए, जिनमें कुछ व्याकरणिक रूप केवल एकलिंग के वक्ता के द्वारा ही व्यवहृत होते थे। यहीं यह तथ्य ध्यान में रखने योग्य है कि यूरोपीय व्यवस्था में सामाजिक रूप में ऐसा अन्तर देखने को नहीं मिलता है। फिर भी यूरोपीय भाषा में कुछ रूप ऐसे हैं, जिन्हें स्त्रियां अपने

भाषा-रूप में अधिमानता देती हैं और कुछ ऐसे रूप हैं जो पुरुषों द्वारा अधिमानित हैं। यहाँ ऐसी स्थिति में जो अन्तर होते हैं उन्हें लिंग-भेद प्रसूत अन्तर (Gender Preferential) कहते हैं।

ऐकांतिक रूप में लिंग-आधारित यह अन्तर सम्भवतः उन समाजों के बीच के अन्तर को प्रभावित करता है, जहाँ एक ओर लिंग की भूमिका अधिक सख्ती से परिभाषित की जाती है और दूसरी ओर इन्हें कम सख्ती के साथ परिभाषित किया जाता है। आरम्भिक बोलियों के अध्ययन ने लिंग-अधिमानता के कम अथवा शून्य उदाहरण मुहैया किए, क्योंकि आरम्भिक बोली-विज्ञानी ने गांव के बड़े बुजुर्ग पुरुषों को ही अपने साक्ष्य के बतौर लेने में दिलचस्पी दिखाई। इसलिए स्त्रियों के बोलने के विषय में बहुत कम जाना जा सका। फिर भी परिमाणात्मक समाजभाषात्मक अध्ययन के आगमन के साथ ही स्त्री-वक्ताओं का समावेश ऐसे सर्वेक्षणात्मक अध्ययन में किया जाने लगा। इस सन्दर्भ में **ट्रेडगिल** के द्वारा किया गया **Norwich** सर्वेक्षण (1974 अ) महत्त्वपूर्ण है। न्यूयार्क में 1971 और 1972 में Labov ने अपने भाषा-अध्ययन में इसे प्रस्तुत किया। इसके साथ ही यह सिद्ध होने लगा कि स्त्री वक्ता रूप में भाषा के प्रतिष्ठापरक रूपों का पुरुषों की अपेक्षा अधिक व्यवहार करती है। न्यूयार्क नगर को केन्द्र में रखकर Labov के द्वारा किए गए अध्ययन से इस ढाँचे का उद्‌घाटन हुआ। पर ट्रेडगिल, मेकाले न्यूब्रक और रोमेने जैसे चिन्तकों के अध्ययन को **कोएटेस** ने निम्नलिखित रूप में निष्कर्षित किया—

1. सभी प्रकार की शैलियों में स्त्रियाँ पुरुषों की अपेक्षा कम कलंक लगाने वाले भाषिक रूपों का इस्तेमाल करती हैं।
2. औपचारिक सन्दर्भों में स्त्रियाँ पुरुषों की अपेक्षा प्रतिष्ठापरक ढाँचों के प्रति अधिक संवेदनशील प्रतीत होती हैं।
3. निम्न मध्यवर्ग की नारियाँ अपनी भाषा-शैली में भारी अन्तरण करती देखी जाती हैं। विशेषतः अपनी कम औपचारिक शैली में वे कलंक लगाने वाले रूपों का व्यवहार तो एक बड़े अनुपात में करती हैं, लेकिन अपनी औपचारिक शैलियों में वे अपनी भाषा को अपने से उच्च वर्ग के प्रति अनुकूलित करने की दृष्टि से संशोधित भी करती हैं। भाषा के अमानक रूपों का व्यवहार न केवल कामकाजी वर्ग के वक्ताओं के साथ साहचर्यित प्रतीत होता है, बल्कि पुरुष वक्ताओं के साथ भी देखने को मिलता है।

इस प्रकार के साक्ष्य से यह प्रतीत होता है कि पुरुषों की अपेक्षा स्त्रियाँ भाषिक प्रतिमानों के प्रति अधिक संवदेनशील हैं। **ट्रेडगिल** ने अपने आत्ममूल्यांकन-परीक्षण में इस निष्कर्ष को दृढ़ीकृत कर दिया था। टेपरिकार्डिंग का व्यवहार करते हुए

ट्रेडगिल ने अपने सूचकों को दो या दो से अधिक उच्चारण प्रदर्शित किए, जो गृहीत या मानक उच्चारण के पाठान्तर के कमोवेश निकट थे। यही नहीं, यह नेर्विश के वक्ताओं के अमानक पाठ-भेद भी थे। बाद में उसने अपने सूचकों से पूछा कि इनमें कौन-सा उच्चारण उनके अपने उच्चारण के निकटतर है। इस संदर्भ में उसने सूचकों के द्वारा दिए गए उत्तरों को अपने द्वारा वास्तविक उच्चारण की की गई रिकार्डिंग के साथ तुलना भी की। इस जांच ने यह उद्घाटित किया कि नारियों ने साभिप्राय तौर पर अधिक विवरण दिया था, जबकि पुरुषों ने कम विवरण प्रस्तुत किए थे। स्त्री सूचकों की सोच यह थी कि उनका निजी उच्चारण गृहीत या मानक उच्चारण के अधिक निकट है, बजाए इसके जो यह वास्तविक रूप में स्वतः था; जबकि पुरुष सूचकों की सोच यह थी कि उनका उच्चारण अपने वास्तविक उच्चारण की अपेक्षा नोर्विश उच्चारण-भेद के कहीं निकटतर था। यह अनुमान करते हुए कि वक्ता जो सोचता है वही वह करता है। इसका अर्थ है कि वही वह करना भी चाहेगा। इसके आधार पर यह पता चला कि स्त्रियाँ मानक रूपों का व्यवहार करना चाहती थीं, जबकि पुरुष ऐसा नहीं चाहते थे। पुरुषों के लिए तो भाषा के अमानक रूप ही गौरवपूर्ण थे। यदि आगे बढ़कर यह मान लिया जाए कि मानक अंग्रेजी को सांस्थानिक गौरव प्राप्त है, क्योंकि यह एक सांस्थानिक ग़ौरव-प्रादर्श है, जैसा कि सामाजिक मनोविज्ञान के अनुसंधान से पुष्ट होता है। तब तर्क-वितर्क की यह संभावना बनती है कि ज़हाँ मानक अंग्रेजी स्पष्ट गौरव का संवहन करती है वहाँ उसके अमानक रूप बनावटी ग़ौरव का रस लेते हैं। अंततः यह दावा किया जा सकता है कि नारियाँ मानक अंग्रेजी के प्रादर्श द्वारा आकर्षित हैं, जबकि पुरुष देशी भाषा के बनावटी गौरव के प्रति अपनी प्रतिक्रिया ज्ञापित करते हैं।

इस बिन्दु पर आकर यह पूछना समीचीन लगता है कि आखिर ऐसा मामला क्यों है? इसकी विशिष्ट व्याख्या यह है—स्त्रियाँ जो सामाजिक रूप में असुरक्षित स्थितियों में रहती हैं वे मानक वक्ता से जुड़े सामाजिक स्तर की समीचीनता का वरण करना चाहती हैं। इस कारणात्मक-व्याख्या को Elyan ने 1978 में अपना समर्थन प्रदान किया। Lanea के इस विषय में किये गये लंकाशायर अध्ययन ने यह सिद्ध किया कि मानक भाषा का व्यवहार करने वाली स्त्रियाँ अधिक मुखर, प्रतिभा-सम्पन्न, आत्मविश्वस्त, उद्यमशाली, साहसी, स्वतन्त्र और क्षेत्रीय स्वराघात वाली नारियों की अपेक्षा अधिक स्त्रियोचित मानी गयीं। इसके अतिरिक्त मानक अंग्रेजी के स्वराघात से लैस स्त्रियाँ अधिक पौरुषपरक थीं, जिनके बिन्दुओं के श्रेणीमान में पुरुषोचितता और स्त्रियोचितता का मूल्यांकन निर्णायकों ने किया। यहाँ यह व्यतिरेकी प्रतीत हो सकता है, पर यदि पुरुषोचितता और स्त्रियोचितता को स्वतन्त्र आयामों में देखा जाता है, तो व्यक्तिपरक दृष्टि से दोनों प्रकार की

विशेषताओं के चयन की छूट दोनों को प्राप्त होती है। दूसरे शब्दों में कोई महिला जो मानक या प्रदत्त उच्चारण में अपनी भाषा बोलती है वह परम्परित रूप में पुरुष के सीमा-क्षेत्र और आजीविका में अपनी सशक्त पहुँच बना लेती है।

फिर भी जैसा समाज-भाषाविज्ञान के क्षेत्र में शोधकार्यों में किया जाता है, यदि उसे मान लें कि अमानक भाषा-व्यवहार वर्ग-पहचान को बनाए रखने में अभिलक्षक सिद्ध होते हैं, तो वहाँ एक दूसरी व्याख्या भी संभव है कि पुरुष जहाँ निकट जोड़ने वाले वर्गों की ओर झुकते हैं, वहाँ स्त्रियाँ उस ओर अपना झुकाव नहीं दिखातीं। ऐसे वर्गों की सदस्यता पाने में स्त्रियों की अपेक्षा पुरुषों की पहुँच अधिकाधिक होती है, क्योंकि पुरुषों में घर से बाहर सांध्यकालीन क्रियाशीलता तथा अन्य कामों के लिए भी उनमें बड़ी क्षमता होती है। इस व्याख्यात्मक निष्कर्ष को **वेलीमेकॅरेट** (Ballymacarrett) **क्लोनाड** (Clonard) और **हेम्मर** (Hammer) के किए गए तुलनात्मक अध्ययन सम्पुष्ट-समर्थित करते हैं।

वेलीमेकॅरेट एक समुदाय के बतौर अन्य दो से अपने को भिन्न सिद्ध करता है। यहाँ पुरूष बेरोज़गारी से कम ग्रस्त है, पर **हैम्पर** और **क्लोनाड** में 35% बेरोज़गारी की दर है। इन क्षेत्रों में पुरुषों को अपने समुदायों से बाहर जाकर काम करने के लिए विवश ही नहीं किया जाता, बल्कि घरेलू कामों का निपटाने के लिए भी इन्हें वहाँ शामिल होना पड़ता है। इन क्षेत्रों की स्त्रियाँ काम करने के लिए बाहर जाती हैं ओर **क्लोनाड** की सभी स्त्रियाँ साथ-साथ काम करती हैं। ये युवा स्त्रियाँ भापा के मानक रूपों का व्यवहार युवा पुरुषों की अपेक्षा कहाँ अधिक करती हैं। यह भी दिखाया है कि **हैम्पर में** ऐसी स्थिति कम है अपेक्षया **बनिस्टर वेलीमेकॅरेट** और **क्लोनाड** के। वहाँ पुरुष और स्त्री वक्ता केवल **क्लोनाड** के वक्ताओं की अपेक्षा अंग्रेजी के प्रति अधिक निकट नहीं पहुँचते हैं। इसकी अपेक्षा दहाँ अधिक बँधे-बँधाए वर्गों के प्रति केन्द्रित देशी भाषा के मानकों से अपसरण प्राप्त होता है। इसलिए विशेष सामुदायिक वर्ग के सक्रिय भाषिक ढाँचों में उस वर्ग की एकात्मकता और परस्पर-निर्भरता कहीं अधिक प्रभावी सिद्ध होती है। यहाँ प्रच्छन्न या स्पष्ट गौरव के साथ कुछ विशेष मानकों को उपलब्ध करने की इच्छा पीछे छूट जाती है। यहीं यह तथ्य ध्यान देने योग्य है कि पुरुष और स्त्रियाँ– दोनों भिन्न-भिन्न मानकों के प्रति उद्दिष्ट करते हैं, क्योंकि पुरुषों में स्त्रियों की अपेक्षा वर्ग-सदस्यता के प्रति अधिक सक्रियता होती है। इसलिए स्त्री से उनका भाषिक ढांचा अलग हो जाता है।

वाक्य-रचना, रूप-रचना और उच्चारणगत अन्तर तो पुरुष और स्त्रियों में दीखता ही है, पर ये दोनों अपने-अपने सम्प्रेषण-कौशलों के सन्दर्भ में भी भिन्नता दिखाते हैं। उदाहरण के लिए जहाँ पुरुष और स्त्री परस्पर बातचीत करते हैं, वहाँ पुरुप वार-बार बाधा डालता है, रोकता है और स्त्री की वाचिक प्रोक्तियों के प्रति

समर्थन वाली अनुक्रिया में वह बहुत मन्दगति होता है। दूसरी ओर स्त्री पुरुषों की अपेक्षा आगे बढ़कर मदद करने वाली उक्ति का व्यवहार करती है। इससे बातचीत के अच्छी तरह आगे बढ़ने में सहायता मिलती है और **'हाँ'-'ना'** परक सवाल भी यहाँ बातचीत के चलने में सहायक सिद्ध होते हैं।

सामान्यतः पुरुष स्त्रियों की अपेक्षा अधिक बोलते हैं। **स्वाकर** और **एकिन्स** (Swacher, 1975,Eakins, 1978) ने ऐसा सप्रमाण सिद्ध किया है। इससे उस सामान्य विश्वास का खंडन हो जाता है कि स्त्रियाँ पुरुषों की अपेक्षा अधिक बातूनी होती हैं। **स्पेंडर** (Spender, 1980) इस बात की विवेचना करता है कि क्यों हमें ऐसा लगता है कि स्त्रियाँ पुरूषों की अपेक्षा अधिक बोलती हैं कि पुरुष सामान्यतः बोले और स्त्रियाँ चुप रहें। इसलिए जब स्त्रियाँ बोलती हैं तब वे पुरुषों के बोलने की अपेक्षा सहज ही अधिक द्रष्टव्य हो जाती हैं।

स्त्रियाँ जब परस्पर बातचीत करती हैं तब उनकी सक्रियता के लिए जिस शब्द का व्यवहार होता है वह 'गपशप' ही है और लोकप्रिय बोलचाल में यह 'गपशप' पद निषेधात्मक अर्थवत्ता से भरा होता है। पर मानवविज्ञान और समाज-भाषाविज्ञान में 'गपशप' पद के साथ ऐसा कोई निषेधात्मक लक्ष्यार्थ जुड़ा हुआ नहीं है, जो किसी सामाजिक वर्ग के सदस्यों के साथ अनौपचारिक संदर्भ में व्यवहृत हो। वास्तव में 'गपशप' में तो वर्गगत एकता, नैतिकता और मूल्यवत्ता को बनाए रखने वाले महत्त्वपूर्ण प्रकार्य सन्निहित हैं और वे वैसे सभी अभिलक्षणों का संवहन करते हैं, जो बोलचाल में स्त्री-पक्ष के पारस्परिक व्यवहार को विशेषीकृत करता है। वस्तुतः यह अन्योन्यक्रिया का ही एक रूप है, जो एकात्मकता और समर्थन को बढ़ाता तथा प्रतिबिम्बित करता है और जिसमें वक्ता की ओर से शक्ति प्राप्त करने अथवा उसे प्रतिबिम्बित करने के लिए उद्दिष्ट अभिव्यंजनों का कोई स्थान नहीं होता।

समाज के भाषिक ढाँचे में लिंग-निर्भर यह पुरुष-स्त्री का अन्तर बच्चों के द्वारा तुरन्त अर्जित कर लिया जाता है, जैसे ही वे बोलना सीखते हैं, ठीक वैसे ही जैसे कि दूसरे सांस्कृतिक मूल्य सामान्य तौर पर भाषा के साथ सीख लिए जाते हैं।

लिंग-विषयक भूमिकाओं की भाषा द्वारा निःसृत परिभाषा

सांस्कृतिक विश्वासों और मूल्यों के अन्तरण हेतु उसकी प्रथा-सवांहिका भाषा स्त्री-पुरुष के सम्बन्धों को गहराई से प्रभावित करती है। भाषा के द्वारा अन्तरित ये प्रवृत्तियाँ या तो समान स्थिति को वलीकृत करने में सहायता करती हैं अथवा इसे परिवर्तित करने में कारक तत्त्व बन जाती हैं। यह संभव है कि उस विश्वास पर बहस की जाए कि मानक अंग्रेजी अट्ठारहवीं शताब्दी से लेकर अब तक आगे

बढ़ाई जा रही है। उसका कारण यह है कि पुरुषों की अपनी प्रजाति है, जिसके तहत स्त्रियों की उपजाति आती है। इसलिए यह पता चला है कि संसार में पुरुष प्रभुत्वपरक बना रहे अथवा मानक अंग्रेजी का प्रमुख तर्क इस तर्क की समर्थनपरकता में हो कि पुरुष-समाज इसका व्यवहार करता है, उसकी पूरी प्रजाति इसे सन्दर्भित करती है। पुरुष, सर्वनामों (Pronouns) और पुरुषों (Persons) का व्यवहार, प्रजातिगतता के बतौर करता है, जो कि सम्पूर्ण प्रजाति के लिए और व्यापक मनुष्यता के लिए व्यवहृत होता है। पुरुष सर्वनामों और प्रजातिपरकता के रूपों में पुरुषों का व्यवहार किया जाना सामान्यतः दो आधारों पर न्यायपरक है। अंग्रेजी व्याकरण का यह बहुत प्राचीन नियम है, जिसे हर कोई जानता है कि सामान्यीकृत रूप में **पुरुष सर्वनाम** का व्यवहार स्त्रियों को अपने अन्तर्गत समाविष्ट कर लेता है। आज भाषावैज्ञानिक शब्दावली में इसे **अरेखांकित अभिलक्षण** (Unmarked Feature) कहते हैं। पुरानी अंग्रेजी में **मैन (आदमी)** शब्द का अर्थ व्यक्ति, आदमी ही था और यह पुरुष और स्त्री दोनों के लिए प्रयुक्त होता था। The Anglo Saxon Chronical में यह इसी रूप में व्यवहृत है, जहाँ उदाहरणार्थ एक सावतीं सदी के अंग्रेज रानी की पुत्री Erongota को एक आश्चर्यजनक आदमी (Man) के रूप में वर्णित किया गया है। उस समय की अंग्रेजी में वयस्क पुरुष के लिए **Wer** का प्रयोग होता था और वयस्क स्त्री के लिए **Wif** का प्रयोग होता था। इसके संयुक्त रूपों–**Weapman** और **Wifman** क्रमशः वयस्क पुरुष और वयस्क नारी का अर्थ देते थे। समय के अन्तराल में 'Wifman' 'Woman' में बदल गया और 'Wif' 'Wife' में परिवर्तित हो गया। Man शब्द भी Wer और Wapman को स्थानांतरित करता हुआ अपने संकीर्ण अर्थ में व्यवहृत होने लगा। Man शब्द में यह अर्थादेश व्यापक से संकीर्ण की ओर हुआ। यह ठीक उसी तरह है, जैसा कि Deer अपने पशुपरक अर्थ छोड़कर हरिणपरक अर्थ में Hefon अपने आकाशपरक (Sky) अर्थ को छोड़कर Heaven में बदल गया। पर **केक्सटोन, शेक्सपीयर** और चेरटरफील्ड जैसे परवर्ती लेखकों ने इनका व्यवहार प्रजातिगत सन्दर्भ में ही किया है।

आधुनिक अंग्रेजी के जो पूर्व व्याकरण सोलहवीं और सत्रहवीं शताब्दी में लिखे गए थे वे केवल पुरुष विद्यार्थियों के लिए ही लिखे गए थे। ये लड़के सम्पन्न परिवारों के थे, जिन्हें लातिनी भाषा के अध्ययन के लिए तैयार किया जाता था। ये पुल्लिंगी सर्वनामों का व्यवहार करते थे। इसलिए नहीं कि उनसे पुरुष और स्त्री दोनों सन्दर्भित होते थे, बल्कि इसलिए कि उन दिनों शिक्षा और साक्षात्कार का अधिकार पुरुषों के प्रभुत्व और आधिपत्य में ही था। न केवल इन उल्लिखित व्याकरणों की पुस्तकों में ऐसा नियम था, जो यह बताता था कि पुल्लिंगी सर्वनामों में स्त्रियों का समावेश स्वतः हो जाता है, जबकि यह असामान्य सन्दर्भ और

व्यवहार में प्रयुक्त होता है। 1746 ई. में Johj Kirkly ने अपने व्याकरण के अट्ठासी नियमों में इसे इक्कीसवें स्थान पर स्थापित किया था तथा इसके तर्क में बताया था कि पुरुषवाची सर्वनाम स्त्रीवाची सर्वनाम की अपेक्षा अधिक सुबोध है।

बाद में व्याकरण के आचार्यों ने इस अवधारणा में यह भी जोड़ा कि 'They' के व्यवहार ने वचन-अनुबंध के नियमों का अतिक्रमण किया है। यह एक ऐसा विचार करना था, जिसका शेक्सपीयर के साथ कोई सरोकार नहीं था, जिसकी यह मान्यता थी कि लिंग-अनुबंध की अपेक्षा वचन-अनुबंध अधिक महत्त्वपूर्ण है। अन्ततः 1850 ई. में संसद ने यह नियम बनाया कि पुल्लिंग वाले समावेशी शब्द के अन्तर्गत स्त्रीलिंग स्वतः समाविष्ट माना जाएगा। यहाँ दूसरा तर्क यह रहा कि प्रजातिगत रूप में पुल्लिंगी रूपों का व्यवहार किया जाना यह स्पष्ट करता है कि हम सभी इस तथ्य से परिचित हैं।

उक्त तथ्य के विपरीत कुछ ऐसे साक्ष्य भी प्राप्त होते हैं, जो यह सिद्ध करते हैं कि ऐसे पद **मिथ्या प्रजातिगत** हैं। यदि वे सत्यतः प्रजातिगत शब्द होते, तो वहाँ अग्रलिखित वाक्यों का अर्थ भी स्वीकार्य होता–

1. Man breast feeds his young.
2. Man suffers in child birth.

शिनिडर और हैकर (Schineider And Hacker, 1973) ने Man जैसे शब्द की प्रजातिगतता के विरुद्ध भावात्मक साक्ष्य प्रदान किया। उन्होंने कॉलेज के विद्यार्थियों के दो दलों से यह कहा कि वे पत्रिकाओं और अख़बारों से ऐसी तस्वीरों का चयन करें, जिससे समाज-वैज्ञानिक पाठ्य-पुस्तक को समझाया जा सके। एक दल को यह कहा गया कि वह औद्योगिक मनुष्य और शहरी मनुष्य जैसे शीर्षकों के लिए दृष्टान्त प्रस्तुत करे। दूसरे दल को औद्योगिक जीवन, राजनीतिक जीवन और शहरी जीवन जैसे प्रकारों के लिए शीर्षक चुनने के लिए कहा गया। ऐसे अधिकाधिक मामलों में पुरुष और स्त्री दोनों प्रकार के विद्यार्थी पुरुषों की तस्वीरों के उदाहरण ही प्रस्तुत कर सके। अगर Man शब्द पर पुनः विचार करें तो यह स्पष्ट हो जाएगा कि यह पुरुषों के अर्थ में अपने अर्थभार से भरा पड़ा है। इसीलिए यह इस शब्द के व्यवहारकर्त्ता को पुरुषों के आधिपत्य हेतु सोचने का अभिप्रेरित करता है।

यदि हम शब्दों के पुरुषवाची रूपों को प्रजातिगत मान लें, तो भी 'She' सचिवों, नर्सों, प्राथमिक पाठशालाओं के शिक्षकों Baby Seaters (बाल कुर्सियों), दुकानदारों और सफाई-कर्मचारियों के विषय में सामान्यीकृत रूप में प्रायः व्यवहृत नहीं हो पाएगा, जो विषमता को दर्शाएगा। तथ्य यह है कि यहाँ प्रायः काम करने वाले स्त्री ही हैं।

अतः **मिथ्या प्रजातिगतता** के व्यवहार का प्रभाव यह रहा है कि भाषा के द्वारा स्त्रियाँ प्रायः अदृश्य बना दी जाती हैं। दूसरे शब्दों में स्त्रियों के लिए भाषा के पास सदैव एक निश्चयात्मक स्थल-मात्र रहा है। **स्टेनली** (**Stanley, 1977**) ने इसे सिद्ध किया है। यहाँ **'स्त्री' 'पुरुष'** हो जाती है। **ग्राहम** (**Grahm, 1975**) यहाँ बहस करता है कि यदि आपके पास एक 'स' दल है, जो दो में आधा-आधा बटा हुआ है–'अ' ओर 'ब', तो यहाँ 'अं' और 'ब' 'स' नामक दल के सामान्य सदस्य समझे जाएंगे। पर यदि कोई सम्पूर्ण 'अ' दल के आधे भाग को 'अ' और दूसरे आधे भाग को 'ब' कहे, तब आधा 'ब' वाला भाग विचलित दीख पड़ेगा। यह अपवाद बन जाएगा, उपजाति बन जाएगा और बाहरी माना जाएगा।

यही नहीं, इस दावे के समर्थन में साक्ष्य प्राप्त करना आसान है कि जब स्त्रियाँ भाषा के द्वारा देखी जाती हैं तब वे प्रतिकूल आलोक में देखी जाती हैं। **Spender** का ऐसा विचार है। वास्तव में अगर स्त्रीवाची अंग्रेजी शब्द **Woman** को लें, तो 1970 के दशक तक की संस्कृति के अधिक भाग में इसकी निषेधात्मक लक्षणाएं प्राप्त होती हैं। यही नहीं, 1970 के पूर्वार्द्ध तक में कुछ दलों में ये लक्षणाएं अब भी प्रचलित दीखती हैं। सुश्राव्यता अथवा विनम्र पद की दृष्टि से विचार करें, तो **Woman** शब्द के व्यवहार की जगह अब तक कुछ दायरों में इसके लिए Lady शब्द का व्यवहार किया जाता है और जैसा **लेकोफ** (**Lakoff, 1975**) ने निर्दिष्ट किया है कि एक महिला को कैसे व्यवहार करना चाहिए और कैसी बातचीत करनी चाहिए, पहले भी इसके लिए स्पष्ट सामाजिक नियम थे, और अब भी हैं।

इन व्यावहारिक मानकों में कुछ भाषिक व्यावहारिक प्रयोगों में प्रतिबिम्बित होते हैं। **स्टैनली** ने अपने अध्ययन में ऐसे **दो सौ शब्दों** की गिनती की है, जो स्त्रियों के स्वच्छन्द संभोग से सम्बन्धित हैं और इसकी तुलना में पुरुषों और स्त्रियों के प्रति संस्कृति की सामान्य अभिवृत्तियों को उद्घाटित करते हैं। यह स्त्रियों में यौन-अभिवर्धकता को विचलित रूप में देखता है और पुरुष को इस क्षेत्र में भी अन्य क्षेत्रों की तरह प्रभुत्वपरकता प्रदान करता है। पुरुषोचितता का सिद्धान्त साहस, शक्ति, ओज और विवेक जैसे अभिलक्षणों को अपने में समाहित करता है, जबकि स्त्रियोचितता का सिद्धान्त भावावेग और कोमलता को समाविष्ट करता है। परिणामतः ऐसे विस्मयपरक बयानों को सुनना असामान्य नहीं है कि एक स्त्री, जो व्यावसायिक है, वह अस्वीकार्य स्त्रियोचितता के साथ, अपनी व्यवसायोचित स्थिति और योग्यता के साथ अपने को जोड़ने में समर्थ है, जबकि ठीक इसके विपरीत पुरुष की व्यावसायिकता के साथ उसकी पुरुषोचिंतता पर कोई टिप्पणी नहीं कर सकता। यह भाषा ही है, जो स्त्री और पुरुष के विषय में स्त्री के लिए **घरेलू नारी**

होने के सांस्कृतिक मानकों को दिखाती है और पुरुष के सन्दर्भ में उसे **घर के बाहर के कर्मी के रूप में** उपस्थित करती है। इसलिए **काम करने वाली स्त्री और काम करने वाली माँ** जैसे कथन कम प्रचलित हैं, जबकि **कार्यरत पिता** और **कार्यरत पति** जैसे शब्द अधिक प्रचलित हैं।

अन्त में तर्क के समर्थन में ऐसे भाषिक प्रमाण अन्वेषित करना कहीं अधिक आसान है, जो स्त्रियों की अपेक्षा पुरुषों की गुणवत्ता की बढ़ती कला को दर्शाते हैं। इसीलिए किसी लड़की का **Tomboy** कहना जहाँ उसकी तारीफ बन जाता है, वहाँ किसी लड़के को Sister शब्द से व्युत्पन्न रूप Sisy कहना प्रशंसक शब्द नहीं बन पाता।

भाषा के सन्दर्भ में पुरुष और स्त्रियों से सम्बन्धित भाषा का यह अध्ययन यह दर्शाता है कि किस तरह संस्कृति में पुरुष और स्त्रियाँ–दोनों अपनी धारणा में रूढ़िबद्ध बने हुए हैं। भाषा जिस रूप में उन्हें निरूपित करती है वहाँ भी उनके रूढ़िबद्ध अभिलक्षण सामने आ जाते हैं, जो वक्ता की स्थिति या यथापूर्व स्थिति को उलटना चाहते हैं। उनके लिए यहाँ एक सवाल उठा खड़ा होता है कि आखिर यह किस अनुपात पर होगा, जहाँ भाषा-व्यवहार में भी परिवर्तन हो या इस परिवर्तन के लिए उद्यम किया जा सके। इसका उत्तर इस बात पर निर्भर करेगा कि कैसे कोई भाषा और संस्कृति की नातेदारी को सामान्यतः देखता है। पर किन्हीं दो संभव अतिवादी उत्तरों का सही होना असंभव ही है। एक उत्तर यह हो सकता है कि भाषा-प्रयोग को उलटने से कुछ भी प्राप्त नहीं होगा, क्योंकि जो भी विकल्पात्मक पद नियुक्त होगा, वह भी पूर्व पदों में अन्तर्हित पूर्वाहित ध्वनियों से भर जाएगा। दूसरे अतिवाद पर यह उत्तर होगा कि केवल भाषा-व्यवहार का परिवर्तन ही पुरुष और स्त्रियों के बारे में उनके मूलभूत सांस्कृतिक विश्वासों में परिवर्तन ला देगा।

जिस बिन्दु पर किसी भी प्रकार का संदेह नहीं किया जा सकता, वह ऐसी उच्चतर जागरूकता है कि पुरुष और स्त्री के सम्बन्ध में भाषा किस प्रकार काम करती है। भाषा जिनके द्वारा व्यवहार होती है तथा जिनके बारे में व्यवहृत होती है, उनके प्रति भी जागरूकता ला सकती है कि वे दोनों संस्कृति के द्वारा किस तरह देखे गए हैं और किस तरह देखे जाते हैं। इस तथ्य को अस्वीकार नहीं किया जा सकता कि समाचारवाचक और समाचारपत्रों में रिर्पोट भेजने वाले तीसरे मिलेनियम में परूषवाची सर्वनामों का व्यवहार करने की कम संभावना दिखाते हैं, पर They का एकवचन के रूप में व्यवहार करने के संदर्भ में ये बीसवीं शताब्दी के छठे दशक की अपेक्षा कहीं अधिक संभावना दिखाते हैं।

9

भाषा : प्ररूप-विज्ञान (Typology) का सन्दर्भ

प्ररूप और भाषा का घनिष्ठ संबंध है। भाषा का प्ररूप-शास्त्र इस पूर्वानुमान पर आधारित है कि जिन रूपों में भाषाएं एक दूसरे से भिन्नता दिखाती हैं वे रूप अकस्मात् या यादृच्छिक नहीं हुआ करते हैं, न ही वे बेतरतीब होते हैं, बल्कि यह विभेद उन भाषिक अभिलक्षणों के बीच निर्भरता के विभिन्न प्रकारों को निर्दिष्ट करता है, जो प्ररूप ही दृष्टि से स्थिर, अचर भिन्नताएं नहीं हैं, अभिन्न विभेद नहीं हें। प्ररूप का रचाव अपनी सभी अद्वितीयता और विशिष्टता में वैयक्तिक भाषा के बीच सन्निविष्ट होता है आर अननुबंधित या अभिन्न अभिलक्षण सभी भाषाओं में प्राप्त होते हैं।

इस संदर्भ में तथ्यांकों का जो संग्रह किया गया है वे आंकड़े उन सीमाओं को दर्शाते हैं, जिनके अंतर्गत भाषा विभेद दिखा सकती है और ऐसा करते हुए वे भाषा की प्रकृति के बारे में बयान/विवरण भी मुहैया करते है। इस पर **मेलिन्सन** और **ब्लेक** ने 1981 में प्रकाश डाला।

प्रत्येक भाषा अनिवार्य तौर पर किसी एक वर्ग को ही निर्दिष्ट-नियत नहीं करती है। उदाहरण के लिए **सपीर** ने 1921 मैं जो रूपशास्त्रीय प्ररूप-विज्ञान का विवेचन किया हैं, उससे यह पता चलता हैं कि भाषाएँ तुलनात्मक श्रेणीमान पर किसी भी अभिलक्षण के मामले में व्यवस्थित की जाती हैं। **ग्रीनबर्ग** के 1954 के अध्ययन में ऐसे श्रेणीमान प्रत्यक्ष होने लगते हैं, जो दस संकेतों (Indices) के साथ किसी मापीय पद्धति की व्यवस्था के द्वारा स्पष्ट होते हैं।

भाषा का **प्ररूपशास्त्र** भाषाओं की ऐतिहासिक तुलना से सरोकार रखता है। यहाँ परिवारमूलक या आनुवंशिक वर्गीकरण ऐतिहासिक आधार पर आधारित होते हैं। पर यहाँ यह भी याद रखा जाना चाहिए कि इस तथ्य में कही कोई विरोध नहीं है कि निकट तौर पर संबंधित भाषाएं कुछ दूसरे विशेष प्रकार के प्ररूपशास्त्रीय वर्गीकरण में परस्पर अलगाई जा सकती हैं। यहां **ग्रीनबर्ग** की यह मान्यता भी ध्यान देने योग्य है कि भाषाएँ, जो एक साथ वर्गबद्ध होती हैं, वे या तो बहुत दूर से परस्पर संबंधित होती है, या एकदम संबंधित नहीं होती हैं। इस बात के पीछे कोई विवेक या तर्क

नहीं है कि क्यों **प्ररूप-शास्त्रीय** विशेषता को किसी भाषा-विषयक ऐतिहासिक तथ्य को स्वयं में समाहित नहीं करना चाहिए, जब तक कि यह पूर्वानुमान नहीं किया जाता है कि भाषा में प्राप्त होने वाली प्रगुणात्मकता स्वयं अपने-आप में ऐतिहासिक रूप में परस्पर सम्बद्ध है। उदाहरण के लिए यह ऐतिहासिकता अपने-आप में एक निकष है, जो कृत्रिम भाषाओं से प्रकृत भाषाओं को अलगाती है। **एस्परेन्तों** और **वोलापुक** जैसी कृत्रिम भाषाओं के विषय में हम जानते हैं।

1928 ई. में **स्लाव** भाषाशस्त्रियों की पहली कांग्रेस में भाषाविज्ञान के **प्राग निकाय** के भाषाविदों के द्वारा भाषावैज्ञानिक साहित्य के विषय में प्रस्तुत किए गए अनुसंधान में पहली बार **प्ररूप-शास्त्र** (**Typology**) जैसे शब्द का व्यवहार किया गया। उस समय तक भाषाओं का वर्गीकरण व्यापक स्तरपर पारिवारिक या आनुवंशिक ही था, जिसके मूल में यह धारणा निहित थी कि प्राचीनतर भाषा-स्रोतों से भाषाओं का विकास हुआ है और व्यापक **प्ररूप-शास्त्रीय** व्यवहार का संदर्भ भाषा को रूप-शास्त्रीय वर्गीकरण का ही था, जो आदर्श **प्ररूपों** के सदृश था। इसमें विभेदक तत्त्व, संयोजक तत्त्व, रूपनांतरण के तत्त्व, समावेशी तत्त्व, बहुसंयोगीय तत्त्व आदि सम्मिलित थे।

आदर्श विभेदकीय या आदर्श रूप में पृथक् की हुई भाषा वह है, जिसमें एक-प्रति-एक संगति शब्दों और रूपिमों के बीच प्राप्त होती है। ऐसा **कोमरी** (**Comerie**) का मत है, जिसे उसने 1981 में व्यक्त किया था। इस प्रकार के उदाहरण **वियतनामी** भाषा के साथ-साथ **चीनी** तथा कुछ और दूसरी दक्षिणी पूर्वी एशियाई भाषाओं में प्राप्त होते है।

कोई भी **योगात्मक** (**Egglutinating/egglutinative**) भाषा वह होती है जो वियोज्य प्रत्ययों को परस्पर मूलधातु से जोड़ती है, जिससे शब्द में अनेक रूपिम अस्तित्वमय हो उठते हैं। बड़ी बात यह है कि इनके बीच की सीमारेखा या सीमांत को हमेशा स्पष्ट होना चाहिए। प्रत्येक रूपिम का अपना यथोचित अविभेदी/अचर आकार होता है। **कोमरी** के द्वारा निर्दिष्ट निम्नलिखित उदाहरण इसे दर्शाते हैं। **कोमरी** ने तुर्की भाषा के संज्ञा शब्द **'आदम'** का उदाहरण दिया है, जिसमें उसके साथ रूप-साधन प्राप्त होते हैं।

	एकवचन	बहुवचन
कर्त्ता कारक (Nominative)	आदम	आदम-लार
कर्म कारक (Accusative)	आदम +ई	आदम + लारई
संप्रदान कारक (Dative)	आदम + आ	आदम-लार-आ
संबंध कारक (Genitive)	आदम-इन	आदम-लार-इन
अधिकरण कारक (Locative)	आदम-दा	आदम-लार-दा
अधिकरण कारक (Ablative)	आदम-दान	आदम-लार-दान

इस प्रकार की योगात्मकता में हंगरी और जापान की भाषाएं भी वर्गीकृत की जाती हैं।

कोई भी संयोगी या समावेशी भाषा वह होती है, जिसमें **रूपिम** प्रत्ययों के द्वारा तो प्रदर्शित होते है, लेकिन जिसमें प्रत्ययों के भिन्न-भिन्न भागों से जुड़े **रूपिम** को स्पष्ट तौर पर पहचानता कठिन होता है। यथा–लातिनी भाषा में **पुएल्लम, वेल्लम, एमो (Puellam, Bellan, Amo)**। इसका अर्थ है कि 'I Love the beautiful girl.'

यहां **एम** प्रत्यय संज्ञा के अंत में जुड़ा है और विशेषणक के बतौर संज्ञा स्त्रीवाची एकवचन कर्मकारक में है, पर 'ओ' प्रत्यय से अंत में जुड़ी क्रिया उत्तम पुरुष, एकवचन कर्त्ता को वर्तमान काल में निर्दिष्ट करती हे। कहना न होगा कि रूसी, प्राचीन ग्रीक और संस्कृत भाषाएं इसी तरह की **शिलष्ट योगात्मक** भाषाएं हैं।

एक बहुसंश्लेषी या समावेशी भाषा बड़ी सीमा तक इस प्रत्यय का व्यवहार करती है। अंग्रेजी भाषा में में संज्ञा क्रियाविशेषणों के साथ समाविष्ट होती दीखती है। कई बार तो वह क्रिया-सदृश ही दीखने लगती है। **एस्कीमी भाषा** से इसके उदाहरण द्रष्टव्य हैंः–

Tavva	Gunq	IKPIARJU (Q)
Then (suddenly)	they say	work-bag
-KU-(I-)	-Luni-	
by	while she	
Tigualaka		MI
Swept up	(In one motion	LOC (from)
UK	TAKANU-	NGA IKIJAQ-
Poss that	one there below her wayout	
TUQ-L	LUNI	QAJA(Q)R-NUN
She while Kayak	towards	

Then suiddenly, she swept up her work-bag from its place below her as she went out towards the Kayak.

इनके अतिरिक्त दूसरी **एस्कीमो** भाषाएं और कुछ **अमेरिकी भारतीय भाषाएं** भी बहुसंश्लेषी हैं।

कुछ भाषाएं तो इन कोटियों में से किसी एक में स्पष्ट तौर पर परिगणित हो जाती हैं। इस क्षेत्र में काम करने वाले भाषाविदों ने भी क्रमशः अभिवर्धित होती जाने वाली जटिल वर्गीकरण-व्यवस्था मुहैया की है। उदाहरण के लिए **सपीर** (1921) तीन प्राचल मुहैया करते हैं–

1. व्याकरणिक अवधारणाएं,
2. व्याकरणिक प्रक्रियाएं और
3. प्रत्यय की सुनिश्चितता।

इनमें से प्रत्येक के साथ बहुतेरे मूल्य जुड़े हुए हैं। **हॉर्ने (Hornie)** बताते है कि यह प्राप्त होने वाली कुल भाषा-संख्या का आधा है। यदि **प्ररूप-विज्ञान** इस भाषिक वैविध्य को क्रमबद्ध करना चाहता है, तब उस समय ऐसी व्यवस्था पर प्रश्न खड़े किए जा सकते हैं। इसके अतिरिक्त प्रायः **शब्द** और **रुपिम** के सीमांत को स्थिर करने में भी कठिनाई आती है और दोनों में से किसी **रूपवैज्ञानिक** तथ्य (फेनोमेनन) की संतोषप्रद परिभाषा तक पहुंचने में भी कठिनाई आती है। वास्तव में ये ही वे कठिनाइयाँ हैं, जो कामरी के अनुसार **रुपवैज्ञानिक प्ररुपशास्त्र** के लिए कई अनुप्रयोगात्मक कठिनाइयां भी उत्पन्न कर देती हैं।

प्राग स्कूल के भाषाविद् भाषा के **प्ररूपीकरण** में उस भाषा से संबंधित ध्वनि-विज्ञान में दिलचस्पी रखते थे। वास्तव में ध्वनि-वैज्ञानिक **प्ररूपीकरण** उन भिन्न-भिन्न रूपों पर आधारित है, जिनमें भाषाएं ध्वनियों को ध्वनि-वैज्ञानिक व्यवस्थाओं और आक्षरिक संरचनाओं में संघटित करती हैं। संभवतः इसका सर्वोत्तम विभेदक उदाहरण **तान** भाषाओं और **अतान** भाषाओं के बीच किया गया है। यह पार्थक्य उच्चार के सुर की प्रकार्यपरकता को विभिन्न भाषाओं में सुनकर स्पष्ट किया जाता है। संक्षेप में **तान** भाषाओं में सुर या बलाघात एक शब्द से दूसरे शब्द को अलगा देता है, जबकि **अतानीय** भाषाओं में सुर और बलाघात का ऐसा प्रकार्य नहीं होता है। **तान** भाषाओं के अंतर्गत जिनकी **तानता** विरोधी स्तर की होती है उनके बीच भेद दर्शाया जा सकता है। **तान** भाषाओं को **तान** की संख्या के आधार पर भी **प्ररूपों** में वर्गीकृत किया जा सकता है, जिन तानों को वह संवहित करती रही है और व्यवहार के आधार पर जिसमें तानता और आगे तक सक्रिय होती है।

ध्वनिवैज्ञानिक आधार पर भी भाषाएं परस्पर विभेद दिखाती हैं। विशेषतः उस आक्षरित संरचना के अंतर्गत, जिसे यह अनुमत करती है। प्रत्येक ज्ञात भाषा में ऐसे अक्षर आते हैं, जो व्यंजन के साथ स्वर को आकर्षित करते हैं। ऐसे में **अंग्रेजी** और **जर्मन** जैसी भाषाएं एक बड़े अनुपात में अक्षरों के आरंभ और अंत में व्यंजनों के संश्लेष को अनुमत करती हैं, जबकि **फ़िजी** और **हवाई** भषा में ऐसा नहीं होता। वहाँ एक व्यंजन-गुच्छ कई व्यंजनों को क्रमागतता में संवहित करता है। उदाहरण के लिए **जर्मन** भाषा के 'ANGST' और **अंग्रेजी** भाषा के 'SCREAM' स्क्रीम को लिया गया है, जिनके **डेनिश** रूप में दोनों व्यंजन-गुच्छ 'ANGSTSKRIG' में परस्पर इकट्ठा होकर युग्म बनाते हैं, जो अंग्रेजी में Scream of fear है, वह यहां उच्चारण में छह व्यंजनों को समाविष्ट करता है।

स्मरणीय है कि बीसवीं शताब्दी के मध्य से **प्ररूपवैज्ञानिक** अनुसंधान ने मुख्यतः **वाक्य-रचना** के क्षेत्र में प्रवेश किया और भाषा के सार्वजनीन तत्त्वों के अध्ययन के साथ उसे नजदीकी तौर पर जोड़ दिया। कुछ भाषा-यूनिर्वसल तो अभिलक्षण मात्र है, जो सभी भाषाओं की उत्साहबर्द्धक बहुसंख्यकता में उपस्थित

है। दूसरे सार्वभौम (यूनिवर्सल्स) तो विवक्षापरक हैं। यहां यह बताया जाता है कि यदि 'क्ष' नामक अभिलक्षण किसी भाषा में विद्यमान है तब समानतावश ऐसा प्रतीत होता है कि 'त्र' अभिलक्षण भी उस भाषा में उपस्थित होगा। इस **प्ररूपविज्ञान** के साथ सार्वभौम (यूनिवर्सल्स) को परिभाषित करने की दृष्टि में अभिलक्षण के चयन-क्रम में इनकी अंतःक्रीड़ा देखी जा सकती है। उदाहरण के लिए **ग्रीनबर्ग** के बहुतेरे सार्वभौम तत्त्व (यूनिवर्सल्स) कर्त्ता, कर्म और क्रिया के क्रम से एक **प्ररूपवैज्ञानिक** विश्लेषण को लागू करते हैं। कर्त्ता, कर्म और क्रिया उचित रूप में कहें तो पदबंध या वाक्य के अंगीभूत घटक हैं, किन्तु इन्हें समाविष्ट करने वाला **प्ररूपविज्ञान** सामान्यतः शब्द-क्रम से **प्ररूप-विज्ञान** को निर्दिष्ट करता है। शब्द-क्रम का **प्ररूपविज्ञान** शब्दों के क्रम के या संघटकों के क्रम के अध्ययन को भी समाविष्ट करता है। ऐसा प्रायः **संज्ञा पदबंध** में देखा जाता है, जहां यह विशेष रूप में ध्यातव्य तथ्य होता है कि क्या उस भाषा में **परसर्ग** की स्थिति है।

मूलभूत **शब्द-क्रम** की अवधारणा कर्त्ता, कर्म और क्रिया के रूप में व्याकरणिक भाषा में बड़ी मात्रा में सामान्य है। भाषाएं **प्ररूपीकृत** हो जाती हैं, प्रायः कर्त्ता कर्म और क्रिया के **शब्द-क्रम** में उपस्थित होती हैं और ऐसा प्रायः भाषा के सरल वाक्यों में ही होता है। सर्वोत्तम पर सामान्य मूलभूत शब्दों का क्रम **अंग्रेजी** और **फ्रांसीसी** के अनुसार sub + verb + object है। ठीक इसके विपरीत S O V संरचना **जापानी** और **तुर्की** में प्राप्त होती है। **जर्मन** व्याकरण प्रमुख उपवाक्यों में S V O संरचना निर्धारित करता है, पर S O V संरचना को आधारित पदबंधों में देखता है। जिन्हें **रोबिंस** (Robins) S V O भाषा के रूप में वर्गीकृत करता है। पर **वेल्श** भाषा में यह VSO क्रम बाद का सर्वाधिक सामान्य उदाहरण है। पर इनमें से छह विन्यास-स्थिति तर्कशः संभव हैं।

अपनी समाकृति की दृष्टि से यहां SOV, SVO, VSO, VOS, OVS, OSV, संरचनाएं प्राप्त होती हैं। ये पूर्व में मेडागास्कर द्वीपसमूह के मेलागेसी की इंडोनेशियाई भाषा में प्राप्त होती है और **हिक्स कारयाना** जो **उत्तरी ब्राजिल** की **कैरिब (Carib)** भाषा है, उसमें OVS (कर्म + क्रिया + कर्त्ता) संरचना मिलती है। ऐसी भाषाएं भी है जैसे **द्विरबल (Dvirbal)** (उत्तरी-पूर्वी क्वंसलैण्ड की आस्ट्रेलियाई भाषा) में कोई बुनियादी शब्द-क्रम निर्धारित नहीं है। इससे यह स्पष्ट होता है कि शब्दों के क्रम की **प्ररूपपरकता** इन भाषाओं में उनकी अपेक्षा अधिक सीमित है जिनमें बुनियादी तौर पर शब्दों की क्रमिक संरचना निर्धारित है।

तोन (Tone) भाषाएं ऐसी ही भाषाएं हैं और **प्ररूपरपकता** इन **तान (Tone)** भाषाओं में सीमित है। शब्दानुक्रम की यह **प्ररूपात्मकता** छह (संभव अनुक्रमों की सापेक्ष बारम्बारता में प्राप्त होती है। ऐसा **टोमलिन** (Tomlin) ने (1986) निर्दिष्ट किया है। SOV (कर्त्ता + कर्म + क्रिया) = SVO (कर्त्ता + क्रिया + कर्म) → VSO

(क्रिया, कर्त्ता, कर्म) → VOS (कर्म + कर्त्ता + क्रिया) = OVS (कर्म + क्रिया + कर्त्ता) → OSV (कर्म + कर्त्ता + क्रिया)। **टोमलिन** ने इस सापेक्ष बारम्बारिता की स्थापना 1063 भाषाओं से प्राप्त तथ्यों के आधार पर की है। साथ ही उसने इसकी व्याख्या भी **तीन सिद्धांतों** की अन्योन्य क्रियाओं के आधार पर की है–

1. **प्रतिपाद्य प्रथम सिद्धांत (Theme First PrincipleèTFP)**
2. **क्रिया कर्म अनुबंध-सिद्धांत (Verb-Object Bonding PrincipleèVOB)** और
3. **प्राणवंत प्रथम सिद्धांत (Animated First PrincipleèAFP)**

प्रतिपाद्य प्रथम सिद्धांत (TFP) के अनुसार ऐसी प्रतिपाद्यपरक सूचनाएं जो पूरी प्रोक्ति के विकास की दृष्टि से विशेष रूप में प्रमुख हैं, प्रायः सामान्य मुख्य पदबंधों में पहले रखी जाती हैं। **क्रिया-कर्म अनुबंधन सिद्धांत (VOB)** यह निर्दिष्ट करता है कि सामान्यतः किसी भी सकर्मक पदबंध का कर्म अधिक सघनता से कर्त्ता की अपेक्षा क्रिया के साथ संयुक्त होता है। **प्राणवंत प्रथम सिद्धांत** (AFP) की मान्यता है कि बुनियादी सकर्मक पदबंधों में संज्ञा पदबंध, जो सर्वाधिक प्राणीवाची होता है, वह दूसरों की अपेक्षा पहले आएगा। यह सिद्धांत अपने संघटना-क्रम में जितना कार्यान्वित होता है, इनके क्रमों में उतनी ही बारम्बारता होती है। इन सिद्धांतों को मानव सूचना-संसाधन की योग्यता की प्रक्रियाओं और सीमाओं सै इनके उभरने के आधार पर व्याख्यायित किया गया है।

संज्ञापदबंध के अंतर्गत शब्दों का क्रम विशेषण, संज्ञा, संप्रदान, संबंध और सापेक्ष पदबंध से सरोकार रखता है। ऐसी स्थिति में विशेषण और संज्ञा के लिए स्पष्ट तौर पर दो संभव विन्यासगत संस्थितियां होती हैं। **अंग्रेजी** और **तुर्की** में यह क्रम विशेषण + संज्ञा का होता है, तो **फ्रांसीसी** और **वेल्श** में संज्ञा + विशेषण वाले बुनियादी शब्दक्रम के साथ भाषाएं अधिक सह्य दिखती हैं। **फ्रांसीसी** में Le Petit Prince का अर्थ है–**छोटा राजकुमार**, जो Le Tapis Vert के बिल्कुल उलटा है, जिसका अर्थ **कालीन हरा**–The Carpet Green है। यहां विशेषण + संज्ञा वाली भाषाओं (अंग्रेजी मं ऐसे अपवादों के लिए ही सह्यता की स्थिति है। उदाहरण के लिए अंग्रेजी में The Carpet Green (वि + सं) कहना बहुत ही विचित्र प्रयोग माना जाएगा। इस प्रकार की संरचनाएं या तो पूर्वनिर्धारित आर्ष अभिव्यक्तियों, यथा–Princes Royal और कोर्टमार्शल (Court Marshal) में तथा कुछ काव्यात्मक विचलित अभिव्यक्तियों में ही देखी जा सकती हैं।

संज्ञा और संबंधवाचक पदबंधों में तीन संभव विन्यासपरक स्थितियां प्राप्त होती हैं। उदाहरण के लिए अंग्रेजी में **संबंधवाची पदबंध** के पहले **संज्ञा** आ जाती है। The Potato that the man gave to the woman, जबकि तुर्की भाषा में संबंधवाची या आश्रित पदबंध संज्ञा के पहले आ जाता है। यथा–

ADAM-IN KADIN-A VER-DG I
MAN GEN WOMAN DAT GIVE NOM SUF HIS
PATATES
POTATO

Man's to the woman giving his potato; that is that-the man-gave-to-the woman potato. यहां तीसरी संभावना यह बनती है कि संबंधवाचक या आश्रित पदबंध CIRCUM NOMINAL में एक प्रकार का शिखाचक्रण हो। उदाहरणार्थ–नीग्रो कांगो भाषा की एक शाखा मंडे की **बांबरा** भाषा के निम्नवाक्य को लिया जा सकता है। यह भाषा ऊपर **बोल्टा** में बोली जाती है–

TyE Be [N YE SO MIN N YE]

man the present I past house see d y o

build

–The man is building the house that I saw

–यहां ऊपर **बांबरा** भाषा का जो **को** में दिया गया पदबंध है वह **आश्रित पदबंध** है। पर यह एक ऐसी संरचना है, जो अपने से अकेली, स्थिर भी है। यहाँ इसका अर्थ होगा–I saw the house

इसलिए बांबरा में आश्रित पदबंधों में संज्ञा अभिव्यक्त होती है। यह उसका सामान्य प्रयोग है। उस व्याकरणिक संबंध में संज्ञा के लिए किसी पदबंध के अंतर्गत ही इसका समावेश होता है, पर मुख्य पदबंध में इसकी कोई अभिव्यक्ति नहीं होती। **बांबरा** भाषा में कर्त्ता + कर्म + क्रिया जैसा बुनियादी क्रम होता है और उसका आश्रित पदबंध मुख्यपदबंध में कर्म की ही तरह प्रकार्य करता है–'The man is the house that I saw building.

यहां यह ध्यान योग्य है कि ऐसी भी भाषाएं हैं, जिनमें ऐसी कोई संरचना बिल्कुल नहीं होती, जिसे हम **संबंधवाचक** या **आश्रित पदबंध** कह सकें। (संबंधसूचक) और (संज्ञा) के लिए भी वहां दो संभव क्रम हैं–

1. GN (संब + सं)
2. NG (सं + संब)

अंग्रेजी दोनों संरचनाओं का व्यवहार करती है। उदाहरण के लिए।

1. संबंधवाची + संज्ञा (EN)

   Man's son

2. संज्ञा संबंधवाची (NG)

   The son of the Man

ठीक इसक विपरीत **प्रांसीसी** भाषा में **संज्ञा+संबंधवाची** की एकमात्र क्रमस्थिति है और तुर्की में **संबंधवाची+संज्ञा** की एकमात्र विन्यासस्थिति है, जिसे व्याकरण में

अधिस्थित्यात्मक (Adpostional) शब्दक्रम की **प्ररूपात्मकता** कहा जाता है। उसका सरोकार इस बात के साथ होता है कि कोई भाषा प्रमुखतः **पूर्वसर्ग** (Preposition) का व्यवहार करती है या परसर्ग (Post-posistion) का व्यवहार करती है। अंग्रेजी में पूर्वसर्ग का व्यवहार होता है–For the Man जबकि हिन्दी और तुर्की में **परसर्ग** का व्यवहार होता है–हिन्दी मुनष्य के लिए और तुर्की–ADAM ICIN.

यहां **पूर्वसर्ग** और **परसर्ग** दोनों ही **अधिसर्ग** हैं। **अंग्रेजी** में संज्ञा के पूर्व यह अधिसर्ग आया है, तो **हिन्दी** और **तुर्की** में संज्ञा के बाद आया है। इस तरह इन भाषाओं को निम्नलिखित रूप में **प्ररूपीकृत** किया जा सकता है: APN-अंग्रेजी और NAP-हिन्दी और तुर्की।

एस्टोनियाई (**Estonian**) भाषाओं में दोनों क्रम चलते है। पर अधिकाधिक **आस्ट्रलियाई** भाषाओं में इनमें से कोई भी क्रम नहीं चलता है। शब्दक्रम की यह **प्ररूपात्मकता** विशेष तौर पर इसलिए महत्त्वपूर्ण समझी जाती है, क्योंकि यद्यपि तार्किक तौर पर वह दूसरे से स्वतंत्र है, फिर भी ऊपर विवेचित **शब्दक्रम-प्राचल** इन्हें सहसंबंधित करते दीखते हैं। उदाहरणार्थ NAP का क्रम SOV संरचना को सहसंबंधित करता दीखता है, जबकि APN का क्रम NSO संरचना को सहसंबंधित करता है। APN शब्द-क्रम संज्ञा +संबंधवाची (NG) संरचना से संबंधित है, तो NAP संबंधवाची+संज्ञा (GN) संरचना से संबंधित है। इसी तरह VSO (क्रिया+कर्त्ता+कर्म) संरचना जहां **NA** (सं+वि.) से सहसंबंधित है वही SOV+NG, **NA** (सं+वि.) से सहसंबंधित है।

व्याकरणिक **प्ररूपशास्त्र** व्याकरणिक कोटियों का भी व्यवहार करता है। वहां कारक, लिंग, वचन और काल इस वर्गीकरण के आधार बनते हैं।

कालक्रम से भाषाएं अपने क्रम से अपने प्ररूप में परिवर्तित होती हैं। उदाहरण के लिए बिना नासिक्य स्वर वाली भाषाएं निम्नलिखित स्थिति में **नासिक्य स्वर** को ग्रहण कर लेती हैं। पूर्वतः जो मुख-विवर से उच्चरित होने वाली स्वर ध्वनि रही है, वह **नासिक्य** व्यंजन ध्वनि के पहले आने के कारण स्वतः **नासिक्यीकृत** हो जाती है। यहां मूलतः **नासिक्य** व्यंजन ध्वनि ही अपने **पूर्ववर्ती अनुकूलन कारक तत्त्व** को खो देती है और इस तरह **मुख-विवरीय** और **नासिक्य** ध्वनियां विरोध में आ जाती हैं।

इसे **प्ररूपशास्त्रीय** परिवर्तन का दूसरा सशक्त निरूपण काल के अंतराल से **स्प्राखबंद** (SParchbund) के **तत्त्व** (फिनोमेना) में प्राप्त होता है। जब भाषाएं भौगोलिक रूप में निकट या निकटस्थ सान्निध्य में होती हैं और उनके वक्ता एक-दूसरे के साथ मुक्त-रूप में अन्योन्य क्रिया या बातचीत सम्पन्न करते हैं। तब कई बार ऐसा घटित होता है कि आनुवंशिक तौर पर उन भाषाओं के परस्पर

संबद्ध नहीं होने के बावजूद वे एक दूसरी के साथ कई अधिक अभिलक्षणों में सांझ प्रस्तुत करती हैं। इसनी सांझ वे अपने भाषिक परिवार की सदस्य भाषाओं के साथ ही नहीं कर पाती हैं। इस प्रकार के तत्त्व (फिनोमेना) का अध्ययन **क्षेत्रीय प्ररूपशास्त्र** (Areal Typology) कहलाता है और भाषाओं का वह समूह जो भौगोलिक निकटता के कारण समान हो जाता है उसे **स्प्राखबंद** (**Sparch bund**) या **भाषासंघ** (Language Union) कहा जाता है।

कोमरी (**Comrie**) बताता है कि यह **क्षेत्रीय प्ररूपशास्त्र** उस आरंभिक खोज से आविर्भूत हुआ जब कि अलग-अलग शाखाओं की भाषाओं में समानता के सूत्र मिले। आधुनिक **ग्रीक** भाषा और **अल्बानियंन** भाषा दोनों भारोपीय भाषा-परिवार की अलग-अलग शाखाएँ हैं। उसी तरह **बुल्गारियन** और **मेसेडोनियन स्लाबी परिवार** की भाषाएं हैं। **रोमानी रोमान्स भाषा-परिवार** की भाषा है तथा अन्य कई भाषाएं **बाल्कन** क्षेत्र में बोली जाती हैं। इन सब में बहुतेरे **सामान्य अभिलक्षण** प्राप्त होते हैं, जिन्हें वे आनुवंशिक तौर पर अधिक निकटता से जुड़ी भाषाओं के साथ सांझ नहीं कर पाते हैं। यद्यपि ये सभी भाषाएं भारोपीय परिव्रार की हैं, पर ये उसकी भिन्न-भिन्न शाखाओं के अंतर्गत आती हैं और इन शाखाओं की दूसरी भाषाएं उन अभिलक्षणों को प्रदर्शित नहीं कर पाती हैं, जिन्हें **बाल्कन** (**Balkan**) **भाषासमूह** प्रदर्शित करता है। इसके अंतर्गत सांझ रखने वाले शाब्दिक एककों की व्यापक श्रेणी समाविष्ट है, क्योंकि निकटतर भौगोलिक सान्निध्य में भाषा से ऐसी ही अपेक्षा होती है, पर इनमें प्रत्येक भाषा निम्नलिखित में से सारे या कुछ अभिलक्षणों पर भी अपना स्वामित्व रखती है। **संबंधवाचक** और **संप्रदानवाचक कारकों** में समन्वय का अभिलक्षण **संज्ञा पदबंधों** में **मूलकर्त्ता** और **अप्रत्यक्ष कर्म** दोनों को संकेतित करने के लिए एक ही रूप का व्यवहार किया जाता है। **परसर्गित उपपद**/आर्टिकल्स (**Articles**) निश्चित **उपपद** संज्ञा की अनुगामिता करता है। साथ ही क्रियार्थक संज्ञा के लोप को भी यहां प्रत्येक भाषा रूपांतरित करती है। यथा–'Give to me something to drink' को निम्नलिखित संरचना के बतौर अनूदित करती है–Give (to) me that, I-drink

इसमें जैसा **कोमरी** ने निर्दिष्ट किया है, संयोजक के द्वारा प्रस्तुत एक निश्चित आश्रित पदबंध के द्वारा यहां क्रियार्थक संज्ञा की जगह ले ली जाती है।

रोमानी	बुल्गारी
Da-MI-SA BEAU	Daj Mi Da PIJA
अल्बानी	आधुनिक ग्रीक
A-ME TE P	DOS MU NA PAJO

जैसा **कोमरी** निर्दिष्ट करता है, **प्ररूपशास्त्रीय** परिवर्तन का तत्त्व (फेनोमेना) यह प्रश्न खड़ा करता है कि क्या ऐसे भाषापरिवर्तन पर कोई प्रतिबंध या नियंत्रण

है या नहीं? तथ्य यह है कि इस क्षेत्र में किए गए अनुसंधान ऐसे अनेक नियंत्रणों को उद्‌घाटित करते हैं, जो यहां अनुप्रयोगात्मकता के सार्वभौम रूप में स्थिर हैं। उदाहरणार्थ–अगर कोई ऐसी भाषा संज्ञा-इतर पद को दूसरी ऐसी निकटस्थ भाषा से ले लेती है, तो वह **संज्ञा पदों** को भी इसी तरह ले चुकी होती है। यदि उन्हीं स्रोतों से ऐसी कोई भाषा शाब्दिक एककों को ग्रहण करती है, तो यह प्रत्यय-मात्र को भी ग्रहण कर लेती है। भाषा के इस क्षेत्र में **प्ररूपवैज्ञानिक** अनुसंधान के मुख्य केन्द्र निम्नलिखित विश्वविद्यालय रहे हैं– 1. स्टेनफोर्ड यूनिवर्सिटी, 2. द यूनिवर्सिटी ऑव सदर्न कैलिफोर्निया 3. द यूनिवर्सिटी ऑव कोलोन का भाषाविज्ञान विभाग (जर्मनी) तथा 4. रूस की एकेडमी ऑव साइंसेज़ के भाषाविज्ञान संस्थान का लेनिनग्राद अनुभाग। सामान्यतः यह भाषा ही है, जो **प्ररूपीकृत** होती है। पर भाषाओं के व्याकरणिक या अन्य अभिलक्षणों के विश्लेषण में **प्ररूपशास्त्र** जैसे **शब्द** को भी लागू किया जाता है। उदाहरण के लिए प्रसिद्ध अमेरिकी भाषाविज्ञानी **ब्लूमफील्ड** (1933-35) द्वारा **वाक्य-संरचना** के अतःकेन्द्रित (Endocentric) और **बहिःकेंद्रित** (Exocentric) जैसे किए गए विभाजन द्रष्टव्य हैं। **अंतःकेंद्रित संरचना** वह है,जो समान रूप, वर्ग की है पर वह इस वर्ग के लिए अवयव या संघटक के रूप में आती है। जैसे–Poor, John या **गरीब मेहता**। यहां दोनो शब्द एक ही वर्ग के है, क्योंकि ये संज्ञा पदबंध को संघटित करते हैं और वैसे ही हैं जैसे **केवल जॉन** या **केवल मेहता**। यहां **विशेषणक** और **नामिक** का अंतर द्रष्टव्य नहीं है। ठीक इसके विपरीत **बहिःकेंद्रित** संरचना समान रूपवर्ग की संरचना नहीं होती, यदि वहां उसके अवयव या संघटक के रूप में आई हो। उदाहरण के लिए John ran या मेहता दौड़ा। यह न तो पूरी तरह संज्ञा पदबंध है ओर न ही क्रिया पदबंध, बल्कि दोनों के संयोग और सहयोग से बना **वाक्य** है।

इस तरह यह स्पष्ट हो जाता है कि प्रत्येक भाषा पर विचार करने का अपना एक **प्ररूपशास्त्रीय संदर्भ** भी है, जहां **प्ररूपशास्त्रीय** विवेच्य अभिलक्षणों को उनमें देखा जा सकता है। भारत में भी पारिवारिक दृष्टि से भिन्न परिवारों के होने के बावजूद भौगोलिक दृष्टि से सान्निघ्य में बोली जाने के कारण ऐसी **प्ररूपशास्त्रीय समानता** की खोज की जानी चाहिए। जैसे तमिल और जनजाति-भाषाएँ, तेलगु और **जनजाति भाषाएँ, हिन्दी** और **सन्थाली भाषाएँ,** हिन्दी और **मुण्डा भाषा।**

10

भाषा : भाषा-व्यवहारशास्त्र (PRAGMATICS) का सन्दर्भ

इस मूल अंग्रेजी पद का पहला व्यवहार **सी.डब्ल्यू. मोरिस** के द्वारा 1930 में अर्थविज्ञान की शाखा के बतौर संकेत (Signs) और निर्वचक के (Intrpretant) सन्दर्भ में किया गया। भाषा का एक सन्दर्भ उपकी संघटनात्मकता का है, तो दूसरा सन्दर्भ उसकी प्रयोजनपरकता का। भाषा का **व्यवहारशास्त्र** इस प्रयोजनपरकता से जुड़ा हुआ है। इसलिए **भाषा-व्यवहारशास्त्र** को परिभाषित करते हुए यह कहा जाता है कि यह विभिन्न स्थितियों में निहित प्रोक्ति के अर्थ-विषयक उन सिद्धान्तों का अध्ययन है, जो व्यवहारतः भाषा को शासित, संचालित और निर्धारित करते हैं। **ग्राइस** की चिन्तनात्मक कृति से इस ज्ञानानुशासन का प्रारम्भ होता है। इसके साथ ही **सार्ले (Sarle), ऑस्टिन (Austin)** के तथाकथित स्वाभाविक **भाषा-दर्शन** के अन्तर्गत आने वाले **वचन-कर्म सिद्धांत** का भी महत्व है। इन दोनों ने इस विषय-क्षेत्र के स्वरूप को व्यापकता प्रदान की। फलतः बहुत सारे अध्येता, विद्वान् और चिन्तक इसे भी इसके अन्दर समाविष्ट कर लेते हैं, जो मूलतः पहले भाषा-क्षेत्र के अन्तर्गत माने जाते थे। कुछ विद्वानों ने तो प्रोक्ति और अधिप्रोक्ति की संकल्पना को भी **अधिभाषा-व्यवहारशास्त्र (Macro-Pragmatics)** के रूप में विवेचित किया है। कई ने तो **सामाजिक भाषा-व्यवहारशास्त्र (Social-Pragmatics)** जैसे प्रकार की भी प्रस्तावना कर डाली है।

भाषा-व्यवहारशास्त्र का एक महत्त्वपूर्ण सिद्धान्त **विवक्षा-सूत्र का सिद्धांत (Theory of Implicature)** है, जिसका सीधा सम्बन्ध संवाद से बनता है। इसीलिए इसे **संवादपरक विवक्षा-सूत्र** कहा जाता है। पहली बार 1967 ई. में हॉवर्ड यूनिवर्सिटी में **विलियम जेम्स व्याख्यान-शृंखला** में **ग्राइस** ने **संवादात्मक विवक्षा-सूत्र** को प्रस्तावित-स्थापित किया था। इसका अभिभूत करने वाला मूलभूत उद्देश्य यह दिखाने में निहित था कि एक ओर औपचारिक तार्किक युक्तियों के अर्थों के बीच और दूसरी ओर उनके स्वाभाविक भाषाई प्रतिरूपों के बीच कहीं कोई अपबिन्दुता या विचलन नहीं है। यह विचलन निम्नलिखित रूप में उपस्थित होता है।

नहीं (Not)

तर्कशास्त्र में यह **निषेधक** इस रूप में काम करता है कि यदि P सत्य है तो P मिथ्या है या उसके विपरीत है। पर स्वाभाविक भाषा में ऐसे अनेक मामलों और उदाहरणों में ऐसा देखा जाता है कि वस्तु-स्थिति ऐसी नहीं है। उदाहरणार्थ **—चन्द्र प्रसन्न नहीं है।** यह नहीं भी हो सकता है। लेकिन इससे इस बात की गारन्टी नहीं दी जा सकती है कि **चन्द्र प्रसन्न** है, क्योंकि चन्द्र प्रसन्नता और अप्रसन्नता के बीच की P मानसिक स्थिति में भी हो सकता है।

और/एवं (And)

तर्कशास्त्र में P और Q ठीक उन्हीं स्थितियों में सत्य हैं, जिन स्थितियों में Q और P सत्य है। पर स्वाभाविक भाषा में **मनमोहन उठा और गिर गया** ठीक उन्हीं स्थितियों में जरूरी तौर पर सत्य नहीं है, जिन स्थितियों में **मनमोहन गिरा और उठ पड़ा** सत्य है।

अथवा/या (OR)

स्वाभाविक भाषा के व्यवहारकर्त्ता जब तर्कशास्त्रियों से भिन्न शब्द का व्यवहार करते है, तो उसमें उनकी रुचि या दिलचस्पी भिन्न प्रकार की होती है। तर्कशास्त्र में **पुस्तक पुस्तकालय** में है, यह जिस तरह एक सत्य कथन है, **पुस्तक पुस्तक भण्डार में है** यह कथन भी उसी तरह सत्य और वैध रूप में सम्पुष्टि-योग्य है, यदि इनमें एक भी **वियोजक (Disjunct)** सत्य है। पर यदि मुझसे किसी ने पूछा कि वह किताब विक्रय-पुस्तकालय में थी और यदि मैंने 'हां' कह दिया तो यह पूरे वियोजन को संपुष्ट कर देगा। ऐसे में संभव है कि मुझसे बातचीत करने वाला चिड़चिड़ा हो जाए, क्योंकि स्वाभाविक भाषा में यह अपेक्षा होती है कि इन **वियोजकों** में से कौन-सा **वियोजक** सत्य है 'या' का **पूर्ववर्ती** या 'या' का **परवर्ती**?

यदि/तो (IfèThen)

तर्कशास्त्र में P → Q इस तथ्य पर लागू नहीं होता कि Q परिणामी या अनुवर्ती होने के कारण सत्य है। वस्तुस्थिति में यदि 'P' मिथ्या भी हो, तो, अनुबंधित रूप में अपने साकल्य में यह सत्य होगा, जब तक कि Q सत्य है। पर स्वाभाविक भाषा में यदि मैं यह कहूँ कि **चार्ल्स अंग्रेज है और वह बहादुर है,** तो लोग मेरे कथन से यह समझेंगे कि **चार्ल्स की बहादुरी** उसके अंग्रेज होने का **परिणाम है।**

सभी/कुछ (AllèSome)

तर्कशास्त्र में E (Fx) के सत्य को 8Av (Fx) के सत्य के साथ संघर्ष करने की कोई जरूरत नहीं है। पर स्वाभाविक भाषा में कोई यह कहता है कि **कुछ विद्यार्थी अपनी परीक्षा उत्तीर्ण कर लेते हैं,** तो सामान्यतः उसका अर्थ यह लिया जाएगा कि **सभी विद्यार्थी अपनी परीक्षाओं में पास नहीं होते हैं।**

द (The)

बहुत सारे तर्कशास्त्री यह धारणा रखते हैं कि अंग्रेजी में यह 'द' **उपपद** एक निश्चित विवरण में सामने आता है, जो उस T फेनामिना को निर्दिष्ट एंव सन्दर्भित करता है, पर जिसे 'द' **उपपद** किंचित् परिवर्तित कर देता है और उसे न केवल अस्तित्ववान् होना चाहिए, बल्कि अद्भुत भी होना चाहिए। इसलिए तर्कशास्त्र में The Restaurant on the bristole road is excellent. जैसी अभिव्यक्ति का अर्थ यह होगा कि वहाँ ब्रिस्टलं रोड पर एक और केवल एक ही रेस्तरां है और वह अति उत्तम है। पर स्वाभाविक भाषा में बात ऐसी नहीं होगी। जिस किसी के सामने मैंने यह बयान दिया हो वह मुझसे ऐसा सवाल कर सकता है– "Which restaurant do you mean"?

इसलिए ऐसे सभी मामलों में यह मान लिया जाता है कि औपचारिक तर्कशास्त्रीय युक्तियाँ तथ्यतः स्वाभाविक भाषा का प्रतिरूप नहीं रखती हैं कि उनका अर्थ भी उन स्वाभाविक भाषा-एककों के अर्थ से मूलतः भिन्न दिखता है, सन्दर्भतः उन स्वाभाविक भाषा-एककों के अर्थ से, जो औपचारिक, तार्किक एककों के अनुवाद की तरह दिखते हैं।

इसीलिए इस तरह का सुझाव अनुचित और अप्राधिकृत होता है। **ग्राइस** इस सन्दर्भ में **'जो कुछ कहा गया है** और **जो कुछ परम्परित तौर पर विवक्षित (Implicated) है'** उनके बीच विभेदक रेखा खींचता है। एक तर्कशास्त्री और एक सामान्य भाषा-प्रयोक्ता हू-ब-हू एक ही कथन कहते हैं। पर यह स्वाभाविक भाषा की परम्परा है, जो तर्कशास्त्र के द्वारा सांझी नहीं की गई है कि शब्दों के व्यवहार में जहाँ हम उनकी कई विवक्षाओं के साथ सरोकार रखते हैं, कि वे क्या कहते हैं। इस तरह स्वभावतः हम इन वियोजकों में से किसी एक को निष्कासित कर देते हैं, यदि युग्म सामान्यतः पूर्ववर्ती और परवर्ती के बीच परिणामवादिता था अनुवर्त्तिता को **विवक्षित** करते हैं। यह विवक्षा, जो कुछ कहा जा रहा है, उसका भाग नहीं हो सकती है, इस तथ्य पर विचार करते हुए कि इसे खारिज तक किया जा सकता है। मैं यह कह सकता हूँ **अ** घटित हुआ, **ब** घटित हुआ, लेकिन उस अनुक्रम में घटित नहीं हुआ। यहाँ **उस अनुक्रम में घटित नहीं हुआ ही और** के अनुक्रम की विवक्षा को खारिज कर देता है।

यह व्याख्यायित करने के लिए कि विवक्षा के द्वारा क्या अर्थ निकलता है और यह दिखाने के लिए कि जो कहा गया है यह उससे पूरी तरह भिन्न है, **ग्राइस** (Grice) ने एक तीसरी धारणा प्रस्तावित की, जिसे **अपरम्परागत विवक्षा** (Non-Conventional implicature) कहा जाता है। यह परम्परागत विवक्षा से भिन्न है। इस तरह वह बहुत स्पष्ट तौर पर जो कुछ कहा जा रहा है उससे पृथक् है। उदाहरण के लिए—**अ** और **ब** दोनों अपने समान मित्र **स** के बारे में बातचीत

कर रहे हैं, जो एक बैंक में काम करता है। **अ ब** से पूछता है कि **स** अपने पेशे में कैसा कर रहा है और **ब** उत्तर देता है–"अरे, बहुत अच्छा। मैं सोचता हूँ वह अपने सहयोगियों को चाहता है और वह अब तक कभी बन्दीगृह में नहीं रहा है।"

यहाँ जो भी विवक्षित है वह **अ, ब** और **स** के बारे में बहुतेरे तथ्यों पर स्पष्ट तौर पर निर्भर है। साथ ही उन तीनों के जीवन-वृत्तों पर भी, न ही इस तरह किसी भी अर्थ में परम्परागत तौर पर विवक्षित है।

हाँ, अपरम्परित **विवक्षा** का एक उपवर्ग भी है, जिसमें परम्परागत पहलू हैं और **विवक्षा** का ऐसा वर्ग भी है, जो **भाषा-व्यवहारशास्त्र** के सिद्धान्त में इतना प्रभावी भी बना हुआ है। इसे ही **ग्राइस (Grice) संवादपरक विवक्षा (Conversational implicature)** कहता है। यह अनिवार्य तौर पर प्रोक्ति के सामान्य अभिलक्षणों के साथ संग्रथित होता है। प्रोक्ति के सामान्य लक्षण इस तथ्य में दृष्टिगत होते हैं कि यदि हमारे **वार्त्ता-विनिमय** को विवेक-सम्मत होना है, तो उन्हें ऐसी प्रोक्तियों से जुड़ा होना चाहिए, जो किसी-न-किसी रूप में परस्पर संग्रंथित हैं। जो इस संग्रथन को गारंटी देता है उसे **सहभागिता सिद्धान्त (Cooperative Principle)** कहा जाता है। इसके अनुरूप हमारा योगदान उतना ही होना चाहिए जितना कि अपेक्षित हो। जिस चरण में यह **वार्ता-विनिमय** के स्वीकृत उद्देश्य या निर्देश के द्वारा आविर्भूत होता है उसमें आप वचनबद्ध एवं वाग्दत्त होते हैं।

इस सिद्धान्त को अनुप्रयुक्त करने की दृष्टि से वक्ता को अनेक उप सिद्धान्तों का अनुगमन करने की आवश्यकता होती है। ये उप सिद्धान्त चार कोटियों में सामने आते हैं–

1. **परिमाण (Quantity)** सूत्र 2. **गुण (Quality) सूत्र** 3. सम्बन्ध **(Relation) सूत्र और प्रविधि (Manner) सूत्र।**

1. परिमाण-सूत्र (Maxim of Quantity): इसमें मुहैया की जाने वाली सूचना का युक्ति-युक्त अपेक्षित होता है।

(क) इसमें वक्ता को भाषा-विनिमय के दौरान तत्कालीन उद्देश्य हेतु जितनी सूचना अपेक्षित हो उतनी ही सूचना देनी चाहिए।

(ख) वक्ता को अपेक्षित से अधिक या कम सूचना प्रश्नकर्त्ता को नहीं देनी चाहिए।

2. गुणसूत्र (Maxim of Quality): यह एक प्रकार का परमसूत्र है। इसमें वक्ता को वार्तालाप में सदैव सत्य ही कहना चाहिए। विशेषतः ऐसा कथन कभी भी अभिव्यक्त नहीं करना चाहिए, जिसे वह मिथ्या और गलत समझता हो। यहाँ यह भी अपेक्षा की जाती है कि जिसके लिए पर्याप्त प्रमाण या लक्ष्य मुहैया नहीं

किये जा सकें वैसा कथन कभी नहीं करना चाहिए।

3. सम्बन्ध-सूत्र (Maxim of Relation): यह सूत्र यह निर्दिष्ट करता है कि वक्ता को सदैव तात्कालिक प्रसंग को ध्यान में रखना चाहिए। उसे सदा वार्तालाप की संगति को बनाए रखना चाहिए। पर **ग्राइस** इस कठिनाई से अवगत है कि प्रासंगिक को निर्णीत करना भी कभी-कभी कठिन हो जाता है। इस सन्दर्भ में **स्पर्बर (Sperber)**, और **विल्सन (Wilson)** के बीच का विवेचन द्रष्टव्य है।

4. प्रविधि सूत्र (Maxim of Manner): इसमें 'क्या कहा जाता है' से अधिक महत्व 'कैसे कहा जाता है' पर होता है। इसका संक्षिप्त, पर महत्त्वपूर्ण सूत्र है–'अपनी अभिव्यक्ति में सदा सुस्पष्ट रहो।' विशेष रूप में इसमें चार बातों पर ध्यान रखा जाता है–

(1) **अस्पष्टता** और **दुर्बोधता** से बचें।

(2) **अनेकार्थता** और **संदिग्धता** से बचें।

(3) संक्षिप्त कथन करें, **अनावश्सक अपविस्तार** से बचें।

(4) सदा **क्रमिक** और **व्यवस्थित** कथन ही करें।

पर **वार्त्ता-विनिमय** में प्रतिभागी ऐसे अपेक्षित सूत्र को बनाए रखने या उसे अनुपालित करने के अपने अनेक प्रयासों में विफल भी हो जाता है।

(1) यदि कोई इसका अतिक्रमण करता है, तो वह वहाँ भ्रम में डाल सकता है।

(2) कई बार प्रतिभागी यह भी कह सकता है कि मैं इसके विषय में बात नहीं करना चाहता और इस तरह वह अपेक्षित निर्वाह-क्रम के सूत्र को बनाए रखने की मर्यादा से बाहर हो जाता है।

(3) कभी-कभी सूत्रों की पारस्परिक विरोधिता भी होती है। प्रतिभागी उतना सूचनात्मक नहीं भी हो सकता है जितनी सूचना की उससे अपेक्षा की जाती है, क्योंकि उसके पास पर्याप्त साक्ष्य नहीं हो सकता है।

(4) कोई भी प्रतिभागी वार्ता-क्रम में मुखर तौर पर जानबूझकर सूत्र की मर्यादा की उपेक्षा कर जा सकता है।

जब किसी सूत्र की उपेक्षा कर दी जाती है, पर यदि वहाँ यह बात स्पष्ट दीखती है कि वार्ता का **सहभागिता-सिद्धान्त** निर्वहित हो रहा है, तो श्रोता को जिस प्रकार की **विवक्षा** की उपेक्षा उस सूत्र को फिर से **प्रतिष्ठित-स्थापित** या नियोजित करने की होती है वह उसे पूरा करता है। पर जब इस रूप में वार्तागत **विवक्षा** प्रजनित की जाती है तब **ग्राइस** के अनुसार उस सूत्र से लाभ उठा लिया जाता है। वैसे आंकड़े या सामग्री जिस पर श्रोता **विवक्षा** के सन्दर्भ में विश्वास करता है, वे निम्नलिखित पाँच अपेक्षाओं को समाहित करते हैं–

(1) प्रयुक्त शब्दों का परम्परित अर्थ और निर्देश्य अभिव्यक्तियों के सन्दर्भ।

(2) **सहभागिता-सिद्धान्त** और इसके सूत्र।

(3) सहपाठ और सन्दर्भ।

(4) पृष्ठभूमि का परिज्ञान।

(5) **वार्ता-विनिमय** के सभी प्रतिभागी यह मानते हैं कि सभी प्रासंगिक संदर्भ, जो ऊपर निर्दिष्ट एक से चार के अन्तर्गत उपलक्ष्य हैं, इसका अनुमान।

ग्राइस के अनुसार वार्तागत **विवक्षा** में निम्नलिखित पाँच अभिलक्षण होने चाहिए–

(1) इसे खारिज या निरस्त किया जा सकता है, क्योंकि पर्यवेक्षण के आधार पर यह **सहभागित-सिद्धान्त** पर निर्भर है और यह संभव है कि इसे पर्यवेक्षित करने से चुनाव से बाहर कर दिया जाए। प्रतिभागी महज इतना कह सकता है कि मैं इसे लागू करने के पक्ष में नहीं हूँ।

(2) यह उससे अवियोज्य है जो कहा जा रहा है। यदि वह बात भिन्न रूप में कही जा रही है, तो वही **विवक्षा** अभिव्यक्ति की दोनों प्रविधियों के लिए लागू होगी। यदि किसी चीज की उपलब्धता-हेतुक विफलता की वही **विवक्षा,** जो अभिव्यक्ति से जुड़ी होती है, (यथा–मैंने उसे करने की कोशिश की), वह निम्नलिखित पदान्वयों से भी जुड़ी होगी–'मैंने इसे करने की कोशिश की' और 'मैंने इसे करने का प्रयत्न किया।'

(3) यह अभिव्यक्ति के अर्थ का भाग नहीं है, क्योंकि यदि ऐसा होता तो यह खारिज या निरस्त नहीं किया जा सकता, बल्कि उस अर्थ के पूर्वज्ञान पर निर्भर होता।

(4) यह उसके द्वारा परिचालित भी नहीं है, जो अर्थ दिया गया है; पर उस कथन से अवश्य परिचालित है, जो कहा गया हैं या यह **वचन-कर्म** द्वारा परिचालित है, पर प्रतिज्ञप्तिपरक अन्तर्वस्तु के द्वारा नहीं।

(5) यह अनिर्धारणेय है, अनियत और अनिश्चित हैः प्रायः अनेक **विवक्षाएँ** सम्भव होती हैं। यद्यपि सामग्री के उल्लिखित प्ररूप श्रोता को सर्वाधिक संभव या पसंदीदा **विवक्षा** को निर्धारित करने में सहायता करते हैं।

यद्यपि **ग्राइस** अपने सूत्रों को इस रूप में वर्णित करता है कि **वार्ता-विनिमय** का उद्देश्य हर-हमेशा सूचना का विनिमय ही हो। पर वह स्वाभाविक रूप में इस बात से अवगत है कि वहाँ अन्य ऐसे कारण हैं, जहाँ सहभागी वार्ता से संलग्न होता है। वहाँ ऐसे सूत्र, सिद्धान्त और सरोकार भी हैं, जो उन मार्गों को प्रभावित करते हैं, जिससे लोग स्वयं को वार्तारत रखते है। **भाषा-व्यवहारशास्त्र** के परवर्ती अनुसंधान ने **ग्राइस** के द्वारा मुहैया किये गये आधारों को और अभिवर्धित किया है। उसकी योजना (Scheme) या रूपरेखा **सूचना-विनिमय** के मामलों के लिए

अच्छी तरह काम करती है। एक उदाहरण लें–यदि **'क' 'ख'** को **दूध** और **ब्रेड खरीदने के** लिए वापस भेजना है और **'ख'** की वापसी पर **'क'** यह पड़ताल करता है कि **क्या** तुमने खरीददारी की, तब उसे ख उत्तर देता है–हाँ, मैंने **दूध** लिया पर यहाँ **ख** तो अधिक सूचना मुहैया कर रहा है, क्योंकि यहाँ केवल **'हाँ'** या **'ना' में** उत्तर देने में सूत्र की प्रतिपूर्ति हो सकती थी। यहाँ यह भी कहा जा सकता है कि **ख** उसे पूरी सूचना प्रदान कर रहा है, यदि हम ऐसा मानते है कि जो भी खरीददारी की गई है यहाँ उसका पूरा विवरण देना अपेक्षित था। इसतरह यहाँ **परिमाण-सूत्र** खण्डित हो जाता है? पर **विवक्षा से क** यह निष्कर्ष भी निकाल सकता है कि **ख** के द्वारा ब्रेड नहीं लिया गया। ऐसे में यहाँ खण्डित सूत्र पुनर्नियोजित हो जाता है।

तर्क और वार्ता के प्रति प्रतिक्रियाएँः ग्राइस के सिद्धान्त की दो महत्वपूर्ण प्रतिक्रियाएँ हुईं। इनमें एक प्रतिक्रिया उसके द्वारा निर्दिष्ट व्यवस्था को और व्याख्यायित करने की है, जहाँ अन्तिम रूप में विभेदित सूत्रों और सिद्धान्तों को मुहैया किया जाए और जहाँ विनम्रता के अत्यन्त महत्त्वपूर्ण विषय को प्रवर्तित किया जाए। यह प्रतिक्रिया **लीच** की है। दूसरी प्रतिक्रिया **स्पर्बर** और **विल्सन** की है, **जो ग्राइस के सम्बन्ध-सूत्र** से जुड़ी है।

सिद्धान्तों का प्रचुरोद्भवनः लीच भाषा-व्यहारशास्त्र के प्रति अपनी सामान्यता के साथ उपस्थित होता है कि यहाँ वह सम्प्रेषण-समस्या का निदान करने वाला है। वह एक **वक्ता** है, साथ-साथ **सम्प्रेषक** भी है और उसे इस समस्या का समाधान भी करना है कि मै **इस** और **उस** के बारे में ऐसा कुछ लाना चाहता हूँ, एक ऐसा परिणाम, जो श्रोता के चेतन में है। तब इसमें सर्वोत्तम मार्ग क्या है, जहाँ भाषा का व्यवहार करते हुए इस उद्देश्य को निष्पादित कर लिया जाए। श्रोता के लिए यहाँ एक दूसरे प्रकार की समस्या है, जिसे समाधान देने की जरूरत पड़ती है। यहाँ यह प्रदत्त है कि वक्ता ने इसके-उसके (Such-n Such) के बारे में कहा। पर उनके द्वारा कथित को समझकर उसने वक्ता के विषय में क्या जाना?

सहभागिता-सिद्धान्त अप्रत्यक्ष तौर पर श्रोता को परिप्रेक्ष्य भी मुहैया करता है। दूसरे शब्दों में यह इसकी भी व्याख्या कराता है कि कैसे श्रोता वक्ता की अप्रत्यक्षता की पड़ताल करता और उसे निर्वचित करता है। वक्ता इसे मुहैया करने में विफल हो जाता है। इसकी यह व्याख्या की जाती है कि वक्ता ने अप्रत्यक्ष कथन का चुनाव क्यों किया, बल्कि वह इसकी जगह सहज ढंग से यथातथ्यता को कह सकता था, जिसे वह समझ रहा था। इससे जिसकी व्याख्या होती है वही **लीच** के अनुसार **विनम्रता का सिद्धान्त** है। इसकी अभिव्यक्ति की दो प्रविधियाँ हैं–
1. निषेधात्मक 2. विधेयात्मक।

विनम्रता का सिद्धान्त, निषेधात्मकः इसमें अविनम्र माने जाने वाले विश्वासों, धारणाओं, विचारों की अभिव्यक्ति को न्यूनीकृत करना अपेक्षित होता है। शेष

चीजें समान होती हैं।

विनम्रता का सिद्धान्त, विधेयात्मकः इसके अन्तर्गत माने जाने वाले विश्वासी या अभिव्यक्ति को अधिक-से-अधिक निरूपित करने की अपेक्षा होती है। शेष चीजें समान रहती है।

उदाहरण संख्या एक देखें--(1) **क** हम सभी सुनन्दा की अनुपस्थिति को अनुभव करेंगें। हम सभी उसे मिस करेंगे।

(ख) **हाँ, हम सभी उसे मिस करेंगे**–यह उदाहरण **ग्राइस** के **परिमाण-सूत्र** को खण्डित करता है, क्योंकि यहाँ **ख** स्पष्ट तौर पर यह नहीं बताता है कि वह **उसे मिस नहीं करेगा।** यहाँ **ख** स्पष्ट तोर पर यह नहीं बताता है कि वह **उसे मिस नहीं करेगा।** यहाँ **विनम्रता के सिद्धान्त** के कारण ही वह इतना भर कहता है कि **हम सभी उसे मिस करेंगे।** पर वह नहीं कहता कि हम सभी उसकी अनुपस्थिति को अनुभव·करेंगे। दूसरा उदाहरण देखें। इसमें सम्बन्ध-सूत्र खण्डित हो जाता है।

माता–किसी ने केक की ऊपरी परत से बर्फ निकालकर खाया है।

बेटी–मैंने नहीं खाया है।

यहाँ **माता** के कथन में **विनम्रता का सिद्धान्त** पालित हो रहा है, क्योंकि वह सीधे अपनी बेटी को यह नहीं कहती कि उसने केक की ऊपरी परत की बर्फ खा ली है। पर **बेटी** अपने उत्तर में **अविनम्रता का परिचय** देती है। अतः यहाँ जो **विनम्रता का सिद्धान्त** अनुपालित होना चाहिए वह खण्डित हो जाता है। इस तरह इन दोनो ही उदाहरणों में **सहभागिता-सिद्धान्त** के सूत्र का उपयोग **विनम्रता सिद्धान्त** को निर्वचन के गहरे स्तर पर समाविष्ट· कर लेता है। **विनम्रता का सिद्धान्त** यहाँ **सहभागिता-सिद्धान्त** से अधिक महत्त्वपूर्ण और प्रभावशाली हो उठता है, क्योंकि **गुणात्मकता** यहाँ उत्सर्गित हो जाती है और यहीं यह **लीच** के द्वारा निर्दिष्ट **व्यंग्य-सिद्धान्त** की व्याख्या करने में सहायक हो उठता है। **लीच** के अनुसार यदि आपको आक्रमण करना ही है, तो कम-से-कम इसे उस रूप में कीजिए, जो मुखर तौर पर **विनम्रता सिद्धान्त** के साथ संघर्ष या विरोध करता न दीखे। हाँ, श्रोता को इसके लिए आप जरूर अनुमत कर दें कि वह आपकी टिप्पणी के रूप में **विवक्षा** के द्वारा वाचिक आक्रमण को समझ ले सके।

लीच अधिसंख्य अतिरिक्त सिद्धान्तो को भी प्रस्तावित-निरूपित करता है, जिससे अन्तर्हित अतिशयोक्ति को समझने की दृष्टि से अभिव्यक्ति के अधिक शैलीपरक पहलुओं की व्याख्या की जा सके। इस क्रम मे वह **अभिरुचि सिद्धान्त (Interest Principle)** को सुझाता-प्रस्तावित करता है। यही नहीं, इसके साथ ही **सुश्राव्यतावाद** और **न्यून कथन** की व्याख्या भी वह **पोलियाना** (Polyahna) सिद्धान्त के द्वारा करता है। इस सिद्धान्त की धारणा यह है कि लोग निराशामूलक पक्ष की अपेक्षा उज्ज्वल पक्ष को देखना पसन्द करते हैं। इसके अतिरिक्त वह

सुस्पष्टता सिद्धान्त (Clarity Principle), **मितव्ययिता सिद्धान्त** (Economy Principle) और **अभिव्यंजनात्मकता सिद्धान्त** (Expressivity Principle) को तालिकांकित करता है। यदि किसी मामले में इन सिद्धांतों की संख्या बढ़ जाती है, तो प्रत्येक पृथक् सिद्धान्त को साधारणीकृत होने की क्षमता घट जाती है। प्रत्येक सिद्धान्त कुछ ही उदाहरणों में प्रयोज्य हो सकता है। पर समग्रता में इसका लेखा-जोखा जटिलता को बढ़ाने वाला होगा। शायद इसी कारण अंशतः **ग्राइस** के सिद्धान्त की दूसरी प्रतिक्रिया ने **लीच** की अपेक्षा बृहत्तर अनुमोदन एवं स्वीकृति प्राप्त की है।

प्रासंगिकता का सिद्धान्तः ग्राइस के सिद्धान्त के विकास-क्रम में **स्पर्बर और विल्सन** किसी व्यक्ति के द्वारा किसी व्यक्ति को पूरी तरह सम्प्रेषित करने के लिए यह निर्दिष्ट करना शुरू कर देते हैं कि दूसरे को साफ तौर पर यह अवश्य पता होना चाहिए कि पहला व्यक्ति उसे कुछ सम्प्रेषित करना चाह रहा है। इसकी उपलब्धता की दृष्टि से पहला व्यक्ति प्रत्यक्ष दिखावटी व्यवहार में संलग्न हो जाता है। यह व्यवहार ही कुछ सम्प्रेषित करने के उद्देश्य को अभिव्यक्त करता है। जब एक **श्रोता यह पहचान** लेता है कि कैसा व्यवहार **यहाँ** जारी है, तब वह वक्ता **किस तरह की सूचना सम्प्रेषित** करना चाहता **है, इसके विषय में अनुमान करना शुरू कर देता है। स्पर्बर और विल्सन** का दावा यह है कि केवल **प्रासंगिकता का सिद्धान्त ही श्रोता को इस योग्य** बनाने के लिए अपेक्षित है। वे दोनों **इसका विवेचन नहीं करते कि कैसे** उसकी प्रत्यक्ष पहचान की जा सकती है। वे **अनुमान-भर** करते हैं कि मनुष्य जब किसी भी तरह के प्रदर्शन को देखता है तब वह उसे पहचान जाता है। फिर जब कभी यह प्रदर्शनात्मक व्यवहार पहचान लिया जाता है, तब श्रोता को यह प्रासंगिकता की गारण्टी भी मुहैया करता है। यह उस तरह की गारण्टी है, कि उस व्यवहार में संलिप्त कोई भी व्यक्ति, जो ऐसा लक्ष्य रखता है कि वह दूसरों को जानता हुआ दिखे, यह भी प्रासंगिक होगा। यह इस तरह की गारण्टी को कार्यान्वित करता है, क्योंकि मनुष्य स्वचालित तौर पर अपना ध्यान उस ओर मोड़ देता है, जो उसके लिए सर्वाधिक प्रासंगिक प्रतीत होता है। इस तरह **प्रासंगिकता का सिद्धान्त** भी महत्त्वपूर्ण है, जिसके अनुसार प्रत्येक प्रदर्शनात्मक सम्प्रेषण का कर्म अपनी इच्छित प्रासंगिकता के अनुमान को सम्प्रेषित करता है। दूसरे शब्दों में कोई भी किसी के साथ सम्प्रेषण के लिए प्रयत्न करता हुआ दूसरे व्यक्ति को यह गारण्टी मुहैया करता है कि लोग उसे जो भी कहना चाह रहे हैं वह प्रासंगिक होगा। यह उनके अभिव्यंजन की प्रविधि है, जो इच्छित प्रांसगिकता मुहैया करती है। इनका दायित्व वक्ता पर है कि श्रोता के लिए वह इसे प्रासंगिक बनाए। पर स्पर्बर और विलसन भाषाव्यवहार-शास्त्र में अपने इस सिद्धान्त को सर्वाधिक महत्त्वपूर्ण बताते हैं और **ग्राइस** के विवक्षा-सूत्रों का समावेश अपने इस

सिद्धान्त में अन्तर्भुक्त मानते हुए उसे निरस्तित्व कर देते है। इस पर टिप्पणी करते हुए **क्रिस्टेन माल्मकजेर** ने बताया है कि "So we do not need ricean principles. Relevance suffices to account for both the working out of what is said as such and for what is implied..."

यह सिद्धान्त प्रदर्शन के पीछे निहित मन्तव्य को जानने के लिए श्रोता को पर्याप्त आधार मुहैया करता है। यहीं पर **ग्राइस** के शेष सिद्धान्तों की बात भी उठती है, जिसको प्रायः अनदेखा कर दिया जाता है। जो-कुछ कहा गया है या उसमें जो-कुछ अन्तर्हित है, दोनों को जानने के लिए **प्रासंगिकता** आवश्यकता की पूर्ति करती है और वह व्याख्यायित भी कर सकती है कि क्यों वक्ता कुछ सूचनाओं को प्रच्छन्न छोड़ देता है। कोई वक्ता इच्छित प्रासंगिकता हेतु लक्ष्य रखता हुआ भी, जैसा कि एक वक्ता को चाहिए, प्रत्येक चीज को हर-हमेशा प्रच्छन्न छोड़ देगा। ऐसी प्रत्येक चीज जिस पर श्रोता को विश्वास हो सकता है और जिसमें कम प्रयत्न लगते हैं, यदि इसे प्रच्छन्न बना दिया जाए, तो सूचना को संसाधित करने की जरूरत पड़ेगी।

जो भी एक प्रदत्त व्यक्ति के लिए प्रासंगिक है वह उस व्यक्ति के तथाकथित संज्ञानात्मक परिवेश पर निर्भर है। यदि कोई आपको सम्प्रेषित करने का प्रयत्न करता है, तो वह आपके संज्ञानात्मक परिवेश को उलटने की कोशिश करता है। पर वह ऐसा करने में तभी सफल होगा, यदि वह आपसे जो-कुछ कह रहा हो, वह प्रासंगिक हो। इसलिए वक्ता को ऐसे असंख्य पूर्वानुमानों की जरूरत पड़ती है कि श्रोता का संज्ञानात्मक परिवेश भला क्या होगा?

किसी व्यक्ति का **संज्ञानात्मक परिवेश** उन तथ्यों का समुच्चय है, जिसे उस व्यक्ति ने उसे दिखलाया या प्रत्यक्ष कराया है। इस तथ्य के लिए किसी व्यक्ति-विशेष को किसी निश्चित समय में उसके दिखाए जाने का अर्थ यह होता है कि वह व्यक्ति-विशेष इसे प्रदर्शित करते समय मानसिक तौर पर समर्थ है और वह इसके प्रदर्शन को सत्य या सम्भावित सत्य के बतौर स्वीकार कर लेता है।

भाषा-व्यवहारशास्त्र में यह माना जाता है कि वक्ता के पास श्रोता को मुहैया करने के लिए तीन तरह की सूचनाएँ होती हैं। पर इनमें से एक प्रकार की सूचना श्रोता के द्वारा संसाधित की जाती है। यह अचेतन संसाधन का लेखा-जोखा है कि वहाँ जो-कुछ वर्णित-व्याख्यायित है, वह चेतन तक सूचना के पहुँचने से पहले ही घटित हो जाता है। यहाँ **स्पर्बर** और **विल्सन** स्मरणीय हैं—"प्रासंगिकता के दूसरे अध्याय में हमने प्रमुख अनुमानात्मक योग्यताओं के प्रतिमान की रूपरेखा दी है, जिसकी शाब्दिक बोधगम्यता में हिस्सेदारी है। पर यह प्रतिमान केवल एक प्रकार की अनुमानात्मक प्रक्रिया से ही सरोकार रखता है, जिसके विषय में हमारा दावा है कि वह स्वायत्त है और अचेतन तौर पर बोधगम्यता के दौरान उभरता है। हम

चेतन विवेकशीलता का विवेचन नहीं कर रहे हैं, जो कभी-कभी बोधगम्यता में अपनी भूमिका अदा करती है। हम यहाँ महज यह सुझा रहे है कि चेतन विवेकशीलता और अचेतन अनुमान से कैसे काम लिया जा सकता है?"

पुरानी सूचना, वह सूचना जो पहले से श्रोता तक को उपलब्ध है, वह संसाधन-योग्य नहीं होगी, जब तक कि किसी विशिष्ट संज्ञानात्मकता के लिए श्रोता को इसकी जरूरत न पड़े। यही नहीं, इसका तात्कालिक अभिव्यंजन भी नहीं होगा। तब ऐसे में श्राता को इसके बारे में जगाना श्रोता के लिए इसकी सरलतर पहुँच मुहैया कर सकता है, बजाए इसके कि वह प्रत्याह्वान के लिए अपना प्रयास करे। यदि घटनाओं के सामान्य क्रम में वक्ता श्रोता को कुछ कहता है और श्रोता इसे जानता है, तो वह इसे संसाधित नहीं करेगा।

यहाँ दूसरी सूचना श्रोता के लिए केवल खबर नहीं होगी, बल्कि किसी भी और चीज़ से बिल्कुल असम्बद्ध होगी। इस तथ्य को श्रोता जानता है। श्रोता, जो सब-कुछ कर सकता है, वह इसे पूरी तरह अलगा कर फलक पर ले सकता है, जो किसी भी चीज़ के लिए उतनी अप्रासंगिक है, जिससे श्रोता पहले अवगत है। अतः बिना किसी लाभ के लिए इसे करना अधिक प्रयत्न करना माना जाएगा।

तीसरे प्रकार की सूचना वह सूचना है, जिसे वक्ता श्रोता को देना चाहता है। यह नई सूचना है, पर यह पूर्व सूचना के साथ सम्बन्धित है और पहले से ही उसके संज्ञानात्मक वातावरण में प्रकट हो चुकी है, व्यक्त हो चुकी है। यह उस अर्थ में सम्बन्धित है कि नई सूचना पूर्व प्राप्त सूचना के साथ अनुमानात्मक प्रक्रिया के आधार-वाक्य के बतौर व्यवहृत हो सकती है, जिससे और आगे नई सूचना मुहैया की जा सकती है। यह ऐसी सूचना है, जो अब तक पूर्व और नये आधार-वाक्यों के सहयोग के बिना अनुमित नहीं हो सकी है।

जब नई सूचना का संसाधन सूचना-वैविध्य के ऐसे प्रभाव को आविर्भूत करता है तब यह प्रासंगिक है और जितना अधिक वह बहुप्रभावी है, उतना ही अधिक प्रासंगिक है, बशर्ते प्रभाव के लिए, सक्रिय प्रयत्न के लिए यह बहुत महंगा सिद्ध न हो। इसलिए अधिक नए पूर्वानुमान, नई सूचना, जिसमें कि श्रोता का पूर्वानुमान भी सम्मिलित है, श्रोता को अनुमत करती है कि वह अधिक प्रासंगिक रूप में इसे अपने प्रति परिणामित करे या प्राप्त करे।

प्रत्येक नया पूर्वानुमान अनुमानात्मक प्रक्रिया का निष्कर्ष है, जिसमें पहले से स्थापित पूर्वानुमान उसका आधार-वाक्य है। यह प्रक्रिया निगमनात्मक नियमों के समुच्चयों का समावेश है, जो स्वतः स्फूर्त तौर पर सूचना की निगमनात्मक प्रक्रिया में व्यवहार या आचरण के लिए लायी गयी है।

यह अनुमानात्मक सांधन तर्कशास्त्र के नियमों के अनुरूप ही आगे बढ़ता है, सिवा इसके कि दोहरे निषेध या परिचय और परिचय जैसी प्रक्रियाओं के द्वारा

बहुत सतही या घिसे-पिटे निष्कर्षों के प्रजनन की उपेक्षा करे। **स्पर्बर और विल्सन** की मान्यता है कि मानवीय निगमनात्मक उक्ति **बहिष्करण या विलोपन** नियमों के लिए पहुँच और प्रवेश बनाती है और यह उक्ति गैर-सतही निष्कर्षों या निहितार्थों को उत्पन्न करती है, जहाँ पूर्वानुमानों का एक समुच्चय **'क'** तर्कशः गैर-सतही रूप में किसी पूर्वानुमान **ख** पर लागू होता है यदि और केवल **यदि** के किसी निगमन में आरम्भिक धारणा का समुच्चय हैं, ऐसे निगमन में जिसमें केवल **बहिष्करण नियमों** का समावेश है। यहाँ **ख** अन्तिम प्रमेय के समुच्चय से सम्बन्ध रखता है।

कोई भी पूर्वानुमान अवधारणाओं के समुच्चय से बनता है। वह रूपाकार जिसमें धारणाएँ पूर्वानुमान को स्थापित करने के लिए व्यवस्थित की जाती हैं, उसे पूर्वानुमान का तार्किक रूपाकार कहते हैं।

प्रत्येक धारणा में किसी-न-किसी लेबल या पते का समावेश होता है, जो दो भिन्न और पूरक प्रकार्यों को सम्पन्न करते हैं। प्रथमतः यह स्मृति में एक पते के बतौर उभरता है, एक ऐसे शीर्षक के बतौर, जिसके तहत बहुतेरे प्रकार की सूचनाओं को संगृहीत और पुनः प्राप्त किया जाता है। द्वितीयतः यह किसी तार्किक रूपाकार के अवयवों के बतौर सामने आता है, जिसकी उपस्थिति के प्रति निगमनात्मक नियम संवेदनशील हो सकते हैं।

किसी अवधारणा में स्मृति में सुरक्षित सूचना तीन प्रकार की हो सकती है

1. तार्किक (Logical), 2. विश्वकोशीय (Encyclopedic), 3. शाब्दिक (Lexical)

तार्किक प्रविष्टि में निगमनात्मक नियमों का समुच्चय समाविष्ट होता है, जो तार्किक रूपाकार पर लागू होते हैं। इसके लिए वह अवधारणा संघटक या अंगीभूत है। इसमें अवधारणात्मक नियमों का भी समावेश होता है, जो कटौतियों या निगमनों या अनुमितियों को निर्धारित करते हैं। विशेषतः 'वह दौड़ा' से लेकर 'वह आगे बढ़ा' तक तथा 'ग्लास लाल है' से लेकर 'ग्लास रंगीन है' तक।

विश्वकोशीष प्रविष्टि जैसी वस्तुओं, घटनाओं या गुणवत्ताओं के बारे में सूचना का सवंहन करती है, वह इसे तात्कालिक बनाती है। उदाहरणार्थ **शाब्दिक प्रविष्टि** सामान्य भापा के पदबन्धों के बारे में सूचना को पेश करती है। ऐसे शब्दबन्ध और अर्थ अवधारणाओं और मन्तव्यों को जाहिर करते हैं। अवधारणाओं का पता तार्किक, विश्वकोशीय और भाषिक सूचना के प्रति पहुँच या मार्ग-बिन्दु सिद्ध होता है, जिसकी जरूरत उस पता का समावेश रखने वाले तार्किक रूपाकारों के संसाधन में पड़ती है।

वास्तविकता यह है कि हमारे पास मानवीय निगमनात्मक कौशल है, जो इनके प्रति अभ्यर्पित, पूर्वानुमान के किसी समुच्चय की अन्तर्वस्तु को व्याख्यायित

करती या विस्तार देती है और हमारी दिलचस्पी पुरानी और नयी सम्बन्धित सूचना के प्रभाव में होती है। इस तरह के संयोजन सा संचयन को नई सूचना का प्रासंगीकरण कहा जाता है। यहाँ पुरानी सूचना सुस्पष्ट तौर पर सन्दर्भ में समाविष्ट हो जाती है।

इसलिए इस सन्दर्भ में सन्दर्भ एक मनोवैज्ञानिक आधात्री है, तो दुनिया के बारे में श्रोता के अनुमान का उपसमुच्चय भी है। प्रत्येक नया उद्‌गार अपने निर्वचन के लिए थोड़े भिन्न सन्दर्भ की अपेक्षा रखता है। यह सन्दर्भीकरण निष्कर्ष को पैदा कर सकता है, जो केवल नई या पुरानी जैसी किसी सूचना से व्युत्पन्न होने योग्य नहीं है और ऐसे निष्कर्षों को पुरानी सूचना के सन्दर्भ में नई सूचना की **सान्दर्भिक विवक्षा** कहा जाता है। ऐसे में निगमनात्मक कौशल का केन्द्रीय प्रकार्य स्वतः स्फूर्त, स्वायत्त और शर्तहीन रूप में पुरानी सूचना के सन्दर्भ में प्रस्तुत नई सूचना की **सान्दर्भिक विवक्षा** को व्यक्त करना है। ये **सान्दर्भिक विवक्षाएँ** सान्दर्भिक प्रभाव हैं और इनकी प्रासंगिकता सान्दर्भिक प्रभाव के सन्दर्भ में विशेषीकृत होती है, जो सापेक्ष रूप में विस्तृत प्रक्रियाई प्रयास से उपलब्ध है। इसलिए प्रासंगिकता की अवधारणओं को इसकी दो तथाकथित, विस्तारित शर्तों के रूप में परिभाषित किया जा सकता है।

प्रासंगिकता

विस्तार-प्रसार की शर्त-संख्या एक : कोई भी पूर्वानुमान उस सन्दर्भ में उस विस्तार तक प्रासंगिक है, जहाँ तक उसके सान्दर्भिक प्रभाव इस सन्दर्भ में व्याप्त हैं।

विस्तार की शर्त-संख्या दो : ऐसा पूर्वानुमान अपने सन्दर्भ में उस सीमा तक प्रासंगिक है, जिस सीमा तक अपेक्षित प्रयत्न इस सन्दर्भ में इसे संसाधित करने के लिए लघु हो।

स्पर्बर और **विल्सन** यह पूर्वानुमित करते हैं कि मस्तिष्क अपने प्रयत्नों और प्रभावों का मूल्यांकन-निर्धारण करता है। वह भी मस्तिष्क में शरीर-रासायनिक परिवर्तनों को मोनिटर या प्रबोधित कर।

सन्दर्भ, जो अभिव्यक्त पूर्वानुमान है, अपनी निगमनात्मक प्रक्रिया में नयी सूचना से जुड़ते हैं। यह सन्दर्भ स्वतः प्रासंगिकता की विशेषता के द्वारा ही चुना जाता है। मस्तिष्क सदा स्फूर्त रूप में सन्दर्भ मुहैया करता है, सूचना का नवांश देते हुए जो उस सूचना के अंश के लिए कम-से-कम संसाधित प्रयत्न हेतु सर्वाधिक प्रभावों को उत्पन्न करता है। प्रत्येक पूर्वानुमान, जो अनुमान की प्रक्रिया से उभरता है, अपनी निश्चित शक्ति रखता है, जो अपने प्रक्रियाई इतिहास से परिमाणित है। स्पष्ट प्रत्यक्षीकरण से व्युत्पन्न सूवना बहुत दृढ़ होती है। किसी विश्वसनीय के द्वारा मुहैया की गई सूचना पर आप विश्वास करते हैं, पर इसके

विपरीत किसी धोखेबाज या प्रपंचों के द्वारा मुहैया की गई सूचना विश्वसनीय नहीं होती है और निगमनात्मक रूप में उपलब्ध निष्कर्ष की शक्ति निगमन में व्यवहृत आधार-वाक्य की शक्ति पर निर्भर होती है।

सान्दर्भिक प्रभाव के तीन रूप हैं, जो पुरानी सूचना के सन्दर्भ में नयी सूचना के संसाधन से व्युत्पन्न हैं। प्रथमतः तो वहाँ नये पूर्वानुमान हैं। द्वितीयतः वहाँ पुराने पूर्वानुमान का दृढ़ीकरण है। तृतीयतः नये, सुदृढ़ पूर्वानुमानों के पक्ष में पुराने पूर्वानुमानों का निष्कासन एवं बहिष्करण है, ये ऐसी नहीं सूचनाएँ हैं जो पुरानी को खण्डित करती हैं।

कोई भी भाषिक उत्तेजना, जिसे मस्तिष्क ग्रहण करता है, वह उसके विकोडन की सुचालित प्रक्रिया को परिवर्तित कर देती है। यह तार्किक रूपों के आकार में अर्थीय निरूपणों को प्रस्तुत करती है। ये तार्किक रूप चेतन से मुकाबला नहीं करते, बल्कि पूर्वानुमान की रूपरेखा के बतौर काम करते हैं, जो अनुमानतः पूर्णता के द्वारा प्रतिज्ञप्ति-रूपों में बनते हैं। प्रत्येक प्रतिज्ञप्तिमूलक रूप किसी एकमात्र प्रतिज्ञप्ति को निर्धारित करता है, जो उद्गार की अभिप्रायित, सुस्पष्ट अन्तर्वस्तु है। इसमें सान्दर्भिक प्रभाव नहीं है, इसीलिए यह चेतन अवधान के योग्य है।

इसके तार्किक रूपों की पूर्णता स्पष्टता को समाहित किए रहती है। चयनित रूपरेखा के सन्दर्भ और उसकी समृद्धि भी इसमें समाहित होती है। कुल मिलाकर यह जो भी बताती है वह अनुकूलतम प्रासंगिकता के निकष का व्यवहार करत हुए ही।

स्पर्बर और विल्सन के प्रस्तावों ने प्रभूत दिलचस्पी प्रजनित की है, जो भाषा-व्यवहार में समाविष्ट **यूरेका** फेनोमिना का आह्वानित प्रभाव मुहैया करती है। हमारे उपचेतन मस्तिष्क में जो भी चलता रहता है, चेतन के सक्रिय होने के पूर्व ठीक उसके पहले तक, तब तक कोई निष्कर्ष हमें ठीक अनुमान तक ले जाता है। हाँ, भाषा-व्यवहार के चेतन पहलुओं को भी लिखने में यहाँ अच्छी-खासी दिलचस्पी मिलती है, जिसमें फेनोमिना का वक्ता के द्वारा किया जाने वाला उपयोग सम्मिलित होता है।

बिनम्रता का सिद्धान्त : भाषिक **अन्योन्य क्रिया** में परोक्षता की अपनी व्याख्या में **सोच बिनम्रता** को आह्वानित करता है। उसके अनुसार **बिनम्रता का सिद्धान्त लागत** और **मुनाफे** की धारणा के सन्दर्भ की अपेक्षा करता है। साथ ही **प्रत्यक्ष बनाम परोक्ष** की भी। वह **लागत** और **मुनाफे** के श्रेणीमान तथा **बिनम्रता** के श्रेणीमान की नातेदारी की व्याख्या करने के लिए निम्नलिखित उदाहरण प्रस्तुत करता है। यह श्रेणीमान इसकी व्याख्या में उद्दिष्ट है कि किसी भी उद्गार की **अविनम्रता** आज्ञार्थक रूपों में आगे-पीछे बढ़ जाती है, इस असुविधा के साथ कि यहाँ कर्म-व्यापार श्रोता पर आरोपित है और यह भी लाभ की राशि के साथ आगे-पीछे व्याख्यायित हुआ है। यहाँ

यह भी द्रष्टव्य है कि **सैद्धान्तिक वचन-कर्म** में सम्भवतः हम सर्वोच्च उद्‌गार को श्रेणीमान की उच्चता पर वर्गीकृत करना चाहते हैं।

स्पष्ट तौर पर जो **लागत** और **मुनाफे** के श्रेणीमान के प्रति प्रांसगिक है, वह उद्‌गारं की प्रतिज्ञप्तिपरक अन्र्तस्तु है। **लीच** (Leech) द्वारा निर्दिष्ट प्रत्यक्षता और अप्रत्यक्षता के द्वितीयक श्रेणीमान को अभियक्ति-रूप के साथ अधिक करना पड़ता है, जैसा उसका उदाहरण निर्दिष्ट करता है। **प्रतिज्ञप्तिपरक अन्तर्वस्तु विनम्रतापरक अनुपात** के अनुरूप ही स्थिर रह सकती है। पर **विनम्रता** का अमुपात अभिव्यक्ति के रूप के साथ विभेद दिखाता है।

ब्राउन और लेविन्सन ने **विनम्रता** के तत्त्व को मानवीय अन्योन्य क्रिया की सार्वभौमता के सन्दर्भ में देखा है, यद्यपि **विनम्रता** का अभिव्यंजन एक समाज से दूसरे समाज में और समाज के अन्तर्गत वर्गों के बीच भी अपना भेद दिखाता है।

ब्राउन और **लेविन्सन** ऐसे सार्वभौम सिद्धान्तों को, जिसमें **विनम्रता** निहित होती है, इस प्रकार सारीकृत-निष्कर्षित करते हैं। प्रत्येक भाषा-भाषी समुदाय में एक प्रादर्श व्यक्ति होता है, जो अपनी भाषा को धाराप्रवाह बोलता है, जिसमें विवेक और **अग्रभाग होता है**। विवेकशीलता प्रादर्श व्यक्ति को बुद्धि के लिए उद्देश्य से साध्रन तक पहुँचाती है।

विनम्रता के सिद्धांत निम्नलिखित हैं–

1. सभी सांसदों के विधेयात्मक और निषेधात्मक चेहरे हैं और वे सभी विवेक-सम्पन्न प्रकर्त्ता हैं।
2. दूसरों के कार्य-व्यापारों के द्वारा चेहरे संजोकर रखे जाने के योग्य हैं। वे सामान्यतः सांसदों के पारस्परिक लाभ के लिए एक-दूसरे के चेहरे को बनाए रखते हैं।
3. कुछ कर्म-व्यापार आन्तरिक तौर पर चेहरे को धमकी देने वाले कर्म हैं। वस्तुतः वह विनम्रता के सिद्धान्त का **बीज-तत्त्व** है।
4. जब तक वक्ता चेहरे पर धमकी वाला व्यापार सम्पन्न करना नहीं चाहता, उसे कहीं अधिक कुशलता के साथ सम्पादित करना नहीं चाहता, तो वह श्रोता के चेहरे को सुरक्षित रखना चाहता है। यहाँ वक्ता चेहरे की धमकी के व्यापार को न्यूनीकृत करने की चेष्टा करता है।
5. नीतियों या युक्ति-कौशलों के निम्नलिखित समुच्चय को, जो कम-से-कम बढ़ रहे खतरे के भुगतान को निवेदित करता है, वक्ता या श्रोता के चेहरे को वह और अधिक धमकी देने लगता है।

विधेयात्मक **विनम्रता** श्रोता के विधेयात्मक चेहरे के प्रति अभिमुख होती है, विशेषतः श्रोता की जरूरतों और इच्छाओं के प्रति। यथा–**क्या आप मुझे इन केकों में एक केक देना पसन्द करेंगे?** ठीक इसके विपरीत **निषेधात्मक विनम्रता**

श्रोता के चेहरे के प्रति अभिमुख होती है। श्रोता की इच्छा यहाँ निर्बाधित होती है। **क्या इन केकों में से एक केक मुझे देना आपको दुखी कर देगा?** परम्परित अप्रत्यक्षता निषेधात्मक विनम्रता में स्वाभाविक तनाव से परिणामित होती है। विनम्रता के युक्ति-कौशलों को प्रमुख भाषिक कार्यान्वयीकरण, सम्बोधन-परोक्ष वचन-कर्म तथा सम्मान-सूचकत्व समाहित करते हैं।

वस्तुतः **विनम्रता** के स्तर को निर्धारित करने वाले तीन समाज-शास्त्रीय अवयव हैं, जिन्हें वक्ता श्रोता को सम्बोधित करते हुए प्रदर्शित करता है–1. वक्ता के ऊपर श्रोता की सापेक्ष शक्ति, 2. वक्ता और श्रोता के बीच की सामाजिक दूरी और 3. चेहरे पर धमकी देने वाले कर्म में समाविष्ट अध्यारोपण का श्रेणीमान।

ब्राउन और **लेविन्सन** का यह दावा है कि **विनम्रता** का यह फिनोमिना सार्वभौम हैं, पर जैसा **सईद (Saeed)** इस पर रोशनी डालते हैं, किसी सार्वभौम व्यवस्था के बारे में कुल मिला-जुला निष्कर्ष अस्पष्ट है। ऐसा प्रतीत होता है कि अनुसंधाताओं की वैश्विकता को मान लेने की अवधारणा परम्पराकरण के अनुपात के अनुरूप घटती है। यहाँ समाज में भिन्नता का अभिव्यंजन होता है, जिसकी वे पड़ताल करते हैं और यह विस्मयकर भी नहीं है। यद्यपि इस अन्तर के पर्यवेक्षण को प्रदर्शित करने के लिए वहाँ कठिन नियम हैं, तो इन नियमों का पर्यवेक्षण वक्ता को एक साभिप्राय सीमा तक **फेस थ्रेट** से रोकने की मुक्तता दे डालता है। **भाषा-व्यवहारशास्त्र कई रूपों में अदृश्य अर्थों का अध्ययन है। यह उसका भी अध्ययन है कि जो अर्थ निकल रहा है उसे हम कैसे पहचानते हैं, विशेषतः तब जब वह शब्दशः कहा नहीं जाता है।** इस क्षेत्र में ऐसे अनुमानों और प्रत्याशाओं की पड़ताल हमें कुछ ऐसी सूझ मुहैया करती है कि जो-कुछ भाषा में कहा गया है उससे अधिक हम भाषा से कैसे ग्रहण कर लेते हैं।

हम एक **विज्ञापन** को देखें और यह जानने की कोशिश करें कि उसके शब्द क्या कहते है और यह समझने की भी कोशिश करें कि **विज्ञापनदाता** क्या मंतव्य रखता है? एक उदाहरण हम Baby and Taddlor Sale का लें। हम वर्तमान समाज के सामान्य सन्दर्भ में यह अनुमान करते हैं कि यह भण्डार-घर अपने काउण्टर पर **बच्चों के विक्रय का व्यापार** नहीं कर रहा है, बल्कि इसकी जगह **छोटे बच्चे के कपड़ों का विज्ञापन** कर रहा है। पर यहाँ **कपड़े** के लिए **विज्ञापन** में किसी शब्द का व्यवहार नहीं किया गया। यहाँ हमारा सामान्य मन्तव्य यही होगा कि **विज्ञापनदाता** के सन्देश को समझा जाए, जो बच्चों के परिधान का विज्ञापन है, न कि बच्चों के विक्रय का। निश्चय ही विचारणीय तौर पर ऐसे अनेक प्रकार के सन्दर्भ हो सकते हैं। इनमें से एक सन्दर्भ वह है, जिसे हम Lignuistic Context कहते है। इसे **सहपाठ** (Co-Text) के नाम से जाना जाता है। किसी भी शब्द का **सहपाठ**

ऐसे दूसरे शब्दों के समुच्चय होता है, जिसे उसी पाठ के पदबंध में व्यवहृत किया जाता है। यह जो **सहपाठ** होता है, इसका पाठक पर बहुत सबल प्रभाव पड़ता है कि वह शब्दों से क्या अर्थ ग्रहण करता है। अंग्रेजी में आगत जर्मन भाषा से **Bank** शब्द एक बहुअर्थी शब्द है। ऐसे में एक विशेष वाक्य में उसके व्यवहार से हम कौन-सा अर्थ ग्रहण करेंगे? तथ्य यह है कि वहाँ जो भाषिक सन्दर्भ बनता है, उसके आधार पर ही हम अर्थ ग्रहण करते हैं। यदि किसी वाक्य में यह शब्द Steep या Over grown जैसे शब्द के साथ व्यवहृत होता है, तो पाठक को अर्थ-ग्रहण करने में कोई कठिनाई नहीं होती है, पर इसी प्रकार जब कोई कहता है कि **मुझे चेक कैश करने के लिए बैंक जाना है,** तो **भाषिक** सन्दर्भ से ही अर्थ ग्रहण हो जाता है।

भाषिक सन्दर्भ के अतिरिक्त भाषा में एक और सन्दर्भ होता है, जिसे **भौतिक संदर्भ** (Physical Context) कहते है। यदि किसी नगर के भवन पर यही **बैंक** शब्द लिखा हुआ हो, तो इसकी भौतिक स्थलीयता हमारे अर्थ-ग्रहण को प्रभावित करेगी। हम जो-कुछ पढ़ते या सुनते है उसका अधिकांश **भौतिक सन्दर्भ** के साथ अन्तर्ग्रथित या अनुबंधित होता है, विशेषतः समय और स्थल की दृष्टि से। यहाँ हम भाषिक अभिव्यक्ति का सामना करते हैं। प्रत्येक भाषा में कुछ ऐसे शब्द होते है जिनका सही निर्वचन बिना **भौतिक सन्दर्भ** को जाने बिना नहीं किया जा सकता है। इसे Dexis कहते है। जैसे—**यहाँ-वहाँ, अब-तब, यही-नहीं,** इसके अतिरिक्त **मैं, तुम, उसको,** जैसे **सर्वनाम** भी इस भूमिका को निभाते हैं। इस सन्दर्भ में यह जानने की इच्छा होती है कि वक्ता या लेखक कौन है? और वह कब और किसके विषय में कह रहा है? उदाहरण के लिए एक वाक्य लें– You will have to buying the bag tommorrow because they are not here now. यदि संदर्भ पता नहीं हो, तो यह वाक्य अपने-आप में बहुत अस्पष्ट है। इसमें ऐसी अस्पष्ट अभिव्यक्तियाँ कई हैं। You, that, tommorow, they here, now? इनके अर्थायन के लिए भौतिक सन्दर्भ जानने की अपेक्षा है, जिसमें यह उक्ति कही गई है। यहाँ वक्ता के **मन्तव्य** को जानना अपेक्षित होता है। ऐसी अभिव्यक्तियों को **Deiectic Expressions** कहा जाता है। यह मूल ग्रीक शब्द **Deixis** से व्युत्पन्न है, जिसका अर्थ **निर्दिष्ट करना (Pointing)** है। **Deixis** भी तीन तरह के होते हैं– 1. **व्यक्ति-निर्देशी,** (Person Deixis), 2. **स्थल-निर्देशी** (Place Deixis) तथा 3. **समय-निर्देशी** (Time Deixis)। यहाँ वक्ता के मस्तिष्क में जो व्यक्ति, स्थल और काल होता हैं, उसी से अर्थ ग्रहण किया जाता है। इसके अन्तर्गत **विनम्रता का कर्म, चेतावनी का कर्म, चेतावनी से वचाने का कर्म** आदि भी आते हैं।

भाषा-व्यवहारशास्त्र का क्षेत्र बहुत विशद् है। भाषा के द्वारा जहाँ तक किसी

को निर्दिष्ट किये जाने का प्रश्न है वहाँ यह माना जाता है कि शब्द अपने-आप में किसी पदार्थ को निर्दिष्ट नहीं करते, बल्कि लोग उन्हें निर्दिष्ट करते हैं। इसीलिए **भाषा-व्यवहारशास्त्र** में Reference को भी एक कर्म माना जाता है, जिसके द्वारा वक्ता व्यवहार कर सके। हम प्रायः यह मान लेते हैं कि जिन शब्दों का व्यवहार हम किसी पदार्थ की पहचान के लिए करते हैं, उन पदार्थों से उनकी सीधी नातेदारी है। पर यह इतना सहज नहीं है। कई बार हम किसी का नाम नहीं जान सकते, फिर भी हम उस व्यक्ति को निर्दिष्ट कर लेते हैं। जैसे **कावासाकी मोटरसायकिल चलाने** वाले व्यक्ति को उसके नाम से परिचित नहीं होने की स्थिति में उसे **कावासाकी** के रूप में ही हम निर्दिष्ट कर लेते हैं। इसी तरह **ताजा सलाद** बनाने, खाने वाले व्यक्ति को या **मसाला चाय** पीने वाले व्यक्ति को हम **ताजा सलाद** या **मसाला चाय** के नाम से पुकारने लगते हैं। इससे स्पष्ट हो जाता है कि हम चीजों या पदार्थों के साथ नाम का रिश्ता बिठाते हैं। ये दोनों ही स्थितियों में **सन्दर्भ** हैं। कई बार हम पदार्थों से व्यक्ति को निर्दिष्ट करते हैं, तो कई बार व्यक्ति से पदार्थ को निर्दिष्ट करते हैं। इसके लिए चलने वाली **बीज-प्रक्रिया** को **अनुमान** कहा जाता है। किसी **संज्ञा** शब्द की जगह जब हम **सर्वनाम** का व्यवहार करते है, तो हम **Anaphora** का व्यवहार करते है। **भाषा-व्यवहार** में कई बार पूर्वानुमान का भी सहारा लेना पड़ता है।

भाषा-व्यवहारशास्त्र की सबसे बड़ी मान्यता यह है कि **वचन** अपने-आप में एक **कर्म** है, जिसे वक्ता या लेखक सम्पन्न करता है। इस **वचन-कर्म** में ऐसे कर्म समाविष्ट होते हैं, जिन्हें हम आग्रह, आदेश, प्रश्न, सूचना आदि के रूप में देख सकते हैं। कई बार हम भाषा में केवल बयानबाजी करते हैं, वाक्य में प्राख्याकता ही होती है।

भाषा-व्यवहारशास्त्र के क्षेत्र में नये चिन्तकों में—**ब्लेस माओरे** (Blace Maore), **ग्रीन** (Green), **लीच** (Leech), **लेविन्सन** (Levison), **मे** (Mey), **यूले** (Yole) ने महत्वपूर्ण कार्य किये हैं, जबकि इसके आरम्भिक प्रवर्त्तकों में **ऑस्टिन** और **सार्ले** के नाम प्रमुख हैं। **भाषा-'व्यवहारशास्त्र** पर **लीच** (Leech) ने **Principle of Pragmatics** नाम से एक पूरी पुस्तक ही लिखी है, जो 1983 में **Longmen** से प्रकाशित है। उसमें **भाषा-व्यवहारशास्त्र** का सम्बन्ध **वक्ता** और **श्रोता** के बीच सम्बोधित माना गया है। **हैलीडे** द्वारा निर्दिष्ट **विचारात्मक** (Ideational), **अन्तर-वैयक्तिक** (Interpersonal) और **पाठात्मक** (Textual) प्रकार्यों का **लीच** ने उल्लेख किया है। **हैलीडे** ने अपने इन तीनों प्रकार्यों को पुनः दो-दो उपवर्गों में विभक्त किया है। **विचारात्मक प्रकार्य आंनुभविक** और **तार्किक** जैसे दो उपप्रकार्यों में विभक्त हुए हैं, तो **अन्तर-वैयक्तिक प्रकार्य मनोवृत्तिपरक** और **प्रभावपरक** जैसे दो उपवर्गों में और **पाठात्मक** प्रकार्य का मूल क्षेत्र **भाषा-व्यवहारशास्त्र** है।

अन्तर-वैयक्तिक प्रकार्य के मूल में जहाँ वक्ता का दृष्टिकोण निहित है, वहीं **पाठात्मक** प्रकार्य में **निवेश** का **प्रतिबन्ध** और **नियन्त्रण** सक्रिय है। वक्ता के दृष्टिकोण से **अन्तर-वैयक्तिक प्रकार्य** क्रमशः **निवेश, प्रतिबन्धन** तथा **निर्गत प्रतिबन्धन** के द्वारा विशेषीकृत होते हैं। इसलिए ये **व्याकरण** के अन्तर्गत नहीं आते। **श्रोता** के दृष्टिकोण से इनका प्रतिबन्ध उलट जाता है, जिससे कि **पाठात्मक** प्रकार्य **निवेश** को **प्रतिबन्धित** नियन्त्रित करता है, तो **अन्तर-वैयक्तिक प्रकार्य** विकोडन से निर्गत को **प्रतिबन्धित-नियन्त्रित** करता है। **हैलीडे** की दृष्टि में इन तीनों भाषिक प्रकार्यों का समतुल्य स्टेट्स है। पर वह **विचारात्मक प्रकार्य** को कुछ विशेष महत्व देता है। उसकी दृष्टि में **विचारात्मक प्रकार्य** ही भाषा-व्यवस्था में अर्थ का प्रमुख तत्त्व है।

11

भाषा : वचन-कर्म सिद्धांत (SPEECH ACT THEORY) का संदर्भ

वचन-कर्म सिद्धांत की मूल मान्यता यह है कि **वचन** भी एक प्रकार का **कर्म** है, जिसे मनुष्य संपादित करता है। यह सिद्धांत ऑक्सफोर्ड के दार्शनिक **जे.एल. ऑस्टिन (Austin)** द्वारा 1930 के बाद के वर्षों में प्रतिपादित हुआ। **ऑस्टिन** ने 1935 में **विलियम जेम्स व्याख्यान-शृंखला** में इसको प्रतिपादित किया। ये व्याख्यान संख्या में कुल बारह थे, जो 1962 में 'How to do Things with Words' शीर्षक से प्रकाशित हुए। यह सिद्धांत **बयान दोष** (Descriptive Fallacy) की प्रतिक्रिया में **ऑस्टिन** द्वारा आविर्भूत हुआ। **ऑस्टिन** जिसे बयान-दोष कहता है, उसके पीछे यह मूलभूत मान्यता निहित थी कि कोई भी घोषणात्मक/प्रख्यापक (Declarative) वाक्य हमेशा किसी क्रिया-व्यापार की स्थिति को, किसी तथ्य को वर्णित-व्याख्यायित करने के लिए व्यवहृत होता है, जिसे वह सच या झूठ के बतौर प्रतिपादित करता है।

पर **ऑस्टिन** ने यह स्पष्ट किया कि ऐसे बहुत सारे **प्रख्यात्मक वाक्य** हैं, जो न तो किसी चीज के विषय में बताते हैं, न ही उसे प्रतिवेदित, वर्णित या व्याख्यापित करते है। ऐसे में यह पूछना निरर्थक हो जाता है कि ये सच हैं या झूठ हैं। ऐसे वाक्यों की उक्तियाँ या उनका अंश किसी **कर्म** के सम्पादन को जताते हैं। यह इस प्रकार का कर्म है, जिसे सामान्यतः महज कुछ कहने के रूप में वर्णित-व्याख्यापित नहीं किया जा सकता। इसके लिए **ऑस्टिन** ने कई-उदाहरण दिए। उसने एक वाक्य लिया–'I do'. यह वाक्य किसी **विवाहोत्सव** के अंश के रूप में उच्चरित हुआ। इसी तरह I name this Ship the Queen Elizabeth- किसी उपयुक्त व्यक्ति के द्वारा उच्चरित किया गया, जबकि वह एक बोतल को नष्ट कर रहा था, उसे चकनाचूर कर रहा था, जहाज के स्तंभ पर प्रहार करता हुआ। **ऑस्टिन** का तीसरा वाक्य इस प्रकार है–"I give and be queath my watch to my brothers writtern in a will. I bet you six pence. It will rain tomorrow."

ऑस्टिन का यह मानना है कि इस प्रकार वाक्यों को अभिव्यक्त करना भी उनकी समीचीन स्थितियों में यह वर्णित-व्याख्यायित नहीं करता कि वहां क्या किया जा रहा है। पर वहां **कर्म** या **कर्म का अंश,** संपादित हो रहा है। इसे **ऑस्टिन** 'Performative' **प्रतिपादक** उक्ति कहता है, जिसे वह 'Constatives' उक्तियों से भिन्न मानता है, जो प्रायः किसी क्रिया-व्यापार की स्थिति या तथ्य को वर्णित-व्याख्यापित करने के लिए व्यवहृत होता है। **ऑस्टिन** के अनुसार केवल 'Constative' उक्ति ही **सच** या **गलत** हो सकती है, प्रतिपादक उक्ति **खुश** या **नाखुश** हो सकती है। **ऑस्टिन** इसे यह कहकर स्पष्ट करता है कि दो भिन्न प्रकार की उक्तियाँ भिन्न आयामों में अपना मूल्यमान व्यक्त करती हैं। इसीलिए 'Constatives' का मूल्यमान **सच** और **झूठ** के आयाम पर निर्भर है, जबकि **प्रतिपादक** उक्तियों का मूल्यमान **प्रसन्नता** और **अप्रसन्नता** के आयाम पर निर्भर है। किसी **सुखकर** या (Felicitious) **मनोहर** प्रतिपादन के लिए उसका निकष वे स्थितियां हैं, जहां ये उच्चरित-अभिव्यक्त होती हैं। वहां उन्हें **समीचीन** होना चाहिए। वहां कुछ **मनोहर** स्थितियां अवश्य होनी चाहिए या यदि कोई प्रतिपादक-उक्ति **दुखकर** या **अमनोहर** है, तो निश्चय ही वहां स्थितियों और अभिव्यक्ति के बीच के संबंध में कुछ-न-कुछ गलत घटित हुआ है, जिसमें कि यह अभिव्यक्त है।

किसी भी **प्रतिपादक** उक्ति के **सुखकर, मनोहर** प्रकार्य के लिए निम्नलिखित चार स्थितियां द्रष्टव्य हैं।

1. यह सामान्यतः स्वीकृत परम्परा होनी चाहिए कि विशेष स्थितियों में विशेष व्यक्तियों के द्वारा अभिव्यक्त विशेष शब्द विशेष प्रभाव उत्पन्न करे।
2. इस पारम्परीण प्रक्रिया में सभी प्रतिभागियों को इस प्रक्रिया को सही तौर पर पूरी तरह संपादित-अनुपालित करना चाहिए।
3. यदि परम्परा या रीति ऐसी है कि प्रक्रिया से प्रतिभागी को कुछ निश्चित विचार, अनुभूतियां और मंतव्य अवश्य प्राप्त होने चाहिए, तो प्रतिभागियों को तथ्यतः वे विचार, अनुभूतियां और मंतव्य अवश्य होने चाहिए।
4. यदि परम्परा या रीति ऐसी है कि प्रक्रिया में कोई भी प्रतिभागी अपने को परवर्तिता में एक निश्चित तौर पर अनुबंधित करता है, तो निश्चय ही तथ्यतः उस तौर पर अनुवर्तिता में ही व्यवहार करना चाहिए।

यदि इनमें से कोई भी निकष अपूर्त रह जाता है, तो **प्रतिपादक** एक या दो रूपों में अप्रसन्न होगा। यह इस बात पर निर्भर करेगा कि इनमें से कौन-सा मापदंड परिपूरित नहीं हुआ है। यदि कोई संख्या एक या संख्या दो के विरुद्ध है या अपराध-कर्म करता है,तो पारम्परीण कर्म उपलब्ध नहीं हो पाता है। उदाहरण के लिए यदि एक ऐसा व्यक्ति, जो पहले से ही विवाहित है, यदि दूसरा विवाह कर

लेता है, तो यह दूसरा विवाह निष्प्रभावी हो जाएगा। यह अकृत या शून्य माना जाएगा, क्योंकि इसकी स्थितियां दोषपूर्ण थीं या यदि एक विवाहित जोड़ा, पश्चिम में विवाहोत्सव के सभी रस्मों को संपन्न करेगा और पंजी पर हस्ताक्षर नहीं करेगा, तो भी वह विवाह अकृत और निष्प्रभावी माना जाएगा, क्योंकि वह पूरी तरह से संपादित नहीं हो सका। इन जैसे मामलों को, जिनमें कर्म संपन्न नहीं हो पाया, **ऑस्टिन** ने **मिसफायर** कहा है। इसका आशय है कि लक्ष्य संधान नहीं हो सका। पर यदि कोई संख्या-तीन और चार के विरुद्ध आचरण करता है, तो **पारम्परीण कर्म** संपादित हो जाता है, लेकिन उसकी प्रविधि का दुरुपयोग हो जाता है। कोई व्यक्ति यह कह सकता है कि मैं आपको बधाई देता हूँ या आपके साथ अपनी शोक-संवेदना व्यक्त करता हूँ। (I Congratualte you or I condole with you) पर ऐसा कहते हुए उसमें इसकी समीचीन अनुभूतियां जो प्रसन्नता या विषाद की हो सकती हैं, नहीं भी हो सकती हैं। इसी तरह कोई भी कह सकता है– I promise to be there जबकि उसके मन में वहां उपस्थित होने का कोई इरादा भी नहीं हो सकता है। ऐसे मामलों में इस कर्म को **पाखंडी** कर्म कहा जाएगा। यदि एक व्यक्ति यह कहता है कि मैं आपका स्वागत करता हूँ और फिर जिसे उसने संबोधित किया है, उसकी ओर गैर-स्वागती मुद्रा में बढ़ जाता है, तो यहां वह अपनी प्रतिबद्धता को स्वयं खंडित करता है। जिस निश्चित प्रविधि में अनुवर्तिता में उसे व्यवहार करना चाहिए उसे ही वह अनुपालित नहीं कर पाता है। ऐसे मामले के दोनों प्रकारों को दुरुपयोग का उदाहरण ही माना जाएगा। यद्यपि यहां **कर्म** संपन्न हो गया है, लेकिन कार्यप्रणाली का दुरुपयोग किया गया है।

इसलिए **प्रतिपादक** और **आख्यापक** के बीच का संबंध **प्रतिपादक** के लिए प्रसन्न होने का है, जबकि **आख्यापक** के लिए उसके सत्य होने का है।

1. I congratualate you to be happy.
2. I feel pleased for you must be true.

आगे **ऑस्टिन** यह प्रश्न खड़ा करता है कि **सच** और **झूठ** के आयाम, **प्रसन्नता-अप्रसन्नता** के आयाम के बीच का अंतर क्या इतना साफ है जितना यह पहले प्रतीत होता है, क्योंकि ऐसा लगता है कि प्रतिपादक उक्तियां भी अप्रसन्नता-दायक हो सकती हैं–All John's Children are baldé **जॉन** के सभी बच्चे गंजे हैं। ऐसे वाक्य उच्चरित तो हो सकते हैं, पर जिस **जॉन** के लिए यह वाक्य उच्चरित हुआ है उस **जॉन** को कोई बच्चा नहीं है और वह अप्रसन्न है। यहां **जॉन** उसी तरह अप्रसन्न है जिस तरह निम्नलिखित कथन की स्थिति है–I give and bequeath my watch to my brother as written in a will of a person who does not possess a watch. जब घड़ी देने वाले के पास घड़ी ही नहीं है, तो देने का प्रश्न ही कहां खड़ा होता है?

इस तरह ऊपर के प्रत्येक मामले में कुछ चीजें कथनों के द्वारा पूर्वानुमित कर ली गई हैं। जैसे **जॉन** है कि बच्चे के मामले में या वसीयत लिखने वाले के मामले में कि उसके पास घड़ी है जैसे पूर्वानुमान विफल हो जाते हैं। ये संदर्भ की सत्यता के अभाव में व्यर्थ हो जाते हैं। ठीक इसी तरह The Cats on the mat जैसी अभिव्यक्ति भी किसी ऐसे व्यक्ति द्वारा की जाती है, जो यह विश्वास नहीं करता है कि बिल्ली चटाई पर बैठी है। अतः यह उक्ति भी उतनी ही निरर्थक हो जाती है जितनी I promise to be there वाली उक्ति व्यर्थ हो जाती है, क्योंकि उसे वहां होने का कोई इरादा नहीं है। ऐसे में ये दोनों ही **अप्रसन्न** उक्तियां हैं, क्योंकि इनकी विविक्षाएं अपूर्ण हैं। इसलिए व्याख्यापक उक्तियां भी **अप्रसन्न** हो सकती हैं, जैसे **प्रतिपादक** उक्तियां होती है। द्रष्टव्य है कि यह अप्रसन्नता विवेक के वैसे ही प्रकारों से उभरती है, अभिव्यक्ति के दोनों ही प्रकारों में। Performative भी Constatives की तरह असत्य हो सकते हैं। उदाहरण के लिए–'I advise you to' do it. (मैं आपको इसे करने की सलाह देता हूँ), जैसी उक्ति एक झूठी उक्ति भी हो सकती है। इसी तरह 'I declare you to guilty' जैसे वाक्य को लिया जा सकता है। यह वाक्य जिसके विषय में कहा गया है यदि वह निर्दोष है तो निर्दोषिता में यह विरोधी उक्ति बन जाती है। कोई भी वाक्य तभी सत्य हो सकता है, यदि और केवल यदि यह भाषा के दर्शन के तथ्यों को सुसंगति देता है। **ऑस्टिन** यह भी निर्दिष्ट करता है कि यह निर्धारित करना भी कठिन लगता है कि कोई बयान सच है या झूठ है, क्योंकि तथ्य अस्पष्ट है और यदि तथ्य अस्पष्ट है, तो सत्य की धारणा की भी यही स्थिति है, जो इन पर निर्भर है। इसलिए वह आलोचना के आयाम के बतौर सत्य की अवधारणा को पुनः सूत्रीकृत करता है। इसके अंतर्गत वह बयानपरक वाक्यों का भी समावेश कर लेता है। वह उस स्थिति को लेता है जो वक्ता के बोलने की स्थिति है, वह उसके बोलने के उद्देश्य को लेता है। वह श्रोता और संदर्भ की सुस्पष्टता को भी ध्यान में रखता है। यह एक तरह से उसके देखने का आरंभ है, मानो यथार्थतः **ऑस्टिन** यह निष्कर्षित करता है कि कुछ अर्थ में सभी अभिव्यक्तियां **प्रतिपादक** हो सकती हैं।

व्याख्या के क्रम में बयानां के साथ क्या **गलत** हो सकता है? उसमें समाविष्ट प्रतिज्ञप्ति पर हम तुरंत अपना ध्यान केंद्रण नहीं कर सकते हैं, भले ही वह जो भी है, जैसा परम्परित तौर पर किया जाता रहा हो। हमें तो पूरी स्थिति पर विचार करना होगा, जिसमें अभिव्यक्ति निर्गमित हुई है।

सम्पूर्ण वचन कर्म–हम **बयानों** और **प्रतिपादक** उक्तियों के बीच समांतरता देखते हैं और यह देखते हैं कि इनमें प्रत्येक कैसे गलत हो सकता है। इसलिए विशेष मामलों में महत्त्वपूर्ण जैसे तर्क से थोड़ा-थोड़ा करके पूरी वाचक स्थिति में पूरा **वचन-कर्म** उभरता है और इस प्रकार हम **प्रतिपादक** के प्रति अलुमित

(Constative) अभिव्यक्ति को संयुक्त कर देते हैं। जो भी हो, बावजूद इसके, इन दोनों के अंतर को बचाए रखना संभव है। **ऑस्टिन** सच-झूठ तथा प्रसन्नता-अप्रसन्नता के आयाम पर केन्द्रित करने की अपेक्षा एक ऐसी शुरुआत करता है जो ठोस नहीं लगती। पर शायद हम यह निर्णय कर सके कि कोई वाक्य **प्रतिपादक** वाक्य है या नहीं। वह भी अभिव्यक्त वाक्य की जाँच करते हुए। यदि कोई यह कहता है 'कि मैं प्रतिज्ञा करता हूँ', पर यदि कोई यह कहता है 'मैं घूमता हूँ', जो महज यह कहने से वह घूमने का कर्म संपादित नहीं करता है। इसीलिए **प्रतिपादक** वाक्यों की संभाव्य जांच तात्कालिक जाँच (here by test) के नाम से जानी जाती है।

इसके तत्काल अभिव्यक्त होते ही उसकी वाचिकता और कर्मपरकता की जांच कर ली जाती है। **प्रतिपादक** वाक्यों के मामलों में यह हमेशा संभव है कि अंग्रेजी में उसमें 'here by' जैसे पद का प्रयोग किया जाए। जैसे–वसीयत करने के विषय में यदि कोई ऐसी उक्ति आती है–'I bequeath' और यह कर्म में भी फलित होती है, तो वहां इसका रूप इस तरह होगा–'I here by bequeath', इसी प्रकार यदि मुसाफिरों को चेतावनी दी जाती है, तो अंग्रेजी में चेतावनी के प्रचलित होने की स्थिति में यह वाक्य भी कुछ इसी तरह का होगा–'Passengers are here by warned'. पर जब भाषिक अभिव्यक्तियाँ Constative तरह की होती हैं, तब उन अभिव्यक्तियों में 'here by' नहीं होता है और न ही उसका प्रयोग किया जाता है।

इस तरह उपर्युक्त **प्रतिपादक** वाक्यों की स्थितियों में **कर्म** को निर्दिष्ट करने के लिए आनेवाली क्रिया का समावेश रहता है। फिर भी ऐसे कई प्रतिपादक वाक्य हैं, जिसमें **वचन-कर्म** निर्देशी या **प्रतिपादक** क्रियाओं का समावेश नहीं होता है और यहां तक कि वे **बयानपरक** वाक्य भी नहीं होते। कई बार कुत्ते, साँड़, आग जैसे शब्दों के उच्चार में भी **प्रतिपादक** वाक्य जैसी निहित स्थिति देखी जा सकती है। यथा–'I warn you that there is dog bull fire'. यहां यह अभिव्यक्त वाक्य **प्रतिपादक** वाक्य का ही स्वरूप दर्शा रहा है। जहां तक **प्रतिपादक** वाक्यों में सुस्पष्टता और प्रच्छन्नता या प्राथमिकता का प्रश्न है इनके बीच एक पार्थक्य किया जा सकता है। **ऑस्टिन** विश्वास करता है कि समाज के अधिक परिष्कृत होते जाने के कारण प्रच्छन्न **प्रतिपादक** वाक्यों से सुस्पष्ट **प्रतिपादक** वाक्यों का विकास हुआ है। कोई भी प्राथमिक **प्रतिपादक** वाक्य एक पूरे वाक्य में विस्तृत होने योग्य है, जिसके साथ एक क्रिया प्रथम पुरुष, एकवचन, निश्चयात्मक (इंडिकेटिव) या मध्यम या अन्य पुरुष कर्म-वाच्यीय स्थिति में होती है। यहां कर्म को निर्दिष्ट करने वाली क्रिया भी **प्रतिपादक** वाक्य के साथ संवहित होती है। **ऑस्टिन** ने अनुमान किया कि एक अच्दे शब्दकोश में 1000 से 9999 के बीच इन निष्पादक या वचन-कर्म क्रियाओं का खजाना होता है। इसलिए कोई भी 'Constative' एक **प्रतिपादक** वाक्य में विस्तार ग्रहण करने योग्य है, कुछ-न-कुछ

कर्म करते रहने की कोई भी अभिव्यक्ति या उसका अनुभाग और उसके बीच एकमात्र अंतर अभिव्यक्ति के रूप में उसको आवृत्त कर सकता/ढक सकता है। **प्रतिपादक** क्रियाएँ उन कर्मों को नामित करती हैं जो अंशवः या समग्रतः निष्पन्न किए जाते हैं, कुछ कहने के द्वारा ही (जैसे बयान देना, प्रतिज्ञा करना)। जो **गैर-प्रतिपादक** क्रियाएँ हैं, वे दूसरे प्रकार के कर्मों को नामित करती हैं। यहां पर **कर्म** के प्रकार **वचन-कर्म** से स्वतंत्र होते हैं। यथा–घूमना, सोना। **प्रतिपादक** क्रियाएँ क्योंकि संख्या में अधिक हैं, इसलिए **ऑस्टिन** ने यह आशा की है कि **वचन-कर्म** के बृहत्तर वर्गों तक यहां पहुँचना संभव हो सकता है, जिसके अंतर्गत अधिक सूक्ष्म तौर पर विभेदीकृत **वचन-कर्म** समाविष्ट होते हैं। इन बृहत्तर वर्गों तक पहुँचने के लिए उसने **भाषेतर बल** को भी विभेदीकृत किया, जो किसी **वचन-कर्म** में संभव होते हैं। किसी भी उक्ति के भाषेतर को अनुपालन के प्रभाव से तथा उसकी भाषिक स्थिति से अलगाया जा सकता है। हर समय हम भाषा को कुछ श्रोताओं के प्रति अभिव्यक्त करते हैं। ऐसा करने के समय हम तीन युगपत् कर्म संपादित करते हैं–1. भाषिक (Illocutionary) वचन-कर्म 2. भाषेतर (Locutionary) वचन-कर्म 3. अनुपालक (Perlocutionary) वचन-कर्म।

भाषिक वचन-कर्म को प्रतिपादित-निष्पादित करना पूरी तरह सामान्य स्थिति में कुछ-न-कुछ कथन अभिव्यक्त करना ही है। इसमें निम्नलिखित बातों का समावेश होता है–1. स्वनपरक कर्म (The phonic act) 2. सम्पर्क-द्योतक कर्म (The Phatic act)। जो भी शब्द उच्चरित करते हैं वे अपनी निश्चित शब्दावली उपस्थित करते हैं। साथ ही विशिष्ट व्याकरण के प्रति भी इसमें समनुरूपण होता है। 3. अगला कर्म **'Rehtic'** कर्म कहलाता है। यहां इन ध्वनियों में अर्थ और उनका संदर्भ विद्यमान होता है। जब ऐसी उच्चरित ध्वनियां या शोर इस परिप्रेक्ष्य से देखे जाते हैं, तब उसे **'Rhemes'** कहते हैं।

ये तीनों युगपत् कर्म परस्पर मिलकर **भाषिक वचन-कर्म** संपन्न करते हैं। जब-जब प्रत्येक काल-बिंदु पर कोई **भाषिक-वचन-कर्म** संपन्न करता है, तो वह इसके जरिये ही कुछ **भाषेतर वचन-कर्म** भी संपन्न करता हुआ दीखता है। जैसे–बयानबाजी, संकल्पनिष्ठा, चेतावनी, बाजी लगाना, दाँव लगाना आदि। यदि श्रोता भाषा की परम्परा से प्रसूत अपने ज्ञान के द्वारा उसको समझ लेता है, जिसे वक्ता संपन्न कर रहा है, तो वहां अभिव्यक्ति के **भाषेतर बल** के अंश को ग्रहण कर लेता है। यह **भाषेतर वचन-कर्म** श्रोता पर जो अपना सक्रिय प्रभाव छोड़ता है, उसे **अनुपालक वचन-कर्म** कहा जाता है। यथा–उकसाना, चमत्कृत करना, विश्वास दिलाना, निवारण करना, एतवार कराना, धोखा देना आदि का अनुपालन। **अनुपालक वचन-कर्म** में जो वस्तु है, उसे न कहकर उसके बारे में कुछ कह कर निष्पन्नता दी जाती है।

ऑस्टिन के व्याख्यान यह सुझाते हैं कि वह संभव है कि **वचन-कर्मों** के बृहतर वर्गों या परिवारों के बीच विभेद निर्दिष्ट किया जा सकें या कि उनमें निहित **भाषेतर बल** के आधार पर उन्हें वर्गीकृत किया जा सके। वह कुछ निम्नलिखित वर्ग सुझाता है–

1. **निर्णयात्मक (Verdictives) वर्ग**–इसमें किसी हिन्दी निर्णय, अनुमान, रिपोर्ट देने भरोसा रखने, ध्यान रखने, हिसाब-किताब साफ रखने, मूल्य निर्धारण करने, कूतने आदि को वर्गीकरण का आधार बनाया जाता है।
2. **अधिकारपरक (Excersitives) वर्ग**–इसके अंतर्गत शक्ति, अधिकार या प्रभाव का इस्तेमाल करने, मतदान करने, आदेश देने, निवेदन करने, परावर्श देने, चेतावनी देने आदि के आधार पर वर्गीकरण किया जाता है।
3. **उद्देश्यपरक (Commissive) वर्ग**–इसमें घोषणाएं, उद्देश्य को लेकर बयानबाजी आदि होती है, पर इसमें प्रतिज्ञाएं नहीं होतीं, पक्ष लेने की बात नहीं होती, जिसे **ऑस्टिन** Espousals कहता है। यहां यह वर्गीकरण किसी चीज को अन्यथा रूप में ग्रहण करने पर भी आधारित होता है।
4. **व्यवहारपरक (Behavitives) वर्ग**–इसके अंतर्गत सामाजिक व्यवहार, वक्ता की मनोवृत्ति, क्षमायाचना करना, बधाई देना, शोक-संवेदना व्यक्त करना, सराहना, प्रशंसा करना, चुनौती देना, अभिशप्त करना आदि को आधार बनाया जाता है।
5. **विवरणात्मक-व्याख्यात्मक (Expositives) वर्ग**–यह वह वर्ग है, जिसे विवरणात्मक वर्ग कहेंगे। यह स्पष्ट तौर पर निर्दिष्ट करता है कि कैसे हमारी अभिव्यक्तियां किसी तर्क-वितर्क में या वार्तालाप में समाविष्ट होती है। हम शब्दों का प्रयोग किस तरह कर पाते हैं। एक रूप में इन्हें हम **अधिभाषात्मक** भी कह सकते हैं, क्योंकि ये भाषा के ही अनुभाग हैं और इन्हें भापा के बारे में व्यवहृत किया जा रहा है। यथा–मैं उत्तर देता हूँ, मैं तर्क-वितर्क करता हूँ, मैं अनुमान करता हूँ, मैं व्याख्या करता हूँ, मैं स्वीकार करता हूँ तथा मैं अभिधारित करता हूँ।

ऑस्टिन इस मायने में वहुत स्पष्ट है कि इनके बीच बहुत सारे सीमावर्ती दृष्टांत भी हैं, वहीं इनके बीच ओवरलैप करने के, परस्पर एक दूसरे को व्याप्त-आच्छादित करने के दृष्टांत भी हैं। अनुसंधान का बृहत्तर निकाय/समूह इस दिशा में अस्तित्वमय है कि कैसे अधिक सुस्पष्ट वर्गीकरण तक बृहत्तर वर्गों के संबंध में पहुँचा जाए। इस दिशा में लोगों ने जो प्रयत्न किए हैं, उसके परिणाम-स्वरूप ही अनुसंधानात्मक संस्थान और अनुसंधाता-वर्ग अस्तित्व में आ पाए हैं।

ऑस्टिन के इस सिद्धांत का **सार्ले** (Searle) ने विकास किया है। **ऑस्टिन** ने जो **वचन-कर्म** का **त्रिक्** बनाया था–**भाषिक, भाषेतर और अनुपालक वचन-कर्म**

का त्रिकू, सार्ले उससे थोड़े भिन्न रूप में उक्तियों को वर्णित-व्याख्यायित करता है। **सार्ले** के अनुरूप एक वक्ता, जब वह कुछ कह रहा होता है, तब विशेष रूप में चार चीजें संपादित करता है। **सार्ले** का यह मानना है कि ऐसा करने के क्रम में न तो वह **निर्देशकता** और **प्रतिपादकता** को समाविष्ट करता है जैसा **ऑस्टिन** का मानना था और जो उसके **भाषिक वचन-कर्म** का भाग था। उदाहरण के लिए हिन्दी में **आह, उफ़, शाबाश, पंजाबी में बल्ले-बल्ले** जैसी उक्तियां इसका समावेश नहीं कर पातीं। इसलिए **सार्ले** के चार संभव अभिव्यक्तिगत तत्त्वों में पहला **ऑस्टिन** की स्वन और स्वनिम की संकल्पना को ही समाविष्ट करता है। आशय यह है कि वह **ऑस्टिन** के **भाषिक वचन-कर्म** के केवल दो तत्त्वों का समावेश करता है। **सार्ले ने इस कर्म** को **उक्ति-कर्म** (Utterence act) नाम दिया है, जिसमें शब्दाभिव्यक्ति, रूपाभिव्यक्ति और वाक्याभिव्यक्ति तक होती है। **आस्टिन** ने जिसे 'Rheme' कहा है, वह उसके **भाषिक वचन-कर्म** का तीसरा पहलू है, जो **सार्ले** की रूपरेखा में अपनी तरह के एक दूसरे तत्त्व को संघटित करता है। **सार्ले** इसे **प्रतिज्ञप्तिपरक कर्म** (Propostitional act) कहता है, जो **निर्देशात्मक** और **प्रतिपादात्मक** होता है। निम्नलिखित चार वाक्यों को देखें–

1. क्या मदन कमरा छोड़ देगा?
2. मदन कमरा छोड़ देगा।
3. मदन कमरा छोड़ दो।
4. यदि मदन ने कमरा छोड़ दिया होता।

वक्ता इस प्रतिज्ञप्ति को मदन और उसके कमरा छोड़ने के विषय में अलग-अलग रूपों में निर्दिष्ट कर सकता है। पर उसका **प्रतिज्ञप्तिपरक कर्म** वही होगा। ऐसा करते हुए भी वह कई बार मूलतः हर दृष्टांत में कुछ भिन्न चीजें भी करेगा। अनेक संभावनाओं में से वह ऐसी किसी एक संभावना को चुन लेगा।

भाषेतर वचन-कर्म (Illocutionary Speech Acts)–इसके उदाहरण प्रश्नात्मकता, आदेशात्मकता, इच्छात्मकता, वार्तापरकता आदि हैं।

यहाँ बहुत-सारी उक्तियां अपने-आप में **भाषेतर बल** के संकेतकों का भी समावेश करती हैं इनमें शब्द-क्रम, बलाघात, विरामांकन, क्रिया की वृत्ति और **ऑस्टिन** की **प्रतिपादक** क्रियाएं सम्मिलित हैं।

भाषेतर वचन-कर्म किसी को उकसाने, मनाने, कुछ करने के लिए किसी को मानसिक तौर पर तैयार (Persuade) करने की दिशा में भी सक्रिय होता है। **वचन-कर्मों** को परस्पर एक दूसरे से अलगाने में, **प्रतिज्ञप्तिपरक कर्म** को विशेषतः **भाषेतर वचन-कर्म** से अलग-अलग करने में, **सार्ले भाषेतर वचन-कर्म** में प्रवेश करने के योग्य हैं। वह कहता हैं कि **भाषेतर वचन-कर्म** की निष्पन्नता के लिए नियम-अनुशासित व्यवहार में संलग्न होने की अपेक्षा है और यहीं वह ऐसे नियमों

को अंकित करता है जो इस व्यवहार को आवश्यक और प्रभूत स्थितियों के समुच्चय के आधार पर शासित करते हैं, जिससे कि बहुतेरे **भाषेतर वचन-कर्मों** को निष्पन्न किया जा सके।

'क्ष' के लिए आवश्यक स्थिति एक ऐसी स्थिति है, जिसे **'क्ष'** को उपलब्ध करने के पूर्व ही परिपूर्ण कर लिया जाना चाहिए, पर जो **'क्ष'** की उपलब्धि को जरूरी तौर पर अपने-आप में गारंटी नहीं दे सकता है। उदाहरणार्थ–किसी विश्वविद्यालय में एक व्याख्याता होने के लिए उसका मनुष्य होना जरूरी है, पर यह उस पद के लिए **पर्याप्त अपेक्षित स्थिति** नहीं हैं। उन अपेक्षित स्थितियों को पूरा किया जाना चाहिए।

'क्ष' के लिए **पर्याप्त स्थिति** वह स्थिति है, जो उपलब्धि की गारंटी देगी, पर उसे जरूरी शर्त नहीं बनाया जा सकता। उदाहरण के लिए किसी पाठ्यक्रम (Course) में प्रवेश करने के लिए अपेक्षाएं यह निर्देश कर सकती हैं कि अभ्यर्थी ने 15 वर्षों तक **पापुआ न्यू गुएना या ऑक्सफोड** में अंग्रेजी पढ़ाई है या कि उसके हरे बाल हैं। यह प्रगुणात्मकता संबद्ध पाठ्यक्रम में प्रवेश के लिए पर्याप्त हो सकती है, पर इनमें से कोई भी अनिवार्य या अपेक्षित नहीं होगा। **'क्ष'** के प्रवेश को सभी जरूरी शर्तों का कुल योग ही **पर्याप्त जरूरी शर्तों** का निर्देश करेगा।

सार्ले ने ऐसी आवश्यक और **पर्याप्त** शर्तों को तालिकांकित किया है, जो कि संकल्प-विषयक **वचन-कर्म** से जुड़ी है–

1. सामान्यतः निवेश और निर्गत स्थितियां शर्तें उपलब्ध करती हैं। वक्ता और श्रोता दोनों ही भाषा को जानते हैं और इसके प्रति सजग-सचेत होते हैं, जो वे कर रहे हैं और जो वह किसी दबाव में नहीं कर पा रहे हैं और जहां किसी प्रकार की शारीरिक क्षति या हानि नहीं है, न ही वे कोई अभिनय कर रहे हैं या परिहास/मजाक कर रहे हैं।
2. वक्ता **'क'** अभिव्यक्त करता है कि **'प्र'** प्रतिज्ञप्ति **'उ'** उक्ति के निर्माण में **प्रतिज्ञप्तिपरक** अंतर्वस्तु को उन सारे शेष **वचन-कर्म** से अलगा देती है, जिन पर कोई ध्यान कर सकता है।
3. उस प्रतिज्ञप्ति की अभिव्यक्ति में वक्ता एक भविष्यपरक कर्म को ज्ञापित करता है, यहां स्पष्टतः यह संभव नही है कि अतीत में कुछ किया जा चुका हो, क्योंकि संकल्प या प्रतिज्ञा हर-हमेशा भविष्य के साथ सरोकार रखती है।
4. श्रोता वक्ता के कर्म को अधिमानता देता है। वहां वक्ता विश्वास करता है कि श्रोता उसके कर्म को अधिक मान्यता देगा। श्रोता उसके कार्य में कर्म नही करने की अपेक्षा कर्म करने की अधिमानता देगा। यह **चेतावनी** से **संकल्प** और **प्रतिज्ञाओं** को अलगाता है।

5. यह उन दोनों के लिए (वक्ता और श्रोता) स्पष्ट नही है कि घटनाओं के सामान्य क्रम में वक्ता कर्म करेगा। यदि यह सुस्पष्ट होता, तो किसी प्रकार की प्रतिज्ञा जरूरी नहीं होती।
6. वक्ता यह जानता या अर्थ लगाता है कि उसकी उक्ति ही उसे कर्म के लिए जिम्मेदार बनाएगी।
7. वक्ता यह अर्थ लगाता है कि उक्ति कर्म करने के लिए उसे बाध्यता के अधीन प्रस्तुत करेगी।
8. वक्ता इरादा करता है कि श्रोता में उक्ति ऐसा विश्वास पैदा करेगी, जो 6 और 7 को अनुबंधित करेगी, जो श्रोता की पहचान के माध्यम से प्राप्य वक्ता के उस इरादे को सामने लाएगी, जहाँ श्रोता में उसका विश्वास है। यहां वक्ता इस पहचान का इरादा रखता है कि श्रोता में विश्वास उत्पन्न किया जाए। यही नहीं, वक्ता यह भी इरादा रखता है कि यह पहचान उक्ति की पहचान के माध्यम से प्राप्त की जाए, जैसा परम्परित तौर पर ऐसे विश्वासों के उत्पन्न करने के लिए व्यवहृत होता रहा है। **ग्राइस** के अध्ययन के द्वारा जटिल तौर पर सूत्रित शर्तों या स्थितियों की अपेक्षा इसकी व्याख्यात्मकता को प्राप्त किया जा सकता है, जिसमें **ग्राइस** कुछ अनिवार्य या जरूरी शर्तों को सुनिश्चित करता है। किसी को विश्वास कराने के विपरीत कहने भर का प्रयोग, क्योंकि किसी को किसी चीज पर विश्वास करने हेतु राजी कराने के लिए कई रास्ते हैं, पर वास्तव में किसी को कोई चीज कहना उस व्यक्ति पर निर्भर है, इसकी पहचान करते हुए कि क्या आप जो कह रहे है, अपनी उक्ति के द्वारा, उस पर विश्वास करने-कराने का आप इरादा रखते है।
9. वक्ता के द्वारा बोली गई और श्रोता के द्वारा सुनी कई विभाषा के अर्थगत नियम ऐसे हैं कि उक्ति सही तौर पर और ईमानदारी से तभी बोली जाती है, यदि और सिर्फ यदि एक से आठ तक के नये अनुबंध अनुपालित होते हैं।

एक से आठ और नौ तक के अनुबंध सामान्य तौर पर सभी **भाषेतर वचन-कर्म** पर लागू होते हैं। इनमें से केवल 2 से 7 तक के अनुबंध **संकल्पात्मक कर्म** के प्रति विलक्षण एवं असाधारण हो उठते हैं। संकल्प के लिए दो और तीन संख्या के अनुबंध **प्रतिज्ञप्तिपरक** अंतर्वस्तु का अनुबंध कहलाते हैं चार और पांच संख्या वाले **उपक्रमपरक (Preparatory)** अनुबंध कहलाते हैं या प्रारंभिक संकल्प के ही संदर्भ में संख्या 6 का अनुबंध **ईमानदारी** का, **सच्चाई** और **निष्कपटता** का अनुबंध कहलाता है और संख्या 7 का अनुबंध **अनिवार्य** अनुबन्ध कहलाता है। संख्या 6 के अनुबंध को निम्नलिखित रूप में उलटा भी जा सकता है–

यहीं वक्ता यह ठान लेता है या अर्थ लगाता है कि उक्ति कर्म करने हेतु इरादा करने के लिए उसे गैर-ईमानदार संकल्पों के लिए अनुमत करने के संदर्भ में उत्तरदायी बनाएगी।

संकल्प हेतु अनुबंधों की सूची से **सार्ले** नियम का एक समुच्चय निकाल लेता है, जिससे वह किसी भी **भाषेतर बल** का व्यवहार करे, संकल्प हेतु कौशले को निर्दिष्ट करते हुए। **सार्ले** विश्वास करता है कि भाषा के अर्थविज्ञान को मूलभूत नियमों की व्यवस्था की शृंखला के बतौर माना जा सकता है और यह भी कि **भाषेतर वचन-कर्म** इन्हीं मूलभूत नियमों के समुच्चय के अनुरूप निष्पादित होते हैं, जिससे कि अर्थ-विज्ञान का अध्ययन **भाषेतर वचन-कर्म** के अध्ययन के जोश को ठण्डा कर दे। भाषिक नियमों के प्रश्न को विवेचित करने में **सार्ले** यह बताता है कि दार्शनिकों ने इस विषय में दो प्रकार की स्थितियां निर्दिष्ट की हैं--

1. किसी अभिव्यक्ति के अर्थ को जानना महज इसे लागू करने के नियमों का जानना भर है। यह स्थिति अयुक्त-युक्त और गैर-तार्किक प्रतीत होती है, क्योंकि कोई भी दार्शनिक स्पष्ट तौर पर यह कहने में समर्थ नहीं हुआ है कि सही तौर पर ठीक-ठीक यह नियम क्या है? इसी कारण दार्शनिकों को एक दूसरी स्थिति ग्रहण करनी पड़ी है।
2. यहाँ दूसरी स्थिति यह है कि यहां ऐसे नियम बिल्कुल नहीं हैं। **सार्ले** सोचता है कि कि दार्शनिकों के प्रथम वर्ग की विफलता और दूसरे वर्ग का परिणामी निराशावाद दोनों ही दार्शनिकों की विफलता का परिणाम है कि वे दो प्रकार के नियमों के बीच अंतर नही कर सके हैं और यह मानते रह गए हैं कि ये नियम एक ही तरह के हैं।

तथ्यतः **सार्ले** इस बात पर बल देता है कि यहां दो तरह के पृथक्-पृथक् नियम हैं। एक को या पहले को वह **नियंत्रक-नियामक नियम (Regulative Rules)** कहता है और दूसरे को **संघटनात्मक या मूलाधार नियम** कहता है पर दार्शनिकों ने केवल **नियंत्रक-नियामक नियमों** के रूप में ही नियमों के विषय में सोचने की प्रवृत्तिपरकता दिखाई है, जबकि **यथार्थतः वचन-कर्म** के लिए नियम कहीं अधिक **मूलाधारी या संघटनात्मक** नियमों के समान हैं।

नियंत्रक नियम वह है, जो किसी क्रियाशीलता को शासित करता है, संचालित, प्रभावित करता है, जो प्रश्नांकित नियम से स्वतंत्र अस्तित्व रखता है। उदाहरण के लिए **शिष्टाचार (Etiquette) का नियम** हमारी उस क्रियाविधि को नियंत्रित करता है कि हम कैसे खाते, पहनते और अंतर्वैयक्तिक नातेदारी में किस तरह का सामान्य व्यवहार करते हैं, यद्यपि खाने और पहनने की क्रियाशीलता नियम से मुक्त अपना अस्तित्व रखती है। यहां तक कि मैं अपने मुँह में भोजन को चाकू की सहायता से उठाकर गटकता हूँ और इस तरह खाने के **नियंत्रक नियमों** को

भंग कर देता हूँ।

एक **मूलाधारी संघटनात्मक नियम** ऐसा नियम है, जो किसी क्रियाशीलता को संघटित और नियंत्रित दोनों करता है। यहाँ संक्रियता अस्तित्व में नहीं आ सकती है, यदि यह नियम अनुपालित नहीं होता है। ये नियम की तरह की वे चीजे हैं, जो बहुत सारे खेलों (गेम्स) पर भी लागू होती हैं। जैसे फुटबाल या शतरंज का खेलना। यदि कोई फुटबाल नियमों के मुताबिक नहीं खेलता है, तो वह फुटबाल नहीं खेलता है। इसी तरह शतरंज के खेल में यदि कोई अपने बादशाह को एक कदम से ज्यादा एक पारी में चला देता है, तो वह शतरंज नहीं खेलता है। ठीक इसी तरह यदि कोई ऐसे **भाषेतर बल** का व्यवहार नहीं करता हुआ, नियम के अनुरूप संकल्प-हेतुक कौशलों को निर्दिष्ट करता है, तो आप महज संकल्प नहीं कर रहे होते है। इस प्रकार यह कहना कि मै संकल्प करता हूँ, कि 'मैंने ऐसा किया', में 'संकल्प करना' का प्रयोग गलत होगा, क्योंकि यहां क्रिया भूतकालिक है और ऐसे में **भाषेतर वचन-कर्म** की दृष्टि से आश्वस्त किया जा सकता है, संकल्पित नहीं।

वे नियम जो किसी संकल्प-हेतुक भाषेतर वचन बल के व्यवहार के लिए आते हैं, ऊपर निर्दिष्ट बंध-संख्या दो से लेकर सात तक से व्युत्पन्न होते हैं।

1. कोई भी **भाषेतर बल-सूचक** कौशल, जो संकल्प के लिए उच्चरित होता है, वह किसी उक्ति या प्रोक्ति के बृहत्तर संदर्भ में वक्ता के किसी भविष्य कर्म को ही पूर्व कथित करता है।
2. संकल्प तभी उच्चरित होता है, यदि श्रोता वक्ता के कर्म नहीं करने पर **कर्म करने को** अधिमानता देता है।
3. संकल्प तभी उच्चरित होता है, यदि यह वक्ता और श्रोता दोनों के लिए सुस्पष्ट न हो कि वक्ता उस कर्म को घटना के सामान्य क्रम में संपादित करेगा।
4. संकल्प केवल तभी उच्चरित होता है, यदि वक्ता कर्म करने की धारणा बनाता या वैसा विचार रखता है।
5. संकल्प की उक्ति क़र्म के प्रति बाध्यता का दायित्व अपने ऊपर लेने में परिगणित होती है।

उपर्युक्त नियम—एक को **प्रतिज्ञप्तिपरक अंतर्वस्तु नियम** कहा जाता है। यह प्रतिज्ञप्तिपरक अन्तर्वस्तु के अनुबंध—दो और तीन से व्युत्पन्न होता है। संख्या दो और तीन के नियम **उपक्रमपरक** नियम हैं, जो संख्या चार, पांच के उपक्रम-अनुबंधों से व्युत्पन्न हैं। चौथा नियम सत्यता का नियम हैं, जो सत्यता-अनुबंध छह से व्युत्पन्न है। पांचवाँ नियम अनिवार्य नियम है, जो अनिवार्य अनुबंध सात से व्युत्पन्न है और यह संकल्प का संघटनात्मक नियम है। **सार्ले** भी **भाषेतर बल** के

व्यवहार के लिए नियमों को प्रस्थापित करता है। वह **वचन-कर्म** के लिए आग्रह, प्रश्न, धन्यवाद, परामर्श, चेतावनी, अभिवादन, बधाई और निश्चयकथन या दावा जैसे वचन-कर्मों की निर्दिष्ट करता हुआ, अपने एक दूसरे परवर्ती आलेख **'अप्रत्यक्ष वचन-कर्म'** में **वाक्यार्थ** (वाक्यगत अर्थ) और **वक्ता-गत** अर्थ के बीच अंतर करता है। यह अंतर एक समाधान की दृष्टि से किया जाता है। **सार्ले** भाषावैज्ञानिक सिद्धांत में महती परम्परित समस्याओं में से किसी एक को प्रस्तावित करता है। वह पूछता है कि यह कैसे संभव हो पाता है कि कभी कोई उक्ति या अभिव्यक्ति, जो एक विशेष वृत्ति की होती है, यथा–प्रश्नात्मक, वह कब प्रश्न के रूप में प्रकार्य करती है और कब तक ऐसा नहीं करती है?

सामान्यतः ऐसी उक्तियों को जो **प्रख्यात्मक वृत्ति** (**declarative mood**) वाली होती है, उन्हें **बयान** कहा जाता है, पर **प्रश्नवाचक** वृत्ति की उक्तियां **प्रश्न** कहलाती हैं। इसी तरह जो उक्तियां **आज्ञार्थक** (**Imperative**) वृत्ति की होती हैं वे **आदेशात्मक** होती हैं और जो **वृत्तिहीन** उक्तियां होती हैं वे घोषणाओं की अनुक्रियाएँ होती हैं। **वृत्ति** व्याकरण का पहलू है, जिसे वाक्यों में बेसाख्ता तौर पर पढा जा सकता है–मैं पढ़ रहा हूँ। (उद्देश्य + विधेय)- इसकी वृत्ति **घोषणात्मक** है। 'खा चुके है आप'? 'विधेय+उद्देश्य'–इसकी वृत्ति **प्रश्नात्मक** है। पर यहां विधेय पहले आया है और उद्देश्य बाद में। 'चले जाओ'। यहाँ विधेय मात्र है, कोई प्रत्यक्ष उद्देश्य नहीं हैं और वृत्ति **आज्ञार्थक** है। इसी तरह एक अभिव्यक्ति है–'नहीं'।

यहाँ कोई विधेय नहीं है, पर यहां **निषेधात्मकता** है। लेकिन यहां यह स्पष्ट है कि **वाक्यगत वृत्ति** एक-प्रति-एक सुसंगति में स्थिर नहीं रहती, जिसे हम वाक्य-प्रकार्य कहना चाहेंगे। यद्यपि बहुततेरे दृष्टांतों में 'मैं' पढ़ रहा हूँ जैसा वाक्य तथ्यतः एक सामान्य बयान का प्रकार्य करता है, पर अनेक दूसरे दृष्टांतों में यह आदेश या आग्रह का प्रकार्य संपादित करता भी दीख सकता है। विशेषतः उसके लिए जो वक्ता के पढ़ने में व्याघात डाल रहा हो और चाहता हो कि वह कहीं चला जाए। पर दूसरे बहुतेरे मामलों में यथा–'खा चुके है आप?' में सीधा **प्रश्नात्मक** प्रकार्य मिलता है। हाँ, कई दूसरे उदाहरणों में, इसमें खा चुकने की स्थिति में, वहाँ से जाने का आदेश या आग्रह निहित हो सकता है। इसलिए वक्ता भला यह कैसे जान सकता है कि बहुतेरे अवसरों पर उक्तियों का वहां कौन-सा प्रकार्य सक्रिय है।

सार्ले वक्तागत उक्ति का अर्थ तथा **वाक्यगत** अर्थ–इन दोनों के बीच एक पार्थक्य-रेखा खींचता है। उसका अभिमत है कि **व्यंग्य** में, रूपक में, संकेत में, गूढ़ार्थ संकेत में और अप्रत्यक्ष **वचन-कर्मों** में ये दो प्रकार के अर्थ अनेक रूपों में पृथक्-पृथक् आते हैं।

शाब्दिक उक्ति में तो वक्ता ठीक वही अर्थ समझता है जैसा वह वाक्य अर्थ देता है। इसलिए ऐसी स्थिति में वाक्यगत और वक्ता-अर्थ दोनों ही समान हो

पड़ते हैं।

किसी सहज रूपकात्मक उक्ति में वक्ता यह कहता है कि **'क' 'क्ष'** है, पर रूपकात्मक रूप में उसका अभिप्रेत होता है कि **'क' 'ज्ञ'** है। ऐसी उक्ति में वाक्यगत अर्थ के आधार पर ही वह अभिप्रेत अर्थ ग्रहण किया जा पाता है।

इसी तरह किसी मुक्तांत, रूपकात्मक उक्ति में जब वक्ता कहता है कि **'क' 'क्ष'** है, पर उस रूपाकात्मकता में अर्थ की अनंत श्रेणी की विवक्षा रखता है तो पुनः ये अर्थ वाक्यगत अर्थ के आधार पर ही उद्घाटित किए जा सकते हैं।

पर जब रूपक घिस चुका होता है तब वैसे निष्प्राण रूपक में मूल वाक्यगत अर्थ से बाहर आ जाना होता है और उस उक्ति में ही वह अर्थ निहित होता है जो इसके रूपकात्मक अर्थ के बतौर व्यवहृत होता है।

किसी विडम्बनात्मक उक्ति में वाक्यगत अर्थ जो कहता है वक्ता को इसका विलोम अर्थ अभीष्ट होता है। ऐसी स्थिति में उक्तिगत अर्थ वाक्यगत अर्थ से निर्धारित होकर, पुनः उसके विलोम को निर्दिष्ट करते हुए प्राप्त किया जाता है। जैसे–'कबहूँ वा **बिसासी** सुजान के आँगन मो अँसुआन को लै बरसो।' यहाँ **'बिसासी'** का सामान्य अर्थ **'विश्वासी'** है। पर घनानन्द विडम्बनात्मक रूप में सुजान के लिए इसका प्रयोग **'अविश्वासी'** जैसे विलोम अर्थ में करते हैं।

किसी **अप्रत्यक्ष वचन कर्म** में वक्ता कहता तो कुछ है, पर उसका अर्थ कुछ और लगता है। ऐसी स्थिति में वाक्यगत उक्ति वाक्यगत अर्थ को तो समाविष्ट करती है, पर वह उसे अतिक्रांत कर उसके परे जाकर उसे विस्तार दे देती है। इसलिए **अप्रत्यक्ष वचन-कर्म** के मामले में वक्ता का अथ **वाक्यगत** अर्थ तो है, पर इसके साथ-साथ वह **कुछ और** भी है। इसलिए ऐसा वाक्य **भाषेतर बल संकेतक** का समावेश करते हुए, जो कि **भाषेतर कर्म** के किसी एक विशेष प्रकार के लिए होता है, वह उस कर्म को संपन्न करने के लिए व्यवहृत हो सकता है और युगपत् रूप में इसके अतिरिक्त विभिन्न प्रकार के दूसरे कर्म को भी संपादित कर सकता है। ऐसे **वचन-कर्म** के दो **भाषेतर बल** होते हैं।

किसी श्रोता के लिए बरबस एक साथ इन दोनों **बलों** को समझ लेने में उसे **वचन-कर्म** को संपन्न करने वाले नियमों का परिज्ञान होना चाहिए। वक्ता के साथ पृष्ठभूमिगत सूचनाओं की भी सांझ होनी चाहिए। उसे सामान्य तौर पर विवेक-संपन्नता और अनुमान की शक्ति, व्यवहार या अभ्यास का अनुभव चाहिए। इसके साथ **सहभागिता वार्तालाप** के कुछ सामान्य सिद्धान्तों का उसे परिज्ञान भी होना चाहिए।

सार्ले एक उदाहरण प्रस्तुत करता है कि कैसे वक्ता **अप्रत्यक्ष वचन-कर्म** का सामना करता है–

1. विद्यार्थी 'क'–"हम लोग चित्र देखने रात में चलें"।

2. विद्यार्थी 'ख'—"मुझे परीक्षा के लिए पढ़ना है"।

ऊपर पहला उदाहरण यह दर्शाता है कि जो **वचन-कर्म** वहाँ आया है उसे हम एक **प्रस्ताव (proposal)** के रूप में ले सकते हैं, पर दूसरा कथन एक **बयान** भर है। पर इस संदर्भ में यह बात स्पष्ट हो जाती है कि यह **वचन-कर्म** के रूप में प्रस्ताव के निरस्तीकरण (खारिज करने) के बतौर अपना प्रकार्य संपादित करता है। **सार्ले** प्रस्ताव के निरस्तीकरण को **प्राथमिक भाषेतर कर्म** के रूप में लेता है, जो 'ख' के द्वारा संपन्न हुआ है और कहता है कि 'ख' ने इसे **द्वितीयक भाषेतर कर्म** के रूप में संपन्नता दी है। यह जो दूसरा **भाषेतर कर्म** है, वह उक्ति के शाब्दिक अर्थ को समनुरूप कर देता है। इसलिए यह एक **शाब्दिक कर्म** है। पर प्राथमिक भाषेतर कर्म गैर-शाब्दिक है। विद्यार्थी **'क'** के उपर्युक्त उदाहरण में वास्तव में इस **शाब्दिक कर्म** को सुनता है, पर गैर-शाब्दिक **प्राथमिक भाषेतर वचन-कर्म** की पहचान करता है। यहां यह सवाल खड़ा होता है कि कैसे वह इस परवर्ती पहचान तक **शाब्दिक द्वितीयक भाषेतर कर्म** की पहचान के आधार पर पहुँच पाता है।

सार्ले प्रस्तावित करता है कि **'क'** नामक विद्यार्थी निम्नलिखित विवेक-संपन्न दस चरणों से गुजरता है—

प्रथम चरण— मैंने 'ख' को एक प्रस्ताव दिया है, पर इसके बदले में उसने एक बयान व्यक्त किया है कि उसे परीक्षा के लिए पढ़ना है।

द्वितीय चरण— मैं यह मान लेता हूँ 'ख' हमारे वार्तालाप में सहभागिता कर रहा है। इसलिए टिप्पणी प्रासंगिक होने हेतु उछिष्ट और नियत है।

तृतीय चरण— कोई भी प्रासंगिक प्रतिक्रिया तो स्वीकरण की होगी या निरस्तीकरण की या प्रति-प्रस्तावीकरण की अथवा विमर्श-विवेचन में से कोई एक हो सकती है।

चतुर्थ चरण—पर उसकी शाब्दिक उक्ति इनमें से कोई एक भी नहीं थी। इसलिए उसे प्रासंगिक प्रतिक्रिया नहीं माना जा सकता।

पंचम चरण— इसलिए संभवतः वह जितना कहता है उससे अधिक उसका अर्थ देता है। यह मान लेते हुए कि उसकी टिप्पणी **प्रासंगिक** है, उसके प्राथमिक **भाषेतर बिंदु** को उसकी शाब्दिकता से अवश्य अंतर दिखाना चाहिए।

षष्ठ चरण—मैं यह जानता हूँ कि किसी परीक्षा के लिए पढ़ना महज एक संध्या की तुलना में काफी अधिक समय लेता है और मै यह भी जानता हूँ कि सिनेमा देखने के लिए जाना किसी संध्या की तुलना में सामान्यतः समय का बृहत्तर भाग लेता है।

सप्तम चरण—इसलिए संभवतः दोनों एक साथ उस संध्या न तो सिनेमा देखने जा सकते हैं और न ही अध्ययन के लिए बैठ सकते हैं।

अष्टम चरण—किसी प्रस्ताव की स्वीकृति पर कोई उपक्रमपरक स्थिति या

अनुबंध या कोई अन्य उद्देश्यपरक–'Commisive' कर्म की स्वीकृति होती है, तो यह उस कंर्म को संपन्न करने की योग्यता है, जो प्रतिज्ञप्तिपरक अंतर्वस्तु अनुबंध में निश्चयपूर्वक गुणारोपित है।

नवम चरण–इसलिए यह विदित है कि उसने ऐसा कुछ कहा है, जिसका ऐसा परिणाम है कि वह संभवतः प्रस्ताव को स्वीकार नहीं कर सकता है।

दशम चरण–इसलिए उसका प्राथमिक भाषेतर बिंदु संभवतः उसके प्रस्ताव को निरस्तीकृत करने का बिन्दु है। जैसा **आठवाँ चरण** निर्दिष्ट करता है, **वचन-कर्मों** के नियमों की जानकारी हमें इस योग्य बनाती है कि हम यह पहचानें कि एक **शाब्दिक द्वितीयक भाषेतर कर्म** किसी प्रकार उदाहरणों का इसमें समावेश करता है, जो दूसरे **वचन-कर्म** के लिए एक अनुबंध है और यह **वचन-कर्म** ही होगा, जो **प्राथमिक गैर-शाब्दिक भाषेतर कर्म** है और जो वक्ता के द्वारा संपन्न या निष्पन्न है।

उदाहरण के लिए अनुबंधों या शर्तों से व्युत्पन्न नियम **आग्रह** या **अनुरोध** के **वचन-कर्म** के संदर्भ में निम्नलिखित हैं:–

प्रतिज्ञप्तिपरक अंतर्वस्तु	**भविष्य कर्म/श्रोता का कर्म**
उपक्रमात्मक/प्रारंभिक	
	1. श्रोता कर्म करने के योग्य है। वक्ता विश्वास करता है कि श्रोता कर्म संपादित करने के योग्य है।
	2. यह वक्ता और श्रोता दोनों के लिए स्पष्ट नहीं कि श्रोता घटनाओं के सामान्य क्रम में प्रस्ताव या समझौता के अनुरूप कर्म करेगा।
विश्वसनीयता :	वक्ता चाहता है कि श्रोता कर्म संपादित करे।
अनिवार्य	वक्ता श्रोता को कर्म करने के लिए इसे एक प्रयास के रूप में गिनता है।
टिप्पणी या आलोचना	आदेश और समादेश दोनों में अतिरिक्त उपक्रमात्मक नियम है कि वक्ता को श्रोता के ऊपर प्राधिकार की स्थिति में अवश्य होना चाहिए।

परिणामत : यहां वाक्यों के वर्ग के ऐसे समुच्चय हैं, जो इन नियमों से मेल खाते हैं कि जो अप्रत्यक्ष आग्रह, अनुनव तथा दूसरे निर्देश के लिए पूरी तरह मानक रूप में व्यवहृत हो सकते हैं। इन वर्गों को निम्नलिखित रूप में देखा जा सकता है–

वर्ग 1 : इस वर्ग के अंतर्गत कर्म-संपादन करने के लिए श्रोता की योग्यता से सरोकार रखने वाले वाक्य आते हैं।

यथाः– क्या तुम नमक दे सकते हो या नमक तक पहुँच सकते हो?

वर्ग 2 : इस वर्ग के अंतर्गत ऐसे वाक्य आते हैं, जो वक्ता की उस चाहत या इच्छा से सरोकार रखते हैं, जिसके अनुरूप श्रोता कर्म संपादित करेगा।

यथाः—मैं चाहता हूँ कि अब तुम चले जाओ तथा मै चाहता हूँ कि तुम वह नहीं करोगे।

वर्ग 3 : इस वर्ग के अंतर्गत वैसे वाक्य आते हैं, जिनका सरोकार श्रोता के कर्म-संपादन से है।

यथाः— अब से पदाधिकारी रात्रि-भोजन के समय टाई बांधेंगे। ×× क्या तुम अपना अन्न का भोजन करने जा रहे हो?

वर्ग 4 : इस वर्ग के अंतर्गत वैसे वाक्य आते हैं, जिनका सरोकार कर्म संपादित करने के लिए श्रोता की इच्छा या रज़ामन्दी से होता हैं।

यथाः— क्या आप मेरे लिए एक सिफारिशी पत्र लिखना चाहेंगे?

क्या तुम मुझे मेज पर पड़ा वह हथौड़ा मेरे हाथ में सौपना चाहते हो?

वर्ग 5 : इस वर्ग के अन्तर्गत कर्म करने के लिए कारण या युक्ति या तर्क-विवेक से सरोकार रखने वाले वाक्य आते हैं।

यथाः—यदि तुम शहद छोड़ देते हो तो यह एक अच्छी योजना होगी।

अथवा—आप इसे अभी ही क्यों नही आजमा लेते हैं?

वर्ग 6: इसके अंतर्गत इन तत्त्वों को एक के भीतर दूसरे रूप में संग्रथित करने वाले वाक्य आते हैं। यही नहीं, इसके अंतर्गत ऐसे वाक्य भी आते हैं, जिनमें स्पष्ट तौर पर **निर्देशात्मक भाषेतर क्रिया** इनमें से किसी भी संदर्भ में संग्रथित हो।

यथाः—यदि मैं आपसे यह आग्रह करूं कि आप मेरे लिए एक सिफारिशी पत्र लिख दें, तो क्या आप इसे विस्मयात्मक रूप में अन्यथा लेंगे? क्या आप इस पर बहुत अधिक आपत्ति करेंगे?

यदि किसी को **प्रत्यक्ष वचन-कर्म** की जगह **अप्रत्यक्ष वचन-कर्म** का व्यवहार करने की इच्छा रखनी चाहिए, तो वह **विनम्रता के सिद्धांत** के कारण ही, वह भी पूर्व सूचना या प्रस्ताव-पूर्वक उक्ति के साथ। उदाहरण द्रष्टव्य है, यथा—क्या आप कर सकते हैं? ऐसा कथन आग्रहों के मामले में होता है। यहां वक्ता श्रोता की क्षमता के बारे में कोई पूर्वानुमान नहीं कर रहा होता है। पर वह स्पष्ट तौर पर श्रोता को अपने आग्रह को अस्वीकार करने का विकल्प भी दे रहा होता है। ऐसे में महज **'हाँ'** या **'न'** उत्तर ही पर्याप्त होता है। यथा—क्या आप नमक बढ़ाएंगे? यहां केवल **'हां'** या **'न'** से उत्तर संपन्न हो जाता है।

वचन-कर्म सिद्धांत के संदर्भ में इसके प्रस्तावित-स्थापित होने के आरंभिक दिनों में प्रायः यह प्रश्न उभर कर सामने आया था कि आखिर कितने **वचन-कर्म** हैं। इसका उत्तर **विट्गेन्सटाइन** के प्रतिप्रश्न से ही दिया जा सकता है कि **वाक्य**

कितने प्रकार के होते हैं? आशय यह है कि इसके असंख्य प्रकार संभव हैं, पर **सार्ले** का उत्तर संभवतः उतना अर्थपूर्ण है जितना कोई दूसरा उत्तर हो सकता है। दूसरी ओर यह प्रश्न भी उठाया जाता रहा है कि अंग्रेजी में आखिर **वचन-कर्म विषयक** कितनी क्रियाएं हैं। यह प्रश्न भी ऐसा है कि इसके उत्तर में अनंत संख्या को निर्दिष्ट किया जा सकता है। **वचन** की **कर्मकता** बहुतेरे भिन्न-भिन्न आयामों में परिवर्तित होती रहती है। इसे प्रदर्शित करने का उपयुक्त प्रतिमान साधन-लक्ष्यी विश्लेषण ही है, जो नैरंतर्यपरक मूल्यों, नानाविध लक्ष्यों ओर परिवर्तित होती परोक्षता के लक्ष्यों को अनुमत करता है। यहां यह भी देखने को मिलता है कि **वचन-कर्म** की सक्रियता **वचन-कर्म** सिद्धांत के द्वारा पूर्वानुमित रूप में बिखरे कर्मों में उसके खंड के प्रति बहुधा अनुकूल नहीं होती है। इन्हीं सब कारणों से किसी **वचन-कर्म** क्रिया का चयन किसी **वचन-कर्म** को प्रतिवेदित करने के लिए **चयन** और **सरलीकरण** को समाविष्ट करने के लिए बाध्य है। इसमें वार्तालाप के तथ्यांक के साथ कोटिगत संरचना का अध्यारोपण भी जुड़ा हुआ है। यहां वास्तविक **वचन-कर्मकता** भाषेतर क्रियाओं की कोटिगत संरचना को प्रतिबिंबित करती है। वह अकेला मामला उक्ति के आत्मप्रतिवेदन, विशेषतः निष्पादक–'Performatives' का मामला है, जहां वक्ता **वचन-कर्म क्रिया** की अभिलाषा का व्यवहार अपनी प्रोक्ति के विवेचन के सिलसिले में करता है। इसलिए **वचन-कर्म** क्रियाओं का विश्लेषण विशेष तौर पर निष्पादक (Performatives) वचन-कर्म के विश्लेषण के लिए जरूरी होता है। पर ठीक इसी समय स्पष्ट हो जाता है कि निष्पादक (Performatives) के उदाहरण पूरी तरह विशेष मामलों के उदाहरण हैं, जिन्हें किसी भी रूप में **वचन-कर्मकता** के प्रामाणिक या विहित रूप के बतौर मान्यता नहीं दी जा सकती है।

ग्रन्थ-सन्दर्भ

1.	Austin, J.L.	How to do Things with Words	Camibridge Mass : Harvard University. Press, 1962
2.	Austin, J.L.	Performetive and Coustantive in J.R.S. Searle's (Ed.) The Philosophy of Languages	Oxford : Oxford University, Press, 1971
3.	Bearegrande, R. de & Dresslev, W.V.	Intro duction to Text Linguistion,	London : Langman, 1981
4.	Biper, D. & E. Fineger.	Socio-inguistio Perspective or Register.	Oxford : Oxford University. Press, 1994
5.	Brown, R.	A First Language: The Easly Stager,	Covibridge N.A. : Harvard University Press, 1973
6.	Corroll, J.B.	Language Thought and Reality : Selected writings of Bevjamin lee whorf,	Cambridge M.A. : M.I.T. 1956
7.	Chambers J. & P. Trudgill	Dialectology,	Cambridgci : Camibridgci University. Press, 1980

8.	Coates, J.	Women, Men and Languages : A Soriological Accounto of Iendu Difference in Languages	Press, 1980 London : Longman, 1993
9.	Comrie, B.	Languages Universals and Lingnistic Typologyi Syntox and Morphology,	Oxford, Basic Blackwell, 1989
10.	Cameron, D.	The feminist Gritiquel of Language	London : Routledge, 1992
11.	—————	Language and Gender : A Reader	Oxford : Blackwell, 1998
12.	Dinccn, F.P.	An Introduction of General Linguistiis	Newyork : Holt, Rine hant & Wiwston, 1967
13.	Ellis, R.	The Study of Second Language Acquistition	Oxford : Oxford University Press, 1994
14.	Ferguson, C.A. & Heath, S.B. (Eds).	Language in U.S.A.	Cambridge : Cambridge University Press, 1981
15.	Fillmore, C.J.	'The Case for Case' in E. Bach and R.J. Harnes (Eds.) Univeroalo in Linguistic Thwry.	Newyork : Hoct, Rinechart & wiuston, 1968
16.	—————	'The Case for Case', reprimtel in P. Cole & J.M. Sedock (Eds.)	Newyork, Academic Press, 1977

		Syntox and Semantier, Volume-8 Grammatical Relations	
17.	Froneis, W.N.	Dialectology	London : Longman, 1983
18.	Gleason, H.A. Jr. (Ed.)	An Introduction to Descriplive Linguisties.	Newyork : Holt, Rinchart & Winston, 1961
19.	Good Luck, H.	Language Acquisition : A Linguistic Introduction	Oxford : Blackwell, 1991.
20.	Greenbry, J.H.	Language Typology : A Historical and Analytic Oversiew.	The Hagne : Monton, 1974
21.	Grodzinsky, Y.	Huoretical Perspective or Language Deficit	Cambridge : M.I.T. Press, 1998
22.	Dumperz, J.J. & S.C.	Rethinking Linguistic Relativity	Cambridge : Oxford University Precs, 1996
23.	Halliday, M.A.K. & R. Hasan.	Language, Context & Text.	Oxford : O.U.P., 1976, 89
24.	Hallo, M.J. Beroman & J. Miller.	Linguislic Theory and Psychological Reality	Cambridge : M.I.T., Press, 1978
25.	Harley, T.A.	The Psychology of Language.	Psychology Press, 1995

26.	Hill, Archibald, A.	Introduction to Linguistic Stictures.	Newyork : Harcourt, Peace & Co; 1958
27.	Hockett, Charls F.	A Course in Modern Linguistics	New Delhi : Oxford & IBH Publishing Co., 1970
28.	Hoey, M.	On the Surface of Discourse	London : George Allen & University, 1983
29.	———————	Patterns of Lexis Text	Oxford : O.U.P., 1991
30.	Holen, J.A.	Pidgin & Creole Languages	London : Longman, 1988
31.	Ingram, D.	First Language Aequisition Method : Disciplive and Exploration	Cambridge : C.U.P., 1989
32.	Lvie, M.	Jrends in Linguistier	The Hagne : Mondos, 1965
33.	Joia, Alex de and Adrina Slenton	Lerms in syotemic Linguistics : A Guide to Halliday,	London : Batsford Academic and Educational Ltd., 1980
34.	Langaere, R.E.	The Gramman of Dicourse	Newyork : Plenum Press, 1983
35.	Large, A.	The Artificial Language Movement,	Oxford : Baril Blackwell, 1985
36.	Lconard, L.	Children with Spceific Language Impairment	Combridge M.A. : M.I.T., Press, 1998
37.	Levinson, S.C.	Pragmatics	Combridge : C.U.P., 1983

38.	Lyons, John	Language & Linguistics : An Introduction	Cambridge, C.U.P., 1981
39.	———————	Chomsky	Fontana, Sexth Impression, 1973
40.	Mandelbaum, D.O. (Ed.)	Selected Wridings of Edward Sapir in Language, Culture, and Pessonality	Los Angels :University of California Press, 1949
41.	Mey, J.L.	Pragmatics : An Introduction	Oxford : Basice Bloackwell, 1993
42.	Muhlhousler, P.	Pidgin & Geole Linguistics	Oxford : Baric Blockwell, 1986
43.	Newmeyer, F.J.	Linguistic Theory in America : The First Quartun Century of T.G. Grammar,	Newyork : Academic Press, 1980
44.	Palmer, F.R.	Semontics : A New Outlive	Cambridgc : C.U.P., 1976
45.	Palmer, F.R.	Grammar	Harmonds worth : Fenguir, 1971
46.	Pike, K.L.	Linguistic Concepts : An Introduiction to Tagmemics	London : University of Nebraka Press, 1982
47.	Potter, S.	Modern Linguistics	London : O.U.P., 1967
48.	Radford Andrew and Other	Linguistics : An Introduction	Cambridge : C.U.P., 1999

49.	Ristan, C.A.	'Animal Language & Cognitive Projects' in A Lock & C.R. Peters (Eds.) Human Symbolic Erolition	Oxford : Blackwell Riblishers, 1999
50.	Ritche W.C. & E.K. Bhatia.	Handbook of Language Acquisilion	London : Acadmic Press, 1998
51.	Romaive, S.	Pidgin and Greole Languages	London : Longman, 1988
52.	Saeed, J.I.	Semantics	Oxford : Blackwell, 1997
53.	Samarin W.J.	Field Linguisties	Newyork : Holk Rine Hart & Winston, 1967
54.	Seorle, J.R. (Ed.)	The Philosophy of Language	Oxford : O.U.P., 1971
55.	Sebeok, T.A.	How Animals Communicate	London : Indiana University Press, 1977
56.	Smith, P.M.	Language : The Sexer and Society	Oxford : Basic Blackwell, 1985
57.	Spoisky, B. (Ed.)	Coneise Eneyelopaesia to Educational Linguistics	Oxford : Pergamon, 1999
58.	Stubbs, M.	Educational Linguistics	Oxford : Basic Blackwell, 1st Edition
59.	Shuy, R. Wolfram, N. & W. Riley	Linguistic Corelater Hovey of Social Stratificaltion in Detroit Speech	OSOHL : Final Report, No-6-1347, 1967
60.	Taneen, D. (Ed.)	Gender & Conversational Intraetion	Oxford : O.U.P., 1993
61.	Todd. L.	Pidgin and Creoles	London : Routledge, 1974

62.	Trudgil, P.J.	Accent, Dialect and The School.	London : Edward Arnold, 1975
63.	————————(Ed.)	Languae in the British Isler	Combridge : C.U.P., 1984
64.	————————(Ed.)	Sociolinguisties : Patterns in British English	London : Arnold, 1978
65.	Wardhaugh, R.	The Introduction to Linguisties	Oxford : Blackwell, 1990
66.	Waledhouse, V.G.	The History and Deverlopment of Tagmemies.	The Hague : Mouton, 1974
67.	Wodak, R.	Disorders of Discourse	London : Longman, 1996
68.	Wright C. and Hale R.	A Compamion of the Philosophy of Language	1999
69.	Yssle, G.	Pragmatier	Cambridge : C.U.P., 1993
70.	Zabeeh, F. Klemke, E.D. and Jacobson, A. (Eds.)	Readings in Semantics	Urboma the 8 London : University of Illirois Press, 1974